Entscheidungen
des Reichsgerichts
in Zivilsachen

Sammlung der noch wichtigen Entscheidungen nach Fachgebieten geordnet

Herausgegeben

von

Professor Dr. **L. Auerbach**, Berlin;
Präsident des Reichspatentamtes a. D. Dr. **Johannes Eylau**, München;
Rechtsanwältin **Charlotte Graf**, Berlin; Ministerialdirektor z.Wv. Senatspräsident Dr. **Ernst Knoll**, Berlin; Rechtsanwalt **Erich Kummerow**, Berlin; Rechtsanwalt **Hermann Reuß**, Berlin; Rechtsanwalt Dr. **Walter Schmidt**, Düsseldorf; Landgerichtsdirektor **Alexander Swarzenski**, Berlin; Rechtsanwalt Dr. **Werner Vahldiek**, Berlin.

Gruppe I Bürgerliches Recht

Nebengesetze

Teil 2

Berlin 1952

Walter de Gruyter & Co.

vormals G. J. Göschen'sche Verlagshandlung / J. Guttentag, Verlagsbuchhandlung / Georg Reimer / Karl J. Trübner / Veit & Comp.

Reichsversicherungsordnung
Arbeitsrecht

u. a.

Bearbeitet

von

Dr. Ernst Knoll

Ministerialdirektor z.Wv., Senatspräsident

(Preisrecht bearbeitet von Rechtsanwältin Charlotte Graf)

Berlin 1952

Walter de Gruyter & Co.

vormals G. J. Göschen'sche Verlagshandlung / J. Guttentag, Verlagsbuchhandlung / Georg Reimer / Karl J. Trübner / Veit & Comp.

Archiv-Nr. 281752

Satz und Druck: Berliner Buchdruckerei Union GmbH., Berlin SW 29

Inhaltsverzeichnis

Nebengesetze

Teil 2

Verzeichnis

der aufgenommenen Entscheidungen

Die Entscheidungen sind grundsätzlich — von unwesentlichen Streichungen abgesehen — ungekürzt gebracht worden. Ausnahmsweis gekürzte Entscheidungen sind mit einem † gekennzeichnet.

Soweit eine Entscheidung mehrere Fachgebiete betrifft, ist sie nur in einem Fachgebiet aufgenommen worden. Die anderen Gebiete enthalten nur den Leitsatz der betreffenden Entscheidung mit einem Hinweis, wo der vollständige Abdruck erfolgt ist.

Um das Auffinden der Entscheidungen zu erleichtern, wird am Schluß der Sammlung ein Gesamt-Fundstellenregister erscheinen, in dem alle Entscheidungen der amtlichen Sammlung verzeichnet sind. Die in der Sammlung abgedruckten Entscheidungen sind nach der Fundstelle der alten und der neuen Sammlung zitiert; bei den nicht aufgenommenen findet sich ein Hinweis über den Grund des Ausscheidens.

Reichsversicherungsordnung

RGZ. 35, 4.

Steht dem, der gemäß §§ 25, 26 des Bauunfallversicherungsgesetzes vom 11. Juli 1887*) als Unternehmer in die Heberolle aufgenommen und zu Prämien herangezogen worden ist, hiergegen der Rechtsweg offen, wenn er geltend machen will, daß er Unternehmer des betreffenden Baues nicht gewesen und danach zu Prämienbeiträgen nicht verpflichtet sei?

VI. Zivilsenat. Urt. v. 25. Februar 1895.

I. Landgericht I Berlin. — II. Kammergericht daselbst.

Das Reichsgericht hat die oben aufgeworfene Frage verneint aus folgenden

Gründen:

„Die Parteien streiten darüber, ob die Klägerin im Sinne der Vorschriften des Gesetzes, betreffend die Unfallversicherung der bei Bauten beschäftigten Personen, vom 11. Juli 1887 (RGBl. S. 287) als Unternehmerin des auf einem Grundstücke des Klempnermeisters H. in B. im Jahre 1890 ausgeführten Baues anzusehen und danach zur Zahlung von Unfallversicherungsprämien für die bei jenem Baue beschäftigten Personen verpflichtet ist. Die verklagte Berufsgenossenschaft, die diese Frage bejahen zu dürfen glaubt, hat in die Heberollen ihrer Versicherungsanstalt für das erste und für das dritte Quartal 1890 die Klägerin mit Prämienbeiträgen aufgenommen und von ihr bereits den Prämienbetrag von 265 M im Wege der Zwangsvollstreckung eingezogen. Hiergegen beantragte die Klägerin im gegenwärtigen Prozesse Verurteilung der Beklagten zur Löschung der nach den Heberollen eingeforderten Beträge, zur Erstattung von 265 M nebst Zinsen und zur Anerkennung, daß die Klägerin zur Zahlung von Unfallversicherungsprämien für die

*) Jetzt §§ 815, 816 RVersO. Diese sind zwar mit Wirkung vom 1. 1. 1945 weggefallen — §§ 2, 11 d. VO. v. 9. 11. 1944 — RGBl. I S. 324 —, aber — zunächst für das „Vereinigte Wirtschaftsgebiet" (Bizone) — wiederhergestellt durch § 8 Abs. 1 Nr. 2 des Ges. v. 10. 8. 1949 (in Kraft 1. 6. 1949) —, Ausdehnung auf die franz. Zone durch § 1 Nr. 5 d. VO. v. 12. 5. 50 — BGBl. S. 179 (in Kraft 20. 5. 50).

bei dem gedachten Baue im Jahre 1890 beschäftigten Arbeiter nicht herangezogen werden dürfe. Die Beklagte erhob, unter Verweigerung der Verhandlung zur Hauptsache, die Einrede der Unzulässigkeit des Rechtsweges. Das Landgericht erklärte jedoch durch Urteil vom 5. Januar 1894 den Rechtsweg für zulässig. Das Kammergericht hat die Berufung der Beklagten zurückgewiesen. Die jetzt vorliegende Revision erweist sich indes als begründet.

Wie die Vorinstanz im Anschlusse an das diesseitige Urteil vom 15. März 1894,

vgl. Entsch. des RG.s in Zivils. Bd. 33 S. 34,

mit Recht ausführt, wird die Zulässigkeit des Rechtsweges dadurch nicht ausgeschlossen, daß nach § 42 des Gesetzes vom 11. Juli 1887 rückständige Prämien in derselben Weise beigetrieben werden wie Gemeindeabgaben, und ebensowenig dadurch, daß die Verpflichtung zur Leistung von Unfallversicherungsprämien im öffentlichen Rechte wurzelt. Entscheidend ist vielmehr, ob das Gesetz besondere Vorschriften enthält, nach welchen der Rechtsweg als unzulässig gelten muß.

Das Bauunfallversicherungsgesetz vom 11. Juli 1887 organisiert nun die Versicherung nach der Art der Betriebe in verschiedener Weise. Während für die Unternehmer der im § 4 Ziff. 1 bezeichneten Betriebe eine Berufsgenossenschaft mit entsprechender Anwendbarkeit der §§ 35 bis 40 des Unfallversicherungsgesetzes gebildet wird (§§ 9 flg., 15), dienen zur Versicherung derjenigen Personen, die von den im § 4 Ziff. 4 Abs. 1 bezeichneten Unternehmern, also namentlich auch von nicht gewerbsmäßigen Unternehmern, beschäftigt werden, die Unfallversicherungsanstalten (§§ 16 flg.). Zum Zwecke der Berechnung der an die Versicherunganstalten zu entrichtenden Prämien werden Nachweisungen über die Arbeitstage und Löhne von den betreffenden Unternehmern, bei deren Säumnis aber von den zuständigen Behörden aufgestellt (§ 22). Auf der Grundlage dieser Nachweisungen und des Prämientarifes (§§ 23, 24) wird die auf jeden Unternehmer entfallende Prämie berechnet und die Heberolle aufgestellt (§ 25). Von den gegen die Berechnung der Prämien zulässigen Rechtsmitteln handelt alsdann der § 26. Gemäß Abs. 1 kann der „Zahlungspflichtige" binnen zwei Wochen nach Ablauf der für die Auslegung des Auszuges aus der Heberolle bestimmten Frist gegen die Prämienberechnung bei dem Genossenschaftsvorstande oder dem nach § 19 zuständigen anderen Organe der Genossenschaft Einspruch erheben. Nach Abs. 2 ist der Einspruch nur zulässig, „wenn sich derselbe auf unrichtigen Ansatz der Löhne, auf unrichtige Anwendung des Prämientarifes, auf Rechenfehler oder auf die Behauptung stützt, daß der in Anspruch Genommene zur Entrichtung von Prämien für die von ihm beschäftigten Personen nicht verpflichtet sei". Wird dem Einspruche überhaupt nicht oder nicht in dem beantragten Umfange Folge gegeben, so steht dem „Zahlungspflichtigen" gemäß Abs. 3 binnen zwei Wochen nach der Zustellung der Entscheidung des zuständigen Genossenschaftsorganes die Beschwerde an die untere Verwaltungsbehörde, und gegen die Entscheidung der letzteren binnen zwei Wochen nach der Zustellung Rekurs an das Reichsversicherungsamt zu. Der Rekurs „darf aber nur auf die Behauptung gestützt werden, daß eine Verpflichtung zur Entrichtung von Prämien nicht vorliege".

Wäre der ebengedachte Inhalt des Abs. 3 für sich allein ins Auge zu fassen, so könnte, wie auch die Vorinstanz anerkennt, nicht bezweifelt werden, daß das Reichsversicherungsamt endgültig darüber zu entscheiden hat, ob für den Inanspruchgenommenen eine Verpflichtung zur Entrichtung von Prämien überhaupt besteht, insbesondere also auch darüber, ob der Inanspruchgenommene nach den Vorschriften des § 3 des Gesetzes zu den in § 4 Ziff. 4 Abs. 1 bezeichneten Unternehmern gehört und als solcher mit Recht in den Auszug aus der Heberolle aufgenommen ist. Wegen der Bestimmungen des Abs. 2 glaubt jedoch das Berufungsgericht, in Übereinstimmung mit dem ersten Richter, den Abs. 3 einschränkend auslegen zu müssen. Nach dem Abs. 2 könne, so wird ausgeführt, der Inanspruchgenommene den Einspruch nicht darauf stützen, daß er zur Entrichtung von Prämien überhaupt nicht verpflichtet sei, vielmehr nur darauf, daß er zur Entrichtung von Prämien für die von ihm beschäftigten Personen nicht verpflichtet sei; da die Klägerin im vorliegenden Falle bestreite, Arbeiter bei dem fraglichen Baue beschäftigt zu haben und dessen Unternehmerin gewesen zu sein, sei sie gar nicht in der Lage gewesen, den Einspruch bei dem Genossenschaftsvorstande mit Aussicht auf Erfolg geltend zu machen; andererseits könne das Gesetz nicht beabsichtigt haben, daß der Beschwerdeführer erst zwei Instanzen, von denen er notwendigerweise abzuweisen wäre, vergeblich beschreiten müßte, ehe er vom Reichsversicherungsamte mit seinen Anführungen überhaupt gehört werden könnte; der Schlußsatz des § 26 sei deshalb im Zusammenhange mit dem Abs. 2 dahin zu verstehen, daß der Rekurs nur auf die Behauptung des Rekurrenten gestützt werden könne, er sei zur Entrichtung von Prämien „für die von ihm beschäftigten Personen" nicht verpflichtet; daraus aber folge ohne weiteres die Zulässigkeit des Rechtsweges, da anderenfalls der Inanspruchgenommene, der seine Unternehmereigenschaft bestreitet, vollständig rechtlos und der Willkür des die Heberolle aufstellenden Genossenschaftsvorstandes überlassen wäre.

Diesen Ausführungen kann nicht beigepflichtet werden. Gegen die Auffassung der Vorinstanzen spricht von vornherein schon der Umstand, daß die Unfallversicherungsgesetzgebung in allen anderen Fällen mit unzweideutigen Vorschriften die Entscheidung darüber, wer als Unternehmer eines versicherungspflichtigen Betriebes anzusehen und in dieser Eigenschaft beitragspflichtig ist, grundsätzlich den ordentlichen Gerichten entzogen und in letzter Instanz dem Reichsversicherungsamte zugewiesen hat. Nach dem Unfallversicherungsgesetze vom 6. Juli 1884 (RGBl. S. 69) wird die Zugehörigkeit zur Berufsgenossenschaft durch das Genossenschaftskataster und die danach ausgefertigten Mitgliedsscheine festgestellt (§§ 34 flg.). Gegen die Aufnahme in das Kataster findet gemäß § 37 Abs. 4 die Beschwerde an das Reichsversicherungsamt statt, welches nach § 88 Abs. 1 endgültig zu entscheiden hat (vgl. auch § 1 Abs. 5). Wesentlich dieselben Bestimmungen gelten für die auf Grund des Ausdehnungsgesetzes vom 28. Mai 1885 (RGBl. S. 159, §§ 1, 11), sowie für die auf Grund des Gesetzes, betreffend die Unfallversicherung der Seeleute usw., vom 13. Juli 1887 (RGBl. S. 329, §§ 43, 44) gebildeten Berufsgenossenschaften. In dem Gesetze, betreffend die Unfall- und Krankenversicherung der in land- und forstwirtschaftlichen Betrieben beschäftigten Personen, vom 5. Mai 1886 (RGBl. S. 132) endlich ist die Führung von Genossenschaftskatastern nicht vorgeschrieben. Dagegen hat gemäß § 38 a. a. O. die Genossenschaft den Gemeindebehörden Verzeichnisse mitzuteilen, aus denen sich unter anderem ergibt, welche Betriebe der Gemeinde als zur Genossenschaft gehörig erachtet werden. Binnen einer bestimmten Frist können die Betriebsunternehmer wegen der Aufnahme ihrer Betriebe in die Verzeichnisse sowie gegen die Veranlagung und Abschätzung ihrer Betriebe bei dem Genossenschaftsvorstande Einspruch erheben. Gegen den auf den Einspruch erteilten Bescheid steht ihnen sodann die Beschwerde an den Genossenschaftsausschuß, und gegen die Entscheidung des letzteren die Berufung an das Reichsversicherungsamt zu. Ist hiernach die Feststellung der Beitragspflicht sowie der Veranlagung und Abschätzung endgültig erfolgt, so stehen später nach Auslegung des Auszuges aus der Heberolle dem Unternehmer gemäß § 82 a. a. O. nochmals dieselben Rechtsmittel gegen die Beitrags*berechnung* zu.

Für die Annahme, daß das Bauunfallversicherungsgesetz die Frage nach der Versicherungspflicht in Abweichung von dem Grundsatze der sonstigen Unfallversicherungsgesetze der Entscheidung durch die ordentlichen Gerichte habe überweisen wollen, läßt sich ein Anhalt weder aus den Motiven zum Gesetzentwurfe noch aus den sonstigen Materialien entnehmen, obgleich es doch nahegelegen hätte, solche Abweichung, falls sie beabsichtigt gewesen wäre, irgendwie zu begründen. In den Motiven wird vielmehr bemerkt, daß der Entwurf (dessen Bestimmungen über die den einzelnen Verpflichteten zustehenden Rechtsmittel im wesentlichen mit dem jetzigen § 26 übereinstimmten) sich bezüglich des Einspruches an die oben erwähnten §§ 38, 82 des Gesetzes vom 5. Mai 1886 anlehne. Und weiterhin wird hervorgehoben, daß, um nicht das Reichsversicherungsamt zu sehr mit verhältnismäßig untergeordneten Entscheidungen zu belasten, der Rekurs „auf die Rechtsfrage, ob eine Verpflichtung zur Entrichtung von Prämien vorliegt", beschränkt worden sei.

Vgl. Drucksachen I. Session 1887 Nr. 11 S. 30.

Offensichtlich gingen hiernach die Motive davon aus, daß über die Verpflichtung zur Entrichtung von Prämien, aus welchen Gründen sie auch bestritten sein möchte, zunächst von dem zuständigen Genossenschaftsorgane, und schließlich endgültig von dem Reichsversicherungsamte zu entscheiden sei. Betrachtet man außerdem die Befugnisse, die das Bauunfallversicherungsgesetz im übrigen, namentlich in den §§ 24, 38, 45, dem Reichsversicherungsamte mit Anlehnung an die vorausgegangenen ähnlichen Gesetze beigelegt hat, so erscheint unbedenklich die Annahme geboten, daß eine inkorrekte, die Absicht des Gesetzes nur undeutlich ausdrückende Fassung nicht, wie die Vorinstanzen meinen, in dem Abs. 3, sondern in dem Abs. 2 des § 26 zu erblicken ist. Wie in den Abs. 1, 3 dieses Paragraphen mit dem „Zahlungspflichtigen" nur der von dem Genossenschaftsvorstande als zahlungspflichtig Angesehene und Inanspruchgenommene gemeint ist, so können im Abs. 2 unter den „von ihm beschäftigten Personen" nur die angeblich, d. h. die nach der Auffassung des Genossenschaftsvorstandes und dem Inhalte der Heberolle, von dem Inanspruchgenommenen beschäftigten Personen verstanden werden.

Vgl. auch Weyl, Lehrbuch des Reichs-Versicherungsrechts S. 440.

Demgemäß sind die ordentlichen Gerichte zur Entscheidung der Frage, ob die der Klägerin in der Heberolle auferlegten Prämien zu löschen sind, ob die Beklagte die bereits eingezogenen Beträge zurückzuzahlen hat, und ob die Klägerin zur Entrichtung von Prämien für den fraglichen Bau verpflichtet ist, nicht berufen; vielmehr konnte die

Klägerin eine Entscheidung hierüber nur auf dem in § 26 des Bauunfallversicherungsgesetzes bezeichneten Wege herbeiführen.

Unter Aufhebung des angefochtenen und unter Abänderung des ersten Urteiles war deshalb die Klage wegen Unzulässigkeit des Rechtsweges abzuweisen." ...

RGZ. 61, 164.

Kann die Berufsgenossenschaft bezüglich der nach § 98 des Gewerbe-Unfallversicherungsgesetzes vom 6. Juli 1884 — § 140 des Gewerbe-Unfallversicherungsgesetzes vom 5. Juli 1900*) — auf sie übergegangenen Ersatzansprüche aus § 1 des Haftpflichtgesetzes vom 7. Juni 1871 Klage auf Feststellung für den Fall, daß die Berufsgenossenschaft nachträglich von dem Verletzen aus dem Unfallversicherungsgesetz in Anspruch genommen würde, und mit der Wirkung, daß die Verjährung unterbrochen wird, erheben?

VI. Zivilsenat. Urt. v. 29. Juni 1905.

I. Landgericht Königsberg. — II. Oberlandesgericht daselbst.

Am 16. Oktober 1899 wurde durch Entgleisung eines Arbeiterzuges auf einer damals noch im Bau befindlichen Eisenbahnstrecke eine größere Anzahl bei der klagenden Berufsgenossenschaft versicherter Arbeiter und Arbeiterinnen verletzt, einer getötet. Die Klägerin nahm den verklagten Fiskus aus § 98 des Unfallversicherungsgesetzes vom 6. Juli 1884 und § 1 des Haftpflichtgesetzes auf Ersatz der Aufwendungen, welche sie wegen des Unfalles gemacht habe und noch zu machen haben würde, in Anspruch, und der Beklagte wurde verurteilt, der Klägerin die an neun Verletzte und die Hinterbliebenen des Getöteten von ihr gemachten, bzw. noch zu machenden Aufwendungen zu ersetzen. Dagegen wies das Berufungsgericht die Klägerin mit dem weitergehenden Antrage auf Feststellung der Ersatzpflicht des Beklagten hinsichtlich der Leistungen, welche sie an die übrigen bei dem Unfalle verletzten 21 Personen etwa noch zu machen haben würde, ab. Auf Revision der Klägerin ist das Berufungsurteil aufgehoben und die Sache an die Instanz zurückverwiesen worden.

Aus den Gründen:

... „Daß von seiten dieser übrigen 21 Personen bisher irgendwelche Entschädigungsansprüche aus dem Unfall erhoben worden seien, hat die Klägerin in der Schlußverhandlung ... nicht geltend zu machen

*) Vgl. jetzt RVersO. § 1542.

vermocht. Das Berufungsgericht hat deshalb das Verlangen der Klägerin nach dieser Richtung abgewiesen. Es handele sich — so führen die Gründe aus — hierbei nicht um den von seiten des Beklagten unbestritten gebliebenen Betrag des Klaganspruchs; vielmehr komme für diesen Teil des Klagantrags in erster Reihe der Anspruchsgrund, den Beklagter allgemein bestritten habe, in Betracht. Nach dieser Richtung hätte Klägerin darlegen müssen, daß jene 21 Personen bei dem Unfall Verletzungen und infolge derselben einen Vermögensschaden erlitten haben, der eine Ersatzverbindlichkeit der Klägerin zu begründen geeignet sei. So habe die Klägerin ihren fraglichen Teilantrag nicht zu substanziieren vermocht. Dabei gehe aus ihren Anführungen hervor, daß während des weiteren seit dem Unfalle verstrichenen Zeitraumes von fast 5 Jahren keine einzige jener 21 Personen mit Entschädigungsforderungen an die Klägerin herangetreten sei. Hiernach dürfe aber mit Grund vermutet werden, daß der Unfall für jene 21 Personen Aufwendungen, wofür die Klägerin vergütungspflichtig wäre, nicht zur Folge gehabt habe und nicht zur Folge haben werde, bzw. daß, insoweit Verletzungen, die mit Unkosten verknüpft waren, vorgekommen seien, von den Betroffenen auf eine Inanspruchnahme der Klägerin verzichtet sei. Daß noch künftig für irgendeine jener 21 Personen sich nachteilige, bisher nicht bemerkbar gewesene Folgen aus dem Unfall herausstellen werden, wofür Klägerin aufkommen müßte, sei nicht wohl anzunehmen. Sollte der Fall gleichwohl eintreten, so werde auch für die Klägerin die Möglichkeit eines Regresses an den Beklagten offen bleiben. Dagegen könne jener Gesichtspunkt einen gegenwärtigen Feststellungsanspruch, der den Nachweis des Bestandes eines Rechtsverhältnisses erfordere, nicht rechtfertigen.

Die Revision wendet hiergegen ein: der Berufungsrichter übersehe bei seiner Begründung den § 8 des Haftpflichtgesetzes und die §§ 59 und 98 des Unfallversicherungsgesetzes vom 6. Juli 1884, wonach jene Verletzten die Klägerin auch nach Ablauf von zwei Jahren noch in Anspruch nehmen könnten, während der Regreßanspruch der Klägerin gegen den Beklagten verjährt sein würde. Hiernach liege für die Klägerin ein berechtigtes Interesse an alsbaldiger Feststellung der Ersatzpflicht des Beklagten vor. Es sei auch keineswegs so unwahrscheinlich, jedenfalls aber — was hier genüge — wohl möglich, daß nachträglich noch Ansprüche von einigen der 21 weiteren Verletzten an die Berufsgenossenschaft erhoben würden. Die Verletzungen seien zum Teil sehr erhebliche gewesen, und erfahrungsgemäß kämen häufig erst nach einer

Reihe von Jahren nachteilige Folgen für Gesundheit und Erwerbsfähigkeit zum Vorschein.

Diesem Revisionsangriff ist die Berechtigung nicht abzusprechen. Zunächst erhebt sich die Frage nach der prozessualen Zulässigkeit der erhobenen Feststellungsklage; sie ist aber zu bejahen. Den Gegenstand der beantragten Feststellung bildet ein Rechtsverhältnis im Sinne des § 256 ZPO. Nach der Behauptung der Klägerin sind die im Tatbestand erster Instanz namentlich aufgeführten 21 Personen bei dem Eisenbahnunfalle vom 16. Oktober 1899 am Körper verletzt worden, wie das in den vorgelegten Unfallsanzeigen angegeben ist. Trifft das zu, so ist jenen Personen ein Schadensersatzanspruch gegen den Beklagten nach Maßgabe von § 3 Ziff. 2, jetzt § 3 a, des Haftpflichtgesetzes vom 7. Juni 1871 erwachsen, der Anspruch auf Ersatz der Heilungskosten und der den Verletzten durch eine Aufhebung oder Minderung ihrer Erwerbsfähigkeit zugehenden Vermögensnachteile. Und nach § 98 des Gewerbe-Unfallversicherungsgesetzes vom 6. Juli 1884 (§ 140 des Gewerbe-Unfallversicherungsgesetzes vom 5. Juli 1900) und § 49 des Bau-Unfallversicherungsgesetzes vom 11. Juli 1887 (jetzt § 45 Abs. 2) ist die Forderung der Verletzten auf die Genossenschaft insoweit übergegangen, als die Verpflichtung der letzteren zur Entschädigung durch das Unfallversicherungsgesetz begründet ist, also soweit insbesondere durch § 5 (jetzt § 9) des Gewerbe-Unfallversicherungsgesetzes, §§ 6, 7 (jetzt §§ 9, 10) des Bau-Unfallversicherungsgesetzes jene Entschädigungspflicht der Genossenschaft bestimmt und begrenzt wird.

Möglich ist, daß eine Verpflichtung solcher Art für die Klägerin gegenüber diesem oder jenem der fraglichen 21 Verletzten bereits entstanden ist, die Schadensfolgen aus dem Unfall auch bisher objektiv eingetreten, nur zur Zeit unbekannt sind. Denkbar ist ferner, daß Unfallsfolgen, wie sie nach dem Unfallversicherungsgesetz zu vergüten wären, sich bis jetzt noch nicht herausgestellt haben — latent geblieben sind —, aber nachgängig sich einstellen, bzw. hervortreten werden. Kann die Klägerin wegen Schäden dieser Art von den Verletzten künftighin noch in Anspruch genommen werden, so besteht für sie insoweit ein Regreßanspruch nach § 98 (140) des Gewerbe-Unfallversicherungsgesetzes, nämlich der auf sie von Gesetzes wegen übergegangene Schadensersatzanspruch aus dem Haftpflichtgesetze. Hat man, wie der erkennende Senat kürzlich für den § 151 des Unfallversicherungsgesetzes für Land- und Forstwirtschaft vom 5. Juli 1900 und § 140 des neuen Gewerbe-Unfallversicherungsgesetzes ausgesprochen hat —

Urt. v. 26. Januar 1905 i. S. Z. w. Rhein. landwirtsch. Berufsgenossenschaft, Rep. VI. 99/04 —, den Rechtsübergang der zunächst in der Person des Verletzten zur Entstehung gelangten Forderung auf den Zeitpunkt ihrer Entstehung zurückzuverlegen, so wäre in einem Falle der vorliegenden Art ein Ersatzanspruch der Berufsgenossenschaft, wenigstens als ein bedingter, noch von dem Bestande der Entschädigungspflicht nach dem Unfallversicherungsgesetz abhängiger, Anspruch mit dem Eintritte des die Haftpflicht begründenden Ereignisses zur Existenz gelangt. Zum Unterschied von künftig möglicherweise entstehenden Rechtsverhältnissen oder bloßen Rechtsfragen, welche für solche Verhältnisse Bedeutung haben, können Gegenstand der Feststellung nach § 256 ZPO. auch nur bedingt oder betagt bestehende Rechtsverhältnisse sein, so die Verpflichtung zum Ersatze eines erst zu erwartenden Schadens.

Vgl. Gaupp-Stein, ZPO. § 256 Bem. II, 1, d u. Anm. 31 bis 33; Petersen-Remelé, ZPO. § 256 Bem. 11 S. 498; Seuffert, Komm. zur ZPO. 9. Aufl. zu § 256 Bem. 2; Entsch. des RG. in Zivils. Bd. 13 S. 374 flg., Bd. 49 S. 371 flg.

Es fehlt weiterhin auch nicht ein rechtliches Interesse der Klägerin daran, daß die Ersatzpflicht des Beklagten durch richterliche Entscheidung alsbald festgestellt werde. Ein solches Interesse liegt (abgesehen von dem etwaigen wirtschaftlichen Interesse der Klägerin an der — alsbaldigen und einheitlichen — Feststellung) namentlich in der dem fraglichen Anspruch drohenden Verjährung. Der auf die Klägerin übergegangene Anspruch aus dem Reichs-Haftpflichtgesetz verjährt nach § 8 dieses Gesetzes in zwei Jahren vom Tage des Unfalles an. Dieser Anfangspunkt ist absolut bestimmt, also der Beginn der Verjährung unabhängig davon, ob der Verletzte Kenntnis von dem Schaden erlangt hat, und gilt daher auch für solche Nachteile, welche sich erst später herausstellen oder fühlbar machen.

Vgl. Eger, Reichs-Haftpflichtgesetz 5. Aufl. zu § 8 Nr. 107 S. 551 flg., und die dort angef. Entscheidungen; Endemann, Haftpflicht S. 192; v. Weinrich, Die Haftpflicht wegen Körperverletzung usw. 2. Aufl. S. 162.

Die Erwägung des Berufungsgerichtes, daß der Klägerin ein Regreß an den Beklagten immer offen bleiben werde, ist insofern nicht zutreffend.

Auf der anderen Seite ist es rechtlich nicht ausgeschlossen, daß die Klägerin von einem der bei dem Unfall Verletzten noch jetzt aus dem

Unfall in Anspruch genommen werden kann. Nach § 59 Abs. 2 des Gewerbe-Unfallversicherungsgesetzes von 1884, § 72 Abs. 2 des Gewerbe-Unfallversicherungsgesetzes von 1900, und § 37 des Bau-Unfallversicherungsgesetzes ist auch nach Ablauf der zweijährigen Ausschlußfrist einer Anmeldung von seiten Entschädigungsberechtigter, für welche die Entschädigung nicht von Amts wegen festgestellt ist, dann noch Folge zu geben, wenn zugleich glaubhaft bescheinigt wird, daß eine einen Entschädigungsanspruch begründende Folge des Unfalles erst später bemerkbar geworden, oder daß der Entschädigungsberechtigte von der Verfolgung seines Anspruches durch außerhalb seines Willens liegende Verhältnisse abgehalten worden ist, und wenn die Anzeige innerhalb dreier Monate, nachdem eine Unfallsfolge bemerkbar geworden oder das Hindernis für die Anmeldung weggefallen, erfolgt ist.

Vgl. hierzu v. Woedtke-Caspar, Gewerbe-Unfallversicherungsgesetz 5. Aufl. zu § 72 Bem. 1, 2, 7, und wegen Anwendung der neuen Vorschrift auf ältere Unfälle aus der Zeit vor dem 1. Oktober 1900, Amtliche Nachrichten des RVA. 1901 Nr. 1833 S. 172 flg.

Diese Gesetzesvorschrift trifft namentlich auf den Fall zu, wo ein Betriebsunfall zwar angemeldet wurde, die Feststellung der Entschädigung aber deshalb unterblieben ist, weil eine mehr als dreizehnwöchige Erwerbsunfähigkeit nicht hat vorausgesehen werden können.

Der Berufsgenossenschaft muß angesichts dieser Rechtslage die rechtliche Möglichkeit gewährt sein, bezüglich des auf sie übergegangenen Haftpflichtanspruches den drohenden Ablauf der Verjährung nach § 8 des Haftpflichtgesetzes abzuwenden. Sie kann die Verjährung nach Maßgabe des § 209 BGB., vgl. mit Art. 169 Einf.-Ges. hierzu, also namentlich durch Klagerhebung, unterbrechen, wenn und soweit das dem durch den Unfall Verletzten selbst zustände. Diesem Zwecke dient auch die Feststellungsklage. Daß eine Klage auf präjudizielle Feststellung der Haftpflicht geeignet sei, die kurze Verjährung des Haftpflichtgesetzes zu unterbrechen, ist in früheren Urteilen des Reichsgerichts wiederholt anerkannt worden.

Vgl. Eger, Eisenbahnrechtliche Entscheidungen Bd. 2 S. 80, Bd. 3 S. 133, Bd. 6 S. 329, Bd. 16 S. 335.

Und das gleiche wird von einer Mehrzahl der Schriftsteller angenommen.

Vgl. v. Weinrich, a. a. O. S. 162; Westerkamp, in Endemanns Handb. Bd. 3 S. 705; Genzmer, Reichs-Haftpflichtgesetz S. 143 flg.; Reindl, Reichs-Haftpflichtgesetz zu § 8 Bem. 8

S. 209 flg.; gegen Eger, a. a. O. S. 562 flg. und Endemann, a. a. O. S. 195.

Es könnte nur im Hinblick auf die Fassung des § 209 Abs. 1 BGB., wo die Klage auf Feststellung „des Anspruches" der Leistungsklage ausdrücklich gleichgestellt ist, und auf die Voraussetzungen der Rechtshängigkeit des Anspruches (Entsch. des RG.s in Zivils. Bd. 57 S. 372 flg.) fraglich werden, welche Bedeutung und Tragweite für die Unterbrechung der Einzelforderungen einer Klage auf Feststellung des zugrunde liegenden abstrakten Schadensersatzrechtes beizumessen seien.

Vgl. Gaupp-Stein, ZPO. zu § 256 Bem. IV, 3; Seuffert, ZPO. 9. Aufl. zu § 267 Bem. 1 a S. 387; v. Staudinger, Komm. zum BGB. § 209 Bem. 3 S. 562.

Auf diese Frage braucht indes hier nicht weiter eingegangen zu werden. Es genügt für die Zulässigkeit der erhobenen Feststellungsklage, daß dieser die Rechtswirkung zukommen kann, die Verjährung hinsichtlich der Haftpflichtansprüche, soweit sie auf die Klägerin gesetzlich übergegangen sind, zu unterbrechen.

Eine andere und weitere Frage war allerdings die, ob die Feststellungsklage sich als sachlich gerechtfertigt erweise, ob von der Klägerin das behauptete Rechtsverhältnis als bestehend dargetan sei. Hierzu wird nicht erfordert, wofern es sich um bedingte oder betagte Ansprüche handelt, der Beweis, daß die Bedingung oder der Termin eingetreten ist, wohl aber der Nachweis der tatsächlichen und rechtlichen Grundlagen für die Entstehung des Anspruches. Im gegenwärtigen Fall müßte festgestellt sein, daß — was anscheinend auch jetzt noch nicht unstreitig ist — die betreffenden 21 Personen bei dem Eisenbahnunfall vom 16. Oktober 1899 körperliche Verletzungen erlitten haben, und daß sie gegen diesen Unfall auf Grund des Unfallversicherungsgesetzes bei der klagenden Berufsgenossenschaft versichert sind. Weiter wäre darzulegen, daß den Verletzten ein Vermögensnachteil von der Art, wie er nach dem Unfallversicherungsgesetze von der Klägerin zu vergüten sein würde, entstanden ist oder doch möglicherweise noch entstehen kann. Eine positive Feststellung, welche diese letztere Möglichkeit ausschließen würde, ist in den Gründen des Berufungsurteils nicht zu finden. Das Berufungsgericht erachtet es nur für unwahrscheinlich, daß die Klägerin noch jetzt von einer jener 21 Personen in Anspruch genommen werden könnte, läßt aber doch die gegenteilige Möglichkeit offen. Mag auch die Wahrscheinlichkeit einer nachträglichen Inanspruchnahme der Klägerin, nachdem seit der zu Anfang des Jahres 1901 erfolgten Klagerhebung eine Reihe von Jahren verstrichen ist, sich mehr und mehr verringert haben, so ist die Klägerin gegen die Eventualität, dem einen oder anderen der 21 Verletzten für erwachsene oder künftige Vermögensnachteile aufkommen zu müssen, nicht völlig gesichert, und angesichts der vorliegenden Unfallsanzeigen sowie des sonst im Prozesse erörterten Sachverhalts läßt sich auch nicht sagen, daß die Besorgnis der Klägerin des tatsächlichen Anhalts entbehre. Bei einer Klage wie der vorliegenden kann, wenn sie überhaupt prozeßrechtlich zulässig ist, *nicht ein bestimmtes Maß* von Wahrscheinlichkeit gefordert werden, sondern es muß auch schon der Nachweis einer nicht eben entfernt liegenden Möglichkeit künftiger Verwirklichung der Schadensersatzpflicht genügen." . . .

RGZ. 62, 145.

1. Inwiefern haftet die Eisenbahn für den Schaden, welchen ein durch den Bahnbetrieb scheu gemachtes Pferd angerichtet hat?

2. Wie ist bei einer Quotenteilung des Schadensersatzes gemäß § 254 BGB. der von der Berufsgenossenschaft auf Grund von § 151 Satz 2 des Unfallversicherungsgesetzes für Land- und Forstwirtschaft vom 5. Juli 1900*) geltend gemachte Schadensersatzanspruch zu bemessen?

VI. Zivilsenat. Urt. v. 11. Dezember 1905.

I. Landgericht Stettin. — II. Oberlandesgericht daselbst.

Der Landwirt Sch. erlitt am 10. Mai 1902 auf der Landstraße von Wollin nach Tessin dadurch einen Unfall, daß das Pferd an seinem Wagen, durch einen in gleicher Richtung vorbeifahrenden Eisenbahnzug scheu gemacht, den Wagen gegen einen Steinhaufen zog, wobei Sch. herausgeschleudert und verletzt wurde. Die Berufsgenossenschaft, welche dem Verletzten eine Rente von 140 M jährlich zu entrichten hatte, nahm gemäß § 151 Satz 2 des Unfallversicherungsgesetzes für Land- und Forstwirtschaft den verklagten Fiskus auf Ersatz der von ihr bezahlten und ferner zu bezahlenden Renten in Anspruch. Der erste Richter wies die Klage ab. Die Berufung der Klägerin wurde zurückgewiesen. Das Reichsgericht hat das Berufungsurteil aufgehoben und die Sache zur anderweiten Verhandlung und Entscheidung an das Berufungsgericht zurückverwiesen.

*) Vgl. jetzt § 1542 RVersO.

Aus den G r ü n d e n :

. . . „Den Einwendungen der Revision ist zu einem Teile die Berechtigung nicht abzusprechen. Allerdings ist der Verletzte Sch. nicht frei von Schuld; allein das Verhältnis dieses Verschuldens zu der von der verklagten Eisenbahn zu vertretenden Betriebsgefahr hat in dem Berufungsurteil eine der Sachlage entsprechende Beurteilung mit Rücksicht auf die §§ 24, 276 BGB. nicht gefunden. Die Eisenbahn haftet nach dem Grundsatze des § 1 des Haftpflichtgesetzes für alle durch den Betrieb verursachten Verletzungen, also auch für diejenigen, welche von einem durch die Einwirkung des Bahnbetriebes scheu gewordenen Tiere zugefügt sind, sofern der Eisenbahnunternehmer nicht nachweist, daß der Unfall durch höhere Gewalt oder durch eigenes Verschulden des Verletzten herbeigeführt ist. Es ist ein mit dem Eisenbahnbetriebe an sich verknüpftes und bei diesem mit einer gewissen Häufigkeit vorkommendes Ereignis, wenn Pferde infolge der von dem Bahnbetriebe auf sie einwirkenden plötzlichen oder heftigen Sinneseindrücke scheu oder doch unruhig werden.

Vgl. Entsch. des RG.s in Zivils. Bd. 53 S. 115; Urteil des Reichsgerichts vom 12. Mai 1902, Rep. VI. 71/02.

Und diese Betriebsgefahr ist naturgemäß um so größer, je näher die dem Bahnbetriebe einerseits und dem Fuhrwerksverkehr andererseits angewiesenen Wege sich berühren. Im gegenwärtigen Falle führt die Eisenbahn durch mehrere Kilometer dicht an der Chaussee entlang; nach dem landgerichtlichen Tatbestand beträgt die Entfernung an der Unfallstelle nur etwa 3 Meter. Die hieraus für den gewöhnlichen Fuhrverkehr etwa erwachsende oder hierdurch erhöhte Gefahr des Bahnbetriebes hat in erster Linie der Eisenbahnunternehmer zu vertreten. Die Eisenbahn kann sich nicht auf den Standpunkt stellen, daß Besitzer oder Lenker von Pferden, welche zum Scheuen geneigt oder dem Bahnbetriebe gegenüber besonders empfindlich sind, es deshalb ü b e r h a u p t unterlassen müßten, mit derartigen Tieren die Chaussee zu befahren. Die Landstraße ist für den Fuhrverkehr bestimmt, und die Eisenbahn darf nicht beanspruchen, daß jener Straßenverkehr sich überall nach der Bahn zu richten habe. Auf der anderen Seite ist freilich von dem Pferdebesitzer oder Kutscher zu verlangen, daß er nicht u n n ö t i g e r w e i s e ein „bahnscheues" Pferd den Einwirkungen des Bahnbetriebes aussetze, und daß, wenn er einmal veranlaßt ist, mit einem solchen Tiere in unmittelbarer Nähe der Bahn zu fahren, von ihm auf entsprechende Sicherungsmaßregeln Bedacht genommen werde, in eigenem Interesse, wie in dem des öffentlichen Verkehrs. Von diesen Gesichtspunkten aus kann dem Verletzten Sch. daraus allein, daß er mit einem, wie ihm bekannt, bahnscheuen Pferde auf der fraglichen Straße gefahren ist, noch nicht der Vorwurf einer Fahrlässigkeit gemacht werden. Es fragt sich nur, ob er im übrigen zur Vermeidung der Gefahr, deren er sich selbst sehr wohl bewußt war, das Seinige getan, die im Verkehr erforderliche Sorgfalt beobachtet habe. Dies ist nach den tatsächlichen Feststellungen des Berufungsurteils nicht der Fall." (Wird näher ausgeführt.) „Das ihm zur Last fallende Verschulden ist jedoch nach seiner kausalen wie subjektiven Bedeutung nicht als so schwerwiegend anzusehen, daß es bei Anwendung des § 254 BGB. gerechtfertigt erschiene, jeglichen Schadensersatzanspruch auszuschließen. Bei Abwägung gegenüber der vorliegend sehr erheblich gesteigerten Betriebsgefahr kommen mehrfache Umstände zugunsten des Verletzten in Betracht. . . .

Bei Würdigung aller dieser Umstände würde es als angemessen erscheinen, den Schaden zwischen dem Verletzten und der haftpflichtigen Eisenbahn hälftig zu teilen. Das Revisionsgericht ist jedoch bei dem gegenwärtigen Streitstand nicht in der Lage, in diesem Sinne sofort nach §§ 300, 301 oder 304 und § 565 Abs. 3 Nr. 1 ZPO. in der Sache selbst zu erkennen. Der Klagantrag ist (in der Berufungsinstanz) dahin gestellt worden, den Beklagten zu verurteilen: 1. an die Klägerin 137 M nebst Zinsen zu zahlen; 2. der Klägerin vom 1. August 1903 ab die Rente von monatlich 11,70 M zu erstatten, die sie an den Landwirt Sch. wegen seines Unfalls vom 10. Mai 1902 zu zahlen hat. Nun ist nach § 151 Satz 2 des Unfallversicherungsgesetzes für Land- und Forstwirtschaft der Anspruch des entschädigungsberechtigten Verletzten aus dem Haftpflichtgesetze nur eben insoweit auf die Berufsgenossenschaft (im Umfange ihrer durch jenes Gesetz begründeten Entschädigungspflicht) übergegangen, als im gegebenen Falle jener Anspruch dem Verletzten wirklich erwachsen ist. Wird also der Ersatzanspruch des Sch. gegen den verklagten Eisenbahnfiskus nur zur Hälfte für begründet erklärt, so bildet das die Grenze auch für den auf den gesetzlichen Rechtsübergang gestützten Anspruch der klagenden Berufsgenossenschaft. Ob sich das Klagebegehren innerhalb dieser Grenze bewegt, weiß man bis jetzt nicht sicher. Der Schaden, welchen der Verletzte gemäß § 3a des Haftpflichtgesetzes ersetzt verlangen kann, deckt sich nicht mit der von der Berufsgenossenschaft nach dem Unfallversicherungsgesetze zu leistenden Entschädigung. Das Unfallversicherungsgesetz für Land- und Forstwirtschaft legt der Berechnung der Rente für die Dauer der Erwerbsunfähigkeit zumeist einen durchschnittlichen Jahresarbeitsverdienst zugrunde (§§ 10, 11, 12 vgl. mit § 9) und gewährt hiervon als Vollrente bzw. Teilrente nur $66^{2}/_{3}$ Prozent oder den entsprechenden Teil dieses Satzes (§ 8 Abs. 2). Bei einer Quotenteilung des Schadens gemäß § 254 BGB. müßte für das Gericht, um dem Klagantrage entsprechen oder eine Vorabentscheidung nach § 304 ZPO. und zugleich eine Endentscheidung hinsichtlich des etwa nicht begründeten Teiles des Klaganspruchs treffen zu können, zunächst feststehen, ob der von der Klägerin geforderte Betrag die dem Verletzten zugebilligte Quote (hier also die Hälfte) des nach Maßgabe des Haftpflichtgesetzes zu ersetzenden Schadens übersteigt, oder nicht; denn letzterenfalls wäre der Klaganspruch voll begründet, während ersterenfalls die Klägerin mit der Mehrforderung abzuweisen sein würde. In diesem Punkte, der mithin auch den Grund des Klaganspruchs mit berührt, fehlt es für eine Entscheidung bis jetzt noch an der erforderlichen tatsächlichen Grundlage, welche in der Revisionsinstanz nicht ergänzt werden kann." . . .

RGZ. 62, 337.

Erstreckt sich die Rechtskraft eines dem § 304 ZPO. gemäß erlassenen Zwischenurteils auf die Frage, ob nicht ein Teil des auf Schadensersatz gerichteten Anspruchs nach § 57 Abs. 4 des Krankenverticherungsgesetzes von 1892*), bzw. nach § 54 des Invalidenversicherungsgesetzes von 1899*) oder nach § 140 GewUVG. von 1900*) auf eine Krankenkasse, Versicherungsanstalt oder Berufsgenossenschaft übergegangen sei?

VI. Zivilsenat. Urt. v. 29. Januar 1906.

I. Landgericht I Berlin. — II. Kammergericht daselbst.

In dieser Sache, in welcher das Reichsgericht früher über den Grund des Anspruchs die in Bd. 56 S. 154 flg. dieser Sammlung unter Nr. 38 abgedruckte Entscheidung erlassen hatte, wurde darauf vom Berufungsgerichte durch Urteil vom 29. Januar 1904 der Klaganspruch dem Grunde nach zu einem Viertel für berechtigt erklärt, während zu drei Vierteln die Klage abgewiesen wurde. Dieses Urteil wurde rechtskräftig. Sodann erkannte das Landgericht über den Betrag jenes Viertels; auf Berufung der Beklagten setzte das Kammergericht ihn aber erheblich

*) Vgl. jetzt § 1542 RVersO.

herab. Auf Revision des Klägers ist dieses Urteil aufgehoben und die Berufung der Beklagten zurückgewiesen worden aus den folgenden

Gründen:

. . . „Das Kammergericht hat die fraglichen Beträge deshalb dem Kläger aberkannt, weil der Anspruch auf die 82,50 M Heilungskosten nach § 57 Abs. 4 des Krankenversicherungsgesetzes vom 10. April 1892 auf eine Krankenkasse, und der Anspruch auf Jahresrente in Höhe von je 148,80 M nach § 140 GewUVG. auf eine Berufsgenossenschaft übergegangen sei, es dem Kläger also *insoweit an der Aktivlegitimation* fehle. Zunächst hat hierbei das Kammergericht im Sinne von § 554 Abs. 2 Nr. 3 ZPO. in der Fassung von 1898 insofern prozessual verstoßen, als es unterstellt, daß der Kläger eine Unfallrente in Höhe von 148,80 M von irgendeiner Berufsgenossenschaft beziehe, während dies gar nicht behauptet war, vielmehr die Parteien darüber einverstanden waren, daß der Kläger in Anlaß seines Unfalles seit dem 15. August 1901 eine jährliche Invalidenrente von 148,80 M von der Landesversicherungsanstalt Berlin beziehe. Indessen würde dieser Umstand nicht zur Aufhebung des Berufungsurteils in dem entsprechenden Umfange haben führen können, da sich eine dem § 140 GewUVG. vom 30. Juni/5. Juli 1900 ... ganz entsprechende Bestimmung über den Übergang der gegen Dritte begründeten gesetzlichen Schadensersatzansprüche auch in § 54 des Invalidenversicherungsgesetzes vom 13. Juli/19. Juli 1899 findet, und daher insoweit nach § 563 ZPO. Anlaß zur Aufrechterhaltung des vorigen Urteils gegeben gewesen wäre. Inwieweit ferner etwa ein Aufhebungsgrund darin gefunden werden könnte, daß der Übergang des Rentenanspruches in Höhe von 148,80 M allein daraufhin angenommen worden ist, daß unter den Parteien feststand, der Kläger beziehe eine Invalidenrente in dieser Höhe, während es doch nach § 54 des Invalidenversicherungsgesetzes (und entsprechend nach § 140 GewUVG.), anders als nach § 57 Abs. 4 des Krankenversicherungsgesetzes, eigentlich nicht hierauf, dagegen darauf ankommt, daß der Verletzte zum Bezuge einer Invalidenrente (bzw. einer Unfallrente) berechtigt sei, kann dahingestellt bleiben. Denn das Berufungsurteil ist in seinem ganzen Umfange deshalb unhaltbar, weil es gegen die Rechtskraft der Entscheidung vom 29. Januar 1904, daß der erhobene Klaganspruch dem Grunde nach zu einem Viertel berechtigt sei, verstößt. Auch bei der Frage, ob ein gesetzlicher Schadensersatzanspruch nach den Bestimmungen der Versicherungsgesetze auf eine Kasse oder Anstalt usw. ganz oder teilweise übergegangen sei, handelt es sich um den Grund, nicht um den Betrag des Anspruchs; soweit der Kläger infolge eines solchen Überganges nicht aktiv legitimiert ist, ist ihm der Anspruch auch dem Grunde nach teilweise abzusprechen, wenn auch eben nur dem Grunde nach, also durch Hinzufügung einer Einschränkung zu dem gemäß § 304 ZPO. ergehenden Zwischenurteile. Daher muß der Beklagte schon in dem Verfahren über den Grund die betreffende Einwendung, wenn er sie nicht verlieren will, vorbringen, bzw. der Richter, wenn er überhaupt Anlaß dazu hat, schon in diesem Verfahren darauf bezügliche Fragen stellen. Möglicherweise könnte in einem Falle wie dem vorliegenden, wo der Klaganspruch dem Grunde nach ohne jede Einschränkung rechtskräftig für berechtigt erklärt ist, unter Umständen einmal der § 767 ZPO. eingreifen; hier braucht darauf deshalb nicht weiter eingegangen zu werden, weil nach den Tatbeständen der in den vorigen Instanzen ergangenen Urteile schon feststeht, daß die Voraussetzung des Abs. 2 das., daß die Gründe der fraglichen Einwendungen erst nachträglich entstanden wären, hier nicht vorliegt.

Mithin mußte nach § 564 Abs. 1 ZPO. das angefochtene Urteil aufgehoben werden. Da gegen die im Berufungsurteile zugrunde gelegte, mit der vom Landgericht bewirkten übereinstimmende Bemessung der vollen Schadensersatzbeträge rechtliche Bedenken nicht zu erheben waren, so mußte nach § 565 Abs. 3 Nr. 1 ZPO. sofort in der Sache erkannt, und zwar die Berufung der Beklagten gegen das landgerichtliche Urteil zurückgewiesen werden."

RGZ. 65, 113.

1. Anwendung der §§ 276, 31, 89, 278 BGB. auf die Erfüllung von Verbindlichkeiten aus öffentlich-rechtlichen Verhältnissen.

2. Rechtsverhältnis der Berufsgenossenschaften zum Reichspostfiskus auf Grund des § 97 des Gewerbe-Unfallversicherungsgesetzes*). Verpflichtung der Berufsgenossenschaften, behufs Verhütung eines den Postfiskus schädigenden Mißbrauchs für eine tunlichst sichere Aufbewahrung der im Geldanweisungsverkehr verwendeten Formulare, Stempel und Siegel zu sorgen.

VI. Zivilsenat. Urt. v. 24. Januar 1907.

I. Landgericht I Berlin. — II. Kammergericht daselbst.

Der Kläger hatte in der Zeit vom August 1902 bis zum Februar 1903 in fünf Fällen insgesamt 4361,40 M auf Anweisungen ausge-

*) Jetzt § 726 RVersO.

zahlt, von denen er glaubte, daß sie von der Beklagten auf Grund von § 97 des GewUVG. ausgestellt worden seien, während sie von einem Angestellten der Beklagten, dem Schreiber Br., unter Benutzung von Anweisungsformularen, auf denen er die Namen des Vorsitzenden des Vorstandes Me. und des Verwaltungsdirektors Ma. täuschend ähnlich nachgemacht hatte, widerrechtlich angefertigt und unter Benutzung von Briefumschlägen der Beklagten an die Kaiserliche Oberpostdirektion zu Berlin, Rentenerhebungsstelle, gesendet worden waren. Um einer Entdeckung der Fälschungen bei Erhebung des Geldes vorzubeugen, hatte er sowohl diese Formulare, wie die Quittungsformulare, auf die er eigenhändig die Unterschrift des fälschlich bezeichneten Rentenempfängers gesetzt hatte, mit dem Gummistempel der Beklagten „Beglaubigung erlassen, Norddeutsche Textilberufsgenossenschaft" versehen. Der Kläger forderte von der Beklagten Ersatz jenes Betrages, mit der Begründung, daß die Betrügereien des Br. nur durch den Mangel aller Vorsichtsmaßregeln auf seiten der Beklagten selbst und ihrer Angestellten bei der Aufbewahrung der Formulare, Stempel und Siegel, sowie des Anweisungsjournals und der Abrechnungen mit den Belegen möglich geworden seien; daß daher die Beklagte nach Maßgabe der §§ 31, 89, 276, 278, eventuell 823 BGB. zum Ersatze des dem Kläger durch jene Betrügereien verursachten Schadens verpflichtet sei.

Das Landgericht wies die Klage ab, das Kammergericht die Berufung zurück. Auf Revision des Klägers ist das Berufungsurteil aufgehoben, und die Sache an das Berufungsgericht zurückverwiesen worden, aus folgenden

Gründen:

„Das Berufungsgericht verneint eine vertragsmäßige Verpflichtung der Beklagten zur Erstattung der vom Kläger gezahlten Beträge. Die auf § 97 GewUVG. beruhende öffentlichrechtliche Verpflichtung des Klägers schließe ein allgemeines und dauerndes, nach bürgerlichem Rechte zu beurteilendes Schuldverhältnis nicht in sich. Es könne daher nicht davon die Rede sein, daß die Beklagte die Verpflichtungen aus einem bestehenden Schuldverhältnis fahrlässig verletzt, oder daß sie sich des Br. zur Erfüllung einer Verbindlichkeit bedient habe und darum dessen Verschulden vertreten müsse. Auch auf § 823 BGB. lasse sich die Klage nicht stützen, da nicht das Eigentum oder ein sonstiges Recht des Klägers verletzt sei, sondern sein Vermögen, und eine allgemeine Haftung für fahrlässig verursachten Vermögensschaden nicht bestehe. Es lasse sich schließlich aber auch bei Richtigkeit der vom Kläger behaupteten Einzelheiten nicht feststellen, daß die Beklagte die erforderliche Sorgfalt nicht beobachtet habe. Einer mißbräuchlichen Verwendung von Formularen und Stempeln werde sich bei Behörden, Berufsgenossenschaften usw. nie gänzlich vorbeugen lassen, und die Beklagte habe diesen Mißbrauch in den vorgekommenen Fällen keineswegs besonders erleichtert.

Die Revision führt hiergegen folgendes an. Wenn auch mit Rücksicht auf die Zwecke der Gewerbeunfallversicherung die Vorschriften des Gewerbe-Unfallversicherungsgesetzes auf dem öffentlichen Interesse beruhten, und ihnen insofern ein öffentlichrechtlicher Charakter zukommen möge, so schließe dies doch die Anwendung des bürgerlichen Rechts auf die besonderen durch das Gesetz begründeten Rechtsverhältnisse nicht aus. Demgemäß sei auch das durch § 97 jenes Gesetzes begründete Rechtsverhältnis der Parteien in seinen Wirkungen nach dem Charakter und dem Wesen der aus § 97 sich ergebenden gegenseitigen Rechte und Pflichten zu beurteilen. Daß es nicht durch Vertrag, sondern durch das Gesetz begründet sei, stehe der Anwendung der §§ 276, 278 BGB. nicht entgegen, da diese Vorschriften auf Schuldverhältnisse überhaupt, und nicht nur auf solche aus Verträgen Anwendung fänden. Jene Rechte und Pflichten seien wesentlich privatrechtlicher bzw. vermögensrechtlicher Natur, hinsichtlich deren das Unfallversicherungsgesetz besondere Bestimmungen nicht enthalte. Das dadurch entstandene Rechtsverhältnis beschränke sich aber nicht auf die speziellen Schuldverhältnisse, die durch die Ausstellung und Auszahlung der einzelnen Anweisungen von Fall zu Fall entständen, sondern sei ein dauerndes, das nach den im bürgerlichen Rechte geltenden Grundsätzen als ein allgemein auf die Auszahlung aller auf Grund des Gesetzes zu leistenden und von der Genossenschaft den Empfangsberechtigten angewiesenen Entschädigungen gerichteter Auftrag zu beurteilen sei. Daß die Beklagte sich des Br. zur Erfüllung einer ihr gegen den Kläger obliegenden Verbindlichkeit, insbesondere der zur Aufbewahrung von Formularen usw., bedient habe, habe der Kläger gar nicht behauptet, sondern die Vernachlässigung dieser Pflicht den verfassungsmäßigen Vertretern der Beklagten und den Personen, deren diese sich zur Erfüllung der ihr hinsichtlich der bezeichneten Gegenstände dem Kläger gegenüber obliegenden Verpflichtung bedient habe, insbesondere dem Bürovorsteher Ö. und dem Verwaltungsdirektor Ma., zur Last gelegt. Die fernere Annahme des Berufungsgerichts, daß auch unter Voraussetzung der Richtigkeit der vom Kläger behaupteten Einzelheiten sich nicht feststellen lasse, daß die Beklagte die erforderliche Sorgfalt nicht beobachtet habe, lasse die Berücksichtigung der vom Kläger geltend gemachten Gesichtspunkte und Tatsachen völlig vermissen; insbesondere habe das Berufungsgericht nicht berücksichtigt, welche Sorgfalt mit Rücksicht auf den hier in Betracht kommenden Geldanweisungsverkehr der Beklagten oblag, und ob nicht ihre Vertreter und die bezeichneten Angestellten die Gefährlichkeit der ihnen zur Last gelegten Unterlassungen hätten erkennen müssen. Wenn auch die Berufsgenossenschaften nicht in der Lage sein sollten, der Gefahr einer mißbräuchlichen Verwendung der in diesem Verkehr hergebrachterweise von ihnen benutzten Formulare usw., insbesondere einem Mißbrauch ihrer Angestellten, zur Täuschung der Postverwaltung gänzlich vorzubeugen, so seien sie doch nach den Grundsätzen von Treu und Glauben verpflichtet, der Gefahr eines solchen Mißbrauchs durch Anwendung tunlichster Sorgfalt bei Verwahrung der Formulare usw. soweit wie möglich vorzubeugen. In dieser Beziehung habe es das Berufungsgericht an jeder Prüfung und Erörterung fehlen lassen. Schließlich stellt die Revision noch zur Erwägung, ob der Ausführung des Berufungsgerichts, daß § 823 BGB. nicht anwendbar sei, beigetreten werden könne, da die Verletzung des Eigentums an den Postkassengeldern, mithin eines durch jene Vorschrift geschützten Rechtes, vorliege.

Diese letztere Auffassung der Revision ist allerdings ohne weiteres abzulehnen; dagegen ist im übrigen ihren Ausführungen im wesentlichen beizupflichten. Zwar ist es richtig, daß der Verpflichtung des Klägers, auf Grund der von der Beklagten ausgestellten Anweisungen Zahlung zu leisten, nicht ein privatrechtliches Schuldverhältnis zugrunde liegt. Vielmehr ist es lediglich das Gesetz (§ 97 GewUVG.), das diese Verpflichtung ihm auferlegt; es handelt sich daher nicht um ein privatrechtliches Auftragsverhältnis, sondern „um einen durch das „öffentliche Recht bestimmten Eintritt eines Rechtssubjekts an Stelle eines anderen zur Erfüllung der prinzipiell diesem obliegenden sozialpolitischen Leistungspflicht" (Rosin, Das Recht der Arbeiterversicherung Bd. 1 S. 478 flg.). Ebensowenig wie die anweisende Berufsgenossenschaft die Postverwaltung zur Zahlung des angewiesenen Betrages im Wege der Klage zwingen kann, sondern ihr in dieser Beziehung nur ein Beschwerderecht zusteht, ebensowenig tritt der geordnete Rechtsweg ein, wenn die Berufsgenossenschaft die im Laufe eines Rechnungsjahres auf ihre Anweisungen gezahlten Beträge der Postverwaltung zu ersetzen sich weigert, sondern es hat das Versicherungsamt, unter dessen Aufsicht sie steht, gegen sie ohne weiteres das Zwangsbeitreibungsverfahren einzuleiten (GewUVG. § 106). Gleichwohl ist der Revision darin beizutreten, daß auch öffentlichrechtliche Verhältnisse Rechte und Verbindlichkeiten erzeugen, die unter analoger Anwendung der Vorschriften des bürgerlichen Rechtes zu beurteilen sind, und deren Verletzung zum Ersatze des dadurch dem anderen Teile zugefügten Schadens nach eben diesen Vorschriften verpflichtet. Zu dieser Auffassung wird man schon durch die Erwägung gedrängt, daß, wenn die analoge Anwendung des bürgerlichen Rechtes ausgeschlossen wäre, dann der Rechtsweg überhaupt unzulässig sein müßte. Der Anspruch auf Ersatz des Schadens, der durch die Verletzung einer öffentlichrechtlichen Pflicht entsteht, ist aber regelmäßig im geordneten Rechtswege zu verfolgen und nach den Vorschriften des bürgerlichen Rechtes zu beurteilen. Soweit sich aus dem Gesetze nicht etwas anderes ergibt, sind auf das Rechtsverhältnis der Parteien die Vorschriften des Bürgerlichen Gesetzbuches analog anzuwenden; nach ihnen ist das Maß der Sorgfalt zu beurteilen, das die Parteien in ihren Beziehungen zueinander, insbesondere im Geldanweisungsverkehr, zu betätigen haben. Besteht eine Pflicht der Beklagten dem Kläger gegenüber, für eine Aufbewahrung der Formulare, Stempel, Siegel usw. in der Weise zu sorgen, daß damit kein Mißbrauch getrieben werden kann, der zu einer Schädigung des Klägers führen würde, so muß daher auch ihre Verletzung die Beklagte zum Ersatze des dadurch dem Kläger entstandenen Schadens nach Maßgabe der analog anzuwendenden Vorschriften der §§ 276, 31, 89, 278 BGB. verpflichten.

Nun kann es keinem begründeten Zweifel unterliegen, daß eine solche Aufbewahrungspflicht der Beklagten dem Kläger gegenüber an sich besteht; der Kläger, den das Gesetz verpflichtet, gemäß der von der Beklagten ausgestellten Anweisungen Zahlung zu leisten, kann verlangen, daß die Beklagte Einrichtungen trifft, die die möglichste Gewähr dafür bieten, daß die ihm in der üblichen Weise zugehenden Anweisungen auch wirklich von ihr ausgestellt sind. Dazu gehört auch die sichere Aufbewahrung der Formulare, der Stempel, Siegel usw., und mit Recht macht die Revision geltend, daß es hierzu nicht erst einer Verfügung des Reichsversicherungsamtes bedurfte, wie sie in dessen Rundschreiben vom 30. September 1905 erlassen worden ist. Denn gerade die mißbräuchliche Benutzung der Formulare, besonders aber auch des den Erlaß der Beglaubigung der Quittung ausdrückenden Stempels von seiten des mit der Benutzung dieser Gegenstände nicht unmittelbar betrauten Angestellten der Beklagten konnte, wie auch die von Br. begangenen Fälschungen beweisen, zu einer Schädigung des Klägers führen, der die Beklagte tunlichst vorzubeugen verpflichtet war. Allerdings läßt sich eine solche Aufbewahrungspflicht nicht abstrakt annehmen, es ist zu prüfen, inwieweit eine jeden Mißbrauch ausschließende oder doch erschwerende Aufbewahrung sich mit einem geordneten Geschäftsgange vereinigen läßt, und es ist zu erörtern, wie sich der Geschäftsgang bei der Ausfüllung und Absendung der Zahlungsanweisungen sowie der Quittungsformulare im einzelnen abwickelt, welche Bedeutung die einzelnen Akte haben, und welches Maß von Sorgfalt bei ihnen anzuwenden ist. Erst auf Grund einer solchen Prüfung und Erörterung läßt sich der Umfang der Aufbewahrungspflicht beurteilen, und die Frage beantworten, ob diese Verpflichtung verletzt worden ist, ob sie zur Schädigung des Klägers geführt hat, und ob ein Verschulden der verfassungsmäßigen Vertreter der Beklagten (§§ 31, 89 BGB.) oder ein solches derjenigen Personen, deren sie sich zur Erfüllung ihrer Aufbewahrungspflicht bedient hat (§ 278 BGB.), vorliegt.

Das Berufungsgericht hat es an einer solchen Erörterung und Prüfung vollständig fehlen lassen. Seine Annahme, daß sich auch bei Richtigkeit der vom Kläger behaupteten Einzelheiten nicht feststellen lasse, daß die Beklagte die erforderliche Sorgfalt nicht beobachtet habe, ist ohne jede Begründung geblieben; eine solche läßt sich überhaupt nicht geben ohne ein genaues Eingehen auf jene Einzelheiten. Die weitere Annahme, einer mißbräuchlichen Verwendung von Formularen usw. werde sich bei Behörden, Berufsgenossenschaften usw. nie gänzlich vorbeugen lassen, beweist nichts dagegen, daß bei Betätigung einer Sorgfalt, wie sie der Geldanweisungsverkehr erfordert, die in Rede stehenden Fälschungen vermieden worden wären, und der Meinung endlich, daß die Beklagte einen solchen Mißbrauch in den vorgekommenen Fällen keineswegs besonders erleichtert habe, fehlt jede tatsächliche Unterlage, solange nicht übersehen werden kann, welche Einrichtungen von der Beklagten getroffen werden, ob bei Beibehaltung eines geordneten Geschäftsgangs von ihr noch weitergehende Maßregeln gefordert werden konnten, und ob ihre Anordnungen von ihren Angestellten befolgt worden sind." . . .

RGZ. 65, 204.+

1. Steht dem in einem städtischen Gaswerke beschäftigten und versicherten Arbeiter, der einen Betriebsunfall in einem der Stadt gehörigen Schulgebäude infolge einer mangelhaften baulichen Einrichtung des Gebäudes erlitten hat, auf Grund des § 140 Satz 1 des Gewerbe-

Unfallversicherungsgesetzes*) ein Entschädigungsanspruch gegen die Stadtgemeinde zu?

2. Haftet die Gemeinde der Berufsgenossenschaft, die wegen eines solchen Betriebsunfalles entschädigungspflichtig geworden ist, für deren Aufwendungen aus § 136) des genannten Gesetzes?**

VI. Zivilsenat. Urt. v. 21. Februar 1907.

I. Landgericht Düsseldorf. — II. Oberlandesgericht Köln.

Am 8. Dezember 1903 führte der Gasarbeiter N. von Krefeld, der in Diensten des Gas- und Wasserwerkes der Beklagten stand und bei der Klägerin versichert war, in dem Erdgeschoß eines Volksschulgebäudes der Beklagten eine Rohrverlegung aus. Nach Beendigung der Arbeit begab er sich auf den Dachboden des Gebäudes, um einen dort beschäftigten Gasarbeiter zu bitten, die vorgeschriebene Bestätigung über seine Arbeitsleistung von dem — gerade abwesenden — Rektor der Schule unterschreiben zu lassen. Sofort nach Betreten des Bodens stürzte N. in einen nur mit einer Fensterscheibe bedeckten Lichtschacht hinab und verstarb an den dabei erlittenen Verletzungen nach wenigen Stunden. Die Klägerin erachtete einen Betriebsunfall als gegeben und setzte gemäß der Vorschriften des Gewerbe-Unfallversicherungsgesetzes die Entschädigung für die Witwe und Kinder des Verunglückten fest. Sie erhob dann gegen die Beklagte Klage auf Erstattung des bis Ende Januar 1905 den Hinterbliebenen N.s entrichteten Betrages und auf Feststellung, daß die Beklagte verpflichtet sei, die an die Witwe N. vom 1. Februar 1905 ab zu zahlende Rente der Klägerin zu ersetzen.

Das Oberlandesgericht wies die Klage, der vom Landgericht stattgegeben war, ab.

Die Revision ist zurückgewiesen worden aus folgenden

Gründen:

„Die Revision hat in erster Linie Verletzung des § 140 GewUVG. gerügt, weil der auf die Klägerin übergegangene Entschädigungsanspruch der Hinterbliebenen des Versicherten sich gegen die Beklagte nicht als Betriebsunternehmerin des städtischen Gaswerkes, sondern als Eigentümerin des Volksschulgebäudes richte, die Beklagte in letzterer Eigenschaft mithin Dritte im Sinne des § 140 sei.

Der Angriff konnte keinen Erfolg haben.

Das Reichsgericht hat unter dem Gewerbe-Unfallversicherungsgesetz vom 6. Juli 1884 wiederholt Stellung zu der Frage genommen,

*) § 1542 RVO. **) § 903 RVO.

ob in dem Falle, wo der Arbeiter in einem Betriebe verletzt wurde, in dem er nicht beschäftigt war, der Unternehmer dieses Betriebes als Dritter gemäß § 98 jenes Gesetzes zu betrachten sei, wenn er zugleich der Unternehmer des Beschäftigungsbetriebes war. Die Frage ist verneint; der Anspruch des Arbeiters auf Ersatz seines die Unfallrente übersteigenden Schadens gegen den Unternehmer ist abgewiesen worden (Entsch. des RG.s in Zivils. Bd. 21 S. 51, Bd. 31 S. 79; vgl. Bd. 34 S. 70). Die erneute Prüfung unter der Herrschaft des Gewerbe-Unfallversicherungsgesetzes vom 5. Juli 1900, die sich in dem gegenwärtigen Fall auch darauf zu erstrecken hatte, ob das gleiche gilt, wenn der Arbeiter den Betriebsunfall nicht in einem ihm fremden Betriebe desselben Unternehmers, sondern durch eine von dem Unternehmer zu vertretende unerlaubte Handlung irgendwelcher Art erlitten hat, konnte zu keinem anderen Ergebnis führen.

... Immer steht der Wortlaut des § 140 der von der Revision versuchten Auslegung als Schranke entgegen. Ist der in den §§ 135 und 136 bezeichnete Betriebsunternehmer eine und dieselbe Person mit dem Entschädigungspflichtigen, so kann dieser niemals eine dritte, d. h. eine von dem Betriebsunternehmer verschiedene, Person sein. Deshalb ist es auch gleichgültig, ob der Unternehmer den Betriebsunfall in einem versicherungspflichtigen Betriebe, wenn auch nicht in dem, in dem der verletzte Arbeiter versichert war, oder außerhalb eines solchen Betriebes, als Eigentümer eines Grundstücks oder einer anderen Anlage oder sonstwie durch eine unerlaubte Handlung, als Tierhalter oder durch eine, wie der Betrieb einer Eisenbahn, von Gesetzes wegen zum Schadensersatz verpflichtende Tätigkeit, herbeigeführt hat. Die Entbindung des Unternehmers von der Haftpflicht findet in allen diesen Fällen darin ihre Rechtfertigung, daß es ein Betriebsunfall, d. h. ein mit dem Beschäftigungsbetrieb des von ihm versicherten Arbeiters unmittelbar oder mittelbar zusammenhängender Unfall, ist, wegen dessen er belangt werden soll.

Allerdings ist nicht zu verkennen, daß § 140 in seiner dermaligen Fassung dann, wenn dem Unternehmer ein Verschulden außerhalb des Beschäftigungsbetriebes zur Last fällt, Härten für den verletzten Arbeiter mit sich führen kann. Dies hängt mit der weiten Ausdehnung zusammen, die die Rechtsprechung des Reichsversicherungsamtes dem Begriffe des Betriebsunfalles gegeben hat.

Vgl. v. Woedtke-Caspar, 5. Aufl. § 1 Bem. 9, und Handbuch der Unfallversicherung S. 32 flg., 51, 53 flg.

Diese Ausdehnung kommt an sich den Arbeitern zugute. Sie erhalten auch für Unfälle, die nur in losem Zusammenhange mit dem Beschäftigungsbetriebe stehen, und selbst bei eigener Fahrlässigkeit von der Berufsgenossenschaft die gesetzliche Rente, während sie nach dem gemeinen Rechte eine Entschädigung gegen den Unternehmer nur mittels des Nachweises einer unerlaubten Handlung oder der Haftung ex lege, d. h. in der Mehrzahl der Fälle überhaupt nicht, erstreiten könnten. Auf der anderen Seite müssen sie sich freilich in den Fällen, wo ein Schadensersatzanspruch gegen den Unternehmer erweislich wäre, mit der Unfallrente begnügen.

Ebenso müssen die Berufsgenossenschaften bei Versagung des Ersatzanspruchs aus § 140 Satz 2 die Aufwendungen für den Verletzten bei derartigen Betriebsunfällen endgültig selbst tragen, ohne daß sie Deckung durch die Beiträge werden finden können, die der Unternehmer, der der Urheber des Unfalles war, nach § 29 zu leisten hat. Denn diese Beiträge bestimmen sich lediglich nach den von dem Unternehmer gezahlten Löhnen, sowie nach dem Gefahrentarif. Bei der Einreihung des Betriebes in eine Gefahrenklasse möchte es aber nicht leicht möglich sein, Betriebsunfälle, die sich aus dem Beschäftigungsbetriebe selbst nicht ergeben, daher kaum vorhersehbar sind, in Rechnung zu ziehen, wie denn auch die Berufsgenossenschaften außerstande sind, durch Unfallverhütungsvorschriften (§ 112) solche Unfälle hintanzuhalten.

Es ist ferner nicht übersehen worden, daß § 140 für die Großunternehmungen, die eine Vielzahl von gewerblichen Betrieben, Anlagen und Einrichtungen umfassen, namentlich für die Privatwirtschaft treibenden Körperschaften des öffentlichen Rechtes, Gemeinden und den Fiskus, eine Bevorzugung in sich schließt mit der Wirkung, daß noch mehr als gegenüber dem Unternehmer des Einzelbetriebes die Entschädigungsforderungen der Arbeiter und die Ersatzansprüche der Berufsgenossenschaften Eintrag erleiden. Denn wenn sich diese Mehrzahl von Unternehmungen in verschiedene selbständige Betriebe spaltete, so wären deren Unternehmer gegebenenfalls im Verhältnis zu dem Unternehmer des Beschäftigungsbetriebes Dritte und als solche dem Verletzten haft-, der Genossenschaft ersatzpflichtig.

Endlich folgt aus § 140 eine Ungleichheit in der Haftung der Unternehmer und ihrer in §§ 135 und 136 bezeichneten Beauftragten. Grundsätzlich sollen die Beauftragten nicht weiter haften als der Unternehmer. Wird aber ein Arbeiter in einem ihm fremden Betriebe desselben Unternehmers durch Verschulden von Beauftragten, die in diesem Betriebe angestellt sind, verletzt, so haften die Beauftragten als Dritte nach § 140; der Unternehmer selbst bleibt jedoch haftfrei.

Ob diese Bedenken den Gesetzgeber hätten veranlassen können, bei der Änderung des Gewerbe-Unfallversicherungsgesetzes dem § 140 eine Fassung zu geben, die auch den Arbeitgeber des Verletzten den haftpflichtigen Personen zugesellte, sobald er nicht in seiner Eigenschaft als Unternehmer des Beschäftigungsbetriebes in Anspruch genommen würde, ist hier nicht zu erörtern; denn augenscheinlich hat ein solche Absicht nicht obgewaltet. . . . (Wird näher ausgeführt.)

Aus der Entstehungsgeschichte des § 140 darf daher gefolgert werden, daß der Gesetzgeber die reichsgerichtliche Auslegung des § 98 des alten Gesetzes gebilligt hat.

War hiernach die Beklagte nicht Dritte im Sinne des § 140, so entfällt ihre Haftung wegen etwaigen Verschuldens ihrer Vertreter an dem fraglichen Unfalle, und deshalb konnte auch ein Anspruch entschädigungsberechtigter Personen nicht auf die Klägerin übergehen.

In zweiter Reihe hat die Revision zur Nachprüfung verstellt, ob die Beklagte nicht auf Grund des § 136 für die Aufwendungen der Klägerin hafte. Allein auch in dieser Richtung ist dem Berufungsgerichte beizutreten. Die Anwendung des § 136 scheitert daran, daß die Beklagte nicht, wie diese Vorschrift es voraussetzt, wegen einer Fahrlässigkeit, die sie als Betriebsunternehmerin, sondern wegen einer solchen, die sie als Eigentümerin eines Schulgebäudes begangen haben soll, in Anspruch genommen wird. . . .

RGZ. 72, 107.

Kann ein Arbeiter von der Berufsgenossenschaft, von der er eine Unfallrente empfängt, weitere Entschädigung mit der Begründung fordern, daß der Unfall durch schuldhaftes Verhalten derselben bei der Erlassung und der Handhabung von Unfallverhütungsvorschriften veranlaßt worden sei?

UnfVersGes. vom 6. Juli 1884 § 78.
GewUnfVersGes. vom 30. Juni 1900 § 112*).
GewO. §§ 120a, 120d, 120e.

VI. Zivilsenat. Urt. v. 30. September 1909.

I. Landgericht Frankfurt a. M. — II. Oberlandesgericht daselbst.

Der Kläger war am 10. Februar 1905 im Dienst des Brauereibesitzers St. in E. dadurch schwer verletzt worden, daß beim Andrehen

*) RVersO. § 848 a.

des Schwungrades eines Gasmotors das Rad nebst der zu dessen Bewegung benutzten Kurbel infolge einer Fehlzündung des Gasgemenges zurückschlug, und die Kurbel den Kläger traf. Er erhielt von der verklagten Berufsgenossenschaft eine Unfallrente, bei deren Bemessung eine Minderung seiner Erwerbsfähigkeit um 60% angenommen war. Er forderte von ihr neben der Rente weitere Entschädigung, weil der Unfall durch ein Verschulden der Beklagten verursacht sei.

Die Klage wurde in zweiter Instanz abgewiesen. Die Revision ist *zurückgewiesen worden aus nachstehenden*

Gründen:

„Von der Beklagten sind für die ihr angehörenden Betriebe, zu denen die St.sche Brauerei gehört, eine Reihe von Unfallverhütungsvorschriften erlassen worden; sie sind am 20. Juni 1899 beschlossen, am 8. Mai 1900 vom Reichsversicherungsamte genehmigt worden. In diesen ist unter Nr. 97 bestimmt: „an Explosionsmaschinen sind bei Neuanlagen unbedingt stets mechanische Antriebsvorrichtungen zu verwenden". Diese Vorschrift ist nach der unbestrittenen Angabe der Beklagten getroffen worden, weil bei Explosionsmaschinen, um sie in Gang zu setzen, das Schwungrad in Bewegung gebracht werden muß, und erfahrungsgemäß eine Andrehung durch Eingreifen in die Speichen für den damit befaßten Arbeiter mit erheblichen Gefahren verbunden ist.

Auf Grund dieser am 1. Juli 1900 in Kraft getretenen Vorschrift ist dem St. von der Beklagten aufgegeben worden, für den in Rede stehenden Gasmotor eine Vorrichtung zum Andrehen des Schwungrades zu beschaffen; der Unfall vom 10. Februar 1905 ist bei der Benutzung der infolge dieser Weisung angeschafften Kurbelvorrichtung eingetreten.

Zur Begründung seiner Behauptung, daß der Unfall vom 10. Februar 1905 durch ein schuldhaftes Verhalten der Beklagten veranlaßt worden sei, und des auf sie nach § 823 BGB. gestützten Schadensersatzanspruchs ist vom Kläger geltend gemacht worden: es enthalte einen Verstoß gegen die im Verkehr gebotene Sorgfalt, daß die Beklagte ihren Mitgliedern die Anbringung von Andrehkurbeln an allen Explosionsmaschinen zur Pflicht gemacht habe, ohne zugleich vorzuschreiben, diese Kurbeln müßten so eingerichtet werden, daß ein Rückschlagen bei einer etwaigen Fehlzündung des Gasgemenges ausgeschlossen sei; solche Fehlzündungen träten erfahrungsgemäß nicht selten ein; das Ingangsetzen eines Gasmotors durch Benutzung einer nicht gegen Rückschlag gesicherten Andrehvorrichtung sei gefährlicher, als beim Vorwärtsdrehen des Schwungrades durch Eingreifen in dessen Speichen. Die Beklagte habe also durch die von ihr erlassene Anordnung die den Arbeitern bei der Bedienung von Explosionsmaschinen drohenden Gefahren erhöht.

Es treffe sie aber auch noch ein weiterer Vorwurf. Wenn eine mechanische Antriebsvorrichtung vorgeschrieben worden sei, so habe auch im Wege der Aufsicht dafür gesorgt werden müssen, daß diese Vorrichtungen fehlerfrei seien. Nun seien, wenn nicht schon zur Zeit der Erlassung der in Rede stehenden Vorschrift, so doch jedenfalls schon längere Zeit vor dem Unfall Einrichtungen erfunden und vielfach in Gebrauch gewesen, durch welche das Rückschlagen der Andrehvorrichtung bei Fehlzündungen mit zureichender Sicherheit verhindert werde. Es sei Pflicht der Beklagten gewesen, die Fortschritte der Technik zu verfolgen und dafür zu sorgen, daß die vorhandenen Vorrichtungen, soweit davon die Sicherung der Arbeiter gegen Unfälle abhing, dem jeweiligen Stande der Technik entsprechend gestaltet würden; dazu habe es keiner Änderung der erlassenen Anordnungen, sondern nur einer sachgemäßen Handhabung bedurft.

Die Beklagte hat bestritten, daß der Unfall durch das Fehlen einer Rückschlagssicherung an der Kurbel veranlaßt worden sei und beim Vorhandensein einer solchen nicht eingetreten sein würde; sie behauptet, die Gefahren, welche bei der Ingangsetzung eines Gasmotors durch unmittelbares Vorwärtsdrehen des Schwungrades den damit Beschäftigten drohten, seien viel schwerer als diejenigen, denen er beim Andrehen des Rades mittels einer gegen Rückschlag nicht gesicherten Kurbelvorrichtung ausgesetzt sei; die von ihr erlassene Anordnung sei also sachgemäß gewesen; zuverlässige Rückschlagssicherungen seien weder bei der Erlassung jener Vorschrift noch in der Zeit bis zu dem Unfall bekannt geworden. Sie ist endlich der Meinung, daß, auch wenn dies der Fall gewesen wäre, der Kläger rechtlich nicht in der Lage sein würde, einen Schadensersatzanspruch gegen sie darauf zu stützen, daß sie die Anbringung von Rückschlagssicherungen nicht vorgeschrieben habe.

Das Landgericht erachtete für erwiesen, daß schon lange vor dem Jahre 1905 Rückschlagssicherungen allgemein in Gebrauch gewesen seien und sich bewährt hätten, und daß das Fehlen einer solchen an der Kurbelvorrichtung des St.schen Gasmotors für den vom Kläger erlittenen Unfall kausal geworden sei; es nahm eine die Beklagte nach § 823 BGB. zum Schadensersatz verpflichtende Fahrlässigkeit an, weil sie einerseits die Verwendung mechanischer Antriebsvorrichtungen ohne Rückschlagssicherung vorgeschrieben, andrerseits diese Vorschrift unverändert habe fortbestehen lassen, nachdem brauchbare Rückschlagssicherungen bekannt geworden seien; sie hätte dem Fortschreiten der Technik folgend ihre Unfallverhütungsvorschriften abändern und bei Überwachung der ihr angehörenden Betriebe auf Einführung der Rückschlagssicherungen dringen müssen.

Das Oberlandesgericht hat tatsächliche Feststellungen nicht getroffen, weil es der Meinung ist, daß dem Kläger keinesfalls ein Schadensersatzanspruch gegen die Beklagte zustehe. Die dafür geltend gemachten Gründe gehen im wesentlichen dahin: nach dem Gewerbe-Unfallversicherungsgesetze erfolge die Versicherung der Arbeiter gegen Betriebsunfälle durch die Unternehmer der versicherungspflichtigen Betriebe in der Weise, daß die Unternehmer gleichartiger Betriebe zu Genossenschaften vereinigt würden, und diesen die Erfüllung der den Arbeitern aus der Versicherung erwachsenden Ansprüche auferlegt worden sei. Das Versicherungsverhältnis sei in der Weise geregelt, daß dem Versicherten ein Entschädigungsanspruch selbst dann zustehe, wenn er den Unfall infolge eigenen groben Verschuldens erlitten habe; auf der andern Seite sei ein solcher Anspruch des Versicherten gegenüber dem Betriebsunternehmer der Regel nach ganz ausgeschlossen, und seine Rechte gegenüber der Genossenschaft seien nach Inhalt und Umfang im Gesetz genau bestimmt. Bei dieser Regelung der durch das Gewerbe-Unfallversicherungsgesetz begründeten Rechtsverhältnisse und nach der Begründung des Entwurfs zu dem Gesetze vom 6. Juli 1884 erscheine die Annahme ausgeschlossen, daß nach der Absicht des Gesetzgebers der Versicherte einen über die im Gesetz bestimmten Leistungen hinausgehenden Anspruch gegen die Genossenschaft dann zu erheben berechtigt sein solle, wenn der Unfall durch eine der Genossenschaft zur Last fallende schuldhafte Handlung oder Unterlassung, welche in den Rahmen ihrer durch das Gewerbe-Unfallversicherungsgesetz geregelten Einwirkung auf die ihr angehörenden Betriebe falle, verursacht worden sei. Ein solcher Anspruch sei dem Versicherten auch nicht durch die Bestimmung in § 140 vorbehalten; denn die Genossenschaft, die gesetzliches Organ der Unternehmer und Trägerin der durch die Versicherung begründeten Pflichten sei und in dieser Eigenschaft bei der erwähnten Einwirkung auf die Betriebsführung der einzelnen Unternehmer tätig werde, sei dem Versicherten gegenüber kein Dritter im Sinne des Gesetzes. Die von dem Kläger und der ersten Instanz vertretene Rechtsauffassung würde zu dem mit den Grundgedanken und Zwecken des Gesetzes unvereinbaren Ergebnis führen, daß in Fällen der bezeichneten Art der Versicherte über das vom Gesetz bestimmte Maß hinaus zwar nicht von dem einzelnen Unternehmer, in dessen Betrieb sich der Unfall ereignet habe, wohl aber von der Gesamtheit der zu der Genossenschaft vereinigten Unternehmer entschädigt werden müßte.

Von der Revision ist hiergegen geltend gemacht worden: mit Unrecht nehme das Berufungsgericht an, durch das Gewerbe-Unfallversicherungsgesetz sei die Haftung der Genossenschaften, die nach allgemeinen Rechtsgrundsätzen begründet erscheine, auf die in den §§ 8 flg. bestimmten Leistungen beschränkt, im übrigen also ausgeschlossen worden. Das Gesetz regele im Verhältnis zwischen den Versicherten und den Genossenschaften ausschließlich den Versicherungsanspruch und schließe in gewissen Grenzen die Haftung der Unternehmer für die Folgen der in ihren Betrieben vorgekommenen Unfälle aus. Nur damit beschäftige sich das Gesetz nach der hier in Betracht kommenden Richtung; es lasse also jede Haftung, die sich aus anderen gesetzlichen Bestimmungen ergebe, unberührt. Ob die Vorschrift in § 140 GewUVG. geeignet sei, den Klaganspruch besonders zu begründen, sei unerheblich; übrigens stehe die Ausführung des Berufungsgerichts hierüber in Widerspruch mit dem klaren Wortlaut des § 140, nach welchem die Bestimmung im ersten Satze sich auf die Haftung aller Personen beziehe, die nicht zu den in den §§ 135—137 bezeichneten gehörten.

Diese Angriffe können nicht als begründet anerkannt werden.

Die Beklagte hat, indem sie die hier in Frage stehende Unfallverhütungsvorschrift erließ, in Erfüllung einer Aufgabe gehandelt, die ihr durch die Unfallversicherungsgesetzgebung gestellt ist (Gesetz vom 8. Juli 1884 § 78, Gesetz vom 30. Juni 1900 § 112), und auch bei den ihr zum Vorwurf gemachten Unterlassungen stehen Handlungen in Frage, die sie nur vermöge der ihr durch diese Gesetze verliehenen Befugnisse hätte vornehmen können. Die ihr beigemessene schuldhafte Handlungsweise soll also überall in der Verletzung von Pflichten bestehen, die ihr nach den Unfallversicherungsgesetzen obgelegen haben sollen. Bei der Art, in der nach diesen Gesetzen das angestrebte Ziel, die gewerblichen Arbeiter gegen die wirtschaftlichen Folgen von Berufsunfällen zu sichern, erreicht werden soll, können aber die Bestimmungen, durch die den Berufsgenossenschaften ein Einfluß auf die Gestaltung der Betriebseinrichtungen ihrer Mitglieder eingeräumt worden ist, nicht dahin aufgefaßt werden, es hätten damit den Genossenschaften Pflichten gegenüber den versicherten Arbeitern in dem Sinne auferlegt werden sollen, daß sie ihnen für deren ordnungsmäßige Erfüllung zivilrechtlich einzustehen hätten. Die gegenteilige Auffassung würde, wie die Vorinstanz mit Recht hervorgehoben hat, zu dem Ergebnis führen, daß der Arbeiter, der infolge eines den Vorschriften in § 120a GewO. nicht entsprechenden Zustandes der Betriebseinrichtungen seiner Arbeitsstätte einen Unfall erleidet, unter Umständen den Schadensersatzanspruch, der ihm gegenüber seinem Arbeitgeber versagt ist, gegen die Gemeinschaft der Arbeitgeber, der er angehört, geltend machen könnte. Es muß aber nach dem Zweck und Inhalt des Gewerbe-Unfallversicherungsgesetzes als Wille des Gesetzgebers angesehen werden, daß in solchen Fällen der zivilrechtliche Anspruch, den der Arbeiter nach den allgemeinen Bestimmungen des Zivilrechts und den Vorschriften in § 2 des Haftpflichtgesetzes vom 7. Juni 1871 etwa haben würde, ersetzt werden soll durch einen dem öffentlichen Rechte angehörenden Versicherungsanspruch gegen die Genossenschaft, der sein Arbeitgeber angehört, und zwar dergestalt, daß durch die von der Genossenschaft aus den Mitteln der Arbeitgeber zu gewährende Entschädigung der Schadensersatzanspruch des Verletzten nicht bloß gegenüber dem Arbeitgeber, sondern auch gegenüber der Genossenschaft, die eben nur eine Zusammenfassung einer Mehrheit von Arbeitgebern ist, abgegolten sein soll. Insoweit es sich um Schadensersatz aus Vorgängen handelt, aus denen dem Verletzten auf Grund des Gewerbe-Unfallversicherungsgesetzes von der Genossenschaft Entschädigung zu gewähren ist, ist danach in der Tat deren Verpflichtung durch dieses Gesetz erschöpfend geregelt, also auf die dort bestimmten Leistungen begrenzt.

. . .

Die Erlassung einer in legaler Weise zustande gekommenen Unfallverhütungsvorschrift einer Berufsgenossenschaft ist ein rechtmäßiger öffentlichrechtlicher Akt, der keineswegs zu einem zivilrechtlichen Unrecht im Sinne von § 823 BGB. dadurch wird, daß sich die Anordnung als ein Fehlgriff erweist, und ihre Befolgung zu der Verletzung eines geschützten Rechtsgutes eines Menschen führt. Insoweit verhält es sich mit solchen Anordnungen nicht anders als mit entsprechenden Vorschriften, die im Wege des Gesetzes oder durch eine von einer Behörde innerhalb ihrer Zuständigkeit erlassene Verordnung ergangen sind." ...

RGZ. 74, 27.⁺

***) Wird durch § 135 Abs. 1 des Gewerbeunfallversicherungsgesetzes, § 146 Abs. 1 des Unfallversicherungsgesetzes für Land- und Forstwirtschaft auch der Anspruch der versicherten Person auf Ersatz des Schadens, der nicht Vermögensschade ist (aus § 847 BGB.), gegenüber dem Betriebsunternehmer usw. ausgeschlossen?**

VI. Zivilsenat. Urt. v. 6. Juni 1910.

I. Landgericht Görlitz. — II. Oberlandesgericht Breslau.

Der Kläger war, während er in dem der Brüderschaft Z. gehörigen Fürsorgehause untergebracht war, am 8. September 1905 bei der Beschäftigung an einer Dreschmaschine in dem landwirtschaftlichen Betriebe der Beklagten K. schwer verletzt worden, wofür er von der schlesischen landwirtschaftlichen Berufsgenossenschaft eine Unfallrente erhielt. Er belangte die Beklagte K. sowie die Brüderschaft Z. auf Schadensersatz und forderte Zahlung eines Schmerzensgeldes von 5000 M sowie einer lebenslänglichen Rente vom 18. Mai 1907 ab. Der erste Richter wies die Klage ab, und die Berufung wurde vom Oberlandesgericht durch Teilurteil bezüglich der Beklagten K. zurückgewiesen. Die hiergegen eingelegte Revision hat keinen Erfolg gehabt.

Aus den Gründen:

„Der Klaganspruch gegen die Beklagte Witwe K. ist auf § 823 Abs. 1 und 2, § 831 und § 847 BGB. gestützt. Das Berufungsgericht läßt dahingestellt, ob die Beklagte fahrlässig gehandelt, ob sie gegen ein Schutzgesetz verstoßen, wie und durch wessen Schuld sich der Unfall des Klägers ereignet hat und ob sich die Beklagte aus § 831 BGB. exkulpieren könne. Denn es stehe dem Klaganspruche jedenfalls entweder der § 146 des Unfallversicherungsgesetzes für Land- und Forstwirtschaft oder der § 23 des Gesetzes, betr. die Unfallfürsorge für Gefangene, vom 30. Juni 1900 entgegen. Mit Rücksicht auf diese Gesetzesvorschriften könnte der Kläger, der in dem landwirtschaftlichen Betriebe der Beklagten zu 2 verunglückt und dem durch rechtskräftiges Urteil des Reichsversicherungsamtes eine . . . Unfallrente zugebilligt sei, einen Schadensersatzanspruch gegen diese Beklagte wegen des Unfalles nur unter der — hier nicht gegebenen — Voraussetzung geltend machen, daß durch strafgerichtliches Urteil festgestellt wäre, daß die Beklagte den Unfall vorsätzlich herbeigeführt habe. Damit sei jeder

*) Vgl. jetzt §§ 898, 1042 RVersO.

Schadensersatzanspruch des Klägers gegen diese Beklagte, auch der Anspruch auf Ersatz seines immateriellen Schadens, ausgeschlossen. . . .

Von der Revision wird mit der Rüge einer Verletzung des § 847 BGB. und mangelnder Begründung die Annahme des Berufungsgerichts bekämpft, daß, wenn der Kläger unter eines der vorerwähnten Gesetze falle, damit auch der Anspruch auf Ersatz des immateriellen Schadens ausgeschlossen sei. Die Unfallversicherungsgesetze hätten nur den Zweck, dem Verletzten für die durch den Unfall beeinträchtigte Erwerbsfähigkeit einen Ersatz zu gewähren. Für den immateriellen Schaden dagegen werde dem Verletzten durch die Unfallrente kein Ausgleich gewährt; bezüglich dieses Schadens sei es daher auch nicht gerechtfertigt, den Ersatzanspruch gegen den Unternehmer auszuschließen. Dieser Auffassung der Revision kann nicht zugestimmt werden; vielmehr ist den Ausführungen der Vorinstanz zu diesem Punkte durchweg beizutreten.

Der § 146 Abs. 1 des landw. UVG. schließt ganz allgemein „einen Anspruch auf Ersatz des infolge eines Unfalles erlittenen Schadens gegen den Betriebsunternehmer" usw. aus, also unterschiedslos j e d e n Schadensersatzanspruch, mit alleiniger Ausnahme des Falles einer strafgerichtlich festgestellten vorsätzlich herbeigeführten Schädigung. Insoweit steht jenes Gesetz im Einklange mit den übrigen Unfallversicherungs- und Fürsorgegesetzen: GewUVG. § 135 Abs. 1; BauUVG. § 45 Abs. 2; SeeUVG. § 133 Abs. 1; GefangenenFG. § 23 Abs. 1; BeamtenFG. § 10 Abs. 1. Ein Schade im Rechtssinne ist aber auch der „Schade, der nicht Vermögensschade ist", für welchen der Verletzte nach § 847 BGB. eine billige Entschädigung verlangen kann (vgl. O e r t m a n n, Recht der Schuldverhältnisse 2. Aufl. zu § 847 Bem. 3 S. 999). Es ist nicht richtig, daß die Unfallversicherungsgesetze nur diejenigen Ansprüche dem Unternehmer gegenüber ausschließen wollten, die auf Ersatz des zu der gewerblichen oder beruflichen Tätigkeit des Verletzten in Beziehung stehenden Vermögensschadens gerichtet sind. Die vom Gesetzgeber gewollte Tragweite der fraglichen Gesetzesvorschrift geht viel weiter. Das grundlegende Prinzip hierbei geht dahin, jede weitere Inanspruchnahme des Betriebsunternehmers und seiner Vertreter von seiten des Verletzten abzuschneiden, den Streitigkeiten zwischen Arbeitern und Arbeitgebern auf dem von den Unfallversicherungsgesetzen beherrschten Gebiete soviel tunlich ein Ende zu machen, wofür der Arbeiter dadurch Ersatz erhalten soll, daß ihm durch diese Gesetze für alle Fälle eine vollkommen sichere Entschädigung gewährt wird.

Vgl. Motive zu § 95 GewUVG. S. 81 flg.; v. Woedtke-Caspar, GewUVG. 5. Aufl. zu § 135 S. 504 flg.; Begründung z. Entwurf des landw. UVG. vom 5. Mai 1886 §§ 98 flg. Drucks. Nr. 75 S. 49; Entsch. des RG.s in Zivils. Bd. 24 Nr. 22 S. 120 flg., Bd. 34 Nr. 17 S. 71.

Die in dieser Absicht vom Gesetze als Regel statuierte Befreiung des Betriebsunternehmers von allen Ersatzansprüchen von seiten des Verletzten muß sich sonach, dem Wortlaute des Gesetzes entsprechend, auch auf den Anspruch wegen immateriellen Schadens, wie er durch § 847 BGB. gewährt ist, mit erstrecken. Dies wird denn auch insbesondere hinsichtlich des Schmerzensgeldes, übrigens auch bezüglich der Buße im Sinne von § 231 StGB., von der Rechtslehre und Rechtsprechung fast allgemein anerkannt.

Vgl. Handbuch der Unfallversicherung 3. Aufl.. Bd. 1 zu § 135 Gew.-UVG. Nr. 5 S. 625; Entsch. des RG.s in Strafs. Bd. 24 Nr. 141 S. 397 flg.; Urt. des Reichsg., I. Strafsen., vom 12. Februar 1906 bei Eger, Entscheid. der Gerichte und Verwaltungsbehörden Bd. 27 S. 127 flg.; Seuffert, Archiv Bd. 49 Nr. 116 S. 204.

...

RGZ. 76, 215.+

1. In welchem Zeitpunkte geht der Anspruch, der den zum Bezug von Invalidenrenten berechtigten Personen auf Ersatz des ihnen durch die Invalidität entstandenen Schadens gegen Dritte zusteht, auf die Versicherungsanstalt über?

2. Ist der Verletzte, bevor dieser Zeitpunkt feststeht, zur Klage gegen den Dritten berechtigt?

InvVersGes. § 54*). ZPO. § 265.

VI. Zivilsenat. Urt. v. 22. April 1911.

I. Landgericht Bremen. — II. Oberlandesgericht Hamburg.

Der Kläger war auf der von der Beklagten betriebenen Kleinbahn überfahren und so schwer verletzt worden, daß ihm beide Beine hatten abgenommen werden müssen. Er forderte von der Beklagten Ersatz seines Schadens. Von dem Ortsarmenverbande B. hatte er vor der Klagerhebung 32 M an Unterstützung bezogen und erhielt nachher noch 504 M. Die Landesversicherungsanstalt H. bewilligte ihm eine

*) Jetzt § 1542 RVersO.

Invalidenrente von 210 M vom Tage des Unfalls an; der Feststellungsbescheid erging n a c h Erhebung der Klage.

Das Oberlandesgericht hat die Klage zum Betrage von 32 M abgewiesen, im übrigen nach dem Antrage des Klägers die Beklagte verurteilt mit der Maßgabe, daß sie die Rente bis zum Betrage von 210 M jährlich an die Landesversicherungsanstalt H. und 504 M an den Ortsarmenverband B. zu bezahlen habe.

Die Revision der Beklagten ist zurückgewiesen worden.

Aus den G r ü n d e n :

... „Das Berufungsgericht hat angenommen, daß sich nach § 54 InvVersG. der Übergang der Ersatzansprüche des Verletzten auf die Versicherungsanstalt mit der Feststellung der „Entschädigungspflicht" der Anstalt vollziehe. Sei die Feststellung v o r Erhebung der Klage erfolgt, so müsse die Klage des Verletzten (gegen den dritten Ersatzpflichtigen) insoweit abgewiesen werden, als er Ersatz von der Versicherungsanstalt erhalte oder erhalten habe. Sei aber, wie hier, die Feststellung erst während des Prozesses erfolgt, so müsse der Kläger insoweit seinen Antrag auf Verurteilung zur Zahlung an die Versicherungsanstalt ändern. Das habe er getan, und seinem Antrag entsprechend sei erkannt worden. Ebenso sei die Klage für den Betrag von 32 M, den Kläger v o r ihrer Erhebung vom Armenverband erhalten, abgewiesen, für den Rest die Beklagte zur Zahlung an diesen verurteilt worden.

Die Revision bekämpft die Zurückweisung der Einrede der mangelnden Aktivlegitimation. Vom Augenblick des Einspringens der öffentlichen Kassen an seien die betreffenden Ansprüche auf diese übergegangen und damit der Verfügungsmacht des Klägers entzogen. Der Kläger habe keine Befugnis, aus eigenem Recht die Zahlung an die öffentlichen Kassen zu begehren und müsse es ihnen überlassen, wie sie ihre Ansprüche geltend machen wollten.

Die Rüge erscheint nicht begründet; vielmehr ist dem Berufungsgericht — wenigstens im Ergebnis — beizutreten. Die Frage ist, in welchem Zeitpunkt die Ersatzansprüche nach den angezogenen Gesetzesbestimmungen auf die öffentlichen Anstalten übergehen.

...

Schwieriger ist die Bestimmung des Z e i t p u n k t e s für den Übergang der Ersatzansprüche nach § 54 InvVersG. Dieser lautet:

„Insoweit den nach Maßgabe der reichsgesetzlichen Bestimmungen zum Bezuge von Invalidenrenten berechtigten Personen ein gesetzlicher

Anspruch auf Ersatz des ihnen durch die Invalidität entstandenen Schadens gegen Dritte zusteht, geht derselbe auf die Versicherungsanstalt bis zum Betrage der von dieser gewährten Rente über."

Die Vorschrift entspricht dem § 140 GewUVG. vom 5. Juli 1900, während § 57 Abs. 4 des Krankenversicherungsgesetzes, ähnlich wie § 62 des Unterstützungswohnsitzgesetzes, den Übergang davon abhängig macht, daß Unterstützungen von der Krankenkasse g e l e i s t e t worden sind.

Das Reichsgericht hatte zunächst im Anschluß an die frühere Rechtsprechung zu § 98 des Unfallversicherungsgesetzes vom 6. Juli 1884 auch für § 140 des neuen Gesetzes angenommen, daß der Entschädigungsanspruch nicht schon mit seiner Entstehung, sondern erst dann auf die Berufsgenossenschaft übergehe, wenn ihre Entschädigungspflicht f e s t g e s t e l l t sei (vgl. Entsch. in Zivils. Bd. 55 S. 387 und die dortigen Nachweise). Dieser Standpunkt ist in dem Urteil vom 26. Januar 1905 (ebenda Bd. 60 S. 200) aufgegeben, und seitdem daran festgehalten worden, daß die mit dem Unfall entstandene Entschädigungsforderung des Verletzten u n m i t t e l b a r n a c h i h r e r E n t s t e h u n g auf die Berufsgenossenschaft übergehe. Es würde der anzustrebenden Gleichmäßigkeit in der Auslegung und Handhabung der beiden Versicherungsgesetze zuwiderlaufen, wenn für § 54 InvVersG. trotz der Ähnlichkeit seiner Fassung mit der des § 140 GewUVG. wieder zu der vom Berufungsgericht vertretenen Auffassung zurückgekehrt würde, daß der Übergang der Entschädigungsforderung des Verletzten erst mit der F e s t s t e l l u n g der Rentenbewilligung durch die Versicherungsanstalt stattfinde. Aus dem Wortlaut des § 54 ist jedenfalls für diese Auffassung nichts zu entnehmen. Vielmehr weist er zwanglos darauf hin, daß der Anspruch übergehen solle, sobald der Zustand der Invalidität im Sinne des Invalidenversicherungsgesetzes bei dem Versicherten als eingetreten gilt. Ob und von welchem Zeitpunkt ab dieser Fall gegeben ist, wird gemäß §§ 112 flg. durch Entscheidung der Versicherungsbehörden festgestellt. Nach § 41 beginnt die Invalidenrente mit dem Tag, an dem der Verlust der Erwerbsfähigkeit gemäß §§ 15, 5 Abs. 4 eingetreten ist, d. i., sofern nicht ein anderer in der Entscheidung festgestellt wird, der Tag der Anmeldung des Rentenanspruchs. Als Zeitpunkt des Rechtsübergangs ist daher der Tag anzusehen, an dem zufolge des Feststellungsbescheides die Invalidenrente beginnt, und es ist im Einklang mit dem angeführten Urteil vom 26. Januar 1905 anzunehmen, daß der Anspruch zunächst in der Person des Versicherten entsteht — da er ihm sonst nicht „zustehen" könnte — und, indem Entstehung und Übergang sich zeitlich berühren, gleichzeitig auf die Versicherungsanstalt übergeht.

Es mag sein, daß, abweichend von § 140 GewUVG., wonach der Rechtsübergang sich an den Unfall, also ein feststehendes Ereignis, knüpft, die Ungewißheit nach § 54 InvVersG., wann der Übergang sich vollziehe, manche Mißlichkeit für den Beschädigten erzeugt, der sich mit dem Ersatzpflichtigen vergleichen will. Andererseits ist damit und mit der Festsetzung des Übergangs auf den Zeitpunkt des Rentenbeginns der Vorteil verbunden, daß weniger leicht der Beschädigte doppelte Entschädigung (von dem Ersatzpflichtigen und von der Anstalt) erhalten, und ein Vergleich zwischen ihm und und dem Ersatzpflichtigen auf Kosten und zum Schaden der Versicherungsanstalt im Hinblick darauf gschlossen werden wird, daß ihre auf öffentlichem Recht beruhenden Leistungen dem Versicherten in jedem Fall zugute kommen, auch dann, wenn die Anstalt wegen des Vergleichs den Ersatzpflichtigen nicht mehr auf Erstattung ihrer Aufwendungen belangen kann. Der Ersatzpflichtige wird sich eben, wenn die von ihm zu vertretende Beschädigung die Invalidität des Beschädigten zur Folge haben kann, und dieser zu den dem Versicherungszwang unterworfenen Personen gehört, bei Eingehung eines Vergleichs stets die Möglichkeit gegenwärtig halten müssen, daß bis zum Betrag der Invalidenrente der Ersatzanspruch auf die Versicherungsanstalt übergegangen ist. Dagegen, daß der Beschädigte zunächst die Anmeldung seines Rentenanspruchs bei der Versicherungsanstalt — wovon die Rentenbewilligung abhängig ist — unterläßt, vielmehr ein Urteil gegen den Ersatzpflichtigen erstreitet und dann erst den Anspruch anmeldet, ist durch § 55 InvVersG. Vorsorge getroffen, der der Versicherungsanstalt die Befugnis verleiht, Rentenforderungen des Versicherten auf Entschädigungen, soweit der Anspruch auf sie übergegangen ist, aufzurechnen.

Bleibt sohin nach § 54 InvVersG., anders als nach § 140 Gew.-UVG., der Zeitpunkt des Rechtsübergangs bis zum Feststellungsbescheid in Schwebe, so muß die Folge dieser Unsicherheit sein, daß der Beschädigte während des Schwebezustandes zur Schadensersatzklage berechtigt ist. Er ist jedoch, sobald jener Zeitpunkt feststeht, der Versicherungsanstalt gegenüber oder auf Antrag des Beklagten verpflichtet, den Klagantrag dahin zu ändern, daß der Beklagte verurteilt werde, den Betrag der übergegangenen Forderung an die Versicherungsanstalt zu bezahlen.

Das Berufungsgericht hat daher die Prozeßlegitimation des Klägers zur Geltendmachung des Ersatzanspruchs, auch soweit er auf die Versicherungsanstalt übergegangen ist, mit Recht, wenn auch mit anderer Begründung, bejaht."

RGZ. 89, 330.

Ist § 903 RVO. gegen den selbstversicherten Unternehmer anwendbar, der einen entschädigungspflichtigen Unfall erlitten hat?

VI. Zivilsenat. Urt. v. 15. Januar 1917.

I. Landgericht Trier. — II. Oberlandesgericht Köln.

Zu dieser Frage besagen die den Sachverhalt ergebenden

Gründe:

„Der Beklagte betreibt eine kleine Landwirtschaft und ist als selbständiger Ackerer gemäß § 925 RVO. nach der Satzung der Klägerin bei dieser versichert. Am 8. August 1913 ließ er durch die Dreschmaschine des Landwirts A. seinen Raps ausdreschen und half daselbst mit bei der Arbeit. Dabei geriet er mit dem Arme in die Einlegeöffnung der vom Sohne des Besitzers geleiteten Maschine. Die Klägerin hat ihm gemäß der Reichsversicherungsordnung Entschädigung gewährt und gewährt sie ihm weiter. Sie behauptet, der Beklagte habe seinen Unfall durch Außerachtlassung derjenigen Sorgfalt verschuldet, zu der er durch seinen Beruf und sein Gewerbe verpflichtet sei; er hafte ihr daher nach § 1042 i. V. m. § 903 RVO. für alle ihre Aufwendungen, und sie hat deren Ersatz mit der Klage gefordert. Mit dieser vom Landgericht abgewiesen, hat sie in der Berufungsinstanz in erster Linie beantragt, festzustellen, daß sie berechtigt sei, gegenüber den Entschädigungsansprüchen des Beklagten mit ihren Ersatzansprüchen aus § 903 RVO. aufzurechnen, und in zweiter Linie den Antrag gestellt, nach dem Klagantrage zu erkennen. Die Berufung ist zurückgewiesen worden. Die Revision kann keinen Erfolg haben.

§ 903 RVO. gibt der Berufsgenossenschaft einen Ersatzanspruch nur gegen Unternehmer und ihnen nach § 899 Gleichgestellte. Während das Landgericht angenommen hat, daß der Beklagte den Unfall als Unternehmer beim Rapsdreschen erlitten habe, hat dies das Berufungsgericht, nachdem es hiergegen Bedenken geäußert hat, dahingestellt gelassen, weil es in Übereinstimmung mit dem Landgerichte jene Vorschrift auf Unfälle, die ein selbstversicherter Unternehmer durch eigene Fahrlässigkeit erleidet, überhaupt nicht für anwendbar erachtet. Diese Ansicht ist zutreffend; es braucht daher auf jene Bedenken und die dagegen von der Revision vorgebrachten Rügen nicht eingegangen zu werden.

Zur Begründung seiner Ansicht hat das Berufungsgericht folgendes ausgeführt. Nach §§ 556, 557 RVO. habe der Verletzte keinen Anspruch auf Entschädigung, wenn er den Unfall vorsätzlich herbeigeführt oder wenn er sich den Unfall bei der Begehung eines Verbrechens oder eines vorsätzlichen Vergehens zugezogen habe; unter dem „Verletzten“ sei der versicherte und verletzte Arbeitnehmer, Unternehmer und Betriebsbeamte zu verstehen. Die eigene, noch so große Fahrlässigkeit solle also nicht bloß dem Arbeiter und Betriebsbeamten, sondern auch dem Unternehmer nicht entgegengehalten werden können. Daran habe auch die Bestimmung im § 903 nichts geändert. Wenn dort eine Haftung des Unternehmers oder der ihm nach § 899 gleichgestellten Bevollmächtigten und Repräsentanten, Betriebs- und Arbeiteraufseher gegenüber der Genossenschaft ausgesprochen werde, falls sie den Unfall fahrlässig unter Außerachtlassung derjenigen Aufmerksamkeit herbeigeführt haben, zu der sie vermöge ihres Amtes, Berufs oder Erwerbes besonders verpflichtet seien, so könne diese Bestimmung nur dahin ausgelegt werden, daß die Haftung eintreten solle, wenn Aufsichtspersonen und leitende Persönlichkeiten, d. h. solche, welche wegen ihrer Stellung zur Anwendung besonderer Aufmerksamkeit verpflichtet seien, fahrlässigerweise die ihnen obliegende Aufmerksamkeit den ihrer Aufsicht anvertrauten Personen oder sonstigen Dritten gegenüber außer acht lassen. Dafür spreche schon der Umstand, daß die gleiche Haftung der Arbeiter nicht ausgesprochen werde, daß man sich vielmehr darauf beschränkt habe, solche den Unternehmern und deren Beamten aufzuerlegen, die in erster Linie den Betrieb und die darin beschäftigten Arbeiter zu beaufsichtigen haben; weiter aber auch die allgemeine rechtliche Erwägung, daß eine Verpflichtung zur Anwendung von Aufmerksamkeit nur Dritten gegenüber bestehe. Wollte man der Auffassung der Klägerin beitreten, so würde das dazu führen, daß in vielen Fällen der Verletzte leer ausginge und der Zweck des Gesetzes, den sozial schwächeren Teil der Bevölkerung ohne Rücksicht auf eigenes Verschulden vor den Folgen etwaiger Unfälle sicherzustellen, vereitelt werde. Wenn ferner der Unternehmer und die ihm nach § 899 Gleichgestellten der Genossenschaft im Falle des § 903 für ihre Aufwendungen auch ohne strafgerichtliche Feststellung haften, so müsse doch unter strafrechtlichen Gesichtspunkten geprüft werden, ob er strafgerichtlich zur Verantwortung hätte gezogen werden können,

d. h. es müsse zum mindesten ein Tatbestand festgestellt werden, der die Voraussetzungen strafgerichtlicher Verurteilung erfüllen könne. Daran fehle es im vorliegenden Falle, weil die fahrlässige Selbstverletzung nie die Grundlage einer strafrechtlichen Verantwortlichkeit bilden könne, möchte auch die Schuld des Verletzten einwandfrei feststehen.

Diesen Ausführungen ist durchweg beizutreten. Sie stimmen mit denen überein, die den zu § 136 GewUVG. (im wesentlichen gleichlautend mit § 903 RVO.) ergangenen Entscheidungen des Reichsversicherungsamts zugrunde liegen, wonach der Berufsgenossenschaft gegen selbstversicherte Unternehmer, die einen entschädigungspflichtigen Unfall erlitten haben, ein Ersatzanspruch nicht zusteht, mit dem sie gegen den Entschädigungsanspruch aufrechnen könnte (Amtl. Nachr. des Reichsversicherungsamts 1905 S. 511 Nr. 2121; Handbuch der Unfallversicherung I S. 628 unter 8). Die Ausführung des Berufungsgerichts, daß es zur Anwendung des § 903 eines — im vorliegenden Falle fehlenden — Tatbestandes bedürfe, der eine strafgerichtliche Verurteilung rechtfertigen würde, steht im Einklange mit dem Urteile des erkennenden Senats vom 12. Oktober 1908 (RGZ. Bd. 69 S. 340 flg.).

Was die Revision gegen die Ausführung des Berufungsgerichts geltend macht, beruht im wesentlichen darauf, daß die Unternehmer gleichmäßig zu behandeln seien. Das widerspricht aber gerade dem Gesetze, das die kleinen Unternehmer den Arbeitern gleichstellt, indem es die Versicherungspflicht auf sie erstreckt, weil sie zum großen Teile wirtschaftlich nicht besser stehen als die Arbeiter und auf ihre persönliche Arbeitsfähigkeit angewiesen sind. Wenn das Gesetz will, daß die kleinen Unternehmer, die einen Betriebsunfall erleiden, von der Berufsgenossenschaft ebenso entschädigt werden, wie Arbeiter, so kann es nicht sein Wille sein, daß ihnen auf einem Umwege das wieder genommen wird, was ihnen die soziale Fürsorge zuwendet. Ohne Grund beruft sich die Revision für ihre abweichende Ansicht auf § 955 in Verb. m. § 622 RVO., wo allerdings eine Aufrechnung von Unfallentschädigungen gegen Regreßansprüche vorgesehen ist; denn das würde nur dann für jene Ansicht sprechen, wenn lediglich unter den vorliegenden Verhältnissen eine Aufrechnung, wie sie § 622 vorsieht, denkbar wäre, was indessen nicht der Fall ist. Ist daher die Bestimmung im § 903 gegen den selbstversicherten Unternehmer, der einen entschädigungspflichtigen Unfall erlitten hat, nicht anwendbar (so auch die Kommentare zur RVO. von Stier-Somlo zu § 903 Anm. 4 A c S. 661 und zu § 1042 Anm. 1 S. 873; von Hanow, 3. Buch zu

§ 903 Anm. 17 S. 575; von Dannenberg, 3. Band § 903 Anm. 5, sowie Piloty, Unfallversicherungsgesetz vom 30. Juni 1900 zu § 136 Anm. 3), so steht der Berufsgenossenschaft auch kein Anspruch aus § 903 gegen ihn zu, mit dem sie gegen seinen Entschädigungsanspruch aufrechnen könnte."

RGZ. 95, 180.+

1. Bedeutung der Unfallverhütungsvorschriften der Berufsgenossenschaften.

2. Übt die Bestimmung des § 913 RVO., nach welcher der Unternehmer gewisse ihm nach diesem Gesetz obliegende Pflichten, darunter auch Einrichtungen auf Grund von Unfallverhütungsvorschriften, auf andere Personen übertragen darf, eine Rückwirkung auf die Anwendung des § 903 RVO. über die Haftung der Unternehmer gegenüber den Berufsgenossenschaften für deren Aufwand aus Betriebsunfällen?

3. Verschulden durch Vernachlässigung der Aufsicht.

VI. Zivilsenat. Urt. v. 13. März 1919.

I. Landgericht Halberstadt. — II. Oberlandesgericht Naumburg a. S.

Am 18. Februar 1915 geriet die Ehefrau des Hoteldirektors M. in Sch. im Hotel Br.-Sch. mit der rechten Hand in das Getriebe einer durch Dampf geheizten, mittels Riemen angetriebenen Muldenplättmaschine; die Hand wurde gequetscht und verbrüht. Die klagende Berufsgenossenschaft zahlte der Verletzten eine Unfallrente und verlangte klagend auf Grund des § 903 RVO. von dem Beklagten, der das Hotel im Jahre 1912 in der Zwangsversteigerung erworben hatte, Ersatz ihrer Aufwendungen. Die Vorinstanzen gaben der Klage statt. Auf die Revision des Beklagten wurde das Urteil des Oberlandesgerichts aufgehoben.

Aus den Gründen:

„Das Berufungsgericht hat den Beklagten auf Grund des § 903 RVO. der Klägerin gegenüber für ihre Aufwendungen an die durch den Unfall vom 18. Februar 1915 verletzte Ehefrau M. für verantwortlich und haftbar erachtet, weil er den Unfall fahrlässig mit Außerachtlassung derjenigen Aufmerksamkeit herbeigeführt habe, zu der er vermöge seines Gewerbes besonders verpflichtet war. Er habe unterlassen, die durch § 97 der Unfallverhütungsvorschriften der klagenden Berufsgenossenschaft von 1898/1901 zum Schutze der an Plättmaschinen beschäftigten Personen vorgeschriebene Schutzleiste an seiner Maschine anbringen zu lassen, durch deren Anbringung der Unfall verhütet worden wäre, obwohl er sich hätte sagen müssen, daß der Betrieb der ungesicherten Maschine den daran beschäftigten Personen gefährlich werden könne. Der Beklagte habe zwar wiederholt Veranlassung genommen, über Schutzvorkehrungen, die an der Maschine angebracht werden könnten und sollten, sich zu unterrichten. Dabei habe er es aber bewenden lassen und Maßregeln zur alsbaldigen Abstellung des gefährlichen Zustandes der Maschine nicht getroffen, auch nicht, nachdem am 26. Dezember 1914 ein kleiner Unfall der Arbeiterin W. an der Maschine vorgekommen war. Daß er dem Hotelleiter M. die größte Sorgfalt bei dem Betriebe der Plättmaschine zur Pflicht gemacht habe, genüge nicht; er habe bis zur Beschaffung der Sicherheitsvorrichtung die Maschine außer Betrieb setzen lassen müssen. In der Unterlassung einer solchen Anordnung liege eine Fahrlässigkeit im strafrechtlichen Sinne des § 230 StGB., die den Beklagten nach § 903 RVO. der Klägerin ersatzpflichtig für ihre auf Grund dieses Gesetzes aufgewendeten Leistungen mache.

Der Beklagte hatte zu seiner Entlastung in der Berufungsinstanz behauptet und unter Beweis gestellt: einmal, daß er den Hoteldirektor M. zum selbständigen Betriebsleiter des Hotels bestellt gehabt habe, der vorher schon jahrelang ein anderes Hotel bewirtschaftet habe; für die Beobachtung der Unfallverhütungsvorschriften sei daher dieser, nicht der Beklagte verantwortlich. Ferner: daß er nach dem Unfalle der W. dem Hotelleiter M. gegenüber die vorläufige Außerbetriebsetzung der Plättmaschine bis zur Anbringung der Sicherheitsvorrichtung veranlaßt und bestimmt habe, es solle einstweilen mit der Hand geplättet werden; zur Herstellung der Schutzvorrichtung sei alsbald das Erforderliche angeordnet worden, und gerade am Tage des Unfalls der Frau M. sei der Monteur K. des Fabrikdirektors L. in dem Hotel erschienen, um die Verbesserung an der Maschine vorzunehmen.

Das Berufungsgericht hat beide Beweisanträge abgelehnt. Den ersteren, weil die eigenen Angaben des Beklagten die Behauptung widerlegten; danach habe er selbst die Wasch- und Plättanlage instand und in Betrieb setzen lassen und wegen der Herstellung der Sicherheit der Maschine und etwaiger Schutzvorkehrungen mit dem Fabrikbesitzer L. und dem Hotelbesitzer N. sich in Verbindung gesetzt; er habe sich also selbst als verantwortlich erachtet. Den zweiten Beweisantritt aber, daß der Beklagte nach dem Unfalle der W. die Außerbetriebsetzung der Maschine dem Hotelleiter M. gegenüber angeordnet habe, erachtet das Berufungsgericht für unbeachtlich, da der Beklagte verpflichtet gewesen wäre, auch die Ausführung seiner Anordnung durchzusetzen und zu überwachen; übrigens habe auch M. bei seiner Vernehmung als Zeuge von einer solchen Anordnung nichts erwähnt, obwohl er hierzu Veranlassung gehabt hätte.

Die Zurückweisung beider Beweisanträge bildet den Gegenstand der Revisionsbeschwerde. Diese war für begründet zu erachten.

Der Beklagte hatte, nachdem er das Hotel Br.-Sch. in der Zwangsversteigerung erworben hatte, wegen Instandsetzung der Wasch- und Plättanlage sich an den Fabrikanten L. in W. gewandt. Weder L. noch der Beklagte kannten die Unfallverhütungsvorschrift des angeführten § 97, die deshalb unbeachtet blieb. Die Unfallverhütungsvorschriften der Berufsgenossenschaften (§§ 848 flg. RVO.) sind, wie die Rechtsprechung des Reichsgerichts wiederholt ausgesprochen hat, nicht Schutzgesetze im Sinne des § 823 Abs. 2 BGB., aber sie sind für die Betriebsunternehmer bindende Vorschriften, zu deren Befolgung diese durch Strafen angehalten werden können; die Betriebsunternehmer sind verpflichtet, sich davon Kenntnis zu verschaffen und sie auszuführen (RGZ. Bd. 48 S. 327, Bd. 72 S. 197; Warneyer 1911 Nr. 211, 1915 Nr. 96, 1918 Nr. 172). Ihre schuldhafte Außerachtlassung begründet in der Regel den Tatbestand des § 903 RVO. Die Reichsversicherungsordnung bestimmt nun in § 913, daß der Unternehmer die ihm auf Grund dieses Gesetzes obliegenden Pflichten auch Betriebsleitern und anderen Aufsichtspersonen, soweit es sich jedoch um Einrichtungen auf Grund von Unfallverhütungsvorschriften handelt, allein den ersteren übertragen dürfe. Der Beklagte behauptet, dies im Jahre 1914 dem Hoteldirektor M. gegenüber getan zu haben, den er nach dem vorgetragenen Schriftsatze der ersten Instanz vom 3. Oktober 1917 zum vollständig selbständigen Leiter des Hotelbetriebs in allen seinen einzelnen Teilen mit voller Verantwortung für den Betrieb nur mit der Einschränkung bestellt zu haben behauptet, sobald größere Reparaturen erforderlich würden, dem Beklagten davon Mitteilung zu machen und dessen Genehmigung einzuholen; darin würde dann auch die Übertragung der Pflichten zur Herstellung der Einrichtungen der Unfallverhütungsvorschriften im Sinne des § 913 RVO. enthalten sein. Die Erwägung, mit der das Berufungsgericht den Beweisantrag abgelehnt hat, kann nicht für durchschlagend erachtet werden. Daß der Beklagte selbst um die sichere Herstellung der Plättmaschine und die Anbringung von Sicherheitsvorrichtungen sich bemüht hat, steht nicht im Widerspruche damit, daß er an und für sich die Sorge dafür dem Hotelleiter M. übertragen hatte; hat er ein übriges getan und sich neben diesem selbst um die Sache gekümmert, so beweist dies sein ernstes Bestreben, den Anforderungen des Arbeiterschutzes gerecht zu werden, kann aber nicht als eine die Behauptung der Übertragung dieser Geschäftsbesorgung an den Hotelleiter M. widerlegende Tatsache angesehen werden.

. . . (Durch § 913 RVO. wird Pflichtenkreis und Haftung des Unternehmers nach § 903 eingeschränkt; vgl. dazu Bd. 102 S. 324 flg. [abgedr. weiter unten in diesem Abschnitt].)

Unabhängig von dieser ersten Schutzbehauptung des Beklagten ist die weitere, daß er nach dem Unfalle der W. dem Hotelleiter M. die Weisung erteilt habe, die Plättmaschine vorläufig, bis zur Anbringung einer Sicherheitsvorrichtung, außer Betrieb zu setzen und mit der Hand plätten zu lassen. Die Begründung, mit der das Berufungsgericht diesen ferneren vom Beklagten zu seiner Entlastung angetretenen Beweis ablehnt, kann gleichfalls nicht gebilligt werden. Der Zeuge M. ist ausweislich des Beweisbeschlusses vom 15. April 1918 keineswegs über die hier in Rede stehende Tatsache, sondern allein über andere Punkte vernommen worden. Es kann deshalb nicht ohne weiteres gesagt werden, daß er, da er über die Verhandlung mit dem Beklagten nach dem Unfalle der W. überhaupt bei seiner Vernehmung sich geäußert habe, ohne von der behaupteten Anordnung etwas zu erwähnen, damit eine solche verneint habe. Wenn aber das Berufungsgericht sachlich den Beweisantritt ungenügend findet und von dem Beklagten, der nicht an dem Orte, wo sich das Hotel befindet, seinen Wohnsitz hat, sondern in W. ein anders geartetes gewerbliches Unternehmen betreibt — das Hotel Br.-Sch. hatte er in der Zwangsversteigerung erstehen müssen —, verlangt, er hätte sich nicht damit begnügen dürfen, die Anordnung der Außerbetriebsetzung der Maschine zu treffen, sondern auch deren Befolgung überwachen müssen, so muß dies als eine Überspannung der von dem Gewerbeunternehmer zu betätigenden Sorgfalt erachtet werden. Wenn der Beklagte nicht dem an der Maschine beschäftigten Personal oder einem unteren Angestellten gegenüber, sondern dem sorgfältig ausgewählten fachmännischen Betriebsleiter selbst, mag dieser selbständig im Sinne des § 913 gewesen sein oder nicht, eine solche Weisung erteilt, so muß er sich auf deren Befolgung verlassen können. Er ist damit selbstverständlich nicht der Verpflichtung einer regelmäßigen allgemeinen Beaufsichtigung seiner Angestellten überhoben, wie sie schlechthin in allen menschlichen Verhältnissen erforderlich ist (vgl. Jur. Wochenschr. 1911 S. 95 Nr. 20); einer besonderen Überwachung der Befolgung einer einzelnen Anordnung bedarf es aber nicht, wenn die Zuverlässigkeit des Angestellten anzunehmen ist, und sie ist dem Geschäftsherrn namentlich dann nicht zuzumuten, wenn er nicht am Orte des zu beaufsichtigenden Betriebes selbst wohnt und nicht in der Lage ist, sich kurzer Hand zu jeder Stunde einen Einblick in diesen Betrieb und in die Tätigkeit der Angestellten zu verschaffen. Es kann nicht verlangt werden, daß der Geschäftsherr über den Hotelleiter wiederum noch eine Aufsichtsperson bestelle, die dann naturgemäß abermals beaufsichtigt werden müßte, was eine Aufsicht ohne Ende bedeuten würde." ...

RGZ. 95, 204.

1. Sind Verbandstoffe Arzneimittel im Sinne des § 376 Abs. 3 der Reichsversicherungsordnung?

2. Darf eine Krankenkasse für den Bezug der Kassenmitglieder aus einer Apotheke die vorherige Abstempelung der ärztlichen Verordnung durch die Kasse vorschreiben?

3. Stellt die Befugnis der Kassenmitglieder zum Bezug aus einer Apotheke ein Rechtsverhältnis zwischen Apotheke und Kasse dar?

III. Zivilsenat. Urt. v. 25. März 1919.

I. Landgericht Elberfeld. — II. Oberlandesgericht Düsseldorf.

Der Regierungspräsident in Düsseldorf hatte durch Bekanntmachung vom 22. Dezember 1913 gemäß § 376 Abs. 3 RVO. bestimmt, daß die Mitglieder der Krankenkassen im Regierungsbezirke Düsseldorf gewisse Arzneimittel, darunter Verbandstoffe (Watte, Mull, Gaze, Binden) zu einem von ihm festgesetzten Höchstpreise auch von den Apotheken gegen Bezahlung durch die Kasse beziehen dürfen. Der Kläger hat solche Mittel, insbesondere Verbandstoffe, auf rote Rezeptformulare der Beklagten an deren Mitglieder geliefert und fordert Bezahlung. Die Beklagte lehnt Zahlung ab, weil die Rezeptformulare nicht vorher von ihr gestempelt waren, und will auf Widerklage festgestellt wissen, daß sie nicht verpflichtet sei, dem Kläger Brillen, Bruchbänder, Bandagen, Bäder, Verbandstoffe, insbesondere Verbandwatte, Verbandmull, Mullbinden, Cambricbinden, Gazebinden und Guttaperchapapier und alle anderen ärztlichen Verordnungen, soweit es sich nicht um Arzneien (Medikamente) handelt, zu bezahlen, welche ihre Mitglieder vom Kläger geliefert erhalten haben, ohne daß das vorgelegte Rezeptformular von ihr abgestempelt war.

§ 8 Nr. 4 der Krankenordnung der Beklagten bestimmt nämlich unter der Überschrift „Entnahme der ärztlich verordneten Arzneien und Heilmittel" folgendes: „Brillen, Bruchbänder, Bandagen, Bäder, Massagen und alle anderen ärztlichen Verordnungen, soweit es sich nicht um Arzneien (Medikamente) handelt, sind, sofern solche an der Kasse nicht abgegeben werden, von solchen Lieferanten zu entnehmen, die vom Vorstande zur Lieferung zugelassen sind. Die Kosten hierfür werden aber nur dann von der Kasse bezahlt, wenn die Verordnung vorher mit dem Genehmigungsstempel der Kasse versehen worden ist."

In Ausführung dieser Bestimmung führte die Beklagte zunächst Rezeptformulare mit dem Aufdrucke „Gegen diese Anweisung werden die Arzneien und Verbandstoffe im Kassenlokal oder in den Drogerien, aber nicht in der Apotheke verabfolgt"; diese Formulare wurden als Weisungen, die darauf abzielten, die im Interesse der kranken Mitglieder ergangene Anordnung vom 22. Dezember 1913 gegenstandslos zu machen, vom Regierungspräsidenten unter dem 21. Dezember 1914 für unstatthaft erklärt. Sodann gab die Beklagte Rezeptformulare aus mit dem Aufdrucke „Vor Entnahme der ärztlichen Verordnung sind die Mitglieder verpflichtet, diesen Schein an der Kasse zur Abstempelung vorzulegen" oder „Achtung! Die Mitglieder sind verpflichtet, diesen Schein an der Kasse zur Abstempelung vorzulegen. Erst nach der Abstempelung verpflichtet sich die Kasse zur Bezahlung der ärztlichen Verordnung". Auf solche Formulare, jedoch ohne Abstempelung, hatte der Kläger ärztlich verordnete Mittel an Mitglieder der Beklagten abgegeben. Die Beklagte erklärt im Rechtsstreite, daß sie den liefernden Apotheken nur bei Benutzung abgestempelter Formulare Zahlung zu leisten habe und leiste.

Die Instanzen haben die Klage zugesprochen und die Widerklage abgewiesen.

In der Revisionsinstanz führte die Beklagte aus, nach Wortlaut, Verkehrsauffassung und wissenschaftlichen Äußerungen seien Verbandstoffe keine Arzneimittel; unter solchen seien nur chemisch wirksame Stoffe zu verstehen. Die Verfügung des Regierungspräsidenten vom 22. Dezember 1913 sei sonach insoweit ungültig. Von einem Drucke auf die Mitglieder könne keine Rede sein; im Gegenteile sei ihnen nur eine Bequemlichkeit geboten, nämlich Gelegenheit, die Arzneimittel von der Beklagten selbst zu beziehen und sich dadurch den Gang zur Apotheke zu sparen. Irrtümlich endlich sei die Abweisung der Widerklage als einer wegen Mangels eines Feststellungsinteresses unzulässigen.

Die Revision wurde zurückgewiesen aus folgenden

Gründen:

„1. Schon der Wortlaut und Zusammenhang des § 376 Abs. 2, 3 RVO. — „solche einfachen Arzneimittel, welche sonst ohne ärztliche Verschreibung (im Handverkauf) abgegeben zu werden pflegen" — ergibt, daß alle zur unmittelbaren Krankheitsbehandlung nötigen oder üblichen Mittel, also auch Verbandstoffe, unter den Begriff der Arzneimittel fallen. Bei der Schöpfung des § 376 sind denn auch die Verbandstoffe als Arzneimittel von dem Regierungsvertreter ausdrücklich erwähnt worden. Die Auffasung des Regierungspräsidenten in den Verfügungen vom 22. Dezember 1913 und 21. Dezember 1914 trifft also zu.

2. § 8 Nr. 4 der Krankenordnung zielt schon nach dem Wortlaut unzweideutig darauf ab, die Apotheker von der Lieferung aller ärztlichen Verordnungen mit Ausnahme der eigentlichen Arzneien (Medikamente) gänzlich auszuschließen. Daran wird nichts geändert dadurch, daß die Beklagte in ihrem zweiten Rezeptformulare nicht mehr, wie in ihrem ersten, die Apotheken ausdrücklich ausschließt, auch nicht dadurch, daß die Beklagte erklärt, die auf solche Rezepte nach deren Abstempelung von Apotheken gelieferten Mittel zahlen zu wollen. Die Abstempelung soll die Mitglieder dazu zwingen, auf ihrem Wege vom Arzte zur Lieferstelle zunächst einen Gang zur Kasse der Beklagten einzuschieben und hier eine dem § 8 Nr. 4 der Krankenordnung entsprechende Beeinflussung entweder auf Entnahme vom Lager der Beklagten oder auf Bezug von den zugelassenen Lieferanten, bestimmten Drogisten, über sich ergehen zu lassen. Ein solcher Zwang schädigt die Interessen der zur Versorgung mit Arzneimitteln berechtigten Kassenmitglieder, insofern die Schnelligkeit der Versorgung notleidet und insofern die Freiheit der Auswahl, z. B. bei vorhandenem Glauben an die Vorzüglichkeit oder alleinige Zuverlässigkeit der Apothekerware, angetastet wird; und ein solcher Zwang schädigt insbesondere den Anspruch der Apotheken auf freie und ungehinderte Belieferung der Kassenmitglieder. Die Erklärung der Beklagten, Apothekenlieferungen auf abgestempelte Formulare — also Bezüge durch Kassenmitglieder, die trotz jenes Zwanges und trotz jener Beeinflussung doch die verordneten Mittel von einem Apotheker entnahmen, — zahlen zu wollen, ist nur ein der Beklagten aufgezwungener, die wahre Absicht und den durchschnittlichen Erfolg des Abstempelungszwanges verhüllender Notbehelf. Der Zweck der Ab-

stempelung blieb die möglichst vollständige Ausschließung der Apotheker; sie richtet sich also direkt gegen die Verwirklichung der Verfügung des Regierungspräsidenten vom 22. Dezember 1913; auch sie will, wie der Aufdruck auf dem ersten Formulare, diese Verfügung gegenstandslos machen. Darum ist die Vorschrift der vorherigen Abstempelung und der entsprechende Aufdruck auf den Formularen unwirksam. Es kann im besonderen keine Rede davon sein, daß die Beklagte bestimmen dürfte, wer „Berechtigter" im Sinne des § 376 Abs.3 RVO. sei. Mit diesem Worte ist nur die Berechtigung zur Versorgung mit Arzneimitteln gemeint (vgl. §§ 183, 216, 218, 219, 223, 556, 590, 592, 596, 614, 615 RVO.), und der Anspruch der Apotheken auf Zahlung durch die Kasse ist lediglich an den bei ihnen erfolgten Bezug der Arzneimittel durch die Kassenmitglieder geknüpft. Diesen Bezug durch hemmende Fesseln einzuschränken und zum letzten Ende zu unterbinden, verstößt gegen den die Apotheken gerade schützenden § 376 Abs. 3. Im beiderseitigen Interesse sollen die Apotheken durch die Anordnung der Verwaltungsbehörde freie Lieferanten der Kassenmitglieder werden und es sollen die Vereinbarungen der Kassen mit anderen Personen (§ 375 Abs. 1) in ihrer Gesamtheit für den Verkehr zwischen Kassenmitgliedern und Apotheken durch § 376 Abs. 3 ausgeschaltet sein, nicht nur betreffend die Preise und sonstigen Vorzugsbedingungen, sondern auch betreffend die sonstigen zugehörigen Verkehrsabmachungen.

3. Der Berufungsrichter hält die Widerklage, auch soweit sie auf die Zukunft gerichtet ist, für unzulässig, da sie ein erst künftig mögliches Rechtsverhältnis zum Gegenstande habe.

Dem kann nicht gefolgt werden. Die durch § 376 Abs. 3 und die Anordnung des Regierungspräsidenten zwischen den Apotheken und der Kasse geschaffene Beziehung geht dahin, daß die Kasse bei Bezug durch Mitglieder den Apotheken Zahlung leisten muß. Diese Beziehung ist ein schon gegenwärtiges Rechtsverhältnis zwischen beiden, ein rechtliches Stammverhältnis, durch welches die zukünftigen, einzelnen Bezüge ohne weiteres ergriffen und geregelt werden. An der alsbaldigen Feststellung des Umfanges und der Tragweite dieses Stammverhältnisses hat die Beklagte ein offensichtliches rechtliches Interesse.

Die sachliche Abweisung der Widerklage ergibt sich jedoch, wie der Berufungsrichter selbst bemerkt, aus den Gründen der Klagabweisung."

RGZ. 102, 70.

1. Steht den Berufsgenosenschaften für Beitragsrückstände das Konkursvorrecht zeitlich unbeschränkt zu oder nur für das letzte Jahr vor der Eröffnung des Verfahrens oder dem Ableben des Gemeinschuldners.

2. Bestimmt sich die zeitliche Begrenzung des Vorrechts nach der Entstehung oder der Fälligkeit der Beitragsforderungen?

3. Wann entstehen die Beitragsforderungen?

VII. Zivilsenat. Urt. v. 1. April 1921.

I. Landgericht II Berlin. — II. Kammergericht daselbst.

Zu dem am 5. Oktober 1918 eröffneten Konkurs über das Vermögen der Joh. Sp. Kommanditgesellschaft hat die Klägerin als ihr geschuldete Beiträge zur Unfallversicherung 5 424,05 M für die Zeit vom 1. Januar bis 31. Dezember 1916 und 1034,35 M für die Zeit vom 1. Januar bis 1. April 1917 mit dem Vorrecht aus § 61 Nr. 1 KO. angemeldet. Die Forderung ist im Prüfungstermine festgestellt, das Vorrecht aber vom beklagten Konkursverwalter bestritten, da es sich nur auf die Rückstände für das letzte Jahr vor Eröffnung des Verfahrens erstrecke. Die auf Feststellung der Forderung von 6 458,35 M mit dem Vorrecht aus § 61 Nr, 1 erhobene Klage wurde in beiden Vorinstanzen abgewiesen.

Die Revision wurde zurückgewiesen aus folgenden

Gründen:

Das Berufungsgericht hat den streitigen Beitragsforderungen der klagenden Berufsgenossenschaft das in Anspruch genommene Vorzugsrecht aus § 61 Nr. 1 KO. versagt, da sie früher als innerhalb des letzten Jahres vor der Konkurseröffnung vom 5. Oktober 1918 entstanden seien.

Die Revision rügt Verletzung des § 28 Abs. 3 RVO. Sie ist zunächst der Meinung, daß danach den Rückständen schlechthin ohne jede zeitliche Beschränkung das Vorzugsrecht zustehe. Diese Ansicht ist nicht begründet. Sie ist außer in den von der Revision angeführten Urteilen eines Amtsgerichts und eines Landgerichts (mitgeteilt in der Zeitschr. f. Rechtspflege in Bayern 1916 S. 44) nur in einem Urteile des Amtsgerichts Stralsund vom 28. März 1916 (Arbeiterversorgung 1916 S. 297) vertreten, das sich dafür auf die allgemein gehaltene Fassung des § 28 Abs. 3 RVO. beruft, wonach Rückstände das Vorzugsrecht des § 61 Nr. 1 KO. haben. Demgegenüber hat schon die

Schriftleitung der „Arbeiterversorgung" a. a. O. in einer Anmerkung darauf hingewiesen, daß diese Begründung unrichtig ist, und daß die Bestimmung des § 28 Abs. 3 schon sprachlich bedeutet, daß das Vorrecht den Rückständen genau in der Art zusteht, wie den in § 61 Nr. 1 KO. bezeichneten anderen Forderungen, also nicht nur das Vorrecht in derselben Klasse, sondern auch in gleichem Umfange; dafür, daß die Bestimmung mehr als eine Gleichstellung der Ansprüche der Versicherungsträger mit den Lohnforderungen der sog. Liedlöhner beabsichtigt habe, liege kein Anhalt vor. In dem Sinne einer zeitlichen Beschränkung, in dem auch das Berufungsgericht die Bestimmung des § 28 Abs. 3 aufgefaßt hat, äußern sich auch die Kommentare zur Reichsversicherungsordnung von Laß-Olshausen-Weymann 2. Aufl. S. 30 Anm. 9 zu § 28, von Hanow-Hoffmann 3. Aufl. S. 119 und von Düttmann-Appelius S. 127, ferner Hahn, Handbuch der Krankenversicherung, 8/9. Aufl. S. 52 Anm. 5, Rosin, das Recht der Arbeiterversicherung Bd. 2 S. 606, ferner die Kommentare zur Reichskonkursordnung von Jaeger 5. Aufl. S. 861 Anm. 17c und von Wolff 2. Aufl. S. 296 Anm. d, endlich das Urteil des Oberlandesgerichts zu Königsberg vom 21. März 1916 (Rspr. Bd. 32 S. 384) und die bei Soergel, Rspr. 1917 S. 537 mitgeteilte Entscheidung des Oberlandesgerichts zu Kiel vom 10. Oktober 1916.

Mit Recht weist das Oberlandesgericht Königsberg darauf hin, daß der § 61 KO. in Nr. 1 bis 5 den darin als bevorrechtigt bezeichneten Forderungen überall das Vorzugsrecht nicht unbeschränkt gewährt, sondern es an eine zeitliche Grenze knüpft, die in Nr. 1 und 4 durch die Entstehung, in Nr. 2 und 3 durch die Fälligkeit und in Nr. 5 durch die gerichtliche Geltendmachung bedingt ist. Die Tendenz war im Interesse des Kredits auf eine möglichste Beschränkung des Konkursvorrechts gerichtet, und es liegt vom sozialen und wirtschaftlichen Gesichtspunkte kein Anlaß vor, die Forderungen der Versicherungsträger in dieser Hinsicht günstiger zu stellen als die Forderungen der Reichskasse usw. wegen öffentlicher Abgaben oder die Forderungen der öffentlichen Verbände wegen der an sie zu entrichtenden Abgaben und Leistungen.

Die Entstehungsgeschichte des § 28 RVO. ergibt gleichfalls, daß durch den Abs. 3 kein neues materielles Konkursrecht hat geschaffen werden sollen, das abweichend von den sonstigen Bestimmungen der Konkursordnung für alle Rückstände ohne zeitliche Beschränkung ein Vorzugsrecht für die Beitragsforderungen der Versicherungsträger begründen sollte. Die Vorschrift hat das Vorzugsrecht übernommen, das für die Krankenversicherung schon in § 55 des Gesetzes betr. die Krankenversicherung der Arbeiter vom 15. Juni 1883 und desselben Gesetzes in der abgeänderten Fassung vom 10. April 1892 und für die Invalidenversicherung im § 137 des Gesetzes vom 22. Juni 1889 bzw. im § 168 desselben Gesetzes in der abgeänderten Fassung vom 19. Juli 1899 bestimmt war. Dort war überall schon für die Rückstände das Vorzugsrecht des § 61 Nr. 1 KO. (früher § 54 Nr. 1 KO.) bestimmt. Die Gleichstellung mit den Forderungen der Liedlöhner beruhte auf der Erwägung, daß die vom Arbeitgeber geschuldeten Beiträge rechtlich oder doch wenigstens wirtschaftlich einen Teil des vom Arbeitnehmer verdienten Lohnes darstellen, und daß der letztere sich bei der Lohnzahlung Beitragsteile vom Lohn abziehen lassen muß (Jaeger, a. a. O. S. 861, Arbeiterversorgung 1916 S. 699). Allgemein wurde in Rechtsprechung und Schrifttum die gleiche zeitliche Beschränkung wie bei den Liedlohnforderungen für das Vorzugsrecht der genannten Versicherungsträger anerkannt mit Ausnahme von Fuld, Invalidenversicherungsgesetz, Anm. 4 zu § 137, der das Vorrecht allen unverjährten Rückständen zuteil werden lassen wollte, für seine Ansicht aber keine Begründung gab. Für die Beitragsforderungen der Berufsgenossenschaften fehlte es an einer gleichen Bestimmung in den verschiedenen Unfallversicherungsgesetzen; für sie als „öffentliche Verbände" wurde ein Vorrecht aus § 61 Nr. 3 (früher § 54 Nr. 3) KO. für die im letzten Jahre vor der Konkurseröffnung, bzw. im Falle des Nachlaßkonkurses vor dem Ableben des Gemeinschuldners, fällig gewordenen Beitragsforderungen abgeleitet (RGZ. Bd. 22 S. 139). Die Reichsversicherungsordnung hat nun in ihrem ersten Buche gemeinsame Vorschriften für alle Arten der durch sie geregelten öffentlichen Versicherungen gegeben. Die besondere Begründung zu dem mit dem § 28 des Gesetzes wörtlich übereinstimmenden § 25 des Entwurfs äußert sich zum Abs. 3 überhaupt nicht, sondern beschränkt sich auf die Bemerkung, daß der § 25 sich in seinen Vorschriften über die Beitreibung der Rückstände den etwas ausführlicheren Vorschriften des Krankenversicherungsgesetzes anschließe (RT. Bd. 274 Anl. zu 340 S. 44). Nach dem Kommissionsberichte (RT. Bd. 279 Nr. 946) wurde der § 25 ohne Diskussion in erster und zweiter Lesung nach der Vorlage angenommen, und zum Abs. 3 fanden nur Erörterungen darüber statt, ob den Rückständen ein Recht auf vorzugsweise Befriedigung in der Zwangsversteigerung zuzubilligen sei (S. 4361 des Berichts in Verbindung mit dem Bericht zu §§ 132 und 760). Hieraus ergibt sich, daß man für das Konkursvorrecht der Rückstände kein neues Recht schaffen wollte, sondern im Interesse einer einheitlichen Gestaltung die bis dahin für die Kranken- und Invalidenversicherungen schon bestehenden gesetzlichen Bestimmungen auf alle Arten von öffentlichen Versicherungen übertrug und demgemäß den § 28 unter die für alle gemeinsamen Vorschriften aufnahm. Die Berufsgenossenschaften wurden dadurch lediglich den anderen Versicherungsträgern gleichgestellt. Eine Besserstellung war damit nur insofern verbunden, als sie statt, wie bisher, in der dritten Klasse nunmehr in der ersten für ihre Rückstände bevorrechtigt wurden. Eine weitere Besserstellung darüber hinaus in dem Sinne, daß das Vorrecht nunmehr allen Rückständen ohne zeitliche Begrenzung zukommen sollte, war nicht beabsichtigt, es handelte sich vielmehr nur um eine einheitliche und gleichmäßige Regelung für alle Arten der Versicherung auf der Grundlage der für einige von ihnen schon bestehenden Bestimmungen.

Die Gründe für die Gleichstellung der Beitragsforderungen der einzelnen Versicherungsträger mit den Liedlohnforderungen sind allerdings verschieden; sie liegen für die Forderungen der Krankenkassen und der Versicherungsanstalten in der oben mitgeteilten Erwägung, für die Forderungen der Berufsgenossenschaften, für welche diese Erwägung nicht in gleichem Maße zutrifft, in der beabsichtigten Schaffung einer einheitlichen Bestimmung für alle Arten von Versicherungsträgern. Daraus folgt jedoch nichts für eine verschiedene Beurteilung der Wirkung der Gleichstellung und des Umfangs des Konkursvorrechts. Am allerwenigsten ist der Schluß gerechtfertigt, daß die Forderungen der Berufsgenossenschaft in dieser Hinsicht besser gestellt sein sollten als die Forderungen der Krankenkassen und Versicherungsanstalten, für die eine inhaltliche Änderung ihres Konkursvorrechts gar nicht beabsichtigt war. Es verblieb bei der zeitlichen Begrenzung des Vorrechts, wie es für die Liedlohnforderungen gegeben ist. Die abweichenden Ausführungen in der „Arbeiterversorgung" 1916 S. 697 flg. können nicht für begründet erachtet werden.

Die Revision wendet sich weiter dagegen, daß das Berufungsgericht das Vorrecht nur auf die Rückstände für das letzte Jahr vor der Konkurseröffnung erstrecken will und dabei die Forderungen der Berufsgenossenschaft als mit der Leistung des Vorschusses durch die Postverwaltung bzw. mit den einzelnen Ausgaben, die die Genossenschaft für Durchführung ihres Betriebs zu leisten hat, entstanden und seitdem als rückständig im Sinne des § 61 Nr. 1 KO. erachtet. Die hiergegen erhobenen Angriffe sind aber unberechtigt. Mit Verleihung des Vorrechts des § 61 Nr. 1 statt des früher ihnen zukommenden Vorrechts aus § 61 Nr. 3 ist das Vorrecht der Berufsgenossenschaften nunmehr auch der zeitlichen Begrenzung des § 61 Nr. 1 unterworfen. Es erstreckt sich nur noch auf die Rückstände für das letzte Jahr vor der Konkurseröffnung, nicht aus dem letzten Jahre, also auf die im letzten Jahre entstandenen Forderungen ohne Rücksicht auf ihren Fälligkeitstermin. Aus dem Worte „Rückstände" ist dabei ebensowenig etwas zu entnehmen wie aus den für die Liedlohnforderungen gebrauchten Worten, daß die für das letzte Jahr rückständigen Forderungen bevorrechtigt sein sollen, wobei es nach der im Schrifttum und Rechtsprechung allgemein herrschenden Ansicht auch nicht darauf ankommt, daß die Lohnforderungen bereits fällig und in diesem Sinne rückständig sind. Entscheidend ist vielmehr im Falle des § 61 Nr. 1 lediglich der Zeitpunkt der Entstehung der Forderungen; im Gegensatz dazu ist für die zeitliche Begrenzung des Vorrechts nach § 61 Nr. 2 und 3 der Zeitpunkt der Fälligkeit der Forderungen maßgebend (vgl. RGZ. Bd. 22 S. 139).

Kommt es aber für die Anwendung des § 61 Nr. 1 lediglich auf den Zeitpunkt der Entstehung der Forderungen an, so fragt es sich, wann die Beitragsforderungen der Berufsgenossenschaften entstehen. Diese Frage ist vom Reichsgericht in der angeführten Entscheidung Bd. 22 S. 139 bereits entschieden, indem dort ausgeführt ist: Die Beitragsforderung einer Berufsgenossenschaft beruht darauf, daß sie den Postanstalten durch deren Vorschüsse ersatzpflichtig wird; im Zeitpunkte der Leistung jedes einzelnen Vorschusses gelangt bezüglich dieses Vorschusses die Ersatzpflicht der Genossenchaft und mit dieser ein verhältnismäßiger Tilgungsanspruch der letzteren gegen jedes einzelne Genossenschaftsmitglied rechtlich zur Entstehung (S. 141). Im weiteren wird dort ausgeführt, daß abweichend von der Entstehung die Fälligkeit zu beurteilen sei; die Fälligkeit trete erst ein, wenn der Beitrag des Mitglieds berechnet und nach vorschriftsmäßiger Zustellung eines Auszugs aus der Heberolle und der Zahlungsaufforderung an das Mitglied eine zweiwöchige Frist verstrichen sei. Im gleichen Sinne ist in RGZ. Bd. 30 S. 6 flg., insbesondere S. 7, ausgeführt, daß, wenn auch die Höhe der Beiträge, die zur Deckung der vor der Konkurseröffnung hervorgetretenen Bedürfnisse der klagenden Berufsgenossenschaft bestimmt seien, erst nachträglich nach Maßgabe der verausgabten Löhne festgestellt würde, doch der Anspruch der Klägerin für die Zeit bis zum Tage der Konkurseröffnung gegenüber dem Mitgliede schon vor der Konkurseröffnung begründet sei. Der jetzt erkennende Senat tritt diesen Ausführungen bei. Die Bestimmungen der Reichsversicherungsordnung über die Erhebung der Beiträge zu den Berufsgenossenschaften decken sich im wesentlichen mit denen der früheren Unfallversicherungsgesetze und geben keinen Anlaß zu einer abweichenden Beurteilung. Dadurch erledigen sich die Bedenken der Revision, daß die Beitragsforderungen für das ganze Geschäftsjahr einheitlich und erst mit Abschluß des Umlageverfahrens zur Entstehung gelangten, und daß von einer Entstehung der Forderungen nach einzelnen Zeitabschnitten nicht die Rede sein könne. Damit entfällt auch die Annahme, daß die Bestimmung des § 61 Nr. 1 KO. in dem vom Berufungsgericht aufgefaßten Sinne für Beitragsforderungen der Berufsgenossenschaften gar nicht durchführbar sei. Nur die Höhe der bis zum Tage der Konkurseröffnung entstandenen Beitragsforderungen wird sich zunächst nicht genau bestimmen lassen; solchenfalls läßt sich aber der Schätzungswert der Beitragsforderung nach § 69 KO. zum Konkurse anmelden, wenn man es nicht für zulässig halten will, was aber hier nicht geprüft zu werden braucht, die Anmeldung ohne Bezifferung des Anspruchs einfach auf „den im Umlegeverfahren festzusetzenden Betrag" zu beschränken (vgl. Jaeger, KO. Anm. 29 zu § 3 S. 119; Düttmann, RVO. S. 127; Stier-Somlo, RVO. S. 56). Die Revision meint, in der Unterwerfung des Vorrechts der Beitragsforderungen der Berufsgenossenschaften unter die zeitliche Beschränkung des § 61 Nr. 1 würde eine Verschlechterung ihrer Rechtslage liegen, die nicht als Absicht des Gesetzes angesehen werden könne; denn bis zum Inkrafttreten der Reichsversicherungsordnung hätten die Berufsgenossenschaften für ihre rückständigen Beiträge das Vorrecht des § 61 Nr. 3 gehabt, wonach es genügte, wenn die Beiträge innerhalb des letzten Jahres vor der Konkurseröffnung umgelegt und damit fällig geworden seien. Soweit hierin eine nachteilige Veränderung der Rechtslage der Berufsgenossenschaften zu erblicken wäre, müßte sie als eine vom Gesetzgeber nicht beabsichtigte Folge der Gleichstellung mit den anderen Versicherungsträgern mit in den Kauf genommen werden, die anderseits den Berufsgenossenschaften das Vorrecht der ersten statt der dritten Klasse der bevorrechtigten Konkursgläubiger verschafft hat. Eine Benachteiligung wird aber kaum anzunehmen sein. Beschränkt man nämlich das frühere Vorrecht aus § 61 Nr. 3 auf die im letzten Jahre vor der Konkurseröffnung umgelegten und fällig gewordenen Beitragsforderungen, so würde, da das Umlegeverfahren vor dem Mai nicht abgeschlossen zu werden pflegt, bei Eröffnung des Konkurses z. B. am 15. April 1918 das Vorrecht nur die im Mai 1917 umgelegten Beitragsforderungen aus dem

Jahre 1916 umfassen, während für das ganze Jahr 1917 und die Zeit vom 1. Januar bis 15. April 1918 das Vorrecht versagt bliebe. Bei Anwendung des § 61 Nr. 1 wäre dagegen das Vorrecht für die Zeit vom 15. April 1917 bis 14. April 1918 begründet und damit für die längste Zeit gesichert; für die Rückstände aus 1916 wäre es aber im übrigen auch ziemlich bedeutungslos, da bei den den Versicherungsträgern nach § 28 Abs. 1 und 2 und § 738 RVO. zustehenden Beitreibungsmöglichkeiten solche Rückstände kaum noch vorhanden sein würden. Die Berufsgenossenschaft stände also jetzt besser als nach dem früheren Rechte.

Das Reichsgericht hat bei Anwendung des § 54 Nr. 3 KO. auf die fraglichen Beitragsforderungen u. a. auch ausgeführt (RGZ. Bd. 22 S. 145), es wäre unzweckmäßig gewesen, das Vorzugsrecht von ihrer in verschiedenen Zeitpunkten auseinanderliegenden Entstehung abhängig zu machen statt von ihrer Fälligkeit, die einheitlich durch die Zustellung des Auszugs der Heberolle bestimmt werde, und es würde darin auch eine Härte liegen, da den Berufsgenossenschaften insoweit keine Säumnis zur Last falle. Diese Zweckmäßigkeitserwägungen können angesichts der abweichenden gesetzlichen Regelung, durch welche das Vorrecht nunmehr der zeitlichen Begrenzung des § 61 Nr. 1 unterworfen ist, für die allein der Zeitpunkt der Entstehung der Beitragsforderungen maßgebend ist, nicht mehr Platz greifen.

RGZ. 102, 324.

Unter welchen Voraussetzungen besteht ein Ersatzanspruch der Berufsgenossenschaft aus § 903 RVO. gegen den Unternehmer, der einen Betriebsleiter gemäß § 913 Abs. 1 RVO. bestellt hat? Haftet der Unternehmer schlechthin, wenn er nach § 913 Abs. 2 strafbar ist?

VI. Zivilsenat. Urt. v. 7. Juli 1921.

I. Landgericht Karlsruhe. — II. Oberlandesgericht daselbst.

Der bei der Klägerin versicherte Hilfsdreher W. ist am 8. Dezember 1917 im Dienste der Beklagten zu 1 in der von ihr während des Krieges als Hilfsgewerbe betriebenen Granatendreherei dadurch verunglückt, daß er bei seiner Arbeit ausrutschte und mit dem linken Arm in das Zahnrad einer Drehbank geriet. Die Klägerin fordert von den Beklagten aus § 903 RVO. Ersatz ihrer Aufwendungen für den Verletzten, weil das Zahnrad nicht genügend verwahrt gewesen sei. Die Beklagte zu 1 ist eine Aktiengesellschaft, die eine Ziegelei betreibt, der Beklagte zu 2 ihr technischer Direktor und Vorstandsmitglied.

Das Landgericht hat die Klage abgewiesen. Das Oberlandesgericht hat die Beklagten nach dem Antrage verurteilt.

Ihre Revision blieb erfolglos.

Aus den Gründen:

... In Frage steht nur, ob die Beklagten durch Bestellung eines Betriebsleiters in der Person des Ingenieurs Sch. von der Ersatzpflicht frei geworden sind. Sch. hat als Zeuge angegeben, daß die Leitung des technischen Betriebs, insbesondere der Granatendreherei, ihm unter der Oberaufsicht des Beklagten zu 2 unterstanden sei. Das Berufungsgericht hat nicht untersucht, ob ihm die Pflichten, die dem Beklagten zu 2 auf Grund der Reichsversicherungsordnung oblagen, übertragen worden seien. Es unterstellt, daß Sch. ein mit der Erfüllung dieser Pflichten betrauter Betriebsleiter im Sinne des § 913 Abs. 1 RVO. war, erachtet aber dennoch die beiden Beklagten mit folgender Begründung für haftpflichtig: Der Beklagte zu 2, dem als Vorstand der Beklagten zu 1 die technische Oberaufsicht über den Fabrikbetrieb obgelegen habe, hätte bei ordnungsmäßiger Beaufsichtigung des Sch. wissen müssen, daß eine Reihe von Zahnrädern nicht richtig verwahrt war. Der Mangel sei in zwei Revisionsberichten des genossenschaftlichen Kontrollbeamten vom 10. März 1917 und 24. September 1917 berührt worden. Wenn auch die Berichte dem Beklagten zu 2 unbekannt geblieben sein mochten, so hätte ihm doch das Fehlen eines sachgemäßen Schutzes an den Zahnrädern nicht verborgen bleiben können, wenn er den Sch. einigermaßen sorgfältig beaufsichtigt hätte. In diesem Falle hätte er auf Abstellung des Mißstandes drängen müssen. Er habe das nicht getan und daher bei Beaufsichtigung des Stellvertreters die im Verkehr erforderliche Sorgfalt nicht beobachtet. Sonst wäre der Unfall des W. vermieden worden. Der Beklagte zu 2 hafte daher aus §§ 913 Abs. 2, 903 und neben ihm die Beklagte zu 1 aus § 904 Abs. 1 Ziff. 1 RVO. für die Aufwendungen der Klägerin.

Die Revision verlangt zunächst die Entscheidung über die in dem Urteile vom 25. März 1918 VI 443/17 (JW. 1918 S. 617) offen gelassene Frage, ob sich durch Bestellung eines Betriebsleiters der Pflichtenkreis des Unternehmers und seine Haftung einschränken. Diese Frage müsse bejaht und damit eine Pflicht der Beklagten verneint werden, den sachverständigen Betriebsleiter in der von dem Berufungsgericht geforderten Weise zu beaufsichtigen und sich um die technische Angelegenheit, welche Unfallverhütungsmaßregel die bessere sei, zu bekümmern. Der Betriebsleiter bedürfe höchstens einer ganz allgemeinen Aufsicht. Jedenfalls hätte geprüft werden müssen, ob der Unternehmer, der einen Betriebsleiter nicht mit der erforderlichen Sorgfalt beaufsichtigt, deshalb schon die besondere Berufsaufmerksamkeit außer acht lasse, wie dies zur strafrechtlichen Verurteilung nötig sein würde.

Für die Revisionsinstanz ist davon auszugehen, daß Sch. als Betriebsleiter nach Maßgabe des § 913 Abs. 1 RVO. bestellt war. Für diesen Fall ist die von der Revision gewünschte Entscheidung in dem Urteile des Senats Bd. 95 S. 181 dahin ergangen, daß, obwohl § 913 in den Abschnitt der Reichsversicherungsordnung über Strafvorschriften eingeordnet sei, aus der an die Spitze gestellten Befugnis des Unternehmers, die ihm auf Grund dieses Gesetzes obliegenden Pflichten einem Betriebsleiter zu übertragen, sich ergebe, daß der Unternehmer durch seine Nichtbefolgung der Unfallverhütungsvorschriften nicht mehr die Aufmerksamkeit außer acht lasse, zu der er vermöge seines Gewerbes besonders verpflichtet war. In dem Urteile des Senats vom 2. Dezember 1920 VI 305/20 ist sodann ausgesprochen, daß der Unternehmer, wenn § 913 ihm gestatte, die Pflichten gegen die Berufsgenossenschaft, insbesondere die der Beobachtung der Unfallverhütungsvorschriften, auf den Betriebsleiter zu übertragen, auch keine Verantwortung mehr dafür trage, daß die letzteren unbeachtet geblieben seien; es sei denn, daß er wahrgenommen hätte, daß die Vorschriften vernachlässigt würden, und nicht eingeschritten wäre. Durch die letztere Einschränkung sollte nur ein augenfälliges Beispiel, das regelmäßig die Mithaftung des Unternehmers begründe, gegeben, keineswegs seine Mithaftung auf diesen alleinigen Fall eingegrenzt werden.

Die nähere Prüfung, ob und unter welchen Voraussetzungen die Haftung des Unternehmers aus § 903 RVO. neben die des Betriebsleiters tritt, der gemäß § 913 Abs. 1 bestellt ist, ergibt folgendes:

§ 913 ist den § 151 GewO., § 82a KrankenVersG., § 177 InvVersG. nachgebildet. Abs. 1 enthält trotz der Stellung unter den Strafvorschriften den allgemeinen Grundsatz, daß der Unternehmer dem Betriebsleiter die Pflichten aus der Reichsversicherungsordnung übertragen darf. Kann sich der Unternehmer durch die Übertragung vor Strafe schützen, so wird sie auch, wie in dem Urteile Bd. 95 S. 181 betont ist, zivilrechtliche Wirkung äußern müssen, wenn nicht ihr Wert und ihre Bedeutung wieder zerfließen sollen.

Abs. 2 betrifft nur die strafrechtliche Haftung der Stellvertreter und des Unternehmers, und zwar bezieht er sich bloß auf die Strafvorschriften der Reichsversicherungsordnung, nicht auf diejenigen des gemeinen Strafrechts. Die strafgerichtliche Feststellung, die § 903 als

Erfordernis für den Ersatzanspruch gegen den Unternehmer verlangt, hat mit den strafrechtlichen Tatbeständen der Versicherungsordnung nichts zu tun. Die Zwangs- und Ordnungsstrafen des Gesetzes scheiden in dieser Hinsicht ganz aus, und auch die Kriminalstrafen der Versicherungsordnung (§§ 23, 140 bis 143, 767, 911) liegen auf einem andern Gebiet. Vorsätzliche Herbeiführung des Unfalls im Sinne des § 903 steht nur höchst selten und jedenfalls hier nicht in Frage. Die Fahrlässigkeitsvergehen, die der Haftung aus § 903 zugrunde liegen, sind vielmehr die in §§ 222 Abs. 2, 230 Abs. 2 StGB. mit Strafe bedrohten. Daraus folgt, daß die Fälle der Strafbarkeit des Unternehmers neben dem Betriebsleiter, die § 913 Abs. 2 aufführt, nicht ohne weiteres, wie es von dem Berufungsgericht geschieht, zur Begründung des Ersatzanspruchs aus § 903 übernommen werden können. Anderseits darf aus dem Umstand, daß der Unternehmer wegen Verfehlungen gegen die Reichsversicherungsordnung, insbesondere gegen die Unfallverhütungsvorschriften, sich trotz zulässiger Bestellung eines Betriebsleiters sogar strafbar machen kann, geschlossen werden, daß das Gesetz ihn in diesem Falle ebensowenig der zivilrechtlichen Haftung gänzlich entheben wollte.

Unter welchen Umständen die Mithaftung des Unternehmers eintritt, läßt sich nicht im allgemeinen bestimmen, sondern wird sich nach der Lage des Einzelfalls richten. Bedeutsam kann dabei sein, ob der Unternehmer sachkundig ist oder nicht, wie groß sein Gesamtbetrieb ist, ob er an der Betriebsstelle wohnt oder nicht, usw. In jedem Fall ist aber Voraussetzung der Fahrlässigkeit im Sinne des § 903 und damit der Haftung des Unternehmers, daß er diejenige Aufmerksamkeit außer acht gelassen hat, zu welcher er vermöge seines Amtes, Berufes oder Gewerbes besonders verpflichtet war, und daß er ferner bei Beobachtung der erforderlichen Sorgfalt einen mit einer Körperverletzung des Verunglückten verbundenen Unfall, wenn auch nicht gerade in der Gestalt, wie er eingetreten ist, und, falls der Verunglückte zu Tode gekommen ist, die Tötung als mögliche Folge des Fehlens der von ihm geschuldeten Aufmerksamkeit hat voraussehen können, endlich, daß der Unfall durch die bezeichnete Fahrlässigkeit herbeigeführt worden ist.

Das Berufungsgericht hat nicht festgestellt, daß der Beklagte zu 2 um die unzureichende Sicherung des Zahnrads gewußt hat, sondern nur, daß er darum hätte wissen müssen, wenn er den Sch. ordnungsmäßig beaufsichtigt hätte, und daß er durch den Mangel der Beaufsichtigung den Unfall des W. mitverursacht hat.

Die Annahme, daß der Unternehmer durch die Unterlassung der pflichtmäßigen Überwachung der kraft des § 913 eingesetzten Stellvertreter eine Fahrlässigkeit im Sinne des § 903 begehen kann, ist bedenkenfrei. Dagegen hat das Berufungsgericht, weil es § 913 Abs. 2 für maßgebend gehalten hat, nicht geprüft, ob bei dem Beklagten zu 2 die ersterwähnten Merkmale dieser Fahrlässigkeit vorhanden waren. Doch nötigt diese Lücke nicht dazu, das Urteil aufzuheben; sie kann auf Grund der Feststellungen darin ergänzt werden. . . .

(Es wird sodann dargelegt, daß der Beklagte die durch seinen Beruf ihm besonders auferlegte Aufmerksamkeit außer acht gelassen habe, indem er es an der gebotenen Überwachung fehlen ließ, und daß er die Verletzung eines Arbeiters als Folge dieses Mangels habe voraussehen können.)

RGZ. 103, 216.

Ist die im Verhältnis von Kranken- und Unfallversicherung geltende Vorschrift des § 1503 Abs. 1 RVO.*), wonach für Krankenpflege drei Achtel des Grundlohns zu ersetzen sind, nach welchem sich das Krankengeld bestimmt, nach § 1542 Abs. 2 auch gegenüber dem Dritten entsprechend anwendbar, den der Träger der Versicherung gemäß § 1542 Abs. 1 auf Schadensersatz in Anspruch nimmt?

VI. Zivilsenat. Urt. v. 28. November 1921.

I. Landgericht Düsseldorf. — II. Oberlandesgericht daselbst.

Vierzehn Kassenmitglieder der klagenden Ortskrankenkasse erhielten von ihr wegen der im Bahnbetriebe der Beklagten erlittenen Schädigungen nach Vorschrift der Reichsversicherungsordnung Krankengeld, ärztliche Behandlung und Arzneien. Die Beklagte als haftpflichtige Bahnunternehmerin hat der Klägerin das Krankengeld erstattet. Die Klägerin verlangt aber nach § 1542 RVO. auch Ersatz für die Krankenpflege. Sie hat den Betrag hierfür für jedes einzelne der unfallbeschädigten Mitglieder gemäß § 1503 Abs. 1 RVO. nach drei Achtel des Grundlohns berechnet, nach welchem sich das Krankengeld jener Mitglieder bestimmt, insgesamt auf 4029,10 M. Beide Vordergerichte haben die Klage abgewiesen. Das Reichsgericht hat die Beklagte antragsgemäß verurteilt, aus folgenden

Gründen:

Unstreitig haben die vierzehn Mitglieder der Klägerin im Bahnbetriebe der Beklagten Unfälle erlitten. Daraus ergibt sich die Schadens-

*) Jetzt: § 1524 RVO. i. d. F. d. Ges. v. 17. 2. 1939 RGBl. I S. 267 (274).

ersatzpflicht der Beklagten nach § 3a HaftpflG. Einwendungen aus § 1 des HaftpflG., daß die Unfälle durch höhere Gewalt oder durch eigenes Verschulden des Verletzten verursacht worden sind, hat die Beklagte nicht erhoben; sie hat auch nicht behauptet, daß die Verletzten wegen eigenen Verschuldens nach § 254 BGB. den Schaden etwa zum Teil selber zu tragen haben. Im Gegenteil, die Beklagte hat sogar der Klägerin das ihren verletzten Mitgliedern gewährte Krankengeld im vollen Betrag erstattet und sich damit zu dem Standpunkte bekannt, daß sie den Verletzten nach § 3a HaftpflG. die ganzen Kosten der Heilung zu leisten hat.

Daß unter die nach § 3a HaftpflG. zu leistenden Heilungskosten auch die den Verletzten von einer Krankenkasse gewährte Krankenpflege gehört, bedarf keiner Ausführung. Wo nun neben der Krankenkasse auch ein Träger der reichsgesetzlichen Unfallversicherung zum Schadensersatze verpflichtet ist, kann die Krankenkasse nach den Vorschriften der §§ 1501, 1503 RVO. von diesem Ersatz für ihre Krankenpflege beanspruchen. Aber das Maß des Ersatzes für die Krankenpflege ist im § 1503 Abs. 1 gesetzlich in unveränderlicher Weise festgelegt; denn für Krankenpflege ist schlechthin $^{3}/_{8}$ des Grundlohns zu ersetzen, nach welchem sich das Krankengeld des Verletzten bestimmt. An dieses ein für allemal bestimmte Maß ist sowohl die Krankenkasse wie der Träger der Unfallversicherung gebunden, nach unten wie nach oben. Die Krankenkasse braucht die einzelnen Aufwendungen für die Krankenpflege weder darzulegen noch zu beweisen, und ebensowenig, wie sie einen höheren Betrag ersetzt verlangen kann, wenn die Krankenpflege mehr als $^{3}/_{8}$ des Grundlohns gekostet hat, kann ihr vom Träger der Unfallversicherung der Einwand entgegengesetzt werden, daß sie in Wirklichkeit für die Krankenpflege einen geringeren Betrag als $^{3}/_{8}$ des Grundlohns aufgewendet habe.

Zwar regeln die Vorschriften der §§ 1501, 1503, die dem 5. Buch der RVO. angehören, nur die Beziehungen zwischen Kranken- und Unfallversicherung. Sie gelten also in dieser Begrenzung nicht ohne weiteres auch für das Verhältnis der Beklagten zu den durch Betriebsunfall verletzten Mitgliedern der Klägerin, aus deren Rechten die Klägerin nach § 1542 Abs. 1 RVO. die Beklagte als haftpflichtigen Bahnunternehmer auf Ersatz der Krankenpflege in Anspruch nimmt. Aber es steht hier der Klägerin die weitere Vorschrift des § 1542 Abs. 2*) zur Seite, wonach auf das Maß des Ersatzes für Krankenpflege

*) Jetzt i. d. F. des Art. 1 Nr. 89 des 5. Ges. über Änderungen in der Unfallversicherung vom 17. 2. 1939 — RGBl. I S. 267.

die Vorschrift des § 1503 RVO. entsprechend anzuwenden ist. Das Berufungsgericht beschränkt die entsprechende Anwendbarkeit des § 1503 einseitig dahin, daß es ausführt, die Klägerin brauche zwar ihre eigenen Aufwendungen für Krankenpflege nicht darzulegen und zu beweisen, wohl aber müsse sie bei Meidung der Klagabweisung den Umfang der Schadensersatzansprüche der Verletzten gegen die Beklagte darlegen und beweisen. Aber dieser Standpunkt des Berufungsgerichts wird der Bedeutung eines auf $^3/_8$ des Grundlohns ein für allemal gesetzlich festgelegten Pauschalbetrags für Krankenpflege im Sinne des § 1503 nicht gerecht. Denn es liegt ein Widerspruch darin, einerseits den Ersatzanspruch der Klägerin in entsprechender Anwendung des § 1503 auf das Höchstmaß dieses Pauschalbetrags zu begrenzen, auch wenn die Klägerin noch höhere Aufwendungen für Krankenpflege nachweisen könnte, für die auch die Beklagte nach § 3a HaftpflG. aufzukommen hätte, anderseits aber den Pauschalbetrag nicht als schlechthin maßgebend gelten zu lassen, sofern nicht die Klägerin, die doch nach § 1503 RVO. von dem Nachweis ihrer einzelnen Aufwendungen für Krankenpflege befreit sein soll, darlegt und beweist, in welchem Umfang ihre wirklichen Aufwendungen mit dem Umfang der Schadensersatzpflicht der Beklagten sich decken. Grundsätzlich muß allerdings die Klägerin die Ansprüche der Verletzten, wenn sie diese auf sie übergegangenen Ansprüche nach § 1542 Abs. 1 RVO. geltend macht, auch darlegen. Wenn aber der § 1503 den Anspruch, der der Klägerin für Krankenpflege entsteht, auf $^3/_8$ des Grundlohns festlegt und der § 1542 Abs. 2 RVO. für das Maß des Ersatzes für Krankenpflege auch zwischen der Versicherungsanstalt und dem Dritten die entsprechende Anwendbarkeit des § 1503 vorschreibt, so ist von der klagenden Versicherungsanstalt gegen den dritten Schadensersatzpflichtigen nichts weiter darzulegen, als daß Tatbestände, hier Betriebsunfälle, vorliegen, die eine Krankenpflege überhaupt notwendig gemacht haben; das ist auch behauptet und gar nicht bestritten. In solchen Fällen treten dann die Sätze des § 1503 ohne weiteres und automatisch an die Stelle einer ins einzelne gehenden Darlegung der aufgewandten Krankenpflege. Gegen die Berechnung der einzelnen Sätze und die Zahl von Tagen, an denen jedem einzelnen Krankenpflege gewährt worden ist, hat die Beklagte keinerlei Einwendungen erhoben.

Das Berufungsgericht weist schließlich darauf hin, es laufe der Dritte, wenn er an die Klägerin schlechthin für Krankenpflege $^3/_8$ des Grundlohns zahlen müsse, Gefahr, mehr zu zahlen, als was er selbst dem Verletzten schuldig sei. Diese Möglichkeit ist allerdings an sich nicht ausgeschlossen, ebensowenig aber auch die entgegengesetzte, dem Dritten zum Vorteil gereichende Möglichkeit, daß der nach § 1503 berechnete Betrag niedriger ist, als was der Dritte dem Verletzten an Heilungskosten, insbesondere für Krankenpflege, zu leisten hat. Diese Unstimmigkeit hat ihren unvermeidlichen Grund in dem Wesen einer jeden auf gesetzlicher Vorschrift beruhenden Durchschnittsberechnung, die einer Wirklichkeitsberechnung immer nur annähernd gleichkommen kann. Ebenso wie sich die Krankenkasse und der Träger der Unfallversicherung untereinander mit dieser Durchschnittsberechnung des Ersatzes für Krankenpflege kraft der Vorschrift des § 1503 schlechthin abfinden müssen, muß das gleiche nach der Vorschrift des § 1542 Abs. 2 RVO. auch im Verhältnis der Krankenkasse zu dem schadensersatzpflichtigen Dritten gelten: das im § 1503 vorgeschriebene Maß des Ersatzes für Krankenpflege stellt sich gleichzeitig dar als der Betrag, den der Dritte, nicht mehr und nicht weniger, dem Verletzten für Krankenpflege schuldig ist. — Daß bei dieser gesetzlichen Regelung der Verletzte eine „doppelte" Entschädigung erhalten könnte, wie das Berufungsgericht meint, trifft nicht zu; denn da nach der Rechtsprechung des Reichsgerichts der Anspruch des Verletzten gleich mit der Entstehung, hier also schon im Zeitpunkte des erlittenen Betriebsunfalls, auf die Klägerin übergegangen ist, ist der Verletzte rechtlich überhaupt nicht mehr in der Lage, für Krankenpflege von der Beklagten Schadensersatz zu verlangen.

Da die Sache spruchreif erscheint, so war nach § 565 Abs. 3 und 1 ZPO., wie geschehen, die Beklagte nach dem Antrage zu verurteilen.

RGZ. 123, 40.

1. Ist der Übergang des Schadensersatzanspruchs auf einen Versicherungsträger schon bei der Entscheidung über den Grund des Anspruchs zu berücksichtigen?

2. Wie gestaltet sich der Rechtsübergang, wenn der Höchstbetrag des Kraftfahrzeuggesetzes in Frage kommt?

3. Inwieweit ist bei Festsetzung einer Schadensrente künftigen Veränderungen Rechnung zu tragen?

RVO. § 1542. Kraftfahrzeuggesetz § 12. ZPO. § 304.

VI. Zivilsenat. Urt. v. 13. Dezember 1928.

I. Landgericht Düsseldorf. — II. Oberlandesgericht daselbst.

Am 26. Juli 1924 wurde der Anstreicher Kn. in D, vom Anhängewagen eines Lastkraftwagens der Beklagten überfahren und verletzt.

Er erhob gegen sie Klage auf Feststellung ihrer Schadensersatzpflicht und auf Zahlung von 2000 GM. Das Landgericht stellte durch Urteil vom 21. Dezember 1925 die Schadensersatzpflicht der Beklagten im Rahmen des Kraftfahrzeuggesetzes fest und verurteilte sie zur Zahlung von 2000 RM. Hiergegen legte sie Berufung ein mit dem Antrage, die Klage abzuweisen. Am 20. Februar 1926, während der Rechtsstreit in der Berufungsinstanz schwebte, starb Kn. an den Folgen der Verletzung. Seine Witwe und Kinder, die jetzigen Kläger, setzten den Rechtsstreit als seine Erben fort und erhoben zugleich eigene Ansprüche wegen des ihnen entgangenen Unterhalts, indem sie sich der Berufung der Beklagten anschlossen. Ihren Anträgen entsprechend wies das Oberlandesgericht die Berufung der Beklagten zurück und erklärte den im Wege der Anschlußberufung erhobenen, auf Zahlung von noch 2372,30 RM und einer mit dem 20. Februar 1926 beginnenden Monatsrente von 125 RM gerichteten Anspruch im Rahmen des Kraftfahrzeuggesetzes dem Grunde nach für gerechtfertigt. In den Gründen ist gesagt, daß der Schaden den Betrag von 2000 RM übersteige, selbst wenn man die gesamten Leistungen der Krankenkasse und der Berufsgenossenschaft abziehe. Dieses Urteil wurde rechtskräftig. In dem nun folgenden Betragsverfahren sprach das Oberlandesgericht durch Urteil vom 18. Juni 1928 den Klägern außer dem bereits zuerkannten Betrag von 2000 RM noch zu: 1. 1442,13 RM nebst 6 % Zinsen von 3442,13 RM seit dem 1. Juni 1927, 2. eine Monatsrente von 70 RM vom 20. Februar 1926 bis zum 23. September 1947, dem Tage, an welchem Kn. sein 65. Lebensjahr vollendet haben würde, nebst 6 % Zinsen von den Rückständen, unter Offenhaltung der Anrechnung bereits gezahlter Beträge. Im übrigen wurde die Anschlußberufung zurückgewiesen.

Gegen dieses Urteil legte die Beklagte Revision ein, mit der sie die Herabsetzung ihrer Leistungspflicht auf diejenigen Beträge erstrebte, die sich ergeben, wenn die Leistungen der Berufsgenossenschaft auf die Höchstrente des Kraftfahrzeuggesetzes voll angerechnet werden. Die Revision führte zur Aufhebung und Zurückverweisung.

Gründe:

Das Berufungsgericht hat in der Formel des rechtskräftigen Zwischenurteils vom 12. März 1928 nicht zum Ausdruck gebracht, daß der mit der Anschlußberufung geltend gemachte Anspruch nur insoweit für gerechtfertigt erklärt werden sollte, als er nicht auf einen Versicherungsträger übergegangen war. Diese Einschränkung gehörte zum

Grunde des Anspruchs (RGZ. Bd. 62 S. 338; vgl. Sydow-Busch 19. Aufl. § 304 ZPO. Anm. 3). Indessen ergibt der oben angeführte Satz der Entscheidungsgründe, die zur Auslegung der Urteilsformel verwandt werden müssen, daß das Berufungsgericht jene Einschränkung hat machen wollen. Die Rechtskraft des Urteils vom 12. März 1928 stand daher der Berücksichtigung des § 1542 RVO. nicht entgegen.

Mit Recht beschwert sich aber die Beklagte darüber, daß § 1542 RVO. nicht genügend berücksichtigt worden ist. Das Berufungsgericht stellt zunächst — abgesehen von den Kosten der versuchten Heilung, von denen die Zahlungen der Krankenkasse mit 418 RM voll abgezogen sind, und den Beerdigungskosten — den Vermögensnachteil fest, den der Verunglückte bis zu seinem Tode erlitten hat, und zwar unabhängig von der in § 12 Nr. 1 KFG. gezogenen Grenze. Wenn es dabei den Betrag ermittelt, der „den Klägern" entgangen ist, so verfährt es nicht folgerichtig; denn festzustellen war in diesem Punkte ein Schadensersatzanspruch, der in der Person des Verunglückten zur Entstehung gelangt war und von den Klägern als seinen Erben geltend gemacht wird. Indessen kommt darauf im Ergebnis nichts an; keinesfalls ist die Beklagte dadurch beschwert. Den Betrag stellt das Berufungsgericht wegen Verdienstausfalls für 570 Krankheitstage auf 3025 RM fest, während unter Zugrundelegung der Höchstrente von monatlich 125 RM (§ 12 Nr. 1 KFG.) für denselben Zeitraum (26. Juli 1924 bis 20. Februar 1926 = $18^5/_6$ Monat) 2350,50 RM zu entrichten gewesen wären. Die Leistungen der Berufsgenossenschaft betrugen in diesem Zeitraum nach der Feststellung des Berufungsgerichts 1227,71 RM. Diesen Betrag rechnet das Berufungsgericht auf den von ihm ermittelten Betrag von 3025 RM an und gelangt so zu dem Betrag von 1797,83 RM, den es den Klägern zuspricht. Die für diese Berechnungsart angeführten Gründe sind nicht stichhaltig. Die Vorschriften des § 12 KFG. schränken nicht nur, wie das Berufungsgericht meint, die Verbindlichkeit des Entschädigungspflichtigen ein, sondern auch den Anspruch des Entschädigungsberechtigten. Nach § 1542 RVO. geht aber der Anspruch auf die Versicherungsträger insoweit über, als sie den Entschädigungsberechtigten nach der Reichsversicherungsordnung Leistungen zu gewähren haben. Bei der Anrechnung dieser Leistungen ist also von dem Betrag auszugehen, den der Entschädigungsberechtigte nach dem Kraftfahrzeuggesetz zu beanspruchen hat, wenn ihm, wie hier, nur auf Grund dieses Gesetzes ein Anspruch zusteht. Ein darüber hinausgehender Schaden kommt nicht in Betracht, denn insoweit besteht kein Entschädigungsanspruch (vgl. RGZ. Bd. 91 S. 402; JW. 1909 S. 471

Nr. 42). Das Berufungsgericht verweist darauf, daß bei mitwirkendem Verschulden des Verletzten die ihm nach § 254 BGB. zustehende Quote unabhängig von § 12 KFG. errechnet und ihm voll zugesprochen werde, wenn sich der errechnete Betrag innerhalb der Grenzen des § 12 KFG. halte. Das trifft zwar zu (RGZ. Bd. 87 S. 402), beweist aber nichts für die richtige Anwendung des § 1542 RVO. Denn dieser Paragraph regelt den Übergang des Anspruches, setzt also das Bestehen eines solchen voraus. Nach der Berechnungsweise des Berufungsgerichts wäre auf die Berufsgenossenschaft ein Betrag übergegangen, dem zum Teil ein Anspruch überhaupt nicht zugrunde lag; für diesen Teil fände die Berufsgenossenschaft keine Deckung.

Demselben Rechtsirrtum verfällt das Berufungsgericht bei der Bemessung der Rente, die es den Klägern vom Todestag des Verunglückten ab zuspricht. Es geht von einem Rentenbetrag von monatlich 160 RM aus und rechnet auf diesen die Monatsleistungen der Berufsgenosenschaft von 90 RM an, berücksichtigt also nicht, daß den Klägern über den nach § 12 KFG. zulässigen Höchstbetrag hinaus überhaupt kein Anspruch zusteht, und daß die Berufsgenossenschaft dabei zum Teil ungedeckt bleiben würde.

Dieser Rechtsirrtum nötigt dazu, das Urteil insoweit aufzuheben, als es durch ihn beeinflußt ist. Für die Zeit bis zum Tode des Verunglückten mit Einschluß der Beerdigungskosten kann in der Sache selbst entschieden werden. Denn für diese Zeit reichen die Feststellungen des Berufungsgerichts aus.

(Folgt die Berechnung der Beträge.)

Für die Festsetzung der Rente, die auf Grund des § 10 Abs. 2 KFG. seit dem Todestage des Verunglückten beansprucht wird, fehlt es bisher an der Feststellung der Geburtsdaten der beiden mitklagenden Kinder. Das Berufungsgericht hat die Rente für die Zeit vom 20. Februar 1926 bis zum 23. September 1947, dem Tage, an welchem Kn. sein 65. Lebensjahr vollendet haben würde, im gleichbleibenden Betrage von 70 RM festgesetzt, der „an die Kläger zu Händen der Klägerin" zu zahlen ist. Daß die Leistungen der Berufsgenossenschaft von monatlich 90 RM nicht von monatlich 160 RM, sondern von monatlich 125 RM abzuziehen gewesen wären, ergibt sich aus dem bereits Gesagten. Das Berufungsgericht hat aber zwei Umstände unbeachtet gelassen, welche die Höhe der Rente beeinflussen und, soweit sie in der Zukunft eintreten, zu den voraussehbaren Umständen gehören, die schon jetzt berücksichtigt werden müssen (RGZ. Bd. 83 S. 65; JW. 1905 S. 283 Nr. 4). Der eine ist, daß die Unterhaltspflicht des Verunglückten gegenüber seinen Kindern nach § 1602 BGB. mit dem Zeitpunkte geendet haben würde, von dem ab sie imstande sind oder sein werden, sich selbst zu unterhalten; von da an stünde ihnen ein Anspruch auf Grund des § 10 Abs. 2 KFG. nicht mehr zu. Ob der für die Klägerin verbleibende Unterhaltsanspruch auf mindestens 125 RM monatlich und demgemäß ihr Anspruch aus § 10 Abs. 2 KFG. auf 125 RM monatlich anzunehmen wäre, ist nach den Feststellungen des Berufungsgerichts nicht völlig sicher und bedarf der Nachprüfung. Der andere nicht berücksichtigte Umstand ist, daß die Leistungen der Berufsgenossenschaft für die Kinder des Getöteten nach § 591 RVO. durch deren Alter begrenzt sind. Soweit diese Leistungen aufhören, vermindert sich der nach § 1542 RVO. auf die Berufsgenossenschaft übergegangene Teil des Anspruchs. Die Rente wird daher unter Berücksichtigung dieser Gesichtspunkte anderweit festzusetzen sein.

RGZ. 135, 19.

1. Unter welchen Voraussetzungen kann der Vorsitzende des Vorstands einer Berufsgenossenschaft für diese den Ersatzanspruch erheben?

2. Erfordernisse der „Mitteilung" des Beschlusses des Vorstands auf Erhebung dieses Anspruchs an den Ersatzpflichtigen.

RVO. §§ 903, 906.

IX. Zivilsenat. Urt. v. 16. Dezember 1931.

I. Landgericht Meiningen. — II. Oberlandesgericht Jena.

Am 25. August 1927 verunglückte der Prokurist S. der Zweitbeklagten in deren Werk in H., als er Brennholz an einer Kreissäge zerkleinerte, dadurch tödlich, daß ihn ein abspringedes Holzstück am Kopfe traf und er infolgedessen zu Boden stürzte und mit dem Kopf auf die Bodensteinfließen aufschlug. Der Erstbeklagte, Geschäftsführer der Zweitbeklagten, wurde deshalb wegen fahrlässiger Körperverletzung zu einer Geldstrafe verurteilt; in den Gründen des Strafurteils ist ausgeführt, es sei berücksichtigt worden, daß der Tod des Verletzten infolge des Unfalls eingetreten sei. Das Oberversicherungsamt in E. erkannte den Unfall als Betriebsunfall an und entschied rechtskräftig, daß die klagende Berufsgenossenschaft die Witwe des S. nach Maßgabe der gesetzlichen Bestimmungen zu entschädigen habe.

Nach der Darstellung der Klägerin hat ihr Vorstand am 24. Dezember 1929 an die beiden Beklagten einen Einschreibebrief gerichtet, worin er sie von seinem Beschluß, „Regreßanspruch in dieser Sache zu erheben", unterrichtet und aufgefordert habe, ihre Verpflichtung zum Ersatz des aus dem Unfall bereits entstandenen und in Zukunft noch entstehenden Schadens anzuerkennen. Die Beklagten haben die Ersatzpflicht abgelehnt. Sie bestreiten, daß ein Beschluß des Vorstandes der Klägerin ergangen sei; lediglich der Vorsitzende des Vorstandes habe jene Mitteilung und Aufforderung an die Beklagten gerichtet.

Mit der Klage verlangt die Klägerin von den beiden Beklagten als Gesamtschuldnern Zahlung der von ihr an Sterbegeld und Hinterbliebenenrente bisher aufgewendeten Beträge und begehrt weiter die Feststellung der samtverbindlichen Verpflichtung der Beklagten, die weiteren Beträge zu erstatten, die von ihr noch zu zahlen seien.

Das Landgericht gab der Klage statt. Dagegen wies das Oberlandesgericht die Klage ab. Die Revision der Klägerin wurde zurückgewiesen.

Gründe:

Das Berufungsgericht verneint die Zulässigkeit der Klage, weil die Vorausetzungen des § 906 RVO. nicht erfüllt seien. Zwar sei nach der gemäß § 5 Abs. 3, §§ 675, 677 RVO. gültigen Bestimmung des § 22 der Genossenschaftssatzung der Vorsitzende zur Vertretung des Vorstandes nach außen berechtigt; er sei deshalb befugt gewesen, die in § 906 Abs. 1 Satz 1 RVO. vorgeschriebene Mitteilung für den Vorstand zu machen. Aber dadurch werde nicht die Notwendigkeit beseitigt, daß der Vorstand selbst über die Erhebung des Ersatzanspruchs habe Beschluß fassen müssen. Ob ein solcher Beschluß gefaßt sei, sei bei Klagen aus § 906 RVO. stets von Amts wegen zu prüfen. Die Klägerin gebe zu, daß dies noch nicht geschehen sei, als der Vorsitzende den Beklagten die Rückgriffnahme androhte. Zwar hätte sie dieses Prozeßhindernis bis zum Schlusse der mündlichen Verhandlung beseitigen können, aber das habe sie nicht getan. Wenn der Vorstand das Vorgehen des Vorsitzenden gebilligt und die Rückgriffnahme nachträglich beschlossen habe, so hätte er einen solchen Beschluß den Beklagten einen Monat vor der letzten mündlichen Verhandlung schriftlich mitteilen müssen. Das sei nicht geschehen.

Die Voraussetzungen der Zulässigkeit der Klage nach § 906 RVO. sind auch noch in der Revisionsinstanz von Amts wegen zu prüfen (RGZ. Bd. 128 S. 321 und dort angeführte Rechtsprechung). Die Prüfung ergibt, daß diese Voraussetzungen fehlen.

1. War, wovon das Oberlandesgericht ausgeht und was auch nicht zu beanstanden ist, der Vorsitzende durch die Satzung in zu-

lässiger Weise ermächtigt worden, den Vorstand nach außen gerichtlich und außergerichtlich zu vertreten, so war er berufen, dem Ersatzpflichtigen einen Beschluß des Vorstands über die Erhebung von Ersatzansprüchen mitzuteilen. Das soll nach der Behauptung der Klägerin der Vorsitzende mit dem Schreiben vom 24. Dezember 1929 auch getan haben. Aber es steht fest, daß am 24. Dezember 1929 ein solcher Beschluß des Vorstandes nicht vorgelegen hat. Es erhebt sich deshalb zunächst die Frage, ob die Wirksamkeit jener Erklärung des Vorsitzenden im Sinne des § 906 RVO. davon abhängig war, daß ein solcher Beschluß des Vorstands in der Tat der Mitteilung vorausgegangen war, oder ob lediglich die an sich gemäß § 22 der Satzung zulässig vom Vorsitzenden mit Wirkung für den Vorstand nach außen abgegebene Erklärung, der Vorstand habe die Regreßnahme beschlossen, maßgebend war, so daß es für deren prozessuale Wirksamkeit im Sinne des § 906 Abs. 2 RVO. nicht darauf ankäme, ob der Erklärung wirklich ein Beschluß des Vorstands zugrunde lag. Ferner ist zu prüfen, ob es von Einfluß ist, daß der Vorstand die für ihn abgegebene Erklärung des Vorsitzenden im voraus oder jedenfalls nachträglich gebilligt und genehmigt hat. Denn die Klägerin hatte weiter behauptet und mit Beweisangebot vertreten, der Vorstand habe seit Jahren gemäß einer „auf der Satzung und auf Vereinbarung beruhenden Übung" die Entschließung aus § 906 RVO. dem Vorsitzenden übertragen. Sie hat dann noch durch ihren Prozeßbevollmächtigten mit einem vom Tage vor der mündlichen Schlußverhandlung in der Berufungsinstanz datierten Schriftsatz eine „auszugsweise Abschrift aus einer Niederschrift über eine Vorstandssitzung der Klägerin vom 19. Dezember 1930" überreicht; danach habe der Vorstand einer vom Vorsitzenden vorgeschlagenen Entschließung zugestimmt, wonach „die seit Jahren bestehende, auf der Satzung und auf Vereinbarung beruhende Übung bestätigt werde: daß nämlich dem Vorsitzenden die an sich dem Vorstand zufallende Entschließung über Regreßnahme (§§ 903, 906 RVO.) übertragen sei und dem Vorsitzenden nur eine Berichterstattungspflicht obliege". „In der Regreßsache K." bestätige der Vorstand die Entschließung seines Vorsitzenden „auf Regreßnahme" und machte diese mit rückwirkender Kraft vom 15. Dezember 1929 ab zu seiner eigenen.

Auf diese „Abschrift" war in dem erwähnten Schriftsatz hingewiesen und Beweis für den Inhalt der Vorstandssitzung angeboten. Der Schriftsatz ist laut Tatbestand des angefochtenen Urteils vorgetragen worden. Die Beklagten haben, ebenfalls nach dem Tatbestand, weiter bestritten, daß ein solcher Beschluß gefaßt worden sei. Das

Berufungsgericht stellt als unstreitig fest, daß „ein solcher Beschluß bis jetzt den Beklagten nicht mitgeteilt worden sei".

2. Wenn der Vorsitzende des Vorstandes durch gültige Satzungsbestimmung zur gerichtlichen und außergerichtlichen Vertretung des Vorstandes ermächtigt ist und wenn er für den Vorstand eine Mitteilung im Sinne des § 906 RVO. an den Ersatzpflichtigen ergehen läßt, so kommt es für den Eintritt der prozessualen Wirkungen des § 906 RVO. darauf an, ob ein Beschluß des Vorstands auf Erhebung des Ersatzanspruchs (§ 906 RVO.) wirklich ergangen ist. Denn auch die Beschlußfassung durch den Vorstand, also die auf Rückgriffnahme zielende Willensbetätigung des Vorstandes selbst, ist Prozeßvoraussetzung. Das ergibt sich nicht bloß aus den einleitenden Worten des § 906 RVO. „will der Vorstand den Ersatzanspruch erheben", sondern auch aus Sinn und Zweck der Bestimmung. Durch sie soll eine erhöhte Garantie für den Ersatzpflichtigen begründet werden dahin, daß er nur dann in Anspruch genommen werde, wenn das nach dem Gesetz hierzu berufene Organ der Genossenschaft selbst sich mit der Frage befaßt und die Inanspruchnahme beschlossen habe. Dem steht nicht entgegen, daß dem Vorsitzenden die Ausübung dieses Vorstandsrechts schon seit Jahren durch Übung übertragen gewesen sei. Die Revision beruft sich dafür zu Unrecht auf das Urteil des VI. Zivilsenats vom 28. April 1930 (RGZ. Bd. 128 S. 320 [321/322]). Dort war durch S a t z u n g s b e s t i m m u n g die Beschlußfassung über die Erhebung von Ersatzansprüchen aus §§ 903, 906 RVO. einer aus den Vorsitzenden des Genossenschaftsvorstands und zwei weiteren, vom Vorstand gewählten Mitgliedern gebildeten „Feststellungskommision" übertragen worden. Das war für zulässig erklärt worden. Auch in dem dort angeführten früheren Falle (RGZ. Bd. 72 S. 318) war die inhaltlich gleiche Beschlußfassung einem Organ der Genossenschaft, hier sogar einer Einzelperson, nämlich dem Vorsitzenden des Genossenschaftsvorstands, durch die S a t z u n g übertragen worden. Mit Recht legt die erstgenannte Entscheidung gerade darauf Gewicht, daß in diesen Fällen die Genossenschaft auf Grund ihres Selbstverwaltungsrechts durch ihr oberstes Organ, die Genossenschaftsversammlung, unter Billigung des Reichsversicherungsamts (§§ 675, 681 RVO.), satzungsgemäß Befugnisse des Genossenschaftsvorstands auf Unterorgane übertragen habe. Der erkennende Senat tritt dem durchweg bei. Gerade an dieser wesentlichen Grundlage einer Ermächtigung des Vorsitzenden des Vorstands fehlt es aber hier. Denn nach der eigenen Behauptung der Klägerin soll nur der Vorstand und auch dieser nur durch

jahrelange „Übung" die Ausübung dieser seiner Rechte dem Vorsitzenden übertragen haben. Ganz abgesehen davon, ob bei den hier anzuwendenden Rechtsgrundsätzen solche Übung, auch wenn sie stillschweigend jahrelang geduldet wurde, einer ausdrücklichen Erklärung gleichzusetzen ist, fehlt es jedenfalls an einer Willenserklärung des allein hierfür berufenen Selbstverwaltungsorgans, der Genossenschaftsversammlung; es fehlt auch an der weiteren besonderen Billigung einer solchen Willenserklärung durch ihr Grundgesetz, die Satzung, die ihrerseits wieder durch die Aufsichtsbefugnisse des Reichsversicherungsamts mit besonderer Gewähr ausgestattet ist. — Auch auf § 22 der Satzung der Klägerin beruft sich die Revision zu Unrecht. Dort wird nur die Befugnis des Vorsitzenden begründet, mit Wirkung für den Vorstand nach außen hin Erklärungen abzugeben. Daß diese Vertretungsbefugnis nicht das weitere Erfordernis der vorhergehenden Beschlußfassung durch den Vorstand selbst — oder, wie nunmehr hinzugefügt werden kann, durch ein anderes satzungsgemäß bestimmtes Organ der Genossenschaft — entbehrlich machte, ist bereits ausgeführt.

3. Mit Recht weist das Berufungsgericht unter Bezugnahme auf RGZ. Bd. 107 S. 305 (306) darauf hin, die Klägerin habe das Vorliegen der Klagevoraussetzung des § 906 RVO. bis zum Schluß der letzten mündlichen Verhandlung nachweisen können. Die Revision meint denn auch, das habe die Klägerin mit ihrem oben erwähnten Schriftsatz und dessen Beilage getan; da aber die Beklagten trotzdem die Abweisung der Klage begehrt hätten, entfalle die Einhaltung der Frist des § 906 Abs. 2 RVO. nach den Grundsätzen, die das Reichsgericht in der Entscheidung RGZ. Bd. 72 S. 426 (429) dargelegt habe. Es kann dahingestellt bleiben, ob dieser Nachweis geführt ist und ob es aus weiter von der Revision dargelegten Umständen auf die Frist des § 906 Abs. 2 RVO. dann nicht mehr ankam. Denn es fehlt an einer „Mitteilung" nach § 906 RVO. Der Begriff der Mitteilung im Sinne jener Vorschrift umfaßt an sich die Mitteilung einer Willenserklärung des Vorstands durch den Vorstand an den Ersatzpflichtigen. Nun kann es zwar keinem Zweifel unterliegen, daß nach § 22 der Satzung die Mitteilung einer Willenserklärung des Vorstands durch dessen Vorsitzenden genügte. Sie konnte gemäß § 22 Abs. IV der Satzung so abgefaßt sein, daß sie, unter Mitteilung des Beschlusses des Vorstandes der Genossenschaft, nur mit dem Familiennamen des Vorsitzenden des Vorstandes unterzeichnet war. Aus dem bisher Ausgeführten ist aber ersichtlich, daß bis zu diesem Zeitpunkt eine gültige Übertragung von Rechten des Vorstands an den Vorsitzenden

für die Rückgriffnahme aus § 906 RVO. nicht erfolgt war. Deshalb mußte, wenn der Vorstand nunmehr die Rückgriffnahme in der vorliegenden Sache beschlossen hatte, eine Willenserklärung des Vorstandes (wenn auch in der Form des § 22 Abs. IV der Satzung) an die Beklagten schriftlich (§ 906 Abs. 1 Satz 1) gerichtet werden; es mußte ihnen mitgeteilt werden, daß der Vorstand den Ersatzanspruch erheben wolle. Der Beschluß auf Rückgriffnahme muß also, wie sich aus § 906 Abs. 1 klar ergibt, als Willenserklärung des Vorstandes an den Ersatzpflichtigen diesem schriftlich zugehen. Hier hat aber nur der Prozeßbevollmächtigte der Klägerin dem Prozeßbevollmächtigten der Beklagten und dem Gerichte zur Kenntnis gebracht, daß am 19. Dezember 1930, mehr als vier Monate vorher, der Genossenschaftsvorstand gewisse Beschlüsse gefaßt habe; es lag also nichts weiter vor als eine tatsächliche Mitteilung des Prozeßbevollmächtigten der Klägerin über ein damaliges Ereignis, einen Vorgang innerhalb der Genossenschaft, nämlich über jene Beschlußfassung. Eine Willenserklärung des Vorstands an die Beklagten, daß er sie nun in Anspruch nehmen wolle, kann darin um so weniger gefunden werden, als die jenem Schriftsatz beigegebene „Abschrift" keine Unterschriften und keine Beglaubigung trägt. Diese tatsächliche Mitteilung des Prozeßbevollmächtigten an den Prozeßbevollmächtigten konnte daher nicht die erforderliche Willenserklärung des Vorstandes an das Mitglied ersetzen. Auch wenn man also unterstellt, die behauptete Beschlußfassung habe stattgefunden, so fehlt es nunmehr (umgekehrt zur Rechtslage bei Beginn des Rechtsstreits) an der erforderlichen Mitteilung hiervon im Sinne des § 906 RVO. Daran würde sich auch nichts ändern, wenn man annehmen wollte, die Voraussetzungen der Klage nach § 906 RVO. könnten noch in der Revisionsinstanz erfüllt werden; denn es ist auch in dieser Instanz nichts dafür vorgebracht worden, daß der Vorstand dem Mitgliede in authentischer Weise zu erkennen gegeben habe, er werde ihm gegenüber von seinem Recht auf Rückgriff Gebrauch machen.

Die Klage ist deshalb mit Recht wegen Fehlens der Prozeßvoraussetzung des § 906 RVO. abgewiesen worden.

RGZ. 136, 345.+

1. Kann die mit dem Führerschein ausgestattete Tochter des Kraftwagenhalters, welche neben einem angestellten Kraftwagenführer den Wagen nach ihrer Wahl gelegentlich auf kurzen Fahrten steuert, als Bevollmächtigte des Betriebsunternehmers angesehen werden?

2. Zur Bindung der ordentlichen Gerichte an die Entscheidungen der Behörden der Unfallversicherung.

Reichsversicherungsordnung Drittes Buch, Neufassung vom 9. Januar 1926 (RGBl. I S. 9) §§ 898, 899, 901, 903.

VI. Zivilsenat. Urt. v. 30. Mai 1932.

I. Landgericht München II. — II. Oberlandesgericht daselbst.

Der Kläger war als Kraftwagenführer bei Dr. Pl. in R. angestellt. Dessen erwachsene Tochter K., spätere Ehefrau Schl., die Beklagte, besaß ebenfalls den Führerschein und steuerte gelegentlich den Personenkraftwagen ihres Vaters. Auf seine Anordnung fuhr aber regelmäßig der Kläger zur Unterstützung mit. Am Spätabend des 19. Mai 1928 fuhr die damals noch unverheiratete Beklagte mit ihrer Mutter im Kraftwagen des Vaters von M. nach R. zurück. Die Beklagte steuerte, der Kläger saß neben ihr. Nach seiner Behauptung fuhr sie trotz des herrschenden Regenwetters mit sehr hoher Geschwindigkeit. Der Wagen geriet in einer Wegekrümmung von der glatten Straße ab in den Graben und fuhr gegen eine Telegraphenstange. Hierbei wurde der Kläger erheblich verletzt. Die Beklagte ist wegen dieser fahrlässigen Körperverletzung rechtskräftig zu Geldstrafe verurteilt worden. Der Unfall ist als Betriebsunfall angesehen worden, und die zuständige Berufsgenossenschaft, deren Mitglied der Vater der Beklagten als Halter des Kraftwagens ist, hat dem Kläger für die erste Zeit eine Vollrente, für später Teilrenten bewilligt. Im Berufungsverfahren vor dem Oberversicherungsamt hat die Berufsgenossenschaft die Teilrenten für gewisse Zeiten erhöht, wobei sich der Kläger unter Vorbehalt seiner Ansprüche gegen die Beklagte beruhigt hat.

Mit der Klage fordert der Kläger seinen Verdienstausfall, soweit er durch die Leistungen der Unfallversicherung nicht gedeckt worden sei; außerdem begehrt er Schmerzensgeld. Die Beklagte macht geltend, sie hafte als Bevollmächtigte des Unternehmers nach den §§ 898, 899 RVO. nur für den nicht vorliegenden Fall, daß sie den Unfall vorsätzlich herbeigeführt hätte. Der Kläger bestreitet, daß die Beklagte als Bevollmächtigte im Sinne dieser Vorschriften gelten könne.

Die Revision des in den beiden ersten Rechtszügen abgewiesenen Klägers führte zur Aufhebung des Urteils und zur Zurückverweisung.

Gründe:

1. Ohne Rechtsirrtum nimmt das Oberlandesgericht an, durch das Verfahren vor den Versicherungsbehörden sei mit bindender Wir-

kung für die ordentlichen Gerichte (§ 901 RVO.) festgestellt worden, daß der Kläger im Betriebe des Pl. einen entschädigungspflichtigen Unfall erlitten habe. Soweit die Revision das in Zweifel zieht, ist sie nicht begründet. Denn schon durch Bescheid der zuständigen Berufsgenossenschaft vom 6. April 1929 ist dem Kläger eine Rente zugebilligt und damit ein Betriebsunfall maßgeblich anerkannt worden (RGZ. Bd. 93 S. 323). Dieser Bescheid ... ist in seinem Ausspruch über das Vorliegen eines Betriebsunfalls unangefochten geblieben, da der Kläger nur mit dem Ziel einer Erhöhung seiner Entschädigung Berufung eingelegt hatte, ... so daß jetzt zu entscheiden ist, ob beim Vorliegen eines Betriebsunfalls der gegen die Beklagte erhobene Schadensersatzanspruch kraft Gesetzes ausgeschlossen ist.

2. Wäre die Beklagte als Bevollmächtigte des Betriebsunternehmers nach § 899 RVO. anzusehen, so würde sie auf Schadensersatz dem Kläger nur haften, wenn strafgerichtlich festgestellt worden wäre — § 900 RVO. kommt nicht in Betracht —, daß sie den Unfall vorsätzlich herbeigeführt habe. Da diese Voraussetzung fehlt, hängt die Entscheidung davon ab, ob die Beklagte als Bevollmächtigte zu gelten hat. Mit Recht wendet sich die Revision gegen die Ausführungen des Berufungsgerichts, mit denen es diese Frage bejaht.

In erster Reihe meint das Oberlandesgericht, mit der Anerkennung einer Entschädigungspflicht durch die Berufsgenossenschaft sei zugleich rechtskräftig entschieden, daß die Beklagte zur Zeit des Unfalls Bevollmächtigte des Unternehmers gewesen sei. (Es wird dargelegt, daß eine solche Feststellung nicht getroffen ist ....) Danach ist die Annahme des Berufungsgerichts unhaltbar, es sei in dem Verfahren nach der Reichsversicherungsordnung entschieden, daß die Beklagte Bevollmächtigte des Unternehmers gewesen sei. Wäre die Berufsgenossenschaft gleichwohl dieser Auffassung gewesen, so könnte es sich nur um einen nicht einmal ausgesprochenen Entscheidungsgrund handeln. Nach § 901 RVO. sind aber die Gerichte nur an die Entscheidung, daß ein entschädigungspflichtiger Unfall vorliege, nicht aber an die tatsächlichen Unterlagen gebunden, welche zu dieser Entscheidung geführt haben (RGZ. Bd. 102 S. 131). Es liegt insofern rechtsähnlich wie bei der Rechtskraft eines im bürgerlichen Rechtsstreit ergangenen Urteils, die sich ebenfalls nicht auf die Entscheidungsgründe erstreckt (§ 322 ZPO. und Sydow-Busch-Krantz Anm. 3 dazu).

3. Das Berufungsgericht spricht sich hilfsweise jedoch auch selbst dahin aus, daß die Beklagte als die Bevollmächtigte des Unternehmers anzusehen sei, und zwar im wesentlichen mit folgender Begründung:

Es entspreche der Lebenserfahrung, daß der Vater als Halter eines Personenkraftwagens die Benutzung und Führung seines Wagens von Zeit zu Zeit seinen erwachsenen Kindern überlasse, wenn sie nach Bestehen der amtlichen Fahrprüfung den Führerschein erhalten hätten. Nach dem Ergebnis der Beweisaufnahme sei anzunehmen, daß die Beklagte bei der Fahrt am 19. Mai 1928 ermächtigt gewesen sei, dem Kläger Weisungen zu erteilen und statt seiner den Wagen selbst zu steuern.

Hiernach wurde der Beklagten wesentlich in ihrer Eigenschaft als Tochter des Halters und Betriebsunternehmers der Wagen bisweilen zur Benutzung freigegeben, wobei anscheinend zu jeder einzelnen Fahrt die Erlaubnis des Vaters eingeholt werden mußte. Bei solchen Fahrten stand es im Belieben der Beklagten, ob und inwieweit sie den Wagen auf Grund ihres Führerscheins selbst steuern oder dies dem Kläger überlassen wollte. Ob sich dessen Tätigkeit in der Pflege und Führung des Personenkraftwagens erschöpfte oder ob ihm noch häusliche Dienste oblagen (§ 546 RVO.), ist nicht festgestellt. Auch ohnedies nahm der Kläger insoweit eine rechtsähnliche Stellung ein wie ein Hausangestellter, als er Familienangehörige des Unternehmers ohne dessen Teilnahme zu fahren hatte. Denn dann ergab sich ohne weiteres und ohne besondere Ermächtigung durch den Halter, daß der Kläger Weisungen der erwachsenen, an der Fahrt teilnehmenden Angehörigen des Halters Folge zu leisten hatte. Im vorliegenden Fall hat der Kläger die Ehefrau und die Tochter des Unternehmers zu einem Konzert nach M. gefahren. Nach der Lebensauffassung liegt es danach nahe und das Berufungsgericht hätte prüfen müssen, ob nicht die Mutter — statt der verklagten Tochter — über die Ausführung der Fahrt im einzelnen zu bestimmen und dem Kläger die entscheidenden Anweisungen zu geben hatte. Soweit die Beklagte den Wagen auf einer kurzen Fahrt steuerte, übernahm sie damit nicht nur die technische Bedienung der Maschine, sondern namentlich die eigene Verantwortung für die verkehrssichere Führung des Wagens in der Hinsicht, daß Gefahren für die beförderten Personen und andere Wegebenutzer vermieden wurden.

Aus allen diesen Umständen kann aber nicht hergeleitet werden, daß die Beklagte als Bevollmächtigte des Unternehmers im Sinn des § 899 RVO. anzusehen sei. Der Wortlaut dieser Vorschrift und die Zusammenfassung von „Bevollmächtigten oder Repräsentanten des Unternehmers" weist auf eine allgemeinere Befugnis zur Vertretung des Unternehmers hin. Allerdings wird es, abweichend von der weitergehenden Stellung eines Repräsentanten, genügen, wenn sich die Vertretungsbefugnis des Bevollmächtigten, insbesondere bei größeren

Betrieben, auf gewisse Gattungen von Geschäften oder auf räumlich abgegrenzte Teile des Unternehmens beschränkt. Auch wird nicht zu erfordern sein, daß die Vertretung vornehmlich Rechtsgeschäfte betrifft, welche für den Unternehmer mit Außenstehenden abzuschließen sind, zumal da kaum vorstellbar ist, daß durch Geschäftsabschlüsse oder durch das Verhandeln darüber unmittelbar Betriebsunfälle entstehen können. Vielmehr ist das entscheidende Gewicht darauf zu legen, daß der Bevollmächtigte im Rahmen des Betriebes selbständig für den Unternehmer, sei es auch unter dessen Oberaufsicht, zu handeln befugt ist. Das zeigt sich noch deutlicher, wenn man die Vorschrift des § 903 RVO. zur Erläuterung heranzieht. Dort heißt es im Abs. 1 und Abs. 4, daß „Unternehmer oder ihnen nach § 899 Gleichgestellte" den Berufsgenossenschaften und den ferner genannten Krankenkassen und Fürsorgestellen die infolge des Unfalls nach Gesetz oder Satzung gemachten Aufwendungen zu erstatten haben, wenn sie den Unfall vorsätzlich oder mit Vernachlässigung der ihnen obliegenden Amts-, Berufs- oder Gewerbepflicht fahrlässig herbeigeführt haben. Diese Vorschrift setzt danach voraus, daß die Bevollmächtigten — ebenso wie die Repräsentanten des Unternehmers sowie Betriebs- und Arbeiteraufseher — eine mit einem gewissen Pflichtenkreis verbundene Stellung im Betrieb einnehmen. Die Vorschriften der §§ 899 und 898 sind aber mit § 903 nicht nur äußerlich verbunden insofern, als § 903 auf § 899 verweist, sondern aus dem Aufbau der gesetzlichen Unfallversicherung ist zu entnehmen, daß beide Vorschriften in einem engen inneren Zusammenhang stehen. Sieht man von § 903 ab, so würde es unsozial und vom Standpunkt des Gesetzes unverständlich sein, warum gerade die in § 899 genannten Gruppen, welche eine gehobene Stellung im Unternehmen bekleiden, gegen die Ansprüche der Versicherten auf Ersatz des vollen Schadens unter dem Gesichtspunkt der unerlaubten Handlung oder anderer gesetzlicher Vorschriften bei fahrlässiger Herbeiführung eines Unfalls geschützt sein sollen, während den übrigen Arbeitern dieser Vorzug nicht eingeräumt worden ist. Die Entlastung der Bevollmächtigten und der übrigen im § 899 Genannten von den Schadensersatzansprüchen der Versicherten läßt sich nur dadurch erklären und rechtfertigen, daß eben jene — nicht aber die sonstigen im Betrieb beschäftigten Personen — unter den Voraussetzungen des § 903 mittelbar die Aufwendungen der Berufsgenossenschaft für den einzelnen Unfall zu tragen haben.

Für diese Auffassung spricht auch die Entstehungsgeschichte des ersten Unfallversicherungsgesetzes vom 6. Juli 1884 (RGBl. S. 69), welches in den §§ 95, 96 (im Entwurf §§ 92, 93) für die hier in Betracht kommenden Fragen mit den §§ 898, 899 der jetzigen Reichsversicherungsordnung sachlich übereinstimmende Vorschriften getroffen hatte. Die Entlastung, welche § 898 RVO. zugunsten der Betriebsunternehmer gegenüber Schadensersatzansprüchen der Versicherten verordnet, ist eine Gegenleistung dafür, daß sie die Lasten der Unfallversicherung allein zu tragen haben, während anderseits die Versicherten über die allgemeinen Vorschriften hinaus nach der Reichsversicherungsordnung eine, wenngleich begrenzte, Entschädigung auch dann erhalten, wenn sie den Unfall durch eigenes Verschulden herbeigeführt haben (Amtl. Begründung zu den §§ 92 bis 95 des Entw. zum UnfallversG., ReichstDrucks. 5. Legislaturper. IV. Session Nr. 4 S. 81; Komm. von Mitgl. des ReichsversAmts Erl. 1 zu § 898 RVO.; HöchstRspr. 1929 Nr. 1092). Nun haften zwar nach den §§ 731 flg. RVO. die Bevollmächtigten oder Repräsentanten des Unternehmers sowie die Betriebs- und Arbeiteraufseher als solche nicht für die Kosten der Unfallversicherung. Wohl aber trifft sie der in § 903 RVO. geregelte Rückgriff. Hierzu heißt es in der bei der weiteren Beratung in diesem Punkt nicht beanstandeten amtlichen Begründung (a. a. O. S. 82):

> Außer dem Betriebsunternehmer kommen aber in gleicher Weise (für die Regreßpflicht) die Bevollmächtigten und Repräsentanten desselben, die Betriebs- und Arbeiteraufseher in Betracht. In den Beratungen des preußischen Volkswirtschaftsrats wurde mit Recht hervorgehoben, daß diese einerseits nicht schlechter gestellt werden dürften als der Betriebsunternehmer, und daß der Unternehmer anderseits keine persönliche, wenn auch nur moralische Verantwortlichkeit für deren Handlungen weiter übernehmen könne, als daß er mit seinen Berufsgenossen seine Arbeiter gegen alle Unfälle versichere. Der Entwurf behandelt daher die Unternehmer und deren Bevollmächtigte usw., zu denen namentlich auch die Betriebsbeamten in staatlichen und anderen Werken gehören, völlig auf gleichem Fuße, er läßt ferner alle diese Personen nur für ihre eigenen Handlungen haften, indem jegliche Haftpflicht des Betriebsunternehmers für seine Bevollmächtigten beseitigt wird.

Hiernach bezwecken die Vorschriften einmal, die Unternehmer von dem Rückgriffsanspruch der entschädigungspflichtigen Körperschaften zu befreien, wenn die Bevollmächtigten usw. im Sinn des Gesetzes den

Unfall allein verschuldet haben und deshalb haften sollen. Und anderseits sollen die bezeichneten Personen als Gegenwert für diese gesetzliche Haftung — mag sie im Einzelfall wirksam werden oder nicht — gegen die Schadensersatzansprüche der Versicherten ebenso geschützt werden wie die Unternehmer selbst. Der Schutz gegen diese Ansprüche nach § 899 (§ 898) RVO. und die Rückgriffshaftung der Bevollmächtigten nach § 903 das. stehen somit nach der Entstehungsgeschichte und dem Aufbau des Gesetzes im Verhältnis gegenseitiger Abhängigkeit. Eine Grundlage für die Haftung ist aber nur gegeben, wenn dem Bevollmächtigten bestimmte Pflichten im Betrieb obliegen, bei deren Vernachlässigung er haftbar gemacht werden könnte. Es wird daher zur Erfüllung des Begriffs eines Bevollmächtigten im Sinn der §§ 899, 903 RVO. zu erfordern sein, daß der Berechtigung, den Unternehmer im Betrieb in gewissem Umfang zu vertreten, die Pflicht entspricht, insoweit für ihn auch tätig zu werden. In der Regel wird es sich um einen höheren Betriebsangestellten handeln (RGZ. Bd. 96 S. 135), wenn auch die Stellung des Bevollmächtigten im einzelnen Fall, namentlich mit Rücksicht auf die Größe des Betriebs, sehr verschiedenartig sein kann.

Das Berufungsgericht wird unter Beachtung dieser Gesichtspunkte erneut zu prüfen haben, ob die Beklagte als Bevollmächtigte im Betrieb ihres Vaters angesehen werden kann. Bisher fehlt es an einem Anhalt dafür, daß sie einen fest umrissenen Wirkungskreis in diesem Betrieb besorgt habe, daß ihr etwa die selbständige Überwachung des Kraftwagens und des Klägers auch außerhalb der von ihr unternommenen Fahrten übertragen gewesen sei, oder daß sie über die jeweilige Verwendung des Wagens zu befinden gehabt habe. In der Gestattung und der bloß freiwilligen Übernahme einzelner kurzer Ausfahrten kann eine Bevollmächtigung im Sinn des Gesetzes nicht gefunden werden. Gehört die Beklagte nicht zu den im § 899 RVO. bezeichneten Personen, so kann sie als unbeteiligte Dritte vom Kläger an sich aus unerlaubter Handlung in Anspruch genommen werden.

RGZ. 144, 31.

1. Setzt die Bindung des ordentlichen Gerichts an die in einem Verfahren nach der Reichsversicherungsordnung ergangene Entscheidung Rechtskraft dieser Entscheidung voraus?

2. Zum Begriff des Unternehmers und der strafgerichtlichen Feststellung im Sinne des § 903 RVO.

RVO. § 901 Abs. 1, §§ 903, 907 Abs. 2.

VI. Zivilsenat. Urt. v. 22. Februar 1934.

I. Landgericht Köln. — II. Oberlandesgericht daselbst.

Der Beklagte hat im Mai 1930 an seinem Hause in K. Dachdeckerarbeiten ausführen lassen. Der mit diesen Arbeiten beschäftigte Dachdecker M. stürzte dabei am 22. Mai 1930 aus einer Höhe von 8 m ab und erlag zwei Tage später den erlittenen Verletzungen. Die Klägerin hat an die Witwe des M. auf Grund der Reichsversicherungsordnung 251,29 RM Sterbegeld und vom Unfalltag an eine monatliche Rente von 125,65 RM gezahlt. Sie muß diese Rente nach dem Bescheid vom 30. Juli 1930 auch in Zukunft auf ungewisse Zeit hinaus weiterzahlen.

Die Klägerin behauptet, der Beklagte habe die Dachdeckerarbeiten als Eigenbauunternehmer ausführen lassen und sei daher verpflichtet gewesen, die erforderlichen Schutzmaßnahmen zu treffen, insbesondere ein nach § 77 Abs. 2 der Unfallverhütungsvorschriften vorgeschriebenes Schutzgerüst anbringen zu lassen. Dies habe er jedoch nicht getan und dadurch fahrlässig den Unfall verschuldet. Gemäß §§ 903 flg. RVO. hafte er daher für die ihr aus dem Unfall entstandenen Aufwendungen. Die Klägerin verlangt von dem Beklagten Zahlung eines einmaligen Betrags von 794, 42 RM und vom 1. Oktober 1930 ab bis auf weiteres Zahlung von monatlich 125,65 RM.

Der Beklagte bestreitet, Eigenbauunternehmer gewesen zu sein. Er habe — so behauptet er — die Dachdeckerarbeiten zunächst dem Dachdecker B. übertragen. Im Auftrag des B. sei der verunglückte M. tätig gewesen, der sich auf eine Zeitungsanzeige des B. bei diesem gemeldet habe. Als sich herausgestellt habe, daß B. nicht sachgemäß arbeite, habe ihm seine, des Beklagten, Ehefrau, die weitere Ausführung der Arbeiten am 21. Mai 1930, dem Tage vor dem Unfall, entzogen. An demselben Tage habe seine Ehefrau dem verunglückten M. auf dessen Rat den Auftrag erteilt, zur Fortsetzung der Arbeiten den Dachdeckermeister N. heranzuziehen. Dementsprechend habe M. dem N. den Auftrag zur Ausführung der Arbeiten erteilt. Als er, der Beklagte, am 21. Mai von seiner Berufsarbeit zurückgekehrt sei, habe ihm seine Ehefrau erzählt, daß sie dem B. die Arbeiten entzogen und daß sich N. nach der Mitteilung des M. zur Übernahme der Arbeiten bereit erklärt habe. Damit sei er einverstanden gewesen. Es sei also immer nur seine Absicht gewesen, die Arbeiten durch einen selbständigen Meister ausführen zu lassen.

Während das Landgericht die Klage abwies, entsprach das Berufungsgericht dem Klagantrag. Die Revision des Beklagten führte zur Wiederherstellung des landgerichtlichen Urteils.

Gründe:

Es handelt sich im vorliegenden Rechtsstreit um den Ersatzanspruch einer Berufsgenossenschaft aus § 903 RVO. Will der Vorstand den Ersatzanspruch erheben, so hat er den Beschluß gemäß § 906 dem Ersatzpflichtigen mitzuteilen. Dieser kann dagegen binnen einem Monat die Genossenschaftsversammlung anrufen. Erfolgt die Anrufung, so kann die Klage der Berufsgenossenschaft erst nach dem Beschluß der Genossenschaftsversammlung erhoben werden. Ob die Voraussetzungen der Zulässigkeit der Klage hiernach gegeben sind, ist von Amts wegen, und zwar auch noch in der Revisionsinstanz zu prüfen (RGZ. Bd. 128 S. 320 [321], Bd. 135 S. 20 [21]). Eine Feststellung hat das Berufungsgericht in dieser Beziehung bisher nicht getroffen.

Aber auch sachlich beruht das angefochtene Urteil auf Gesetzesverletzung. Das Berufungsgericht begründet seine Entscheidung im wesentlichen wie folgt:

Der Klaganspruch sei begründet, wenn feststehe, daß der Beklagte zur Zeit des Unfalls Unternehmer der Dachdeckerarbeiten gewesen sei und daß er den Unfall unter Außerachtlassung der ihm obliegenden Aufmerksamkeit verschuldet habe (§ 903 RVO.). Beide Voraussetzungen lägen vor. Der verunglückte M. sei nicht selbst Unternehmer im Sinne der Reichsversicherungsordnung gewesen. Er habe den Beruf eines Dachdeckers nicht ständig ausgeübt, sondern habe nur Gelegenheitsarbeiten übernommen. Er habe weder Betriebskapital noch Betriebseinrichtungen besessen und sei daher weder auf Grund seiner beruflichen Vorbildung noch auf Grund seiner wirtschaftlichen Stellung in der Lage gewesen, Arbeiten als selbständiger Handwerker auszuführen. Ebenso unzweifelhaft sei anderseits, daß der Dachdeckermeister N., falls er die Dachdeckerarbeiten übernommen hätte, Unternehmer gewesen wäre, da bei ihm die erforderlichen Voraussetzungen — Berufsvorbildung und Betriebseinrichtungen — gegeben gewesen seien. Der Beklagte sei daher zur Zeit des Unfalls nicht Unternehmer gewesen, wenn er vor dem Unfall die Arbeiten an N. vergeben und dieser mit Ausführung der ihm übertragenen Arbeiten bereits begonnen und hierbei sich seines Sohnes und des M. als Gehilfen bedient habe.

Das Berufungsgericht führt sodann aus, die Beweisaufnahme habe nicht ergeben, daß ein solcher Vertrag zwischen dem Beklagten und N. zustandegekommen sei. Wenn M. auch gegenüber der Ehefrau des Beklagten und gegenüber anderen Personen geäußert habe, N. habe die Arbeiten übernommen, so könne das zur Annahme eines festen Vertragsschlusses nicht ausreichen. Nach der Aussage der beiden Zeugen

N. solle es sich um Vorverhandlungen gehandelt haben. Diese könnten von M. irrtümlich als Abschluß des Vertrages angesehen worden sein. Auch der Umstand, daß der Dachdeckermeister N. am Unfalltage, dem 22. Mai, morgens seinen Sohn mit Werkzeug zu dem Hause des Beklagten geschickt habe, reiche nicht zur Rechtfertigung der Annahme aus, daß N. die Arbeiten übernehmen werde, weil über die Art der Zahlung noch nichts vereinbart worden sei und der Sohn des N. der Ehefrau des Beklagten vor dem Unfall ausdrücklich gesagt habe, er habe keinen Auftrag, mit ihr einen Stundenlohn zu vereinbaren, sein Vater komme im Laufe des Morgens. Sie habe also gewußt, daß die Sache noch in der Schwebe sei, wenn auch der junge N. schon mit M. auf das Dach gegangen sei.

Das Berufungsgericht zieht aus dem Nichtzustandekommen des Vertrags zwischen dem Beklagten und N. die Folgerung, daß der Beklagte selbst Unternehmer gewesen sei und daß es seine Pflicht gewesen wäre, vor Beginn der Arbeiten durch geeignete Leute ein Schutzgerüst anbringen zu lassen. Da er den 60 Jahre alten und nicht mehr voll arbeitsfähigen M. ohne Vorsichtsmaßnahme auf dem Dache seines Hauses habe arbeiten lassen, habe er die ihm als Eigenbauunternehmer obliegende Aufmerksamkeit außer acht gelassen, also fahrlässig gehandelt und dadurch den Tod des M. verursacht. Dies Verschulden werde auch weder durch die oben wiedergegebene Mitteilung des M. an die Ehefrau des Beklagten, daß N. die Arbeiten übernommen habe, noch dadurch ausgeschlossen, daß der Dachdeckermeister N. seinen Sohn zur Arbeitsstelle abgeordnet habe. Auch eine gewisse Wahrscheinlichkeit für die Übernahme der Arbeiten durch N. habe den Beklagten nicht von seiner Verantwortung für die Anbringung von Schutzvorrichtungen entbunden. Denn durch die Berücksichtigung des guten Glaubens würde der Zweck der Bestimmungen der Reichsversicherungsordnung vereitelt.

Diese Ausführungen sind rechtlich zu beanstanden. Zwar war das Berufungsgericht nicht genötigt, seine Entscheidung auszusetzen, bis in einem Verfahren nach der Reichsversicherungsordnung entschieden ist, in welchem Betrieb der Verletzte zur Zeit des Unfalls tätig war; auch an eine solche Entscheidung würden die ordentlichen Gerichte gebunden sein (RGZ. Bd. 92 S. 296 [297], Bd. 136 S. 345 [348]). Die Bindung an eine solche Entscheidung gemäß § 901 Abs. 1 RVO. würde nach § 907 Abs. 2 das. auch für den vorliegenden Anspruch gegeben sein, jedoch nur dann, wenn sie Rechtskraft erlangt hätte. Denn soll die Entscheidung die Grundlage für ein anderes Verfahren bieten, so muß die Möglichkeit ausgeschlossen sein, daß diese Grundlage dem gerichtlichen

Verfahren nachträglich entzogen und damit dieses selbst in Frage gestellt wird. Dementsprechend wird auch zutreffend angenommen, daß eine etwaige Aussetzung des Verfahrens für die Zeit bis zum Eintritt der Rechtskraft der versicherungsrechtlichen Entscheidung erfolgen muß (Schulte-Holthausen Unfallversicherung Bem. 7 zu § 901 RVO.). Eine rechtskräftige Entscheidung nach der Reichsversicherungsordnung ist bisher nicht ergangen; gegen die in der Streitsache der Parteien des jetzigen Rechtsstreits ergangene Entscheidung des Oberversicherungsamts vom 31. Dezember 1932, in der es sich um Zahlung von Unfallversicherungsbeiträgen handelt, ist das Rechtsmittel der Beschwerde eingelegt worden; eine Entscheidung des Reichsversicherungsamts ist noch nicht erfolgt. Zu einer Aussetzung des jetzigen Verfahrens bis zur Entscheidung über jene Beschwerde war das Berufungsgericht aber nicht verpflichtet, weil nach § 907 Abs. 2 RVO. auf einen Erstattungsanspruch der vorliegenden Art nur die Vorschrift des § 901 Abs. 1 das. anzuwenden ist, die eine bereits ergangene versicherungsrechtliche Entscheidung zum Gegenstande hat. Dagegen ist die Vorschrift des § 901 Abs. 2, der die Notwendigkeit der Aussetzung bis zum Erlaß einer versicherungsrechtlichen Entscheidung betrifft, gemäß § 907 Abs. 2 RVO. hier nicht anwendbar.

In der Sache selbst hat das Berufungsgericht den Grundgedanken des § 903 RVO. verkannt. Es handelt sich nicht um einen Schadensersatzanspruch eines Verletzten auf Grund des § 823 BGB., sondern um einen Ersatzanspruch besonderer Art, der dem Aufbau der Unfallversicherung in der Reichsversicherungsordnung und dem Verhältnis der Berufsgenossenschaft zu dem ihr angehörenden beitragspflichtigen Unternehmer angepaßt ist. Daraus erklären sich die einschränkenden, das Vorliegen besonderer Voraussetzungen fordernden Vorschriften. Nicht im Einklang hiermit steht die vom Berufungsgericht seiner Entscheidung zugrunde gelegte Erwägung, daß der Zweck der Bestimmungen der Reichsversicherungsordnung in einem möglichst uneingeschränkten Schutz des Lebens und der Gesundheit der Arbeitnehmer bestehe und vereitelt werden würde, wenn man einen guten Glauben des Beklagten in bezug auf die ihm als Unternehmer obliegenden Pflichten berücksichtigen wollte. Die Vorschrift des § 903 RVO. fordert im Gegensatz zu dieser Erwägung für den dort geregelten Ersatzanspruch nicht nur Verletzung derjenigen Sorfalt, die im Verkehr nach bürgerlich-rechtlichen Grundsätzen erforderlich ist (§ 276 BGB.), sondern grundsätzlich in Abs. 1 die strafgerichtliche Feststellung, daß der Unternehmer den Unfall vorsätzlich oder fahrlässig mit Außerachtlassung derjenigen Aufmerksamkeit herbeigeführt hat, zu der er vermöge seines Amtes, Berufs oder Gewerbes besonders verpflichtet ist. Diese Vorschrift gilt allgemein für den Anspruch auf Erstattung von Aufwendungen der Gemeinden, der Träger der Armenfürsorge, der Krankenkassen und der anderen dort aufgeführten Kassen. Eine Sonderstellung ist in Abs. 4 des § 903 den Berufsgenossenschaften eingeräumt. Diesen haftet der Unternehmer auch ohne strafgerichtliche Feststellung. Danach ist aber, wie schon der Wortlaut ergibt, nur die Feststellung der in Abs. 1 aufgeführten Voraussetzungen gerade im strafgerichtlichen Verfahren für entbehrlich erklärt; es kann aber nicht etwa von der Feststellung der Schuld des Unternehmers im strafrechtlichen Sinne abgesehen werden. Das entspricht der feststehenden Rechtsprechung (RGZ. Bd. 69 S. 340, Bd. 128 S. 320 [328]; JW. 1920 S. 290 Nr. 13; JRsch. 1927 Rspr. Nr. 2106; Seligsohn Der Rückgriff der Versicherungsträger S. 71). Diese Rechtslage ergibt, daß der Unternehmer nur für eigenes Verschulden haftet (WarnRspr. 1920 Nr. 132). Anderseits folgt aus der besonderen Art des auf § 903 RVO. gegründeten Ersatzanspruchs, der kein Schadensersatzanspruch ist, daß ein etwaiges mitwirkendes Verschulden des Verletzten außer Betracht zu bleiben hat (RGZ. Bd. 96 S. 135).

§ 903 unterscheidet in Abs. 1 und Abs. 2 zwischen zwei Fällen der Erstattungspflicht des Unternehmers. Welchen Fall das Berufungsgericht seiner Entscheidung zugrunde gelegt hat, ist im Berufungsurteil nicht zum Ausdruck gebracht; anscheinend ist nur Abs. 1 gemeint. Im vorliegenden Fall ist nach Abs. 1 zunächst Voraussetzung des Rückgriffsanspruchs die fahrlässige Verursachung des Todes durch den Beklagten im strafrechtlichen Sinne, also die Voraussehbarkeit des Erfolgs (Leipz. Komm. z. StGB. Einl. S. 40; RGZ. Bd. 69 S. 345 mit Nachw., Bd. 128 S. 328), und es ist ferner erforderlich, daß der Beklagte diesen Erfolg nicht nur in fahrlässiger Weise nicht vorausgesehen hat, sondern daß er dabei diejenige Aufmerksamkeit außer acht gelassen hat, zu der er vermöge seines Amtes, Berufs oder Gewerbes besonders verpflichtet war. Diese Vorschrift entspricht dem Abs. 2 des § 230 StGB., in dem dieselben Voraussetzungen für die Bestrafung wegen einer besonderen fahrlässigen Körperverletzung aufgestellt sind. Es ist also eine sog. qualifizierte Fahrlässigkeit erforderlich. Eine solche kommt bei dem Beklagten im vorliegenden Fall nicht in Betracht. Der Beklagte ist Lichtpauser im städtischen Dienst. Sein Amt oder sein Beruf verpflichtete ihn nicht zu einer besonderen Aufmerksamkeit in bezug auf Dachdeckerarbeiten, die er an seinem Hause ausführen ließ. Ebensowenig steht die Ausübung eines Gewerbes als Grundlage einer besonderen Pflicht zur Aufmerksamkeit in Frage. Es liegt hier auch keiner der in der Rechtsprechung entschiedenen Fälle vor, in denen es sich um die Ausübung von Hilfs- und Nebenverrichtungen handelte, die den Gewerbebetrieb unmittelbar oder wenigstens mittelbar fördern. Dort wurden Tatbestände beurteilt, bei denen die im Gewerbebetrieb oder in der Berufstätigkeit gewonnene bessere Einsicht und Sachkunde auf Beobachtung besonderer Aufmerksamkeit hinweisen kann, wenn auch nicht die Feststellung erforderlich ist, daß der Unternehmer im einzelnen Fall diese Einsicht wirklich besessen hat (RGSt. Bd. 34 S. 65, Bd. 54 S. 234, Bd. 61 S. 299, Bd. 62 S. 122 [124], Bd. 64 S. 430, Bd. 65 S. 125 [128]; HRR. 1928 Nr. 1163; RGZ. Bd. 102 S. 324 [327]). Im vorliegenden Fall fehlt eine solche in der Ausübung eines Gewerbes bestehende Grundlage, an die sich eine besondere Pflicht zur Aufmerksamkeit für eine Nebenverrichtung anschließen könnte. Es bedarf deshalb keines Eingehens auf die Einwendungen, die gegen das Urteil des IV. Zivilsenats des Reichsgerichts vom 17. Januar 1927 IV 512/26 (JW. 1927 S. 1421 Nr. 16) auch unter dem Gesichtspunkt des Gegensatzes dieses Urteils zu der strafrechtlichen Rechtsprechung des Reichsgerichts erhoben worden sind (vgl. Seligsohn a. a. O. S. 91); in jenem Urteil war angenommen, daß ein Bauer, der auf seinem Grundstück ein Wirtschaftsgebäude errichten läßt, nach § 903 Abs. 1 RVO. nicht hafte, weil das Erbauen eines solchen Gebäudes keine landwirtschaftliche Tätigkeit sei und anderseits ein Landwirt, der vom Bauen nichts verstehe, nicht zum berufs- oder gewerbsmäßigen Bauunternehmer werde, wenn er auf seinem Grundstück ein Wirtschaftsgebäude errichten lasse.

Aber selbst wenn man annehmen wollte, daß ein in der Technik von Ausbesserungsarbeiten unerfahrener Hausbesitzer unter Umständen nach § 903 Abs. 1 RVO. haften könnte, so stehen die tatsächlichen, der Beweisaufnahme entsprechenden und mit dem landgerichtlichen Urteil übereinstimmenden Feststellungen des Berufungsgerichts im vorliegenden Fall einer strafrechtlichen Haftbarkeit des Beklagten entgegen. Danach haben sich die Vorgänge so abgespielt: Der Beklagte hatte zunächst den B., der viele Jahre hindurch ein selbständiges Klempnergeschäft betrieben und auch Dachdeckerarbeiten mit übernommen hatte, mit der Ausführung der Dachdecker- und Klempnerarbeiten beauftragt; dieser hatte den später verunglückten M. zu den Arbeiten herangezogen. Die Ehefrau des Beklagten hat dann dem B. am 21. Mai die Ausführung der Arbeiten entzogen. M. hat daraufhin mit dem Dachdeckermeister N. über die Übernahme der Arbeiten verhandelt und der Ehefrau des Beklagten an demselben Tage mitgeteilt, daß N. die Arbeiten übernommen habe. Der Beklagte hat das von seiner Ehefrau erfahren und deren Maßnahmen genehmigt . . . Am nächsten Morgen kam dann der Sohn des N. mit dem Werkzeug zur Arbeitsstelle und ging zusammen mit M. auf das Dach. Im Laufe des Vormittags ist M. vom Dach gestürzt . . . Das Landgericht hatte aus diesen Feststellungen den Schluß gezogen, der Beklagte habe sich in dem guten Glauben befunden, daß die Arbeiten nunmehr einem selbständigen Handwerksmeister übertragen worden seien. Er habe sich darauf verlassen können, daß dieser Handwerksmeister auch die erforderlichen Sicherheitsmaßnahmen an der Arbeitsstelle treffen werde; deshalb könne dem Beklagten aus dem Fehlen des Schutzgerüstes unter diesen Umständen kein Vorwurf gemacht werden. Das Berufungsgericht tritt zwar den getroffenen Feststellungen nicht entgegen; es meint aber, daß ein „guter Glaube", wie ihn das Landgericht angenommen hatte, aus Rechtsgründen nicht erheblich sei. Daß diese Rechtsauffassung nicht zutrifft, ergibt sich bereits aus den bisherigen Darlegungen. Der Beklagte hat sowohl bei der Vergebung der Arbeiten an B. wie auch späterhin mit der Ausführung der Arbeiten durch einen sachkundigen Handwerker gerechnet. N. war Dachdeckermeister. Im übrigen konnte es für die Frage der strafrechtlichen Verantwortlichkeit des Beklagten — entgegen der von ganz anderen Gesichtspunkten ausgehenden Auffassung des Berufungsgerichts — nicht ohne weiteres darauf ankommen, ob N. ein selbständiger Handwerksmeister war; entscheidend war insoweit, ob der Beklagte annehmen konnte, daß die Arbeiten von einem Sachkundigen ausgeführt werden würden, dem dann auch die Beobachtung der Sicherheitsvorschriften zugetraut werden könnte. Die Voraussetzungen des § 903 Abs. 1 RVO. in Verbindung mit § 230 Abs. 2 StGB. sind hiernach nicht gegeben.

Nicht erörtert hat das Berufungsgericht, ob etwa die Voraussetzungen des § 903 Abs. 2 vorliegen. Danach haften Unternehmer, wenn strafgerichtlich festgestellt worden ist, daß sie bei der Leitung oder Ausführung eines Baues wider die allgemein anerkannten Regeln der Baukunst gehandelt haben, und wenn durch diese Zuwiderhandlung der Unfall herbeigeführt worden ist. Allein selbst abgesehen von den für die strafrechtliche Seite der Frage auch hier besonders in Betracht kommenden und oben dargelegten Erwägungen über die Willensrichtung des Beklagten liegen die Voraussetzungen des Abs. 2 nicht vor. Wie Abs. 1 des § 903 RVO. dem § 230 Abs. 2 StGB. nachgebildet ist, so entspricht Abs. 2 des § 903 dem § 330 StGB. Zwar könnte das

Merkmal des „Baues" bei den in Rede stehenden Arbeiten als gegeben angesehen werden. Denn nach der Rechtsprechung wird der Begriff des Baues nicht sowohl im Sinne des Bauwerks als vielmehr im Sinne einer Bauarbeit oder Bautätigkeit gefaßt. Es wird darauf Gewicht gelegt, daß die Strafbestimmung das Zuwiderhandeln gegen allgemein anerkannte Regeln der Baukunst treffen will, mit dem Gefahren für andere verbunden sind (RGSt. Bd. 18 S. 204, Bd. 25 S. 90, Bd. 56 S. 343 [347]; Leipz. Komm. z. StGB. Anm. 2 zu § 330). Aber der Beklagte kommt nach den in der Vorinstanz getroffenen Feststellungen weder als Bauleiter in Betracht noch hat er den Bau ausgeführt. Bauleiter ist, wer sich tatsächlich der Bauleitung unterzieht und zugleich die Art der Arbeiten derart bestimmt, daß seine Anweisungen für den Ausführenden maßgebend sind. Ausführender ist dann, wer nach solchen Weisungen die Arbeiten vornimmt (LZ. 1914 Sp. 479 Nr. 21; GoltdArch. Bd. 39 S. 323, Bd. 50 S. 390; JW. 1927 S. 1421 Nr. 16). Daß der Bauherr als solcher bereits als Bauleiter anzusehen sei, wird auch im Schrifttum zur Reichsversicherungsordnung nicht angenommen (vgl. Schulte-Holthausen RVO. Unfallvers. Bem. 3 zu § 633). Der Beklagte hat weder Anweisungen für die Arbeiten erteilt, noch hat er sich an deren Ausführung beteiligt ...

Es kommt unter den vorliegenden Umständen auch nicht mehr darauf an, ob die Ausführungen des Berufungsgerichts darüber zutreffen, daß der Beklagte als Unternehmer zu gelten habe, weil mit dem Dachdeckermeister N. zur Zeit des Unfalls noch keine Einigung über die Bezahlung der Arbeiten zustandegekommen sei. Nach § 633 RVO. in der Fassung des Gesetzes über Änderungen in der Unfallversicherung vom 20. Dezember 1928 Abschnitt A Art. 18 (RGBl. I S. 405) ist Unternehmer eines Betriebs oder einer Tätigkeit derjenige, für dessen Rechnung der Betrieb oder die Tätigkeit erfolgt. Dabei ist zu beachten, daß der Begriff des Unternehmers in der Hauptsache ein wirtschaftlicher ist und die privatrechtliche Gestaltung der Rechtsverhältnisse zurücktreten muß (Schulte-Holthausen a. a. O. Bem. 2 zu § 633). Das wirtschaftliche Ergebnis des Betriebs oder der Tätigkeit muß dem als Unternehmer Anzusehenden unmittelbar zum Nachteil oder zum Vorteil gereichen (Entsch. u. Mitt. des RVA. Bd. 11 S. 242, Bd. 22 S. 113, Bd. 23 S. 182). Wer die Kosten der Bauarbeit trägt, ist Unternehmer; ihm fließt die Einnahme in Gestalt des Werklohns zu (RGZ. Bd. 96 S. 204 [209]); erst das Ergebnis des Werkvertrags kommt dem Bauherrn zugute. Dabei kann darauf hingewiesen werden, daß die Vereinbarung des Werklohns in der Form eines Tagelohns nicht das Vorliegen eines Werkvertrags ausschließt.

Im vorliegenden Fall streiten die Parteien darüber, ob ein Vertrag zwischen dem Beklagten und dem Dachdeckermeister N. bereits zustande gekommen war. Das Berufungsgericht verneint das. Es besteht aber nach seinen Ausführungen die Möglichkeit – und sie würde in der Revisionsinstanz zu unterstellen sein –, daß der Sohn des N. und M. mit dem Willen des N. bereits am Unfalltage Arbeiten in Erwartung des abzuschließenden Vertrags verrichtet haben. In diesem Fall würde nichts im Wege stehen, den N. als Unternehmer im Sinne des § 633 RVO. anzusehen. Denn er hätte dann den Betrieb bereits begonnen, mit dem die Gefahren verbunden waren und dessen Ergebnis ihm unmittelbar zugute kommen sollte. Keinesfalls würde der Umstand, daß ein solcher Werkvertrag noch nicht zustande gekommen war, zu der Annahme zwingen, daß in der Zwischenzeit der Beklagte als Unternehmer anzusehen wäre. Daß etwa der Beklagte mit M. einen Vertrag geschlossen habe, nimmt das Berufungsgericht nicht an. Nicht zwingend ist der von ihm gezogene Schluß, daß der Beklagte deshalb für den Zeitpunkt des Unfalls als Unternehmer angesehen werden müsse, weil N. noch nicht die Eigenschaft des Unternehmers gehabt habe. Die Möglichkeit, daß unter solchen Umständen ein Unfall entsteht, ohne daß unter dem Gesichtspunkt des Erstattungsanspruchs ein Unternehmer vorhanden gewesen ist, kann nicht geleugnet werden. Hierauf kommt es aber, wie bereits bemerkt, im vorliegenden Fall nicht mehr an. . . .

RGZ 148, 19.

1. Wie ist der Ersatzanspruch des öffentlichen Versicherungsträgers zu bemessen, wenn dem Verletzten wegen eigenen Mitverschuldens nur ein Anspruch auf Ersatz der Hälfte seines Schadens zusteht?

2. Ist es für den Ersatzanspruch von Bedeutung, wenn die eigenen Ansprüche des Verletzten verjährt sind?

BGB. §§ 254, 404, 412. RHaftpflG. §§ 3 a, 7, 8. RVO. §§ 558 flg., §§ 1524, 1542.

VI. Zivilsenat. Urt. v. 13. Mai 1935.

I. Landgericht Wuppertal. — II. Oberlandesgericht Düsseldorf.

Am 1. Oktober 1929 waren die im Dienst einer Baufirma stehenden Arbeiter L. und G. auf einem Bahnhof der verklagten Reichsbahn-

Gesellschaft mit der Neupflasterung eines Bahnsteigs beschäftigt. Beim Heranholen von Sand fuhr die benutzte schwere zweirädrige Karre nach Überqueren zweier Geleise unmittelbar hinter der letzten Schiene in dem bereits aufgerissenen Pflaster des Bahnsteigs fest. Während sich der Arbeiter L. zwischen den Karrenbäumen bemühte, die Karre fortzuziehen, wurde diese an der Rückseite von einem einfahrenden Zuge erfaßt und weggeschleudert; hierbei wurde L. verletzt. Die klagende Tiefbau-Berufsgenossenschaft hat L. auf Grund der Reichsversicherungsordnung entschädigt. Sie macht den auf sie übergegangenen Schadensersatzanspruch des L. gegen die Beklagte geltend. Das Berufungsgericht hat den Zahlungs- und Feststellungsanspruch der Klägerin zur Hälfte zugesprochen und die weitergehende Klage abgewiesen. Die Revision der Klägerin führte zur Aufhebung und Zurückverweisung, soweit zu ihrem Nachteil erkannt worden ist.

Aus den Gründen:

Ohne Rechtsirrtum hat das Oberlandesgericht ein für den Unfall mitursächliches erhebliches Verschulden des Verletzten angenommen und den Schaden zwischen ihm und der Beklagten hälftig verteilt ... (Wird näher ausgeführt.)

Hiernach könnte der Verletzte nur den Ersatz der Hälfte des ihm erwachsenen Schadens von der verklagten Reichsbahn fordern. Daraus folgt aber nicht, wie das Berufungsgericht ohne weiteres annimmt, daß sich nun auch die klagende Berufsgenossenschaft mit der Hälfte ihrer Forderung begnügen müsse. § 1542 RVO. lautet in seinem hier maßgebenden Satz 1:

> Soweit die nach diesem Gesetz Versicherten oder ihre Hinterbliebenen nach andern gesetzlichen Vorschriften Ersatz eines Schadens beanspruchen können, der ihnen durch Krankheit, Unfall, Invalidität oder durch den Tod des Ernährers erwachsen ist, geht der Anspruch auf die Träger der Versicherung insoweit über, als sie dem Entschädigungsberechtigten nach diesem Gesetze Leistungen zu gewähren haben.

Aus dieser Vorschrift ergibt sich deutlich, daß der Schadensersatzanspruch des Versicherten gegen dritte Personen insoweit übergeht, als er gesetzlich begründet ist. Steht dem Verletzten infolge eigenen mitwirkenden Verschuldens nur der Anspruch auf teilweisen Schadensersatz zu, so ergreift der Rechtsübergang eben diesen Teilanspruch, und zwar mit dem Vorrang vor dem etwa dem Verletzten verbliebenen Rechtsanspruch. Nach der Regelung des § 1542 RVO. kann der Verletzte, soweit er Anspruch auf Versicherungsschutz hat, nicht denselben Betrag noch einmal von dem Schädiger fordern; in seinem Verhältnis zu dem öffentlichen Versicherungsträger kann er auch nicht eine anteilsmäßige Verteilung des von dem Schädiger zu ersetzenden Schadensbetrags verlangen und den Versicherungsträger auf einen Teilbetrag verweisen, dem ein Anspruch gegen den Schädiger gar nicht zugrunde läge. Diese Grundsätze stehen in der Rechtsprechung des Reichsgerichts fest (RGZ. Bd. 62 S. 145 [148] u. S. 337 [338], Bd. 123 S. 40 [42]; SeuffArch. Bd. 85 Nr. 82; JW. 1932 S. 2537 Nr. 19; DAutoR. 1934 Nr. 173).

Die Beträge, welche die Klägerin auf Grund der Reichsversicherungsordnung an den verletzten L. bereits geleistet und ferner zu leisten hat und welche den Gegenstand der Klage bilden, sind, soviel zu ersehen, unstreitig. Da die Klägerin den Anspruch des Verletzten geltend macht, so ist zunächst zu ermitteln, was der Verletzte von der Beklagten zu beanspruchen hätte (RGZ. Bd. 62 S. 145 [148]). Im vorliegenden Fall bildet die Hälfte des Schadens, der dem Verletzten erwachsen ist und den die haftpflichtige Beklagte zu erstatten hätte, die Grenze des Klaganspruchs. Es wird zu prüfen sein, wie sich das auf die Einzelleistungen der Klägerin auswirkt. Dieser Berechnungsweise könnte ein Bedenken entgegenstehen. Um die Glaubwürdigkeit des als Zeugen vernommenen Verletzten L. darzutun, hat die Klägerin selbst behauptet, daß die eigenen Ansprüche des Verletzten inzwischen verjährt seien. In diesem Rechtszug ist somit davon auszugehen, daß dem Verletzten über die Klagforderung hinaus keine Ansprüche gegen die Beklagte zustehen. Umfaßt also der auf die Klägerin übergegangene Anspruch des Verletzten dessen gesamten noch bestehenden Schaden, so könnte in Frage kommen, ob nicht dieser allein übrig gebliebene Schaden und demnach die Klagforderung als solche hälftig zu teilen wäre. Diese Frage ist jedoch zu verneinen. Es kommt darauf an, was vom Anspruch des Verletzten auf die Klägerin übergegangen ist und was sie in der Klage verlangt hat. Nach dem Wortlaut des § 1542 RVO. setzt der Rechtsübergang nicht voraus, daß bereits Leistungen von den öffentlichen Versicherungsträgern bewirkt worden sind, sondern der Anspruch geht über, soweit sie Leistungen zu gewähren haben. Daraus ist zu folgern, daß die Ersatzforderung gegen den Dritten schon im Augenblick der Entstehung in der Person des Verletzten durch dessen Person hindurch auf die Berufsgenosenschaft übergeht (RGZ. Bd. 91 S. 142; an diesem Urteil hat das Reichsgericht in späteren Entscheidungen festgehalten). Der Schadensersatzanspruch des Verletzten ist von vornherein mit der Einrede aus § 254 BGB. behaftet und kann daher nur in dieser Gestalt auf die Berufsgenossenschaft übergehen (§§ 404, 412 BGB.). Für den Rechtsübergang bildet es kein Hindernis, daß die Schadensteilung wie überhaupt die Höhe des dem Verletzten erwachsenen Schadens im Augenblick des Übergangs noch nicht feststand. Denn selbst zukünftige Forderungen sind abtretbar, sofern sie genügend bestimmt oder wenigstens bestimmbar sind (RGRKomm. z. BGB. § 398 Erl. 2 Abs. 3 mit Nachw.). Diese Voraussetzung ist gegeben. Entsprechend dieser Rechtslage ist die ausdrücklich auf § 1542 RVO. gestützte Klage dahin auszulegen, daß die Klägerin den Schadensersatzanspruch des Verletzten in seinem schließlichen rechtlichen Bestande, wie er erst durch die rechtskräftige Entscheidung dieses Rechtsstreits festgestellt werden kann, hat geltend machen wollen und geltend gemacht hat. Dem steht nicht entgegen, daß sich die Klägerin stets und schon in der Klagschrift auf den Standpunkt gestellt hat, L. treffe überhaupt kein Verschulden, so daß die Klagforderung in vollem Umfang begründet sei. Denn die Klägerin mußte mit der Möglichkeit einer Schadensteilung hinsichtlich der Ansprüche des Verletzten rechnen. — Nach § 8 RHaftpflG. verjähren die Forderungen auf Schadensersatz in zwei Jahren vom Tag des Unfalls an. Der Unfall hat am 1. Oktober 1929 stattgefunden. Die Klage lautet vom 28. Juli, die Klagbeantwortung vom 24. August 1931. Wenn auch der genaue Zeitpunkt der Klagzustellung nicht feststeht, so waren die Klagansprüche doch bei der Klagerhebung keinesfalls verjährt.

Im einzelnen ist noch auf folgendes hinzuweisen. Nach der Klagrechnung hat die Klägerin bisher dem Verletzten Kur- und Verpflegungskosten ersetzt, ihm Kranken- und Familiengeld gezahlt, der Ortskrankenkasse einen Betrag ersetzt und für die Zeit vom 10. Mai bis zum 26. Juli 1930 anscheinend die Vollrente und seitdem eine Teilrente gewährt.

Sollte die Klägerin dem Verletzten die vollen Heilungskosten gewährt haben (§ 1542 Abs. 2, § 1524, vgl. §§ 558 flg. RVO.), so würde insoweit die Forderung der Klägerin mit Recht hälftig geteilt sein. Bei dem Kranken- und Hausgeld ist zu prüfen, wie hoch sich für dieselbe Zeit der Erwerbsausfall des Verletzten stellt, und dessen Hälfte ist mit dem geforderten Krankengeld zu vergleichen. Bei der Vollrente ist zu beachten, daß diese, abgesehen von Kinderzulagen, nur $^2/_3$ des durchschnittlichen Jahresarbeitsverdienstes beträgt (§ 559, §§ 563 flg. RVO.), während der Verletzte nach §§ 3 a, 7 RHaftpflG. (Fassung nach Art. 42 EG. z. BGB.) den Ersatz seines wirklichen Schadens wegen

Aufhebung oder Minderung der Erwerbsfähigkeit und wegen Vermehrung der Bedürfnisse fordern kann, dessen Hälfte wiederum die Klägerin in Rechnung stellen darf. Zur Gewährung der Teilrente ist zu erwägen, daß nach der ständigen Rechtsprechung des Reichsgerichts der dem Verletzten zu ersetzende Schaden nicht abstrakt nach den Grundsätzen der Sozialversicherung, sondern nach den Umständen des einzelnen Falls zu ermitteln und zu bestimmen ist (SeuffArch. Bd. 86 Nr. 5, Bd. 88 Nr. 26; JW. 1932 S. 1249 Nr. 2 u. S. 2154 Nr. 13, 1933 S. 830 Nr. 6; DAutoR. 1934 Nr. 148; vgl. Planck BGB. § 843 Anm. 2). Wäre also anzunehmen, daß der Verletzte mit dem ihm verbliebenen Rest der Arbeitskraft einen Erwerb überhaupt nicht finden könne, so würde er denselben Schaden erleiden, wie wenn er durch den Unfall gänzlich erwerbsunfähig geworden oder noch geblieben wäre. Inwieweit der an die Ortskrankenkasse von der Klägerin vergütete Betrag zu erstatten und wie der Feststellungsausspruch zu fassen sein wird, bleibt der Prüfung des Berufungsgerichts überlassen.

RGZ. 151, 345.

1. Ist für den Beginn der Verjährung die nach § 852 BGB. erforderliche Kenntnis des Verletzten von dem Schaden und der Person des Ersatzpflichtigen auch dann maßgebend, wenn die Berufsgenossenschaft den auf sie übergegangenen Anspruch des Verletzten gegen den Schädiger geltend gemacht?

2. Wird die Verjährung unterbrochen, wenn die Frist an einem Sonntag abläuft und die Klage am folgenden Tage zugestellt worden ist?

BGB. §§ 193, 209, 217, 222, 852. RVO. § 1542.

VI. Zivilsenat. Urt. v. 11. Juni 1936.

Die Entscheidung ist abgedruckt unter „Bürgerliches Recht, Allgemeiner Teil".

RGZ. 153, 38.

Kann der Klage der Berufsgenossenschaft, die einen gemäß § 1542 RVO. auf sie übergegangenen Anspruch geltend macht, der Einwand entgegengesetzt werden, daß der der Berufsgenossenschaft angehörende Betriebsunternehmer den Unfall fahrlässig mitverursacht habe?

RVO. §§ 898 flg., § 1542. BGB. §§ 276, 823.

VI. Zivilsenat. Urt. v. 4. Januar 1937.

I. Landgericht Stargard i. P. — II. Oberlandesgericht Stettin

Am 21. September 1930 wurde die freiwillige Feuerwehr der Stadt P. zur Bekämpfung eines Brandes auf ein Gut gerufen. Die Löschmannschaft benutzte zur Fahrt einen Lastkraftwagen, der dem Fuhrunternehmer Sch. (Vater) in P. gehörte und von seinem Sohn, dem Zweitbeklagten, gesteuert wurde. Sch. (Vater) befand sich ebenfalls auf dem Wagen. Unterwegs kam es zu einem Zusammenstoß zwischen dem Lastkraftwagen und dem entgegenkommenden Personenkraftwagen des Erstbeklagten, Sp., den dieser lenkte. Durch den Unfall ist eine Anzahl der Feuerwehrleute körperlich verletzt, ein Feuerwehrmann ist getötet worden.

Die Klägerin, eine als Trägerin der Unfallversicherung gemäß § 537 Nr. 4a RVO. errichtete Körperschaft des öffentlichen Rechts, hat den versicherten Feuerwehrleuten oder deren Angehörigen Leistungen gewährt, die ihrer Darstellung nach bis zum Herbst 1935 13 407,39 RM betragen.

Die beiden Beklagten sind wegen fahrlässiger Tötung in Tateinheit mit fahrlässiger Körperverletzung verurteilt worden. In einem früheren Rechtsstreit haben zwei Versicherungsgesellschaften, die dem Erstbeklagten, Sp., Versicherungsschutz zu gewähren haben, gegen den Zweitbeklagten, Sch. (Sohn), Klage erhoben, die zum Teil auf Leistung, zum Teil auf Befreiung von Ansprüchen ging, die von einer Ortskrankenkasse und der jetzigen Klägerin gegen Sp. erhoben wurden. Das Landgericht entsprach diesem Antrage zu $^3/_4$, indem es auf Grund seiner Abwägung annahm, daß der Schaden dem Sp. zu $^1/_4$, dem Sch. (Sohn) zu $^3/_4$ aufzuerlegen sei. Die Berufung beider Beklagten gegen dieses Urteil wurde, nachdem zunächst streitig verhandelt worden war, durch Versäumnisurteil, das rechtskräftig wurde, zurückgewiesen. Am 7. Juni 1932 hatte die Klägerin mit Sp., vertreten durch eine Versicherungs-AG., einen Vergleich geschlossen, wonach die Versicherungsgesellschaft für Sp. an die Klägerin vorbehaltlos 3000 RM zahlte, während die Klägerin sich verpflichtete, zunächst von der Erhebung der Klage gegen Sp. aus dem Unfall vom 21. September 1930 abzusehen, bis der von der Versicherungsgesellschaft für Sp. einzuleitende Rechtsstreit gegen Sch. (Sohn) im ersten Rechtszuge dem Grunde nach entschieden sein würde. Später machte die Versicherungsgesellschaft die Unwirksamkeit des Vergleichs auf Grund des § 779 BGB. geltend, weil die am Vergleich Beteiligten die Entscheidung in

RGZ. Bd. 134 S. 293 nicht gekannt hätten, vielmehr davon ausgegangen seien, daß der Berufsgenossenschaft ein Verschulden des Sch. nicht entgegengehalten werden könne. In einem Schreiben vom 13. April 1933 erkannte sie der Klägerin gegenüber die Aufwendungen an, die diese gemacht habe oder noch machen werde, und zwar in Höhe von 25 v.H. im Rahmen des § 1542 RVO., jedoch äußerstenfalls bis zum 65. Lebensjahr der Beteiligten und bis zum 65. Geburtstag des Getöteten.

Im jetzigen Rechtsstreit verlangt die Klägerin von Sp. und Sch. (Sohn) als Gesamtschuldnern Zahlung von 10 407,39 RM nebst Zinsen, indem sie von den nach ihrer Darstellung bis zum Herbst 1935 aufgewendeten Beträgen die gezahlten 3000 RM abrechnet. Ferner verlangt sie die Feststellung, daß beide Beklagte als Gesamtschuldner, und zwar Sp. über sein Anerkenntnis hinaus, verpflichtet seien, ihr allen weiteren aus dem Unfall entstehenden Schaden zu ersetzen. Das Landgericht verurteilte beide Beklagte nach dem Klagantrag. Gegen dieses Urteil legte der Beklagte Sp. Berufung ein. Er verlangte Abweisung der Klage, insoweit diese über sein auf $^1/_4$ abgegebenes Anerkenntnis hinausgehe. Das Berufungsgericht erklärte durch Teil- und Zwischenurteil den Leistungsanspruch der Klägerin gegen den Beklagten Sp. dem Grunde nach für gerechtfertigt. Dessen Revision hatte keinen Erfolg.

Gründe:

Das Berufungsgericht geht davon aus, daß der Beklagte Sp. den bei dem Unfall vom 21. September 1930 zu Schaden gekommenen Feuerwehrmannschaften und den Hinterbliebenen des getöteten Feuerwehrmanns auf Schadensersatz wegen unerlaubter Handlung nach den Vorschriften des Bürgerlichen Gesetzbuchs hafte. Das wird von der Revision auch nicht beanstandet; sie vertritt den Standpunkt, daß der Unfall nicht allein durch das Verschulden des Sp., sondern überwiegend durch das Verschulden des Sch. (Sohn) und auch durch Verschulden der Feuerwehr, für welche die Berufsgenossenschaft eingetreten ist, verursacht und daß Sp. berechtigt sei, das Verschulden des Sch. und der Feuerwehr der klagenden Berufsgenossenschaft entgegenzuhalten.

§ 1542 RVO. bestimmt:

Soweit die nach diesen Gesetzen Versicherten oder ihre Hinterbliebenen nach anderen gesetzlichen Vorschriften Ersatz eines Schadens beanspruchen können, der ihnen durch Krankheit, Unfall, Invalidität oder durch den Tod des Ernährers erwachsen ist, geht der Anspruch auf die Träger der Versicherung insoweit über, als sie den

Entschädigungsberechtigten nach diesem Gesetz Leistungen zu gewähren haben ... Bei den gegen Unfall Versicherten und ihren Hinterbliebenen gilt es nur insoweit, als es sich nicht um einen Anspruch gegen den Unternehmer oder die ihm nach § 899 Gleichgestellten handelt.

Das Berufungsgericht geht von dem Rechtsgrundsatz aus, den der I. Zivilsenat des Reichsgerichts in RGZ. Bd. 134 S. 293 (295) dahin aufgestellt hat, daß die auf Grund des § 1542 RVO. klagende Berufsgenossenschaft *sich von etwaigen* — für die Folgen des Unfalls haftenden — Mitschuldnern die Einwendungen entgegensetzen lassen müsse, die gegen den Betriebsunternehmer hätten erhoben werden können, wenn dieser, wie es ohne die Versicherung seine Pflicht gewesen wäre, die Leistungen gemacht oder zu machen hätte. Das Berufungsgericht prüft von diesem Grundsatz aus, ob diese Voraussetzung einerseits bei dem früheren Beklagten Sch. oder dessen Vater, anderseits bei der Feuerwehr selbst vorliegt, und verneint die Frage mit eingehenden Erörterungen. Es kommt indes auf diese Erörterungen nicht an, weil dem vom I. Zivilsenat vertretenen Rechtsstandpunkt nicht zugestimmt werden kann.

Der Anspruch, der nach § 1542 RVO. auf die Berufsgenossenschaft übergeht, ist ein Anspruch des durch den Unfall Verletzten oder seiner Hinterbliebenen. Deshalb ist die Rechtslage bei der ersten Betrachtung jedenfalls so, daß Einwendungen gegen den Anspruch auch nach dessen Übergang auf die Berufsgenossenschaft nur aus der Person des Verletzten hergeleitet werden können. Daraus folgt, daß ein mitwirkendes Verschulden des V e r l e t z t e n auch gegenüber der Berufsgenossenschaft geltend gemacht werden kann. Nur das besagen die Urteile vom 21. April 1921 VI 34/21 und vom 9. Oktober 1924 IV 182/24, auf die in dem erwähnten Urteil des I. Zivilsenats in RGZ. Bd. 134 S. 296 verwiesen wird. Da es sich um einen Anspruch des Verletzten handelt, kann grundsätzlich der verklagte Gesamtschuldner Einwendungen, die sich auf das Gesamtschuldverhältnis beziehen, auch der Berufsgenossenschaft gegenüber nur insoweit erheben, als das Bürgerliche Gesetzbuch solche Einwendungen zuläßt. In Betracht kommen nur die Vorschriften über die Ausgleichung eines Schadens unter Gesamtschuldnern. Voraussetzung hierfür ist, daß der Unternehmer, der den Anlaß für das Eintreten der Berufsgenossenschaft gemäß §§ 898, 899 RVO. gegeben hat, Gesamtschuldner ist. Nun ist aber die Rechtslage nach diesen gesetzlichen Vorschriften die folgende:

Nach § 898 RVO. ist der Unternehmer Versicherten und deren Hinterbliebenen, auch wenn sie keinen Anspruch auf Rente haben, nach anderen gesetzlichen Vorschriften zum Ersatz des Schadens, den ein Unfall der in den §§ 544, 546 bezeichneten Art (also ein durch die öffentlich-rechtliche Versicherung geschützter Betriebsunfall, wie er hier vorliegt) verursacht, nur dann verpflichtet, wenn strafgerichtlich festgestellt worden ist, daß er den Unfall vorsätzlich herbeigeführt hat. Derselbe Grundsatz — also Haftung des Unternehmers nur für vorsätzliche Herbeiführung des Unfalls — gilt nach § 899 für die dort bezeichneten Personen. Die Vorschrift des § 898 war bereits in dem Unfall-Versicherungs-Gesetz vom 6. Juli 1884 (RGBl. S. 69) in § 95 enthalten. Sie ist dann in §§ 898, 899 RVO. übernommen worden. Die Regelung hatte hierin ihren Grund: Einmal muß die Gesamtheit der in der Berufsgenossenschaft zusammengeschlossenen Unternehmer für die Folgen eines Betriebsunfalls eintreten; die Unternehmer haben fortlaufend Beiträge zu leisten, die wesentlich zur Deckung der durch die Betriebsunfälle entstehenden Ausgaben dienen (§§ 731 flg. RVO.; vgl. Materialien zur RVO., Kommissionsbericht 3. Teil S. 185). Sie haben damit auch die Kosten der in anderen, ihnen fremden Betrieben entstehenden Unfälle mitzutragen. Anderseits entsteht für den Verletzten der vor der Gesetzgebung über die Unfallversicherung nicht zugestandene Vorteil, daß er die in der Reichsversicherungsordnung festgesetzte Unfallentschädigung erhält, ohne daß er ein Verschulden des Unternehmers nachzuweisen braucht, und daß dem Verletzten diese Entschädigung auch dann zuteil wird, wenn er den Unfall durch eigenes — der Art nach hier nicht näher zu erörterndes — Verschulden herbeigeführt hat. Der Gesetzentwurf für das erwähnte erste Unfallversicherungsgesetz vom 6. Juli 1884 hielt es noch nicht für angezeigt, den Betriebsunternehmern die gesamte Last der Versicherung aufzubürden; es wurde neben teilweiser Heranziehung der Arbeiter auch ein Zuschuß des Reichs zu den Kosten vorgesehen (Anlagen zu den Verhandlungen des Reichstags, 4. Legislaturperiode IV. Session 1881 S. 222, Begründung des Entwurfs S. 233). Wurde dieser Vorschlag ebenso wie die vorgeschlagene Einrichtung einer Reichsversicherungsanstalt auch nicht Gesetz, so haben doch die erwähnten Umstände dazu geführt, daß in dem Falle, wo die in der Berufsgenossenschaft zusammengeschlossene Gesamtheit der Unternehmer nach der Reichsversicherungsordnung die hierin festgesetzte Entschädigung dem durch den Betriebsunfall Verletzten zu entrichten hat, ein Anspruch des Verletzten gegen den einzelnen Unternehmer, in dessen Betrieb der Unfall sich ereignet hat, regelmäßig überhaupt nicht entsteht und nur in dem hier nicht in Betracht kommenden Ausnahmefall gegeben ist, wo der Unternehmer den Unfall vorsätzlich herbeiführt. Die Rechtslage ist also nicht so, wie in der Entscheidung in Bd. 134 S. 295 gesagt wird, daß die Berufsgenossenschaft durch ihre Leistung den gesamtschuldnerischen Unternehmer von seiner Verbindlichkeit befreit; vielmehr ist eine solche überhaupt nicht entstanden. Dabei ist auch zu beachten, daß die Berufsgenossenschaft nicht, wie in jenem Urteil angenommen wird, die Schadensersatzpflicht des Unternehmers erfüllt; die von der Berufsgenossenschaft zu gewährende Rente ist rechtlich nicht, auch nicht zum Teil, ihrem Inhalt nach gleichzusetzen dem Schaden, den der Verletzte erlitten hat; sie besteht vielmehr zum Höchstbetrage in einem Bruchteil des in bestimmter Weise zu errechnenden Arbeitsverdienstes (§ 559a RVO.); der Schadensersatzanspruch des Verletzten gegen einen anderen Schuldner ist rechtlich ein anderer, als der Anspruch auf Entschädigung gegen die Berufsgenossenschaft; nur zum Ausgleich schreibt das Gesetz in entsprechender Höhe den Übergang des Schadensersatzanspruchs vor, der im Falle der unerlaubten Handlung nach § 249 BGB. auf Grund des wirklich eingetretenen tatsächlichen Schadens festzusetzen ist.

Der entscheidende Gesichtspunkt ist hiernach: Da eine Verpflichtung zum Schadensersatz in der Person eines Unternehmers im Verhältnis zur Berufsgenossenschaft nicht entstanden ist, fehlt es auch an der Grundlage eines Ausgleichsanspruchs. Die Ausgleichspflicht ist nur eine Wirkung der Schadensersatzpflicht (RGZ. Bd. 84 S. 415 [431], Bd. 123 S. 164, Bd. 146 S. 97 [102]). Es ist kein inneres Schuldverhältnis zwischen dem Beklagten Sp. und einem anderen Gesamtschuldner vorhanden, das einen Ausgleichsanspruch nach § 426 BGB. erzeugen könnte.

Es könnte sich daher nur fragen, ob aus dem Zusammenhang der Vorschriften der Reichsversicherungsordnung entnommen werden könnte, daß trotzdem der Berufsgenossenschaft ein für den Unfall ursächliches Verschulden eines ihr angehörenden Betriebsunternehmers entgegengehalten werden könnte. Das ist nicht der Fall. In dem Unfallversicherungsgesetz vom 6. Juli 1884 war die Vorschrift über die „Haftung Dritter" in § 98, also im Anschluß an die oben erwähnte Vorschrift des § 95, geregelt. Dort war folgende Fassung gewählt:

> Die Haftung dritter, in den §§ 95, 96 nicht bezeichneter Personen, welche den Unfall vorsätzlich herbeigeführt oder durch Verschulden verursacht haben, bestimmt sich nach den bestehenden gesetzlichen Vorschriften. Jedoch geht die Forderung der Entschädigungsberech-

tigten an den Dritten auf die Genossenschaft insoweit über, als die Verpflichtung der letzteren zur Entschädigung durch dieses Gesetz begründet ist.

Wäre damals vom Gesetzgeber beabsichtigt worden auf die Berufsgenossenschaft gegebenenfalls die Forderung gegen den Dritten nicht im vollen Umfang ihrer Aufwendungen übergehen zu lassen, sondern sie zu beschränken, sobald den der Berufsgenossenschaft angehörenden Unternehmer ein ursächliches Verschulden träfe, dann wäre dies, wie mit Sicherheit anzunehmen ist, zum Ausdruck gebracht worden. Daß die Reichsversicherungsordnung, welche auch die Vorschrift des § 898 dem früheren Rechtszustand anpaßte, unter der Herrschaft des Bürgerlichen Gesetzbuches mit der Vorschrift des § 1542 etwas anderes beabsichtigte, erscheint ausgeschlossen; nur die äußere Anordnung des Gesetzstoffs wurde insofern eine andere, als § 1542 sich nicht mehr auf die Unfallversicherung beschränkt und sich deshalb nicht mehr unmittelbar an die Vorschriften der §§ 898, 899 anschließt.

Der I. Zivilsenat hat in dem erwähnten Urteil zur Begründung seiner Auffassung angeführt, daß die Unfallversicherung im Verhältnis zum Unternehmer ähnlich wie eine private Haftpflichtversicherung wirke, und sich hierfür auf Krohn (nicht Krohne)-Sauerborn Handkommentar zur Reichsversicherungsordnung § 898 Anm. 1 berufen, auch die Entscheidung in RGZ. Bd. 74 S. 27 (29) herangezogen. Diese Entscheidung ergibt nichts für die vom 1. Zivilsenat angenommene Rechtslage, vielmehr wird dort auf S. 28 ausgeführt, daß § 146 Abs. 1 des landwirtschaftlichen Unfallversicherungsgesetzes ganz allgemein „einen Anspruch auf Ersatz des infolge eines Unfalls erlittenen Schadens gegen den Betriebsunternehmer", also unterschiedslos jeden Schadensersatzanspruch ausschließe, mit alleiniger Ausnahme des Falls einer strafgerichtlich festgestellten, vorsätzlich herbeigeführten Schädigung; es wird dort ferner auf die Übereinstimmung dieser Bestimmung mit den übrigen Unfallversicherungs- und Fürsorgegesetzen hingewiesen und auf S. 29 noch betont, das grundlegende Prinzip gehe dahin, jede weitere Inanspruchnahme des Betriebsunternehmers und seiner Vertreter von seiten des Verletzten abzuschneiden usf.; unter die Befreiung des Unternehmers falle auch der Anspruch aus § 847 BGB. Aber auch die Verweisung auf die Ausführung in dem Erläuterungsbuch von Krohn a. a. O. kann nichts für die Entscheidung Sachdienliches ergeben. Dort wird aus der regelmäßigen Befreiung des Unternehmers von Ersatzansprüchen die Folgerung gezogen, daß sich die Unfallversicherung „für den Unternehmer" wie eine Haftpflichtversicherung auswirke. Der Gedanke ist also der, daß der Unternehmer durch die Zahlung der Beiträge an die Berufsgenossenschaft gewissermaßen den Schutz einer Haftpflichtversicherung erlange. Es ist nicht ersichtlich, was hieraus für die hier zu entscheidende Frage gefolgert werden könnte, inwiefern nämlich ein Dritter hieraus einen Vorteil erlangen könnte. Die Annahme jener Entscheidung, daß durch die in der Reichsversicherungsordnung getroffene Regelung die „Rechte von Mitverpflichteten" nicht beeinträchtigt werden könnten, scheitert daran, daß das Recht eines anderen, zum Schadensersatz Verpflichteten nur aus der Ausgleichsverpflichtung des Unternehmers hergeleitet werden könnte, und eine solche besteht eben nicht; der Unternehmer, gegen den auf Grund der Regelung der Reichsversicherungsordnung ein Ersatzanspruch nicht geltend gemacht werden kann, ist kein Verpflichteter, der Dritte also auch kein „Mitverpflichteter".

Was die Heranziehung des Gedankens der Haftpflichtversicherung angeht, ist noch auf folgendes hinzuweisen: Die Leistungen der Berufsgenossenschaft, für welche in § 1542 RVO. ein Ausgleich geschaffen wird, gründen sich auf öffentlich-rechtliche Versicherung. Das lediglich die private Versicherung regelnde Gesetz über den Versicherungsvertrag vom 30. Mai 1908 (RGBl. S. 263) bestimmt in § 67, daß in dem Falle, wo dem Versicherungsnehmer ein Anspruch auf Ersatz des Schadens gegen einen Dritten zusteht, der Anspruch auf den Versicherer übergeht, soweit dieser dem Versicherungsnehmer den Schaden ersetzt. Diese Vorschrift betrifft, wie ihre Stellung im Gesetz eindeutig ergibt, nur die Schadensversicherung, nicht die Unfallversicherung (Urt. des erkennenden Senats vom 8. Mai 1930 VI 482/29, abgedr. SeuffArch. Bd. 84 Nr. 179). Auf den grundlegenden Unterschied dieser Vorschrift gegenüber derjenigen des § 1542 RVO. ist in der Entscheidung des erkennenden Senats RGZ. Bd. 148 S. 137 (144) hingewiesen worden. Dort hatte eine Versicherungsgesellschaft, die einem aus einem Unfall zum Schadensersatz Verpflichteten Versicherungsschutz gewährt hatte, Ansprüche gegen einen anderen Verpflichteten in erster Reihe auf Abtretung der Rechte des Verletzten und der Rechte der Berufsgenossenschaft und erst in zweiter Reihe auf § 67 VVG. gestützt. In der Entscheidung wurde ausgeführt, daß jeder Kläger befugt sei, darüber zu entscheiden, auf welche Grundlage er seinen Anspruch stützen wolle; stütze er den Anspruch in erster Reihe auf den Übergang der Forderung eines Dritten, so könne ihm nicht entgegengehalten werden, daß, w e n n er die Klage auf einen in der Person eines anderen entstandenen und auf Grund besonderer Vorschrift auf den Kläger kraft Gesetzes übergegangenen Anspruch stützte, ein bestimmter Einwand zulässig wäre. Es wurde dort weiter ausgeführt, daß der an die Klägerin abgetretene Anspruch aus § 1542 RVO. ein völlig anderer sei, als der auf Grund des § 67 VVG. auf die Klägerin übergegangene Anspruch. Jeder Anhaltspunkt für ein etwaiges Handeln der Versicherungsgesellschaft gegen Treu und Glauben wurde hinsichtlich beider abgetretenen Ansprüche — soweit der gemäß § 1542 RVO. entstandene und dann abgetretene Anspruch in Betracht kommt, ohne jede weitere Erörterung — verneint. Aus dem in jener Entscheidung herangezogenen Urteil in RGZ. Bd. 84 S. 208 (213) sei noch folgendes hervorgehoben: Auch hier klagte eine Versicherungsgesellschaft, die einem aus einem Unfall Verpflichteten Versicherungsschutz zu gewähren hatte, gegen eine andere Verpflichtete auf Grund der Abtretung der Ansprüche der Verletzten; es wurde hervorgehoben, daß es an jeder rechtlichen Beziehung und Verpflichtung zwischen der Klägerin als Versicherer und der Beklagten fehle; die Beklagte sei nicht schlechter gestellt, als wenn die Verletzte selbst geklagt hätte; auch ihr gegenüber hätte sich die Beklagte nicht auf die Gesamtschuldnerschaft mit der von der Klägerin versicherten Kraftdroschkengesellschaft berufen können.

Schließlich sei darauf hingewiesen, daß der I. Zivilsenat mit der erörterten Entscheidung vom 12. Dezember 1931 von dem Urteil des IV. Zivilsenats vom 12. Mai 1924 IV 930/23 in JW. 1924 S. 1157 Nr. 20 abgewichen ist, der in derselben Frage den hier vertretenen Standpunkt eingenommen hat. Im Hinblick hierauf und ferner auf Grund des Gesetzes zur Änderung von Vorschriften des Strafverfahrens und des Gerichtsverfassungsgesetzes vom 28. Juni 1935 (RGBl. I S. 844), nach dessen Art. 2 das Reichsgericht an Urteile des Reichsgerichts, die vor dem 1. September 1935 erlassen sind, nicht mehr gebunden ist, konnte davon abgesehen werden, bei dem I. Zivilsenat anzufragen, ob er an seiner früheren Rechtsprechung festhalte. In der in RGZ. Bd. 146 S. 104 angeführten Entscheidung des erkennenden Senats vom 12. Juli 1934 VI 95/34 und in seinem weiteren, RGZ. Bd. 152 S. 46 abgedruckten Urteil wurde dem I. Zivilsenat ohne weitere Begründung beigetreten; in einer anderen Entscheidung vom 6. Januar 1936 VI 327/35 war die Frage offen gelassen worden.

Fehlt aber eine Grundlage für die Einwendungen, die der Beklagte dem Anspruch der Berufsgenossenschaft entgegensetzt, so bedurfte es eines Eingehens auf diese Einwendungen nicht mehr. Vielmehr war die Revision ohne weiteres zurückzuweisen.

RGZ. 156, 347.

1. In welchem Zeitpunkt geht die Schadensersatzforderung des Verletzten gegen den Dritten auf den Versicherungsträger gemäß § 1542 RVO. über?

2. Kann der Berufsgenossenschaft, die einen solchen Anspruch geltend macht, der Einwand entgegengesetzt werden, daß der durch den Unfall Verletzte im Verfahren nach der Reichsversicherungsordnung die Entscheidung zu seinen Gunsten und zu Ungunsten der Berufsgenossenschaft erschlichen habe?

VI. Zivilsenat. Urt. v. 9. Dezember 1937.

I. Landgericht Lübeck. — II. Oberlandesgericht Hamburg.

Der Malermeister B. wurde am 23. April 1933, einem Sonntag, als er gegen 19 Uhr mit dem Schneider M. auf dem Fußsteig vor der Pforte seines Hauses stand, vom Beklagten, der auf seinem Kraftrad mit Beiwagen herangefahren kam, angefahren und erheblich verletzt. B. war vom Friedhof zurückgekehrt, den er aufgesucht hatte, um dort einen Grabstein zu besichtigen, an dem er Ausbesserungen vornehmen sollte. Da er Mitglied der klagenden Berufsgenossenschaft ist, machte er mit der Behauptung, daß es sich um einen Betriebsunfall handle, bei der Klägerin einen Entschädigungsanspruch geltend. Der Anspruch wurde durch Bescheid vom 18. Juli 1933 abgelehnt, weil sich B. nicht auf dem Wege von oder zu einer Arbeitsstätte befunden, sondern vor der Gartentür seines Hauses gestanden habe. Durch Urteil der Oberversicherungs-Spruchkammer für den Landesteil Lübeck vom 21. Februar 1934 wurde der Bescheid aufgehoben und der Anspruch dem Grunde nach für gerechtfertigt erklärt. Gleichzeitig wurde dem Verletzten B. gemäß § 1585 RVO. mit Wirkung vom 1. Januar 1934 an eine vorläufige, in monatlichen Teilbeträgen zahlbare Entschädigung in Höhe von jährlich 200 RM zuerkannt. Der Rekurs der jetzigen Klägerin gegen dies Urteil wurde durch Entscheidung des Reichsversicherungsamts vom 26. Juni 1935 zurückgewiesen.

Im Februar 1934 erhob B. gegen den Beklagten Klage auf Zahlung einer monatlichen im voraus zahlbaren Rente von 100 RM und eines Schmerzensgeldes. Dieser Rechtsstreit wurde am 22. Mai 1934 durch einen Vergleich beendigt, wodurch der Beklagte sich verpflichtete, an B. für die Zeit vom 1. Mai bis 31. Oktober 1934 eine monatliche Rente von 100 RM und für die Zeit vom 1. November 1934 bis zum 31. Oktober 1939 eine monatliche Rente von 50 RM zu zahlen. Damit sollten alle Ansprüche des B. an den Beklagten aus dem Unfall vom 23. April

1933 abgegolten sein. Der Vater des Beklagten übernahm die selbstschuldnerische Bürgschaft. Die Klägerin hat als Trägerin der gesetzlichen Unfallversicherung für B. an Kosten des Heilverfahrens und an Rente für die Zeit vom 7. September 1933 bis zum 30. April 1936 zusammen 1891,43 RM gezahlt. Sie verlangt auf Grund des § 1542 RVO. Erstattung dieses Betrages nebst Zinsen und Feststellung der Verpflichtung des Beklagten, ihr alle Aufwendungen zu ersetzen, die sie für B. auf Grund seines Unfalls zu leisten hat. Während das Landgericht der Klage entsprach, wies das Berufungsgericht sie ab. Die Revision der Klägerin führte zur Aufhebung des Berufungsurteils und zur Zurückverweisung.

Gründe:

Die Klägerin hat die Haftung des Beklagten auf die Vorschriften des Bürgerlichen Gesetzbuchs über unerlaubte Handlungen gestützt. Das Landgericht stellte fest, daß der Unfall des B. durch die Unfähigkeit des Beklagten im Fahren eines Kraftrades mit Beiwagen verursacht worden ist; der Beklagte sei am Tage des Unfalls zum ersten Male mit einem solchen Kraftrad gefahren. Er habe zwar vorher eine kleine Versuchsfahrt gemacht; diese habe aber nicht genügen können, um ihm die nötige Geschicklichkeit für das Fahren in einer Ortschaft zu verschaffen. Selbst wenn die Straße nicht ganz in Ordnung gewesen sein sollte, hätte der Beklagte nach der Feststellung des Landgerichts bei der erforderlichen Geschicklichkeit den Unfall vermeiden können. Deshalb sei die Haftung gemäß § 7 Abs. 2 KFG. nicht ausgeschlossen. Das Berufungsgericht ist dem beigetreten. Ein rechtliches Bedenken besteht gegen diese Annahme nicht; nur ist hinzuzufügen, daß nach dem festgestellten Sachverhalt auch ein Verstoß des Beklagten gegen §§ 276, 823 BGB. vorliegt, da er die im Verkehr erforderliche Sorgfalt verletzt hat, und daß er demgemäß auch, wie die Klägerin geltend gemacht hatte, aus unerlaubter Handlung haften würde.

Das Berufungsgericht verkennt nicht, daß das ordentliche Gericht, das über einen hier geltend gemachten Anspruch aus § 1542 RVO. zu erkennen hat, nach § 1543 das. an die Entscheidung gebunden ist, die in einem Verfahren nach der Reichsversicherungsordnung darüber ergeht, ob und in welchem Umfang der Versicherungsträger verpflichtet ist. Weiter legt es die Tatsache zugrunde, daß die Verpflichtung der klagenden Berufsgenossenschaft in einem solchen Verfahren rechtskräftig festgestellt worden ist. Es weist die Klage aber mit folgender Erwägung ab: Falls B. die rechtskräftigen Entscheidungen in jenem Verfahren durch Betrug erwirkt habe, würde die Klägerin trotz der Rechtskraft die Leistungen dem B. gegenüber ablehnen können. Nach der Rechtsprechung des Reichsgerichts dürfe man sich auf die Wirkung der Rechtskraft dann nicht berufen, wenn diese bewußt rechtswidrig zu dem Zweck herbeigeführt worden sei, dem, was nicht Recht ist, den Stempel des Rechts aufzudrücken; dann sei die Verpflichtung zum Schadensersatz nach § 826 BGB. gegeben, um gegenüber der Verurteilung den der richtigen Rechtslage entsprechenden Ausgleich herbeizuführen. Bestehe also die Verpflichtung des Versicherungsträgers nur formell zu Recht und sei die Möglichkeit gegeben, diese Verpflichtung im Wege des Wiederaufnahmeverfahrens oder durch eine Schadensersatzklage gemäß § 826 BGB. zu beseitigen, so würde der Versicherungsträger gegen Treu und Glauben verstoßen, wenn er bei dieser Rechtslage Ansprüche aus § 1542 RVO. erhöbe. Die Bindung des ordentlichen Gerichts nach § 1543 das. könne nicht so weit gehen, daß dem vom Versicherungsträger in Anspruch genommenen Dritten, der auf das Rentenverfahren keinen Einfluß ausüben könne, der Beweis einer betrügerischen Erschleichung des Urteils abgeschnitten sein sollte. Dieser Beweis sei erbracht. B. habe sich vor dem Unfall etwa eine Stunde lang in einem Wirtshaus aufgehalten. Darauf sei er nach Hause gegangen. Unter diesen Umständen könne von einem Betriebsunfall nicht die Rede sein. Der Betriebsweg vom Friedhof her habe im Wirtshaus geendet; B. habe sich damit von seiner beruflichen Tätigkeit losgelöst. Anders würde der Fall liegen, wenn jemand einen langen Betriebsweg durch einen kurzen Wirtshausbesuch unterbreche; so sei es hier aber nicht gewesen. Es könne also mit Sicherheit gesagt werden, daß das Oberversicherungsamt und das Reichsversicherungsamt bei Kenntnis des wahren Sachverhalts einen Betriebsunfall verneint haben würden. Das Berufungsgericht legt alsdann dar, daß aus verschiedenen Äußerungen des B. zu entnehmen sei, er habe den Wirtshausbesuch arglistig verschwiegen. Es führt hierzu unter anderem aus, auch jeder Rechtsunkundige erkenne, daß der Heimweg vom Wirtshaus mit der Malerarbeit auf dem Friedhof nichts zu tun gehabt habe. Das Berufungsgericht hält hiernach die Klage schon jetzt für abweisungsreif und geht auf die Frage nicht mehr ein, ob oder inwieweit der von B. und dem Beklagten im früheren Rechtsstreit geschlossene Vergleich auf die Ansprüche der Klägerin einen Einfluß gehabt habe.

Dieser Begründung des Berufungsgerichts kann nicht beigetreten werden. Das Berufungsgericht beruft sich auf die Rechtsprechung des Reichsgerichts dafür, daß die Wirkung der Rechtskraft nicht benutzt werden dürfe, wo sie bewußt rechtswidrig zu dem Zweck herbeigeführt worden sei, dem, was nicht Recht sei, den Stempel des Rechts aufzudrücken. Das Berufungsgericht nimmt ein solches sittenwidriges Handeln nur auf seiten des B. an; der Klägerin wird nur vorgeworfen, daß sie gegen Treu und Glauben verstoße, wenn sie nicht die Folgerungen aus jenem Handeln des B. ziehe und ihm gegenüber die Wirkung der Rechtskraft beseitige. Das Reichsgericht hat sich wiederholt mit der Frage befaßt, ob eine Schadensersatzklage da zuzulassen ist, wo eine Partei ein ihr günstiges Urteil erschlichen hat. Der erkennende Senat hat in seinem Urteil vom 3. Mai 1937 VI 333/36 (RGZ. Bd. 155 S. 55) nicht nur jene Frage bejaht, sondern weitergehend den Standpunkt eingenommen, daß sich die Zulassung der Schadensersatzklage gegenüber einem rechtskräftigen Urteil nicht auf das Erschleichen eines Urteils beschränkt, sondern daß auch in anderen Fällen die Berufung auf ein rechtskräftiges Urteil einen Verstoß gegen die guten Sitten darstellen k a n n. Der Senat hat aber zugleich die Einschränkung gemacht, daß ein Verstoß gegen die guten Sitten nicht immer schon dann vorzuliegen braucht, wenn jemand von einem rechtskräftigen Urteil Gebrauch macht, das er selbst für unrichtig hält. Dabei handelte es sich um eine Rechtsbeziehung zwischen den Parteien des Rechtsstreits, der zu dem rechtskräftigen Urteil geführt hat. Im vorliegenden Fall ist die Rechtslage der Klägerin diese: Es ist anerkannten Rechts, daß nach dem Wortlaut des § 1542 RVO. der Rechtsübergang der Forderung des Verletzten gegen den Dritten auf den öffentlichen Versicherungsträger nicht voraussetzt, daß dieser bereits Leistungen bewirkt hat; der Anspruch geht vielmehr über, soweit der Versicherungsträger Leistungen zu gewähren hat. Daraus folgt, daß die Ersatzforderung gegen den Dritten schon im Augenblick der Entstehung in der Person des Verletzten durch dessen Person hindurch auf den Versicherungsträger übergeht (RGZ. Bd. 148 S. 19 [22 mit Nachw.], Bd. 152 S. 115 [117]). Die Klägerin hatte daher die alleinige Verfügung über den Schadensersatzanspruch, soweit er auf sie übergegangen war. Das Berufungsgericht meint, die Klägerin dürfe nach Treu und Glauben von diesem Anspruch keinen Gebrauch machen, weil sie ihre eigene, im Verfahren nach der Reichsversicherungsordnung festgestellte Verpflichtung im Wege des Wiederaufnahmeverfahrens nach § 1723 Nr. 3 RVO. oder durch eine Schadensersatzklage nach § 826 BGB. nicht beseitigt habe. Die Wiederaufnahme ist nach § 1723 Nr. 3 a. a. O. zulässig, wenn der Gegner die Entscheidung durch eine mit öffentlicher Strafe bedrohte Handlung erwirkt hat; nach § 1724 ist dafür aber weiter erforderlich, daß wegen der strafbaren Handlung eine rechtskräftige strafgerichtliche Verurteilung ergangen ist oder daß ein gerichtliches Strafverfahren aus anderen Gründen als wegen Mangels an Beweis nicht durchgeführt werden konnte. Die Klägerin hat nach dem Tatbestand des angefochtenen Urteils erklärt, daß sie nach der Sachlage nicht geneigt sei, eine Strafanzeige gegen B. zu erstatten, und zwar aus objektiven und subjektiven Gründen, so daß auch ein Wiederaufnahmeverfahren nicht durchgeführt werden könne. In einem Schriftsatz, auf den sich die Klägerin in der Revisionsinstanz beruft, hatte sie geltend gemacht, es sei nicht richtig, daß B. die Entscheidung im Verfahren nach der Reichsversicherungsordnung erschlichen habe; B. habe, wie die Akten aus jenem Verfahren ergäben, seine Auffassungen klar und ohne Hintergedanken dargelegt; wäre er nach dem Wirtshausbesuch gefragt worden, so würde er auch hierauf eine klare Antwort gegeben haben. B. habe seinen Berufsgang trotz des kurzen Aufenthalts im Wirtshaus nicht abgeschlossen; die Entscheidung in jenem Verfahren wäre nicht anders ausgefallen, wenn die Frage des Wirtshausbesuchs zur Sprache gekommen wäre.

Von vornherein besteht ein wesentlicher Unterschied zwischen dem als Sittenwidrigkeit anzusehenden Erschleichen eines Urteils durch einen Dritten und einem etwa gegen Treu und Glauben verstoßenden Verhalten einer Prozeßpartei in einem Rechtsstreit, in dem sie sich auf jene Entscheidung beruft, und zwar jedenfalls dann, wenn sie an jener Sittenwidrigkeit in keiner Weise beteiligt war. Daß die Klägerin selbst irgendwie sittenwidrig gehandelt haben könnte, nimmt auch das Berufungsgericht nicht an; es wäre auch nicht verständlich, wie die Berufsgenossenschaft von ihrer oben wiedergegebenen Einstellung zu dem Verhalten des B. aus durch Gebrauchmachen von dem kraft Gesetzes auf sie übergegangenen Anspruch gegen die guten Sitten verstoßen haben könnte. Ein Vorgehen gegen B. im Strafverfahren war von jener Einstellung aus selbstverständlich ausgeschlossen; von der Möglichkeit, eine solches Verfahren anzuregen, hat übrigens auch der Beklagte keinen Gebrauch gemacht. Die Frage, ob es rechtlich überhaupt möglich ist, in einem solchen Falle den weniger weit gehenden Einwand des Verstoßes gegen Treu und Glauben zuzulassen, würde im vorliegenden Falle besonders sorgfältiger Prüfung bedürfen, und zwar aus folgenden Gründen:

Die Annahme des Berufungsgerichts, daß die Klägerin durch die Geltendmachung ihres jetzigen Anspruchs gegen Treu und Glauben verstoße, würde schon dann hinfällig sein, wenn die Klägerin nach ihrer subjektiven Auffassung zum mindesten Zweifel haben konnte, ob B. die Entscheidung im Verfahren nach der Reichsversicherungsordnung erschlichen habe. Denn die Frage, ob jemand durch Unterlassung einer bestimmten Handlung gegen Treu und Glauben verstößt, hängt in erster Linie davon ab, wie er selbst die Sachlage beurteilen und ob er sich Erfolg von der Handlung versprechen konnte (vgl. die Entscheidung des erkennenden Senats in SeuffArch. Bd. 91 Nr. 100). Schon von diesem Gesichtspunkt aus ist der Klägerin darin zuzustimmen, daß sie zum mindesten erhebliche Zweifel haben konnte, ob B. die Entscheidung im Verfahren nach der Reichsversicherungsordnung erschlichen habe. Dabei ist zu betonen, daß die Beiseiteschiebung der Rechtskraft einer Entscheidung, die schon in einem Rechtsstreit zwischen den Parteien des Vorprozesses selbst mit größter Vorsicht zu handhaben ist, dann besonders strengen Anforderungen unterliegen muß, wenn sie in dem Rechtsstreit gegenüber einem Dritten erfolgen soll.

Es liegt aber auch nahe, darüber hinauszugehen und die Frage, ob der Besuch des Wirtshauses durch B. dessen Betriebsgang zum Abschluß brachte, nach dem festgestellten Sachverhalt zu verneinen. Diese Frage würde im Rahmen des jetzigen Rechtsstreits zur Entscheidung, ob die Klägerin gegen Treu und Glauben handelt, von dem ordentlichen Gericht, und zwar in erster Linie von dem Tatsachenrichter, hier dem Berufungsgericht, zu prüfen sein. Dabei wird folgendes zu erwägen sein: B. hatte den Friedhof aufgesucht, um dort einen Grabstein zu besichtigen, an dem er Ausbesserungen vornehmen sollte. Dem Reichsversicherungsamt ist darin zuzustimmen, daß der Rückweg vom Friedhof zwar kein Weg von einer Arbeitsstätte im Sinne des § 545a RVO., wohl aber ein Teil des Betriebswegs war, der dem Versicherungsschutz unterliegt. Wenn B. auf diesem Rückwege zu seiner Wohnung etwa eine Stunde — übrigens an einem Sonntag — in einem Wirtshaus verweilte, so brauchte damit der Teil des Weges, der vom Wirtshaus zur Wohnung führte, ebensowenig aufzuhören, ein Teil des Betriebsgangs zu sein, als wenn er sich zu anderer Jahreszeit unterwegs etwa zur Erholung auf einer Bank aufgehalten hätte. Der Zeitraum von etwa einer Stunde, der zum Aufenthalt in der Wirtschaft verwendet wurde, nötigt nicht zu der Annahme, daß nunmehr der Betriebsweg überhaupt ausgeschaltet wurde. Die Betrachtungsweise des Berufungsgerichts, der Aufenthalt im Wirtshaus habe in keinem Zusammenhang mit dem Betriebsgang gestanden, geht fehl. Darum handelt es sich nicht; sondern in Frage steht, ob der Rückweg vom Friedhof dadurch zum Teil seine Art geändert hat, daß er mit Unterbrechung zurückgelegt wurde. Die Auffassung des Berufungsgerichts ist auch nicht folgerichtig, wenn es eine andere Beurteilung eintreten lassen will, sobald jemand einen „langen"

Betriebsweg durch einen „kurzen" Wirtshausbesuch zwecks Erfrischung unterbricht. Eine Erfrischung hat B. vermutlich auch zu sich genommen, und über die Länge des Betriebswegs ist im vorliegenden Fall nichts festgestellt; zu dem auf etwa eine Stunde angenommenen Aufenthalt des B. im Wirtshaus hat sich das Berufungsgericht auf Zeugenaussagen gestützt. Wenn es hervorhebt, daß das Reichsversicherungsamt in seiner Entscheidung den Fall ohnehin als zweifelhaft bezeichnet habe, so hängt das wohl damit zusammen, daß der Unfall stattfand, als B. bereits vor dem Gartentor seines Hauses auf dem Fußsteig stand. Aus diesem Grunde hatte die Klägerin, wie ihr Bescheid vom 18. Juli 1933 ergibt, eine Verpflichtung zur Entschädigung des B. abgelehnt. Der Wirtshausbesuch ist in dem damaligen Verfahren überhaupt nicht erwähnt worden. Mit dem jetzigen Unfall steht der Besuch des Wirtshauses als solcher, wie noch bemerkt werden mag, in keinem Zusammenhang. In seiner sonstigen Rechtsprechung zu dieser Frage hat das Reichsversicherungsamt in einer Entscheidung vom 20. März 1936 einen Fall beurteilt, in dem unterstellt wurde, daß der Ehemann der Klägerin am Unfalltage nur etwa bis 15.30 Uhr für seinen landwirtschaftlichen Betrieb tätig gewesen ist und dann vor dem Heimwege, auf dem sich der Unfall ereignete, überwiegend in Gastwirtschaften 2½ bis 3 Stunden geweilt hat, ohne eine Betriebstätigkeit zu verrichten; trotz dieser Umstände wurde ein Unfall „auf dem Betriebswege" festgestellt; es wurde angenommen, daß der Heimweg zum mindesten dann, wenn es sich, wie hier, um einen Unternehmer handelt, unter die versicherte Betriebstätigkeit fällt und daß eine Ausnahme von diesem Grundsatz naturgemäß keineswegs immer dann gemacht werden könne, wenn vor dem Antritt oder der Fortsetzung des Heimwegs eine kürzere oder längere Unterbrechung zu eigenwirtschaftlichen Zwecken stattgefunden habe. Mit Recht wurde in jener Entscheidung hinzugefügt, nur in denjenigen, verhältnismäßig seltenen Fällen setze eine Unterbrechung des Heimwegs ausnahmsweise den Rest des Weges außer Zusammenhang mit dem Betrieb, in denen die Unterbrechung nach Art und Dauer so außerordentlich gewesen sei, daß nach natürlicher Betrachtungsweise der spätere Weg nicht mehr die Fortsetzung des Betriebsweges darstelle, sondern nur noch als Weg von einer persönlichen Veranstaltung angesehen werden könne.

Immerhin wird diese dem Tatsachenbereich angehörende Frage zunächst noch von dem Berufungsgericht unter Beachtung des oben Dargelegten zu prüfen sein. Das Berufungsgericht wird ferner die Frage zu beurteilen haben, ob der zwischen B. und dem Beklagten im Vorprozeß geschlossene Vergleich einen Einfluß auf die Ersatzansprüche der Klägerin hat. Hierzu sei bemerkt, daß die Kenntnis von einem kraft Gesetzes erfolgenden Rechtsübergang die Kenntnis von dem diesen Vorgang begründenden Tatbestand bedeutet (RGZ. Bd. 60 S. 200 [204, 207]).

RGZ. 159, 141.

Können Geschäftsführungs- oder Bereicherungsansprüche im Rechtswege verfolgt werden, bei denen allein die Pflicht zur Leistung von Beiträgen für eine öffentlich-rechtliche Versicherung streitig ist, insbesondere wenn nicht Versicherungsbeiträge selbst, sondern Beiträge für eine andere ausreichende Versorgung an Stelle der Sozialversicherung gezahlt worden sind?

RVO. § 1459. Angestelltenversicherungsgesetz vom 28. Mai 1924 (RGBl. I S. 563) — AVG. — § 194. GVG. § 13.

IV. Zivilsenat. Urt. v. 9. Januar 1939.

I. Landgericht München I. — II. Oberlandesgericht daselbst.

An den bayerischen Volksschulen wird der Religionsunterricht teils durch die staatlich angestellten Volkschullehrer, teils auch durch die zuständigen Seelsorgegeistlichen und, soweit solche in ausreichender Zahl nicht vorhanden sind, durch besondere von den Religionsgesellschaften zur Verfügung gestellte Religionslehrer erteilt. Die Evangelisch-lutherische Landeskirche bildet diese sogenannten Katecheten in einem besonderen Seminar heran. In der kirchlichen Verordnung vom 23. Dezember 1921 (Kirchliches Amtsblatt S. 174) sind deren rechtliche Verhältnisse geregelt; danach soll sich ihre Besoldung nach Gruppe 6 und 7 der Bayerischen Besoldungsordnung richten. Staatlicherseits erfolgte eine Regelung durch Art. 29 des Bayerischen Schulbedarfgesetzes vom 14. August 1919 (GuVBl. S. 489) in der Fassung vom 1. August 1923 (GuVBl. S. 337) dahin, daß diese Lehrkräfte Bezüge aus Staatsmitteln erhalten sollten. Staatsbeamte wurden sie nicht, sondern Angestellte. In Vollzug dieser Vorschriften erging eine Entschließung des Staatsministeriums für Unterricht und Kultus am 7. Mai 1924 Nr. IV 9239 Abschnitt III, durch welche die Besoldungsbezüge der Besoldungsgruppe 6 für die Katecheten festgesetzt wurden. Die Mittel für die Besoldung hatte der Staat also gewährt; die Übernahme der Ruhestands- und Hinterbliebenenversorgung aber hatte er mit aller Entschiedenheit schon vor Erlaß der kirchlichen Verordnung vom 23. Dezember 1921 abgelehnt. Die Katecheten fielen an sich unter die Angestelltenversicherung. Da der Staat jede Zahlung für ihre spätere Versorgung abgelehnt hatte und die Klägerin damals der Meinung war, daß sie selbst die Pflicht zur Leistung der Beiträge für die Angestelltenversicherung träfe, so vereinbarte sie eine entsprechende Versorgungsregelung mit dem Bayerischen Versorgungsverband, an den sie selbst die erforderlichen Beiträge für die Katecheten entrichtete. Auf Grund hiervon stellte das Staatsministerium für soziale Fürsorge mit Bescheid vom 18. Juni 1923 gemäß § 9 des Angestelltenversicherungsgesetzes (alter Fassung) fest, daß den Katecheten die Anwartschaft nach § 9 AVG. gewährleistet ist, daß für die Hilfskatecheten die Voraussetzungen des § 10 AVG. (a. F.) vorliegen; das Landesversicherungsamt aber bestimmte durch Entschließung vom 18. Mai 1923 gemäß § 170 RVO. (a. F.), daß die Katecheten versicherungsfrei sind, soweit sie unwiderruflich und mit dem Anrecht auf Ruhegehalt angestellt sind.

Da die Klägerin anfänglich davon überzeugt war, selbst zur Leistung der Versicherungsbeiträge für die Angestelltenversicherung verpflichtet zu sein, hatte sie von sich aus die Regelung mit dem Versorgungsverbande getroffen. Sie ist dann aber im Jahre 1925 der Meinung geworden, die Pflicht zur Angestelltenversicherung treffe den Staat; sie will daher nunmehr die Beiträge an den Versorgungsverband aus dem Gesichtspunkt der Geschäftsführung ohne Auftrag weiter entrichtet haben um Nachteile von den Lehrkräften fernzuhalten. Das Reichsversicherungsamt hat die Rechtsauffassung der Klägerin in einem die Nachversicherung einer Hilfskatechetin betreffenden Einzelfall im Beschluß vom 18. Januar 1932 geteilt. Der Beklagte hält jedoch diese Entscheidung für rechtsirrtümlich. Die Klägerin hat vom 1. April 1924 bis zum 31. März 1932 im ganzen 43 493,34 RM an die Versorgungsanstalt gezahlt und verlangt nunmehr mit der Klage unter dem rechtlichen Gesichtspunkt von Bereicherung und auftragsloser Geschäftsführung die Erstattung eines Teilbetrages von 7000 RM, nachdem die beteiligten Staatsministerien die Ersatzansprüche abgelehnt haben. Das Landgericht hat die Klage abgewiesen, das Berufungsgericht hat den Anspruch dem Grunde nach für gerechtfertigt erklärt. Die Revision hatte Erfolg aus folgenden

Gründen:

Landgericht und Oberlandesgericht haben den Rechtsweg für zulässig erachtet. Die Revision bittet um Nachprüfung dieser Frage. Der Rechtsweg ist in der Tat verschlossen. Das Reichsgericht hat allerdings in älteren Entscheidungen — vgl. z. B. JW. 1923 S. 78 Nr. 6; RGZ. Bd. 108 S. 391 (394) — den aus seiner Rechtsprechung abzuleitenden allgemeinen Rechtsgrundsatz anerkannt, daß eine Person des öffentlichen Rechts, die für eine andere Person des öffentlichen Rechts deren öffentlich-rechtliche Geschäfte besorgt habe, einen ihr etwa zustehenden Anspruch auf Erstattung von Aufwendungen im ordentlichen Rechtswege verfolgen dürfe. Dieser Grundsatz ist aber keinesfalls unterschiedslos auf alle Gebiete zu erstrecken (vgl. z. B. RGZ. Bd. 133 S. 244 [246]). Die besondere gesetzliche Regelung im Einzelfall ist zu beachten. Aus ihr ergibt sich hier der Ausschluß des Rechtsweges.

Der Anspruch wird im vorliegenden Rechtsstreit nicht etwa auf eine besondere Verpflichtung vertraglicher oder auch gesetzlicher Art gestützt, durch welche dem Staat über die Besoldung der Dienstjahre hinaus auch für die weitere Versorgung der Katecheten irgendwelche Leistungen aufgebürdet worden wären. Die Klagegrundlage bildet vielmehr allein die angebliche gesetzliche Verpflichtung des Staates zur Leistung von Versicherungsbeiträgen für die Angestelltenversicherung. Diese Verpflichtung ist bestritten. Ein weiterer Streitpunkt besteht nicht. Es werden nicht einmal besondere Folgerungen daraus gezogen, daß die Klägerin nicht die Versicherungsbeiträge selbst entrichtet, sondern vorgezogen hat, statt dessen eine andere, nach ihrer Meinung einfachere und billigere Versorgung herbeizuführen. Die Klägerin geht nicht etwa davon aus, daß der Staat verpflichtet gewesen sei, einen Vertrag mit dem Versorgungsamt abzuschließen oder in den bestehenden Vertrag der Klägerin einzutreten, oder daß er die von ihr an den Versorgungsverband gezahlten Beiträge schlechthin und unabhängig von dem Betrage zu erstatten habe, den er als Versicherungsbeiträge hätte leisten müssen. Aus dem mit dem Versorgungsverband abgeschlossenen Vertrage macht die Klägerin also keine besonderen Ansprüche geltend. Sie verlangt vielmehr nur das ersetzt, was sie gezahlt hat und der Staat durch diese ihre Zahlung deswegen erspart haben soll, weil er von der Leistung der Versicherungsbeiträge durch ihr Eintreten befreit worden sei.

Das ganze Gebiet der sozialen Versicherungen gehört dem öffentlichen Recht an. Das gilt insbesondere von der Frage, wer Beiträge für die Sozialversicherung zu leisten hat, und auch von der Frage, wer der richtige Arbeitgeber ist und die Anteile des Arbeitgebers zu tragen hat. Die Entscheidung eines Streits hierüber unter zwei in Betracht kommenden Arbeitgebern — das ist in Rechtsprechung und Schrifttum anerkannt — gehört zur Zuständigkeit der Versicherungsbehörde (§ 194

AVG.; vgl. z. B. Beschluß des Reichsversicherungsamts vom 30. September 1900, Amtliche Nachrichten des Reichsversicherungsamts 1900 S. 831; Kommentar der Mitglieder des Reichsversicherungsamts Anm. 1 zu § 1459 RVO.). Der Umstand, daß im vorliegenden Rechtsstreit nicht Ersatz für Versicherungsbeiträge verlangt wird, sondern Erstattung von Leistungen in Höhe der Versicherungsbeiträge, die für eine andersartige Versorgung an Stelle einer sonst notwendigen Angestelltenversicherung gezahlt worden sind, ändert an der Art des Anspruches nichts. Denn diese anderweite Versorgung ist nicht losgelöst von der durch das Angestelltenversicherungsgesetz auferlegten Pflicht gewählt worden. Das Gesetz sieht als Verpflichtung zwar nur die Leistung zur Angestelltenversicherung vor. Diese Art der Leistung ist aber nicht Selbstzweck. Auf die Versorgung der zu betreuenden Personen kommt es dem Gesetz an. Indem es die gesetzlich begründete Verpflichtung entfallen läßt, wenn eine andere anerkannte ausreichende Versorgung besteht, eröffnet es zugleich die Möglichkeit, der durch Gesetz begründeten Verpflichtung in anderer Weise zu genügen. Das Gesetz verpflichtet also im Ergebnis zur Versorgung auf dem einen oder auf dem anderen Wege. Zur Erfüllung dieser Versorgungspflicht ist die Klägerin den Vertrag mit der Versorgungsanstalt eingegangen. Sie hat sich lediglich im Rahmen der durch das Angestelltenversicherungsgesetz begründeten Verpflichtungen gehalten, ohne sich in ihren Handlungen auf ein anderes Rechtsgebiet öffentlich-rechtlicher oder bürgerlich-rechtlicher Art zu begeben. Daher ist auch der geltend gemachte Anspruch allein nach den im Angestelltenversicherungsgesetz gegebenen Vorschriften zu beurteilen. Für diesen Streit müssen deshalb, was die Zulässigkeit des Rechtsweges betrifft, die Bestimmungen dieses Gesetzes maßgebend sein, also auch die oben erwähnte Bestimmung des § 194 AVG. Sie entspricht der des § 155 InvalidenVersGes. und des § 1459 RVO. Ihre Bedeutung ergibt sich aus den Begründungen dieser Gesetze. In der Begründung zum Invalidenversicherungsgesetz vom 13. Juli 1899*) heißt es (S. 343):

> Gegenüber Zweifeln in der Praxis ist hervorzuheben, daß die Bestimmung des § 122 vorbehaltlich der Fälle des § 124 auf alle aus Anlaß der Beitragsentrichtung möglichen Streitigkeiten anzuwenden und nicht etwa auf solche rein versicherungsrechtlicher Natur zu beschränken ist. Hiernach haben die Verwaltungsbehörden auch über die Beitragsentrichtung berührenden Streitigkeiten tatsächlicher

*) Drucks. d. Reichstags, 10. Legisl.-Per. I. Session 1898/99 Nr. 93.

Natur zu entscheiden, insbesondere darüber, ob der Arbeitgeber, welchem eine nachträgliche Beitragsleistung oder Beitragserstattung (§§ 111, 111 a) angesonnen wird, seiner Beitragspflicht schon genügt hat, wer im Einzelfall als der zur Beitragsleistung verpflichtete Arbeitgeber anzusehen, in welchem Umfang und zu welchem Zeitpunkte Beiträge zu entrichten sind. Diese Fragen hängen ihrer Natur nach auch mit denjenigen zusammen, welche den besonderen Instanzen des Invalidenversicherungsgesetzes zugewiesen sind, und es erscheint nicht angängig, zu ihrer Entscheidung etwa die Mitwirkung der bürgerlichen Gerichte in Anspruch zu nehmen.

In der Begründung zur Reichsversicherungsordnung vom 19. Juli 1911*) wird ausgeführt (S. 431):

Der den § 155 InvalidenVersGes. ersetzende § 1441 des Entwurfs sieht zunächst davon ab, die Parteien besonders zu bezeichnen, zwischen denen Streit entstehen kann. Wer an der Beitragsleistung beteiligt ist, kann das Beitragsstreitverfahren betreiben. Ferner sind die Worte „ob und zu welcher Versicherungsanstalt oder in welcher Lohnklasse" Beiträge zu entrichten sind, ersetzt durch die Worte „über die Beitragsleistung". Diese allgemeine Fassung entspricht der Begründung zum Invalidenversicherungsgesetz und der Rechtsprechung des Reichsversicherungsamts. Danach gilt § 155 für alle a u s A n l a ß einer Beitragsentrichtung möglichen Streitigkeiten. Die jetzige Fassung „zu entrichten sind" ist nicht ganz genau, weil es danach den Anschein hat, als sei das Streitverfahren nur zulässig, wenn ein Beitrag noch nicht entrichtet ist. Das Streitverfahren ist aber auch dann zulässig, wenn Beiträge schon entrichtet sind und nur ihre Gültigkeit in Frage steht.

Aus diesen Begründungen ergibt sich, daß die Zuständigkeit der Versicherungsbehörde auf alle a u s A n l a ß einer Beitragsentrichtung möglichen Streitigkeiten und die ihrer Natur nach damit zusammenhängenden Fragen ausgedehnt, die bürgerlichen Gerichte aber jedenfalls ausgeschlossen werden sollten. Die Einheitlichkeit der Entscheidung von grundsätzlichen Fragen über die Beitrags p f l i c h t sicherzustellen, war das Ziel des Gesetzes (vgl. Begründung zur Reichsversicherungsordnung S. 432). Zwar ist in den Begründungen meist von der Beitrags e n t r i c h t u n g die Rede. Daß auch Streitigkeiten betroffen würden, die ihren Grund allein in der Beitrags p f l i c h t hatten, ohne daß es aber zu einer Beitrags e n t r i c h t u n g selbst kommen konnte, ist in

*) Drucks. d. Reichstags, 12. Legisl.-Per. II. Session 1909/10, Anl. zu Nr. 340.

den Begründungen nicht erörtert worden. Ob sich die Zuständigkeit der Versicherungsbehörden auch auf diesen Fall erstreckt, ist hier nicht zu entscheiden und nicht ausschlaggebend. Denn auch aus dem Umstande, daß etwa ein verwaltungsgerichtlicher Rechtsschutz fehlen würde, ergäbe sich nicht die Statthaftigkeit des Rechtsweges (vgl. RGZ. Bd. 154 S. 176 [180], Bd. 137 S. 133 [137]). Nach den Gesetzesbegründungen hat der Rechtsweg jedenfalls ausgeschlossen sein sollen bei Streitigkeiten, deren Grundlage allein der Streit um die Beitragspflicht bildet. Durch diese Rechtslage unterscheidet sich der vorliegende Rechtsstreit von den Tatbeständen der Urteile, auf welche das Berufungsgericht verwiesen hat, und auch der Urteile, die in Streitigkeiten über Gehalts- und Pensionszahlungen von Lehrern ergangen sind, auf welche der Revisionsbeklagte aufmerksam gemacht hat. Für Streitigkeiten über Gehalts- und Pensionszahlungen ist der Rechtsweg bisher gegeben. Für solche über die Pflicht zur Beitragsentrichtung für eine Sozialversicherung ist er versagt.

RGZ. 161, 76.

Zur Frage des Überganges von Ansprüchen nach § 1542 RVO. im Falle der Tötung eines Fluggastes bei Luftbeförderung.

BGB. §§ 823 flg. Luftverkehrsgesetz § 19. Erstes Abkommen zur Vereinheitlichung des Luftprivatrechts vom 12. Oktober 1929 — RGBl. 1933 Teil II S. 1040 — (Warschauer Abkommen) Art. 17 flg. RVO. § 1542.

VI. Zivilsenat. Urt. v. 5. Juli 1939.

I. Landgericht Berlin. — II. Kammergericht daselbst.

Am 7. März 1935 stürzte ein der Beklagten gehöriges Flugzeug auf dem fahrplanmäßigen Fluge von Berlin nach Königsberg, bei dem eine Zwischenlandung in Danzig vorgesehen war, in der Nähe von Schivelbein in Pommern ab. Die Besatzung und der einzige Fluggast, der Prokurist einer Kohlenhandels- und Schiffahrtsgesellschaft in Königsberg, Johannes M., fanden dabei den Tod. Die Ursache des Absturzes war ein Ermüdungsbruch des Rumpfanschlußbeschlages, wodurch die rechte Tragfläche des Flugzeugs wegbrach. Die Klägerin als Trägerin der Reichsunfallversicherung hat durch Bescheid vom 24. Juni 1935 den Hinterbliebenen des getöteten Fluggastes, der Witwe Johanna M. und dem am 28. September 1933 geborenen Johannes M., die ihnen gesetzlich zustehenden Leistungen zugesprochen; sie hat dementsprechend bis zum 30. April 1937 an die Hinterbliebenen 9770 RM gezahlt. Die Beklagte legt ihren Beförderungsverträgen ihre „Allgemeinen Beförderungs-Bedingungen für den Luft-Personen- und -Gepäckverkehr" zugrunde, auf die in dem Flugschein mit dem Bemerken hingewiesen ist, daß sie bei allen Flugleitungen und Agenturen der beteiligten Luftfahrtunternehmungen von dem Fluggast eingesehen oder entnommen werden können. Sie enthalten in Art. 18 § 5 einen Ausschluß der Haftung, soweit eine solche in den Bedingungen nicht ausdrücklich übernommen ist, und einen entsprechenden Verzicht des Fluggastes auf eine weitergehende Haftung. In Art. 19 ist der Umfang der Haftung im wesentlichen entsprechend den Vorschriften der Art. 17 flg. des ersten Abkommens zur Vereinheitlichung des Luftprivatrechts vom 12. Oktober 1929 (Warschauer Abkommen) bestimmt worden. Die Beklagte ist weiter einem Vertrage beigetreten, den die Deutsche Lufthansa mit der „Allianz und Stuttgarter Verein Versicherungs-AG." (Allianz) über eine allgemeine Fluggast-Unfallversicherung am 1. Januar 1935 abgeschlossen hat. Danach gewährt die Allianz den Fluggästen der Lufthansa und der Luftverkehrsgesellschaften, die diesem Vertrage beigetreten sind, Versicherungsschutz nach Maßgabe der Versicherungsbedingungen für die allgemeine Fluggast-Unfallversicherung. Die Versicherungssumme beträgt für den Fall des Todes 25 000 RM Kapitalzahlung. Nach den Bedingungen wird die Summe nach Beibringung einer Bescheinigung des versicherten Unternehmens gezahlt, aus der sich ergibt, daß die Zahlung zur Ausgleichung der Haftungsbestimmungen für Fluggäste, wie sie in den Beförderungsbedingungen festgelegt sind, angenommen wird. Die Hinterbliebenen M.s haben erklärt, daß sie die Versicherungssumme, welche die Allianz mit 25 000 RM an die Beklagte gezahlt hat, zur Ausgleichung der Haftungsbestimmungen annehmen; die Beklagte hat den Betrag jedoch noch nicht ausgezahlt, weil die Klägerin Anspruch darauf erhebt.

Die Klägerin ist der Auffassung, daß die den Hinterbliebenen M.s nach § 19 LuftVG., nach dem Warschauer Abkommen, nach § 823 BGB. oder nach dem Versicherungsvertrage zustehenden Ansprüche nach § 1542 RVO. auf sie übergegangen seien, sie im übrigen auch unmittelbar aus dem Versicherungsvertrage berechtigt sei. Sie verlangt Verurteilung der Beklagten zur Zahlung von 9770 RM. sowie von monatlich 120 RM für die Zeit vom 1. Mai bis 28. September 1937 und von monatlich weiteren 240 RM vom 1. Mai 1937 ab so lange, als die Witwe M. wenigstens die Hälfte ihrer Erwerbsfähigkeit verloren habe; hilfsweise hat sie ihren Antrag auf den Gesamtbetrag von

25 000 RM beschränkt, notfalls auch beantragt, ihrem Antrage mit der Maßgabe stattzugeben, daß die Erben des verunglückten M. ihre Zustimmung zur Auszahlung der Klagebeträge an sie erteilen. Die Beklagte verneint den Übergang irgendwelcher Ansprüche der Hinterbliebenen auf die Klägerin wie das Bestehen eigener Ansprüche der Klägerin und macht geltend, sie habe alle erforderlichen Maßnahmen zur Verhütung des Schadens getroffen.

Die Vorinstanzen haben die Klage abgewiesen. Auch die Revision der Klägerin blieb erfolglos.

Gründe:

Das Berufungsgericht ist der Auffassung, daß irgendwelche Ansprüche der Hinterbliebenen des verunglückten M. auf die Klägerin nach § 1542 RVO. nicht übergegangen seien. Es führt dazu im wesentlichen aus: Als Schadensersatzansprüche, die — im Gegensatze zu rechtsgeschäftlichen, insbesondere vertraglichen Ersatzansprüchen — unmittelbar auf Grund gesetzlicher Vorschrift entstünden, könnten diejenigen auf Grund des Luftverkehrsgesetzes und der §§ 823 flg. BGB. in Betracht kommen. Diese seien aber durch die „Allgemeinen Beförderungsbedingungen für den Luft-Personen- und -Gepäckverkehr" rechtswirksam ausgeschlossen worden. Der in Art. 18 § 5 vereinbarte Haftungsausschluß gelte „für alle Ansprüche, gleichviel, aus welchem Rechtsgrunde sie hergeleitet" würden, mit Ausnahme der in Art. 19 § 1 ausdrücklich übernommenen Haftung; diese Haftung, die sachlich der im Warschauer Abkommen vorgesehenen entspreche, sei aber ausschließlich vertraglich. Durch jene Bestimmungen seien alle Ansprüche ausgeschaltet, die nicht den Beförderungsvertrag zur Grundlage hätten; daher komme eine Haftung der Beklagten nach § 19 LuftVG. oder nach §§ 823 flg. BGB. nicht in Betracht. Dieser Haftungsausschluß sei auch nicht unzulässig. Die Beklagte habe ihre Haftung nicht schlechthin, sondern nur für bestimmte (außervertragliche) Ansprüche ausgeschaltet, außerdem aber eine Unfallversicherung zu Gunsten der Fluggäste abgeschlossen. Wie für die Haftung aus § 823 BGB. sei auch für die Erfolgshaftung des § 19 LuftVG. anzuerkennen, daß sie in den Grenzen der §§ 138, 276 Abs. 2 und des § 278 BGB. wirksam wegbedungen werden könne; das ergebe sich aus der Begründung zum Luftverkehrsgesetz wie daraus, daß dieses kein Verbot des Haftungsausschlusses enthalte. Die Freizeichnung sei auch nicht wegen Monopolmißbrauchs sittenwidrig und unzulässig. Zwar könne man von einem Monopol der Beklagten und der Lufthansa sprechen. Es lege aber nicht der Allgemeinheit durch eine zu weit gehende Haftungseinschränkung zu große

Opfer auf; wenn auch jede gesetzliche Haftung ausgeschlossen sei, so bleibe doch die den Vorschriften des Warschauer Abkommens entsprechende vertragliche Haftung bestehen, die durch die Unfallversicherung noch verstärkt sei. Die Beförderungsbedingungen seien vom Reichsminister der Luftfahrt genehmigt worden, auch erwähnten dessen $1^1/_2$ Jahr nach dem Unfall erlassene Auflagen an die Luftfahrtunternehmungen ausdrücklich den Fall eines Ausschlusses der Haftung nach § 19 LuftVG. durch Vereinbarung. Das Warschauer Abkommen sei zwar auf die Ansprüche der Hinterbliebenen gegen die Beklagte anwendbar. Es komme aber immer nur kraft eines Vertrages über eine zwischenstaatliche Beförderung zur Geltung. Ansprüche, die das Gesetz auf Grund dieses Vertrages gewähre, seien immer vertragliche; sie seien daher nicht auf die Klägerin übergegangen. Unrichtig sei auch die Auffassung der Klägerin, der Anspruch beruhe deshalb auf Gesetz, weil die Luftfahrtunternehmungen durch § 29 LuftVG. zum Abschluß einer Haftpflichtversicherung verpflichtet und die Unfallversicherung nur an deren Stelle getreten sei. Die gesetzlich allein vorgeschriebene Haftpflichtversicherung erzeuge überhaupt nur vertragliche Ansprüche, gebe aber im übrigen dem Geschädigten noch keine unmittelbaren Ansprüche gegen die Versicherungsgesellschaft. Ebenso erzeuge auch die Unfallversicherung nur vertragliche Ansprüche. Unrichtig sei ferner die Meinung der Klägerin, daß sich ihre Sachbefugnis aus § 3 III der Allgemeinen Versicherungsbedingungen ergebe, weil sie zur Geltendmachung von Haftpflichtansprüchen nach Art. 18 bis 21 der Allgemeinen Beförderungsbedingungen berechtigt sei. Denn Ansprüche aus dem Beförderungsvertrage seien auf die Klägerin gerade nicht übergegangen, die Unfallversicherung aber sei nicht zu ihren Gunsten, sondern zu Gunsten der Fluggäste und ihrer Hinterbliebenen abgeschlossen; sie bezwecke und gewährleiste eine Schadloshaltung für alle Unfälle, auch für die, bei denen eine eigene Ersatzpflicht der Beklagten nicht in Frage komme.

Voraussetzung eines Anspruchsübergangs nach § 1542 RVO. auf die Klägerin ist, wie der Vorderrichter zutreffend angenommen hat, daß die Beklagte den Hinterbliebenen des verunglückten Fluggastes nach gesetzlicher Vorschrift zum Schadensersatz verpflichtet ist. Wenn das Berufungsgericht den Art. 18 § 5 in Verbindung mit Art. 19 der Allgemeinen Beförderungsbedingungen dahin versteht, daß durch ihn alle Ansprüche ausgeschlossen sein sollten und seien, die nicht den Beförderungsvertrag zur Grundlage hätten, und daraus folgert, daß eine Haftung der Beklagten nach § 19 LuftVG. oder nach §§ 823 flg. BGB.

und demgemäß ein Übergang von Ansprüchen aus diesen Vorschriften auf die Klägerin nicht in Betracht komme, so legt es damit die Beförderungsbedingungen rechtlich einwandfrei aus und verwendet das Ergebnis zu einer nicht zu beanstandenden Folgerung.

Zu Unrecht wendet sich die Revision gegen die grundsätzliche Auffassung des Kammergerichts, daß auch die Erfolgshaftung des § 19 LuftVG. — wie die Haftung aus § 823 BGB. — in den Grenzen der §§ 138, 276 Abs. 2 und des § 278 BGB. wirksam ausgeschlossen werden könne, und glaubt in diesem Standpunkte des Berufungsrichters einen Widerspruch zu der Entscheidung des Reichsgerichts Bd. 117 S. 102 feststellen zu können. Tatsächlich decken sich insoweit beide Entscheidungen durchaus: Das Berufungsurteil weist ausdrücklich auf jenes Reichsgerichtsurteil hin und zieht die Begründung zum Luftverkehrsgesetz und den § 5 RHaftpflG. heran, wie dies die Entscheidung RGZ. Bd. 117 S. 104 selbst für die Beweisführung getan hat; das Berufungsgericht will sich also ersichtlich den dort vom Reichsgericht vertretenen Standpunkt zu eigen machen. Wie dort geschehen, zieht es auch in Erwägung, ob etwa die zulässigen — durch §§ 138, 276 Abs. 2 BGB. gezogenen — Grenzen durch einen Mißbrauch einer etwaigen Machtstellung überschritten worden seien. Während das Reichsgericht in jener Entscheidung für das Jahr 1925 eine Zwangslage der Allgemeinheit in Benutzung der Luftverbindungen, allerdings in klarer Erkenntnis der inzwischen bereits eingetretenen Steigerung des Luftverkehrs, noch verneint, sieht das Kammergericht für 1935 eine Vormachtstellung der Deutschen Lufthansa und der Beklagten und eine dadurch geschaffene Zwangslage der Bevölkerung als gegeben an; es verneint jedoch, daß dabei durch eine zu weit gehende Haftungseinschränkung der Allgemeinheit zu große Opfer auferlegt würden.

Auch die Angriffe, welche die Revision gegen diese Beurteilung erhebt, können keinen Erfolg haben. Sie macht dazu im wesentlichen geltend: Wohl der größte Teil der Luftreisenden habe entweder für sich persönlich eine private Unfallversicherung oder werde durch Sozialversicherungsträger entschädigt. Der Ausschluß der gesetzlichen Haftpflichtansprüche eines Fluggastes müsse, falls man darin keinen Machtmißbrauch sehe, zu einem Ergebnis führen, das die Sozialversicherungsträger und die Privatversicherungsgesellschaften der ihnen durch Gesetz (§ 1542 RVO., § 67 VVG.) übertragenen Ansprüche verlustig gehen lasse. Da aber die Leistungen der Sozialversicherungsträger von der Allgemeinheit der Versicherten oder Beitragspflichtigen, im Grunde genommen also vom gesamten deutschen Volk, und die Leistungen der

Privatversicherungsgesellschaften von einem großen Teil der Allgemeinheit aufgebracht würden, so ergebe sich, daß durch den Haftungsausschluß gerade ein Machtmißbrauch zu Lasten der Allgemeinheit getrieben werde. Andererseits benachteilige es den Fluggast nicht, wenn der Haftungsausschluß als Machtmißbrauch für rechtsunwirksam erklärt werde, da er oder seine Hinterbliebenen ihre Befriedigung durch die gesetzlichen Leistungen der Berufsgenossenschaft erhielten. Diese Ausführungen sind nicht geeignet, die Auffassung des Vorderrichters als rechtsirrig darzutun. Sie gehen bereits insofern von unzutreffenden Voraussetzungen aus, als in der privaten Unfallversicherung ein gesetzlicher Anspruchsübergang nach § 67 VVG. nicht eintritt, da diese Bestimmung nur für die Schadensversicherung gilt, andererseits die Leistungen der Berufsgenossenschaften nicht von der Allgemeinheit der Versicherten, sondern von den Unternehmern aufgebracht werden. Aber auch im übrigen können sie keinen Machtmißbrauch dartun, der es rechtfertigte, den Haftungsausschluß als unwirksam anzusehen. Als Verstoß wider die guten Sitten, der die entsprechenden Vertragsbestimmungen nichtig macht, ist es in der Rechtsprechung angesehen worden, wenn der Inhaber einer Vormachtstellung diese dazu mißbraucht, dem allgemeinen Verkehr aus Eigennutz unbillige Opfer aufzuerlegen, indem er insbesondere den Vertragsgegner nötigt, auf ein Schutzrecht zu verzichten, das ihm das Gesetz zugedacht hat (vgl. dazu RGZ. Bd. 99 S. 107, Bd. 103 S. 82, Bd. 106 S. 386, Bd. 115 S. 218, Bd. 117 S. 102). Grundsätzlich kann aber von einem derartigen Machtmißbrauche nur dann die Rede sein, wenn die angeblich eigennützige Handlung dem jeweiligen Vertragsgegner gegenüber in die Erscheinung tritt und ihm als einem Gliede des allgemeinen Verkehrs unbillige Opfer zumutet. Darum aber handelt es sich hier gerade nicht; denn es bleibt, wie der Vorderrichter feststellt, an Stelle der gesetzlichen Haftung die vertragliche bestehen und wird durch die Unfallversicherung noch verstärkt. Denkbar wäre es allerdings auch, daß durch Vertragsschlüsse in Ausnutzung der Vormachtstellung eine Sittenwidrigkeit gegenüber einem außenstehenden Dritten begangen wird, welche die betreffenden Vertragsbestimmungen nichtig machen könnte. Das könnte bei Ausschluß einer gesetzlichen Haftung, an deren Stelle eine weitgehende, noch durch Versicherung verstärkte vertragliche Haftung gegenüber dem Vertragsgegner gesetzt wird — so daß eine Unsittlichkeit des Geschäfts nach Wesen und Inhalt offensichtlich nicht gegeben ist — nur dann in Frage kommen, wenn der — von beiden Vertragsteilen verfolgte — Zweck gerade die Schädigung des Dritten wäre. Dazu aber stellt der Vorderrichter ausdrücklich fest, es bestehe kein Anhalt dafür, daß die Vertragsteile die Haftung ausgeschlossen hätten, um der Klägerin den Rückgriff unmöglich zu machen.

Weiter verweist die Revision darauf, daß es sich bei dem Fluge nach der Feststellung des Kammergerichts um eine „internationale Beförderung" im Sinne des Warschauer Abkommens gehandelt habe, daß aber nach diesem durch Veröffentlichung im Reichsgesetzblatt zu einem Bestandteil der deutschen Gesetzgebung gewordenen Abkommen der Ausschluß der Haftung nur möglich sei, wenn der Luftfrachtführer beweise (Art. 20), daß „er und seine Leute alle erforderlichen Maßnahmen zur Verhütung des Schadens getroffen haben oder daß sie diese Maßnahmen nicht treffen konnten", während nach Art. 23 jede Bestimmung des Beförderungsvertrages, durch welche die Haftung des Luftfrachtführers ganz oder teilweise ausgeschlossen oder die in dem Abkommen bestimmte Haftsumme herabgesetzt werden solle, nichtig sei. Sie meint, das Kammergericht habe den Entlastungsbeweis für unerheblich erklärt, weil ein „gesetzlicher Schadensersatzanspruch" nicht bestehe, ein solcher vielmehr durch den zwischen dem Fluggast und der Beklagten geschlossenen Beförderungsvertrag ausgeschlossen sei, und erklärt die Auffassung des Vorderrichters, daß die einzelnen Staaten berechtigt sein sollten oder wollten, diese zwischenstaatliche Vereinbarung durch innerstaatliches Recht abzuändern, für rechtsirrig. Bei diesen Ausführungen verkennt jedoch die Revision die Rechtsauffassung des Berufungsgerichts. Es erklärt nicht, daß ein „gesetzlicher Schadensersatzanspruch" durch den abgeschlossenen Beförderungsvertrag ausgeschlossen worden sei, und auch nicht, daß die Einzelstaaten das zwischenstaatliche Abkommen durch innerstaatliche Gesetze abändern könnten; vielmehr ist es der Meinung, daß das Warschauer Abkommen überhaupt keinen „gesetzlichen" Schadensersatzanspruch im Sinne des § 1542 RVO. gewähre, sondern immer nur kraft eines Vertrages über eine internationale Beförderung zur Geltung komme und daß Ansprüche, die das Gesetz auf Grund dieses Vertrages gebe, immer vertragliche seien. Es hält daher zwar das Warschauer Abkommen für anwendbar auf die Ansprüche der Hinterbliebenen gegen die Beklagte, sieht diese Ansprüche aber als nicht nach § 1542 RVO. übergegangen an, weil sie nicht auf gesetzlicher, sondern auf vertraglicher Grundlage beruhten. Diese Erwägungen lassen keinen Rechtsirrtum erkennen. Einen „gesetzlichen" Schadensersatzanspruch i. S. des § 1542 RVO. gewährt z. B. — ähnlich wie etwa die §§ 823 flg. BGB., das Reichshaftpflichtgesetz und die §§ 7, 18 KFG. — auch § 19 LuftVG. Dort wird der Anspruch auf Ersatz des

Schadens allgemein, unabhängig von dem Vorhandensein eines Vertrages, gewährt. Das Warschauer Abkommen dagegen ist immer nur auf Grund eines Vertrages über eine zwischenstaatliche Beförderung anzuwenden. Die Ersatzansprüche, die es gewährt, können stets nur auf Grund dieses Vertrages erhoben werden. Es ist daher zutreffend, wenn der Berufungsrichter sie als vertragliche, nicht als gesetzliche Ansprüche ansieht, und zwar unabhängig davon, ob, wie hier, die Ansprüche noch ausdrücklich in den Vertrag aufgenommen worden sind oder nicht. Der Vorderrichter verneint daher die Anwendbarkeit des § 1542 RVO. mit Recht deshalb, weil es sich nicht um „gesetzliche", sondern um vertragliche Schadensersatzansprüche handelt, nicht aber, wie die Revision meint, deshalb, weil der gesetzliche Anspruch vertraglich ausgeschlossen sei. Im übrigen würde es sich, selbst wenn man, entgegen der Meinung des Berufungsgerichts, annehmen wollte, der Vertrag habe die Vorschriften des Warschauer Abkommens als solche ausschalten wollen, nicht um einen Ausschluß dieser Bestimmungen, sondern um ihre ausdrückliche Übernahme in den Vertrag selbst handeln. Da jedenfalls das angefochtene Urteil gar nicht annimmt, daß der Vertrag die Bestimmungen des Warschauer Abkommens über die Haftung des Luftfrachtführers ausgeschlossen habe, vielmehr die Anwendbarkeit des Abkommens bejaht, geht der Hinweis der Revision auf Art. 23 des Abkommens fehl; er bedarf daher keiner weiteren Erörterung.

Die Revision vertritt weiterhin die Auffassung, die Ansprüche aus der Unfallversicherung seien zum mindesten entsprechend wie „gesetzliche Schadensersatzansprüche" zu behandeln, sie seien in Wirklichkeit sogar eine als Abwandlung und Ersatz eingesetzte Umformung der auf Gesetz beruhenden Schadensersatzansprüche. Bei ihren Erörterungen hierzu hält sie die Haftpflichtversicherung und die Unfallversicherung nicht voll auseinander. Nach § 29 LuftVG. a. F. mußte der Unternehmer eines Luftfahrtunternehmens zur Sicherung der Schadensersatzforderungen vor Erteilung der Genehmigung nachweisen, daß er in einer ihm bekanntzugebenden Höhe eine Haftpflichtversicherung abgeschlossen oder Sicherheit geleistet hatte. Diese Haftpflichtversicherung konnte und sollte die Haftung keineswegs, wie die Revision meint, durch etwas anderes ersetzen; sie konnte und sollte vielmehr nur die Ersatzansprüche sichern. Dem Geschädigten oder seinen Hinterbliebenen konnte sie überhaupt keine neuen unmittelbaren Ansprüche verschaffen, insbesondere keine „gesetzlichen" Schadensersatzansprüche. Die Unfallversicherung aber war zur Unfallzeit vorgeschrieben durch Ziff. 7 der

Auflagen für deutsche Luftfahrtunternehmen, die mit Genehmigung des Reichsverkehrsministers Fluglinien des öffentlichen Verkehrs betreiben (abgedruckt bei Schleicher Luftverkehrsgesetz 1. Aufl. S. 307). Danach hatte das Luftfahrtunternehmen, sofern es durch Vereinbarung mit den von ihm zu befördernden Personen diesen gegenüber seine Haftpflicht (§§ 19 flg. LuftVG.) ausschloß, zugunsten dieser Personen eine Unfallversicherung zu näher bestimmten Sätzen abzuschließen. Der Abschluß dieser Versicherung war — entgegen der Meinung der Revision — nicht Voraussetzung für den Luftfahrtbetrieb und nicht die Grundlage des Beförderungsvertrages, sondern Voraussetzung des behördlichen Einverständnisses mit der Haftungsbeschränkung. Von einer „Umwandlung" der Haftung des Luftfahrtunternehmens in eine Unfallversicherung, von der die Revision spricht, kann aber keine Rede sein. Die in den Beförderungsbedingungen vorgesehene Haftung als solche wurde durch den Abschluß der Versicherung nicht berührt; vielmehr sollte es, wie § 3 des Versicherungsvertrages vom 1. Januar 1935 und die Bestimmungen der Versicherungsbedingungen über die Zahlung der Versicherungssumme zeigen, ersichtlich im Belieben des Fluggastes (oder seiner Hinterbliebenen) stehen, ob er die Versicherung „zur Ausgleichung der Haftung" annehmen wolle. Der Anspruch aus der Unfallversicherung aber wäre, selbst wenn er den Hinterbliebenen unmittelbar zustehen würde, weder ein „gesetzlicher" Anspruch noch ein Schadensersatzanspruch und keinesfalls eine „Umformung" eines solchen. Es besteht auch keine Möglichkeit, einen Anspruch, der kein gesetzlicher Schadensersatzanspruch ist, im Rahmen des § 1542 RVO. „entsprechend" zu behandeln.

Schließlich bekämpft die Revision die Auffassung des Kammergerichts, daß die Unfallversicherung „gar nicht zugunsten der Klägerin, sondern zugunsten der Fluggäste und ihrer Hinterbliebenen abgeschlossen worden sei"; sie ist der Meinung, diese Auffassung stehe mit dem Wortlaut der Versicherungsbedingungen in Widerspruch, aus deren § 8 III 1 der Anspruchsberechtigte klar und eindeutig zu entnehmen sei. Diese Bestimmung besagt:

> Im Todesfall erfolgt die Zahlung der Versicherungssumme an diejenigen Personen, die nach Artikel 18 bis 21 der Allgemeinen Beförderungs-Bedingungen für den Luft-Personen- und -Gepäckverkehr des versicherten Unternehmens zur Geltendmachung von Haftpflichtansprüchen berechtigt sein würden.

Daß sich aus dieser Vorschrift die Anspruchsberechtigung der Klägerin ergebe, kann der Revision nicht zugegeben werden. Die

Klägerin könnte nach dem Ausgeführten zur Erhebung von Haftpflichtansprüchen „nach Artikel 18 bis 21 der Beförderungsbedingungen" niemals berechtigt sein. Denn diese Bestimmungen schließen gesetzliche Ansprüche des Fluggastes, die auf dem Wege über § 1542 RVO. auf die Klägerin hätten übergehen können, gerade aus (Art. 18 § 5) und begründen lediglich rechtsgeschäftliche, vertragliche Ansprüche, die einem selbsttätigen Übergang auf die Klägerin entzogen sind. Durchaus unmöglich ist es aber, die Vorschrift des § 8 III 1 der Versicherungsbedingungen etwa dahin zu verstehen, daß dort die Personen gemeint sein sollten, die Haftpflichtansprüche haben würden, wenn diese nicht durch Art. 18 § 5 der Beförderungsbedingungen ausgeschlossen wären. Vielmehr ergeben Wortlaut und Zusammenhang eindeutig und klar, daß nur diejenigen Personen gemeint sind, welche die ihnen durch die Art. 18 bis 21 der Allgemeinen Beförderungsbedingungen gewährten Haftpflichtansprüche haben und geltend machen könnten, wenn sie nicht zu deren Ausgleich die Unfallversicherung annähmen. Die Auffassung des Berufungsgerichts, daß die Unfallversicherung nicht zugunsten der Klägerin abgeschlossen worden ist, läßt sich daher ebensowenig beanstanden wie seine Folgerung, daß die Klägerin keinerlei Rechte aus dem Versicherungsvertrage herleiten kann.

Der Revision kann auch nicht zugegeben werden, daß das Ergebnis, zu dem der Berufungsrichter gelangt, „unmöglich" sei, womit sie erkennbar zum Ausdruck bringen will, daß es der Billigkeit widerspreche. Ob eine Berufsgenossenschaft wegen ihrer Leistungen ein Rückgriffsrecht hat, hängt allgemein von dem regelmäßig mehr oder minder zufälligen Umstande ab, ob der bei ihr Versicherte nach anderen gesetzlichen Vorschriften Ersatz eines Schadens beanspruchen könnte. Überdies ist zu berücksichtigen, daß der Fluggast in Wahrheit mit dem Flugpreis und in ihm enthalten die Prämien für die zu seinen und seiner Hinterbliebenen Gunsten abgeschlossene Unfallversicherung bezahlt, weiter aber auch, daß im Hinblick auf die Beschränkung der Leistungen der Berufsgenossenschaften wie auch der Leistungen des Luftfrachtführers und seiner Versicherungsgesellschaft eine Doppelentschädigung des Fluggastes oder seiner Hinterbliebenen praktisch regelmäßig nicht in Frage kommen wird.

Für die Annahme einer Haftung der Beklagten auf Grund des § 826 BGB. fehlt es an jedem Anhaltspunkte. Daß ein Machtmißbrauch vorläge, der den Haftungsausschluß nach § 138 BGB. als nichtig erscheinen lassen könnte, ist bereits oben verneint worden. Aus den dort erörterten Gesichtspunkten kann auch ein Handeln gegen die guten Sitten im Sinne des § 826 BGB. nicht festgestellt werden, zumal da nach den Feststellungen des Vorderrichters kein Anhalt dafür besteht, daß die Vertragsteile die gesetzliche Haftung ausgeschlossen hätten, um der Klägerin Rückgriffsansprüche zu nehmen.

RGZ. 165, 91.

1. Welche Rechtsnatur haben nach der Neugestaltung des Sozial-*versicherungsrechts* die Obliegenheiten des Leiters einer Krankenkasse gegenüber den Versicherten? Nach welchen gesetzlichen Bestimmungen regelt sich demnach die Haftung der Krankenkasse für eine schuldhafte Handlung oder Unterlassung ihres Leiters zum Nachteil eines Versicherten?

2. Wer haftet dem geschädigten Versicherten für eine schuldhafte Handlung oder Unterlassung des Vertrauensarztes, welche dieser als Organ des versicherungsrechtlichen Gemeinschaftsdienstes bei der Beurteilung des Gesundheitszustandes des Versicherten begangen hat?

3. Erwirbt der Krankenversicherte, der in die Behandlung eines Kassenarztes tritt, auch nach der Neugestaltung des Sozialversicherungsrechts unmittelbar gegen den Kassenarzt einen Rechtsanspruch auf sachgemäße Behandlung?

WeimVerf. Art. 131. BGB. §§ 276, 328 flg., 839. RVO. §§ 368, 368d, 369b. Gesetz über den Aufbau der Sozialversicherung vom 5. Juli 1934 (RGBl. I S. 577) Abschn. II Art. 1, Art. 2 § 1, Art. 3 §§ 1, 2, Art. 7 §§ 1, 2. Dritte Verordnung hierzu vom 18. Dezember 1934 (RGBl. I S. 1266) Nr. 3. Neunte Verordnung zur Neuordnung der Krankenversicherung vom 13. Juli 1935 (RGBl. I S. 1024) Art. 2 §§ 2, 3. Sechzehnte Verordnung zum Aufbau der Sozialversicherung betr. die Rechtsverhältnisse der Bediensteten der Versicherungsträger vom 9. Juni 1938 (RGBl. I S. 622) §§ 1, 3. Erlaß des Reichs- und Preuß. Arbeitsministers vom 30. März 1936 (RArbBl. IV S. 107). Bestimmungen des Reichsversicherungsamts über Anstellung, Besoldung und Dienstverhältnisse der Vertrauensärzte vom 15. Juli 1936 (RArbBl. IV S. 230) in der Fassung vom 29. Dezember 1938 (RArbBl. 1939 IV S. 40). Runderlaß des Reichsarbeitsministers vom 27. Juni 1938 IIa 8742/38 (RVers. 1938 S. 204). Ausführungs- und Überleitungsbestimmungen über das kassenärztliche Dienstverhältnis in der Fassung vom 5. April 1933 (RArbBl. IV S. 169) §§ 7, 13.

III. Zivilsenat. Urt. v. 27. September 1940.

I. Landgericht Essen. — II. Oberlandesgericht Hamm.

Der Bauhilfsarbeiter P., der ursprüngliche Kläger, der in der Zeit vom November 1928 bis Juni 1937 größtenteils von Arbeitslosen- und Wohlfahrtsunterstützung lebte, fand am 29. Juni 1937 Arbeit bei der Firma H. in W. Er wurde dadurch Mitglied der verklagten Kasse. Am 28. Juli 1937 begab er sich in die Behandlung des Kassenarztes Dr. G. in B., der eine Verkrümmung der Wirbelsäule nach Unfall und Muskelbeschwerden feststellte, Heißluftbäder und Massagen verordnete und P. für arbeitsunfähig erklärte. Auf Veranlassung der Beklagten wurde er vom 4. bis zum 7. August 1937 im Krankenhause in B. beobachtet und dort als beschwerdefrei in „ambulante Behandlung" entlassen, jedoch zur Schonung noch bis zum 11. August 1937 als arbeitsunfähig bezeichnet. Nach vorübergehender Behandlung, wieder durch Dr. G., trat er am 18. August in die Behandlung des Kassenarztes Dr. No. in W. Dieser bescheinigte am 20. August, daß P. wegen Lungenkatarrhs als arbeitsunfähig anzusehen sei. Darauf wurde P. auf Veranlassung der Beklagten am 3. September dem Marienhospital in G. zur Beobachtung überwiesen. Der leitende Arzt der Inneren Abteilung dieses Krankenhauses, Dr. Neu., gab in einem am 13. September an die Beklagte erstatteten Berichtsgutachten das Urteil über das Leiden des P. dahin ab: Es handele sich in erster Linie um statische Beschwerden, die durch eine sehr starke Lordose der Wibelsäule bedingt und auf Gibbusbildung nach Wirbelsäulenfraktur zurückzuführen seien. Nebenbei finde sich eine mäßige Anämie. Der Patient sei wegen der glaubhaft erscheinenden Beschwerden zunächst noch etwa für 10 Tage als arbeitsunfähig anzusehen, dann sei Arbeitsfähigkeit zu erwarten. Zur Feststellung ob P. nach Ablauf der 10 Tage wieder arbeitsfähig sein werde, wurde er auf Veranlassung der Beklagten am 21. September von dem Vertrauensarzt Dr. Sch. der vertrauensärztlichen Dienststelle in W. untersucht. Die Beklagte gab auf einem dem Vertrauensarzt übersandten Formblatt für das Gutachten als Diagnose des behandelnden Arztes Dr. No. statische Beschwerden an und bemerkte, daß P. am 10. September im Marienhospital in G. beobachtet worden und daß er nach dem dort abgegebenen Gutachten noch 10 Tage als arbeitsunfähig anzusehen sei. In dem auf dem Formblatt erstatteten Befundbericht des Dr. Sch. vom 21. September ist als Untersuchungsbefund angegeben: „Erheblicher Rundrücken, rachitischer Natur, Insuffizienz der Wirbelsäule, insbesondere zwischen dem fünften bis neunten Brustwirbel.

Rumpfbeugung behindert." Sein Gutachten lautet dahin: „Beim Verrichten schwerer Arbeit werden Schmerzen stets auftreten. Das Leiden ist orthopädisch nicht zu beeinflussen. Der Versicherte ist nur bei Berufswechsel ab 25. September 1937 arbeitsfähig und hat hiervon Kenntnis."

Inzwischen, am 17. September, erstattete Dr. Neu. auf Grund einer erneuten Untersuchung des P. ein Nachtragsgutachten, in dem es heißt:

> Eine genaue Erforschung über den Hergang des von P. angegebenen Unfalls ergab, daß beim Abwerfen eines Balkens erstmalig Schmerzen im Rücken aufgetreten seien, derentwegen P. aber nicht im Krankenhaus behandelt worden sei, ja nicht einmal gefeiert habe. Das Vorliegen einer primären Gewalteinwirkung mußte deswegen in Zweifel gezogen werden, so daß wir die Vornahme von Wirbelsäulenphotographien veranlaßten.

Es wird dann folgendes Bild der Aufnahmen gegeben:

> Einsinken des 10. Brustwirbels in den 11. Brustwirbel, welcher im oberen Teil besonders an der linken Seite defekt ist; der 9. Brustwirbel besonders mit seiner noch voll erhaltenen Vorderkante in die weiche Masse des 8. Brustwirbelkörpers eingedrückt.

Das Nachtragsgutachten schließt mit folgender Beurteilung:

> Es handelt sich entgegen unserer im ersten Bericht geäußerten Annahme nicht um eine Gibbusbildung (Buckelbildung) nach Wirbelsäulenbruch, sondern um eine tuberkulöse Erkrankung der oben bezeichneten Wirbelkörper. Der Patient ist deswegen als nichtarbeitsfähig zu betrachten. Er bedarf chirurgischer, am vorteilhaftesten zuerst stationärer Behandlung.

Dieses Nachtragsgutachten ging am 21. September bei der Beklagten ein. Die Angestellte Z., die damals den Leiter der Beklagten vertrat, unterrichtete den Vertrauensarzt Dr. Sch., der an demselben Tage die Nachuntersuchung des P. vornahm, nicht von dem Nachtragsgutachten, sondern versah, nach Eingang von dessen Befundbericht, das eine der zurückerhaltenen, den Befundbericht enthaltenden Formblätter mit einem an den ersten Bericht des Marienhospitals anschließenden schriftlichen Nachvermerk: „Bericht nachträglich durch Krankenhaus geändert". Dieses Formblatt übersandte sie mit dem Nachtragsgutachten des Dr. Neu. dem behandelnden Arzt Dr. No. Dieser behandelte P. weiter. Auf dem Auszahlungsschein für Krankengeld bescheinigte er in der Zeit vom 27. August 1937 bis zur Arbeitsunfähigerklärung des P. am 7. Februar 1938 fortlaufend, daß dem P. Bettruhe nicht verordnet und Ausgehzeit von 16—19 Uhr bewilligt sei; auf ein Ersuchen der Beklagten vom 19. November 1937 um Mitteilung des damaligen Befundes über den seit dem 18. August bei ihm wegen Lungenkatarrhs in Behandlung befindlichen P. erwiderte er: „Nach den auch in Ihrem Besitz befindlichen Berichten des Marienhospitals handelt es sich bei P. um tuberkulöse Wirbelsäulenerkrankung verschiedener Brustwirbel. Patient wird daher ausfeiern müssen."

Am 18. Januar 1938 stellte P. bei der Landesversicherungsanstalt Westfalen den Antrag auf Invalidenrente. Dr. No. stellte ihm unter dem 24. Januar 1938 die Bescheinigung dahin aus, daß er an einer Karies des 8., 9., 10. und 11. Wirbelkörpers der Brustwirbelsäule leide, daß er nicht als arbeitsfähig anzusehen sei und schon seit Monaten stationärer chirurgischer Behandlung bedurft hätte, wogegen sich die zuständige Kasse gesperrt habe. Ein vertrauensärztliches Gutachten vom 13. Mai zu dem Antrag auf Invalidenrente stellt Wirbelkaries fest. In dem Befundbericht heißt es weiter: „Die Fortbewegung geschieht mit Unterstützung des anwesenden Vaters, wobei sich der Kranke an Möbelstücken festhält". Der Gutachter schätzte die Minderung der Erwerbsfähigkeit auf 100 v. H. Durch Bescheid vom 18. Juni 1938 wurde dem P. vom 8. Februar 1938 ab eine Invalidenrente von jährlich 184,80 RM, zahlbar in monatlichen Teilbeträgen von 15,40 RM, zugebilligt. P. wurde später gelähmt. Er starb während des Schwebens des Rechtsstreits in der Berufungsinstanz, in den alsdann seine Ehefrau und sein Sohn als seine Erben eingetreten sind.

P. hat für die Verschlimmerung seines Leidens die Beklagte in Anspruch genommen und von ihr den Ersatz des ihm entstandenen und noch entstehenden Schadens verlangt. Er hat über die Stellung eines Antrags auf seine Behandlung im Krankenhause wechselnde Angaben gemacht, die vom Berufungsgericht für nicht bewiesen erachtet worden sind, und hat vorgetragen, seine Behandlung im Krankenhause sei unbedingt erforderlich gewesen. Durch sie würde seine Lähmung und völlige Arbeitsunfähigkeit verhütet worden sein. Die Beklagte sei zur Bewilligung der Krankenhausbehandlung verpflichtet gewesen. Sie habe für die schuldhaften Handlungen oder Unterlassungen ihrer Angestellten Z. und des Vertrauensarztes Dr. Sch. einzutreten. Erstere habe dem Vertrauensarzt das Nachtragsgutachten des Dr. Neu. über die wirkliche Natur des Leidens (Wirbelsäulentuberkulose) vorenthalten und dadurch bewirkt, daß der Vertrauensarzt nicht das Bestehen dieses Leidens bei P. und die Notwendigkeit seiner Behandlung im Krankenhause bescheinigt habe. Der Vertrauensarzt habe ihn nicht sorgfältig untersucht und auch aus diesem Grunde sein wahres Leiden nicht festgestellt und bescheinigt. P. hat die Verurteilung der Beklagten zur Zahlung von 1390 RM nebst Zinsen, einer monatlichen Rente von 100 RM sowie eines vom Gericht festzusetzenden Schmerzensgeldes, ferner die Feststellung verlangt, daß die Beklagte verpflichtet sei, ihm allen weiteren aus der Verweigerung ordnungsmäßiger Heilbehandlung noch entstehenden Schaden zu ersetzen.

Die Beklagte bestreitet allgemein einen Rechtsanspruch des Krankenkassenversicherten auf Krankenhausbehandlung und nimmt für sich das freie Ermessen in Anspruch, über deren Gewährung zu entscheiden. Sie leugnet das Verschulden ihrer Angestellten Z. und lehnt die Verantwortung für ein etwaiges, jedoch ebenfalls zu bestreitendes schuldhaftes Verhalten des Vertrauensarztes Dr. Sch. ab. Auch habe weder eine Notwendigkeit der Krankenhausbehandlung des P. bestanden, noch sei der ursächliche Zusammenhang zwischen der unterbliebenen Krankenhausbehandlung und dem behaupteten Schaden gegeben, wie sie auch dessen Höhe bestreite, da P. schon vorher nicht arbeitsfähig gewesen sei. Endlich wendet die Beklagte ein mitwirkendes Verschulden des P. an der Entstehung des Schadens insofern ein, als er es unterlassen habe, sich nach der behaupteten Ablehnung seiner Krankenhausbehandlung durch die Beklagte an die öffentliche Fürsorge zu wenden und die Beschwerde bei dem Oberversicherungsamt gegen die Ablehnung einzulegen.

Das Landgericht hat durch Zwischen- und Teilurteil die Leistungsansprüche des P. mit Ausnahme des Schmerzensgeldanspruchs dem Grunde nach für gerechtfertigt erklärt und dem Feststellungsanspruch stattgegeben.

Nach Einlegung der Berufung durch die Beklagte und Streitverkündung an die Landesversicherungsanstalt W. und den Vertrauensarzt Dr. Sch. sind diese der Beklagten im Rechtsstreit beigetreten. Das Berufungsgericht hat darauf die Klageansprüche, soweit darüber vom Landgericht erkannt worden ist, abgewiesen.

Die Revision der Erben des P. führte zur Aufhebung und Zurückverweisung.

Gründe:

Die Zulässigkeit der Revision, welche die Beklagte und die Streithelfer in Zweifel gezogen haben, ist zu bejahen. Sie ist maßgeblich nach dem Gegenstande der Klage zu beurteilen. Diese ist aber, weniger deutlich schon im ersten Rechtsgange, aber eindeutig im Berufungsverfahren darauf gestützt, daß der Ehemann und Vater der Kläger als Krankenversicherter einen gesundheitlichen Schaden erlitten habe infolge der Unterlassung von Maßnahmen, zu deren Vornahme die Angestellte Z. als stellvertretende Leiterin der Beklagten und der Vertrauensarzt der Beklagten Dr. Sch. ihm gegenüber kraft ihres hoheitlichen Amtes verpflichtet gewesen seien. Damit ist der innere und äußere Tatbestand der Amtspflichtverletzung nach Art. 131 WeimVerf. in Verbindung mit § 839 BGB. schlüssig behauptet worden. Das Berufungsgericht hat den Klageanspruch denn auch mit unter diesem rechtlichen Gesichtspunkte geprüft. Die Revision hat Verletzung des sachlichen Rechts allgemein gerügt, dann allerdings in der schriftlichen Revisionsbegründung den Standpunkt vertreten, die genannten gesetzlichen Bestimmungen seien im vorliegenden Falle nicht anwendbar. Darin liegt aber kein Verzicht auf den Klageanspruch, sondern es ist damit nur eine unschädliche Rechtsmeinung zum Ausdruck gebracht, die nachträglich geändert und berichtigt werden kann, wie es denn auch in der mündlichen Verhandlung geschehen ist. Für den auf Art. 131 WeimVerf. mit § 839 BGB. gestützten Anspruch ist aber nach § 71 Abs. 2 Nr. 2 GVG. und § 547 Nr. 2 ZPO. die Revision ohne Rücksicht auf den Wert des Beschwerdegegenstandes zulässig.

Der so begründete Anspruch stellt sich zugleich als ein bürgerlichrechtlicher im Sinne des § 13 GVG. dar, der im ordentlichen Rechtswege verfolgbar ist. Es handelt sich nicht etwa um einen Anspruch gegen die beklagte Kasse als Träger der Krankenversicherung (§§ 3, 225 RVO., Abschn. II Art. 3 § 1 des Gesetzes über den Aufbau der Sozialversicherung vom 5. Juli 1934) auf Leistungen aus der Krankenversicherung im Sinne der §§ 1790 und 1551 RVO., über den die Versicherungsbehörden zu entscheiden hätten, sondern um einen Schadensersatzanspruch, der sich nicht in diesen Leistungen erschöpft und für den die ordentlichen Gerichte zuständig sind. Ob der Anspruch rechtlich neben den vorangeführten Bestimmungen auch nach der neuen, unten zu erwähnenden Gestaltung des Krankenversicherungsrechts noch auf ein zwischen dem Versicherten und der Krankenkasse bestehendes öffentlichrechtliches Verhältnis zu stützen ist, aus dem die Kasse nicht nur für Handlungen und Unterlassungen ihrer Angestellten, sondern gemäß dem in § 278 BGB. zum Ausdruck gebrachten Rechtsgedanken auch für solche des Vertrauensarztes als ihres Erfüllungsgehilfen einzustehen hat, wie das Berufungsgericht erwägt (vgl. für das frühere Recht RGZ. Bd. 131 S. 67 [69 flg.]), ist im dritten Rechtsgange nicht nachprüfbar. Denn für den in solcher Weise begründeten Anspruch, der in bezug auf die Zulässigkeit der Revision auch in Verbindung mit dem ersten Anspruch keine Bevorzugung genießt (RGZ.

Bd. 130 S. 401, Bd. 140 S. 415 [418]), fehlt es bei dem unter der Revisionssumme von mehr als 10 000 RM liegenden Wert des Beschwerdegegenstandes an der Voraussetzung für die Zulässigkeit der Revision.

Für den auf Art. 131 WeimVerf. mit § 839 BGB. gestützten Anspruch erhebt sich zunächst die Frage, ob in den schuldhaften Handlungen oder Unterlassungen des Leiters einer Krankenkasse (Innungskrankenkasse) oder seines Stellvertreters eine Amtspflichtverletzung im Sinne dieser Bestimmungen liegen kann. Es ist anerkannten Rechts, daß unter Ausübung öffentlicher Gewalt im Sinne des Art. 131 WeimVerf. nicht nur die Ausübung obrigkeitlicher Zwangsgewalt, sondern auch die Betätigung öffentlichen Schutzes und öffentlicher Fürsorge zu begreifen ist (u. a. RGZ. Bd. 144 S. 262 [267], Bd. 145 S. 182 [185]). Nun besteht eine gewisse Zwangsgewalt der Krankenkasse dem Versicherten gegenüber schon insofern, als er den für die Krankenversicherung bestehenden öffentlichrechtlichen Vorschriften und den darauf gegründeten Anordnungen der Krankenkasse unterworfen ist. Die im übrigen fürsorgerische Tätigkeit der Krankenkasse ist, auf öffentlichrechtlichem Gebiete sich bewegend, zumal nach der neueren Gestaltung des Versicherungs-, besonders des Krankenversicherungsrechts, auch hoheitlicher Art. Nach Abschn. II Art. 1 des Gesetzes über den Aufbau der Sozialversicherung vom 5. Juli 1934 sind die Träger der Kranken- und Rentenversicherung nach Maßgabe dieses Gesetzes zu einer einheitlichen Organisation verbunden worden. Während die Landesversicherungsanstalt nach Art. 2 § 1 Trägerin der Invalidenversicherung ihres Bezirks und Trägerin der Krankenversicherung für solche Aufgaben ist, die zweckmäßig gemeinsam durchgeführt werden (vgl. dazu die Dritte Verordnung zum Aufbau der Sozialversicherung vom 18. Dezember 1934), sind die Krankenkassen, neben der See-Krankenkasse, der Reichsknappschaft und den Ersatzkassen, nach wie vor die Träger der Krankenversicherung, die gleichzeitig auch die örtlichen Aufgaben der Invalidenversicherung für die Landesversicherungsanstalten durchführen (Art. 3 §§ 1, 2 a. a. O.). In Art. 7 §§ 1, 2 sind an die Stelle der früheren Vorstände der Krankenkassen Leiter gesetzt, bei den Innungskrankenkassen ein von der Innung (den Innungen) mit Zustimmung der Handwerkskammer berufener Meister oder Geselle. Nach Art. 2 §§ 2, 3 der Neunten Verordnung zur Neuordnung der Krankenversicherung vom 13. Juli 1935 (RGBl. I S. 1024) kann der Reichsarbeitsminister (vgl. Abschn. V des Gesetzes vom 5. Juli 1934) die Beamten und Angestellten der Krankenversicherung zwischen den Trägern der Krankenversicherung, einschließlich der Kassenvereinigungen, regelmäßig ohne ihre Zustimmung versetzen, wenn die Belange des Dienstes es erfordern. Die Sechzehnte Verordnung zum Aufbau der Sozialversicherung betreffend die Rechtsverhältnisse der Bediensteten der Versicherungsträger vom 9. Juni 1938 bestimmt in § 1, daß die Aufgaben der Träger der Reichsversicherung durch Beamte wahrgenommen werden, soweit die Voraussetzungen des § 148 Abs. 1 Satz 1 des Deutschen Beamtengesetzes vom 26. Januar 1937 (RGBl. I S. 39) — DBG. — erfüllt sind, die zu besetzenden Dienststellen also die Wahrnehmung obrigkeitlicher Aufgaben in sich schließen oder aus Gründen der Staatssicherheit nicht von Angestellten oder Arbeitern versehen werden dürfen. Nach § 3 derselben Verordnung werden die Beamten vom Reichsarbeitsminister oder von einer anderen Stelle, an die er die Befugnisse übertragen kann, ernannt, in den Ruhestand versetzt und entlassen. Im Runderlaß des Reichsarbeitsministers vom 27. Juni 1938 IIa 8742/38 betreffend Maßnahmen zur Durchführung der Verordnung ist hierzu ausgeführt: Im Sinne des § 148 DBG. sei wesentlich für den Begriff der obrigkeitlichen Aufgaben das Merkmal der Überordnung des Staates über die einzelnen Staatsbürger. Jedoch brauche diese Überordnung nicht notwendig zur Ausübung eines staatlichen Zwanges zu führen; auch die Ausübung der staatlichen Fürsorge stelle vielmehr die Wahrnehmung obirgkeitlicher Aufgaben dar. Die bei der Durchführung der reichsgesetzlichen Krankenversicherung notwendig erwachsenden und ihr eigentümlichen Aufgaben seien folglich Aufgaben obrigkeitlicher Art. Diese letzten Bestimmungen und Kundgebungen sind zwar nach dem vorliegend in Betracht kommenden Krankheitsfall des P. erlassen worden; sie gestatten aber einen Rückschluß auf das Wesen der Neugestaltung der gesetzlichen Krankenversicherung und die Art der von ihr zu erfüllenden Aufgaben.

Danach bestehen keine Bedenken, jedenfalls die Tätigkeit des Leiters einer Krankenkasse (Leiters der Innungskrankenkasse) oder seines Stellvertreters, soweit sie sich innerhalb des eigentlichen öffentlichrechtlichen Aufgabenbereichs der Krankenkasse vollzieht und also, wie es in dem Erlasse des Reichsarbeitsministers heißt, der Erfüllung der der Krankenversicherung eigentümlichen Aufgaben dient, als solche hoheitlicher Art zu erachten. Die Angestellten der Krankenkasse sind nun weiter zwar nicht als Beamte im staatsrechtlichen Sinn anzusehen; aber als „Beamte" im Sinne des Art. 131 WeimVerf. und des § 839 BGB. gelten nach der Rechtsprechung des Reichsgerichts alle Personen, die der Staat oder eine dazu befugte Körperschaft mit öffentlicher Gewalt umkleidet (RGZ. Bd. 142 S. 190 [196], Bd. 151 S. 385 [386/387]).

Soweit also die Beklagte wegen der behaupteten schuldhaften Unterlassung der Angestellten Z. als stellvertretender Leiterin der Kasse in Anspruch genommen wird, ist der Klageanspruch mit Recht auf jene gesetzlichen Bestimmungen gestützt worden. Damit scheiden, was das Berufungsgericht wohl verkannt hat, als Klagegrundlage die Bestimmungen der §§ 823 flg. mit §§ 30, 31 oder § 831 BGB. aus, die Rechtsverhältnisse des bürgerlichrechtlichen Verkehrskreises betreffen (RGZ. Bd. 139 S. 149 [152], Bd. 151 S. 385/386, Bd. 154 S. 117 [123]). Wegen des auf die letzten Bestimmungen gestützten Anspruchs wäre auch das Urteil wegen Fehlens der Revisionssumme im Revisionsverfahren nicht nachprüfbar.

Zur sachlichen Begründetheit des auf jene Rechtsgrundlage gestützten Klageanspruchs ist zunächst zu bemerken: Die Kläger werfen der Angestellten Z. vor, sie habe schuldhafterweise, sogar absichtlich, dem Vertrauensarzt Dr. Sch. von dem Nachtragsgutachten des Dr. Neu. über die ernste Natur des Leidens des P. keine Kenntnis gegeben und so verschuldet, daß dieser die wahre Art des Leidens nicht erkannt und bescheinigt habe und daß dem P. infolgedessen nicht die bei dem Leiden unbedingt erforderliche Krankenhausbehandlung zuteil geworden sei, durch welche die Verschlimmerung seines Leidens verhütet worden wäre. Die Beklagte glaubt, auf die behauptete Weise sei ihre Haftung schon deshalb nicht zu begründen, weil es im Ermessen der Krankenkasse liege, ob und wieweit sie den Vertrauensarzt zu Rate ziehen wolle, und es könne daher um so weniger von ihr verlangt werden, den Vertrauensarzt wiederholt um gutachtliche ärztliche Äußerung zu ersuchen. In § 369b RVO. ist den Krankenkassen die Verpflichtung auferlegt worden, in den dort vorgesehenen Fällen eine Nachprüfung durch den Vertrauensarzt vornehmen zu lassen, der seinerseits nach Nr. II des unten noch zu erwähnenden Erlasses des Reichs- und Preußischen Arbeitsministers vom 30. März 1936 der Krankenkasse beratend und begutachtend zur Seite zu stehen hat. Ob sie im einzelnen Falle den Vertrauensarzt angehen will, ist allerdings ihrem pflichtmäßigen Ermessen überlassen. Wenn sie sich jedoch an ihn wendet und damit zu erkennen gibt, daß sie seine sachverständige Ansicht für die weitere Behandlung des Krankheitsfalles benötigt, dann muß es als ihre Pflicht erachtet werden, dabei nicht nur die Belange der Kasse, sondern auch diejenigen des Versicherten, die ihr anvertraut sind, zu beachten. Denn dessen Belange können in starkem Maße davon berührt sein, insofern als die Art seiner Behandlung von der Stellungnahme des Vertrauensarztes abhängen kann, die zwar nicht für die

Krankenkasse maßgebend, aber doch für die von ihr zu treffende Entscheidung im gegebenen Falle naturgemäß bedeutsam ist oder jedenfalls sein kann. So hat sie, was für den vorliegenden Fall besonders beachtlich ist, solchenfalls im besonderen dem Vertrauensarzt zur Vermeidung eines Fehlurteils die vollständigen, ihr zur Verfügung stehenden Unterlagen über den Krankheitsfall zu unterbreiten. Ein schuldhafter Verstoß gegen diese ihre Pflicht durch ihren dazu berufenen Beamten (im oben erörterten Sinne) kann gemäß Art. 131 WeimVerf. mit § 839 BGB. ihre Schadensersatzpflicht gegenüber dem Versicherten begründen.

Das Berufungsgericht hat in dieser Hinsicht das Vorliegen einer schuldhaften Unterlassung der Angestellten Z. der Beklagten verneint. Es meint, diese habe, als das Nachtragsgutachten des Dr. Neu. über die ernste Natur des Leidens des P., nämlich die tuberkulöse Erkrankung des 8. bis 11. Brustwirbels, bei der Beklagten eingegangen sei, ihrer Pflicht dadurch genügt, daß sie dieses Gutachten zusammen mit dem Gutachten des Vertrauensarztes Dr. Sch. an den Kassenarzt Dr. No. weitergab, durch einen Vermerk auf der Formkarte auf das Nachtragsgutachten des Dr. Neu. hinwies und Dr. No. dann das Weitere überließ. Dem kann jedoch nicht gefolgt werden. Ihrem Ersuchen an den Vertrauensarzt um gutachtliche Äußerung darüber, ob und wann die Arbeitsfähigkeit des P. wieder eintreten werde, hatte die Beklagte ein Formblatt beigefügt, in dem sie als das Urteil des behandelnden Arztes Dr. No. „statische Beschwerden" angegeben und weiter vermerkt hatte, daß P. im Marienhospital beobachtet und daß dort seine Arbeitsunfähigkeit noch für 10 Tage angenommen worden sei. Durch das Nachtragsgutachten des Dr. Neu., das die tuberkulöse Erkrankung des P. und die Notwendigkeit chirurgischer, möglichst stationärer Behandlung bescheinigte, änderten sich, auch für die Angestellte Z. erkennbar, die dem Vertrauensarzt zur Verfügung gestellten Unterlagen für die ärztliche Beurteilung der Arbeitsfähigkeit des P. in entscheidender Weise. Für seine Urteilsbildung auch über diese Frage mußte es daher gegenüber den bisherigen, eine weniger ernste Natur des Leidens des P. aufzeigenden Unterlagen naturgemäß von besonderer Wichtigkeit sein, von dem Nachtragsgutachten des Dr. Neu. Kenntnis zu erlangen. Das durfte die Angestellte Z. als stellvertretende Leiterin der Beklagten nicht verkennen, und es muß nach dem Ausgeführten als ihre Pflicht erachtet werden, daß sie dieses Nachtragsgutachten dem Vertrauensarzt alsbald zuleitete. Erreichte es ihn nicht mehr vor der Abgabe des erforderten Gutachtens über die Arbeitsfähigkeit des P., so gab es ihm doch die Möglichkeit, sein Urteil über ihn zu überprüfen. Der Vertrauensarzt hätte denn auch nach seiner im Urteil festgestellten Erklärung bei Kenntnis von dem Nachtragsgutachten sein Gutachten über P. geändert und sich für dessen Krankenhausbeobachtung bis zur einwandfreien Feststellung der Krankheitsursache ausgesprochen. Auch die Meinung des Berufungsgerichts ist abzulehnen, die Z. hätte sich damit begnügen dürfen, das Nachtragsgutachten des Dr. Neu. an den behandelnden Arzt Dr. No. weiterzuleiten, auch ohne zu vermerken, daß es dem Vertrauensarzt nicht vorgelegen habe, in der Erwartung, daß Dr. No. das Gutachten mit berücksichtigen und sich danach sein Urteil über den Gesundheitszustand des P. bilden und gegebenenfalls den Antrag auf seine Krankenhausbehandlung stellen werde. Die Art der Behandlung der Angelegenheit durch sie konnte, wie ihr nicht entgehen durfte, bei Dr. No. die irrtümliche Auffassung hervorrufen, wie es nach der Feststellung im Urteil auch tatsächlich der Fall gewesen ist, der Vertrauensarzt habe bei Erstattung seines Gutachtens von dem Nachtragsgutachten des Dr. Neu. Kenntnis gehabt und er, wie auch die Beklagte selbst, hielten die nachträgliche Beurteilung des Dr. Neu. für falsch und eine Krankenhausbehandlung des P. nicht für notwendig. Solchen Irrtum und eine dadurch möglicherweise bedingte unrichtige ärztliche Behandlung des P. durch den Kassenarzt dadurch zu verhüten, daß sie diesen über den wirklichen Sachverhalt, die Nichtkenntnis des Vertrauensarztes von dem Nachtragsgutachten, unterrichtete, muß ebenfalls als ihre Pflicht gegenüber P. erachtet werden.

Diese Unterlassungen der Z. stellen hiernach, wie in Übereinstimmung mit dem Landgericht, entgegen der Ansicht des Berufungsgerichts, anzunehmen ist, eine Amtspflichtverletzung dar, welche die Haftung der Beklagten für den etwa dem P. und nunmehr den Klägern daraus erwachsenen Schaden begründet. Der Rechtsirrtum in der Frage des Verschuldens der Z. (§ 276 BGB.), den die Revision mit Recht rügt, macht schon die Aufhebung des angefochtenen Urteils und die Zurückverweisung der Sache an das Berufungsgericht notwendig, sofern nicht die unten noch zu erörternde Frage der Möglichkeit für die Kläger, anderweitig Ersatz ihres Schadens im Sinne des § 839 Abs. 1 Satz 2 BGB. zu erlangen, eine andere Beurteilung erfordert. Es bleibt aber zunächst noch zu prüfen, ob das Urteil von Rechtsirrtum frei ist, soweit der Klageanspruch auf ein schuldhaftes Verhalten des Vertrauensarztes Dr. Sch. bei dessen Untersuchung und Begutachtung des P. gestützt ist. Mit der Neugestaltung des Krankenversicherungsrechts ist auch die Stellung des Vertrauensarztes und die Natur der ihm obliegenden Aufgaben anders geworden. Während er früher in einem

Dienstverhältnis zur Krankenkasse stand (vgl. §§ 10 flg., 28 flg. der Bestimmungen des Reichsversicherungsamts über die Auswahl und das Dienstverhältnis der Vertrauensärzte vom 23. Dezember 1930, RArbBl. 1931 IV S. 4, in der Fassung vom 18. Juli 1932, RArbBl. IV S. 418) und, wenn er von dieser bei der Ermittlung und Feststellung der Voraussetzungen für die Leistungspflicht und den Leistungsumfang in den einzelnen Versicherungsfällen zu Rate gezogen wurde, auf sein Verhältnis zur Kasse die im bürgerlichen Recht entwickelten Grundsätze *über den Erfüllungsgehilfen* (§ *278 BGB.*) *entsprechend angewandt* werden konnten (RGZ. Bd. 131 S. 67 [73]), steht er jetzt im Dienste der Landesversicherungsanstalt, und seine Tätigkeit erscheint, wie die der in der Krankenversicherung tätigen und mit den ihr eigentümlichen Aufgaben betrauten Beamten und Angestellten, als Ausübung öffentlicher Gewalt im Sinne des Art. 131 WeimVerf. Das lassen mit Deutlichkeit die im besonderen für den vertrauensärztlichen Dienst getroffenen neueren Bestimmungen erkennen. Nach Nr. 3 der bereits angeführten Dritten Verordnung zum Aufbau der Sozialversicherung vom 18. Dezember 1934 zählt die Regelung des vertrauensärztlichen Dienstes zu den Gemeinschaftsaufgaben der Krankenversicherung, deren Durchführung nach Art. 2 § 1 des Gesetzes vom 5. Juli 1934 den Landesversicherungsanstalten übertragen worden ist. Über die Stellung des Vertrauensarztes und die ihm obliegenden Aufgaben verhält sich zunächst der schon oben erwähnte Erlaß des Reichs- und Preußischen Arbeitsministers vom 30. März 1936. Nach Nr. III dieses Erlasses ist der Vertrauensarzt Beamter oder Angestellter der Landesversicherungsanstalt, und er steht in keinem Vertragsverhältnis zur einzelnen Krankenkasse. Diese hat er jedoch — gemäß der besonderen Eigenart des vertrauensärztlichen Dienstes — bei der Durchführung ihrer gesetzlichen und satzungsmäßigen Aufgaben zu unterstützen und zu beraten (vgl. dazu § 369b Abs. 1 RVO., Nr. II des Erlasses), und die Zusammenarbeit zwischen ihnen ist durch eine Dienstanweisung zu regeln. Die näheren Bestimmungen über Anstellung, Besoldung und Dienstverhältnisse der Vertrauensärzte sind sodann auf Grund des § 369b Abs. 4 RVO. und gemäß Nr. III 5 des vorbezeichneten Erlasses unter dem 15. Juli 1936/29. Dezember 1938 von dem Reichsversicherungsamt getroffen worden. Darin werden hauptamtlich und nebenamtlich tätige Vertrauensärzte unterschieden. Auf das Dienstverhältnis der ersteren finden nach § 7 Abs. 1 die für Reichsbeamte geltenden Vorschriften entsprechend Anwendung, während dasjenige der nebenamtlich tätigen

Vertrauensärzte auf einem mit dem Leiter der Landesversicherungsanstalt abzuschließenden Dienstvertrage beruht (§§ 14 und 15).

Der Vertrauensarzt erfüllt hiernach im Dienste der Landesversicherungsanstalt hoheitliche Aufgaben in dem oben bezeichneten Sinne, wenn er begutachtend oder beratend für eine Krankenkasse tätig wird. Das hat jedenfalls grundsätzlich zu gelten; ob er im einzelnen Fall im besonderen Auftrage der Krankenkasse tätig werden kann, und ob alsdann die in der Entscheidung RGZ. Bd. 131 S. 67 (69 flg.) über sein Verhältnis zur Krankenkasse und zum Kranken entwickelten Grundsätze anzuwenden sind, muß unerörtert bleiben, da ein solcher Fall offensichtlich nicht vorliegt, die Beklagte den Vertrauensarzt vielmehr lediglich als Organ des versicherungsrechtlichen Gemeinschaftsdienstes in Anspruch genommen hat. In letzterem Fall ist die Haftung für etwaige schuldhafte Handlungen oder Unterlassungen des Vertrauensarztes bei der Ausübung seines Amts nach Art. 131 WeimVerf. mit § 839 BGB. zu beurteilen und sie trifft denjenigen, in dessen Dienst er steht (RGZ. Bd. 137 S. 38/39, Bd. 140 S. 126/127, Bd. 152 S. 385 [388/389]). Das Berufungsgericht hat daher von diesem Rechtsstandpunkt aus die Haftung der Beklagten für ein etwaiges Verschulden des Vertrauensarztes Dr. Sch. bei der Untersuchung des P. und der Begutachtung seiner Arbeitsfähigkeit mit Recht verneint. Insoweit ist das Urteil frei von Rechtsirrtum. Die vom Berufungsgericht noch erörterte Frage, ob und wieweit dem Vertrauensarzte bei der Untersuchung und Begutachtung des P. ein Verschulden zur Last zu legen ist, kann bei dieser Rechtslage ungeprüft bleiben. Läge übrigens ein schuldhaftes, für den Schaden der Kläger ursächliches Verhalten des Vertrauensarztes vor, so würde das die Frage der Haftung der Beklagten für das schuldhafte Verhalten ihrer Angestellten Z. nicht berühren. Denn in diesem Falle würde es sich um zwei ursächlich mitwirkende schuldhafte Unterlassungen handeln, von denen die der Angestellten der Beklagten deren Haftung, die des Vertrauensarztes die Haftung der Landesversicherungsanstalt begründen würde. Dann bestände eine Gesamthaftung beider nach § 840 Abs. 1 BGB.; der eine Haftpflichtige kann sich solchenfalls auf die Möglichkeit des Geschädigten, von dem anderen Haftpflichtigen Ersatz des Schadens zu erlangen (§ 839 Abs. 1 Satz 2 BGB.), nicht berufen, wie schon in dem Urteil RGZ. Bd. 51 S. 258 (262) zu der Haftung aus § 839 BGB. ausgesprochen worden ist.

Zu der Haftung der Beklagten für das schuldhafte Verhalten ihrer Angestellten Z., wo es offenbar ein vorsätzliches Handeln verneinen will und ohne Rechtsirrtum verneint, hat das Berufungsgericht noch erwogen, daß, wenn hier eine Verantwortung der Beklagten für ihre Angestellte an sich in Frage kommen sollte, sie doch nicht haften würde, weil die Kläger nicht dargetan hätten, daß sie auf andere Weise keinen Ersatz ihres Schadens zu erlangen vermöchten. Damit zielt es offensichtlich auf die eben erwähnte Bestimmung des § 839 Abs. 1 Satz 2 BGB. hin. Das Nichtbestehen einer anderweitigen Ersatzmöglichkeit nach dieser Gesetzesbestimmung gehört allerdings mit zur Grundlage der Klage aus Art. 131 WeimVerf. mit § 839 BGB. und ist daher von den Klägern darzutun. Die Frage kann aber in dem Rechtsstreit selbst abschließend geprüft werden (RGZ. Bd. 137 S. 20/21, Bd. 139 S. 343 [349]; Urteil des Reichsgerichts III 67/36 vom 8. Dezember 1936 in JW. 1937 S. 1321 Nr. 14). In dem Urteil ist in dieser Richtung nur kurz gesagt, die Kläger hätten dartun müssen, daß der Kassenarzt Dr. No. ihnen nicht schadensersatzpflichtig sei; dafür hätten sie aber nichts vorgebracht. Das kann bei dem gegebenen Sachverhalt keinesfalls genügen. Der Kassenkranke tritt allerdings zu dem ihn behandelnden Kassenarzt in unmittelbare Rechtsbeziehungen. Der zwischen der Krankenkasse und dem Kassenarzt bestehende Vertrag (§ 368 Abs. 1 und 3 — Abs. 3 in der Fassung des § 4 Nr. 2 des Gesetzes vom 14. August 1933, RGBl. I S. 581 —, § 368b Abs. 1 RVO., § 7 der Ausführungs- und Überleitungsbestimmungen über das kassenärztliche Dienstverhältnis in der Fassung vom 5. April 1933, RArbBl. IV S. 169) ist, ebenso wie der Fall der Einweisung des Kranken in ein Krankenhaus zur Behandlung (Urteil des Reichsgerichts III 581/14 vom 4. Juni 1915 in JW. 1915 S. 916 Nr. 4, VI 719/21 vom 16. März 1922 in JW. 1922 S. 1325 Nr. 10, III 4/29 vom 5. November 1929 in HRR. 1930 Nr. 206, III 238/31 vom 26. April 1932 in HRR. 1932 Nr. 1831), im Hinblick auf die Krankenversicherten nach den Grundsätzen des Vertrags zugunsten Dritter (§§ 328 flg. BGB.) zu beurteilen. Danach erwirbt der Kranke einen unmittelbaren, im ordentlichen Rechtswege verfolgbaren Anspruch gegen den Kassenarzt auf sachgemäße ärztliche Behandlung wie ein sonstiger Kranker gegen den ihn behandelnden Arzt (vgl. § 368 d RVO., § 13 der vorgenannten Ausführungs- und Überleitungsbestimmungen). Diesen Anspruch hatte also auch der verstorbene P. gegen den ihn behandelnden Kassenarzt Dr. No. Das Berufungsgericht hätte daher näher prüfen müssen, ob nicht der feststehende Sachverhalt schon die abschließende Beurteilung gestattete, ob die Kläger von Dr. No. Ersatz des behaupteten Schadens zu erlangen vermochten. Es steht einmal fest, unter welchen näheren Umständen Dr. No. die Behandlung des P. nach der Begutachtung seiner

Arbeitsfähigkeit durch den Vertrauensarzt übernommen hat, ferner welche ärztliche Behandlung er ihm darauf, bis P. die Bewilligung der Invalidenrente beantragte, hat zuteil werden lassen. Das Berufungsgericht fügt noch hinzu, Dr. No. habe, als ihm das Nachtragsgutachten des Dr. Neu. (mit dessen erstem Gutachten und dem Gutachten des Vertrauensarztes Dr. Sch.) zuging, angenommen, der Vertrauensarzt habe bei Ausstellung seines Gutachtens von dem Nachtragsgutachten des Dr. Neu. Kenntnis gehabt, halte aber die Krankenhausbehandlung des P. nicht für notwendig, habe daher die zweite Beurteilung des Dr. Neu. offenbar als falsch angesehen. Es sagt weiter, wenn Dr. No. den wahren Sachverhalt, daß nämlich der Vertrauensarzt von dem Nachtragsgutachten des Dr. Neu. nichts wußte, gekannt hätte, so würde er wahrscheinlich den Antrag auf Überweisung des P. in das Krankenhaus zur Behandlung gestellt haben. Mit diesem Sachverhalt und seinem eigenen hierzu ausgesprochenen Urteil ist es unvereinbar, wenn das Berufungsgericht bei der Frage der anderweitigen Ersatzmöglichkeit für die Kläger erklärt, sie hätten nichts in der Richtung dargetan, daß Dr. No. ihnen nicht schadensersatzpflichtig sei. In der nach Aufhebung des Urteils notwendig werdenden neuen Verhandlung und Entscheidung wird es daher auch zu dieser Frage näher Stellung nehmen müssen, wobei die obigen Darlegungen über das schuldhafte Verhalten der Angestellten Z. zu berücksichtigen sein werden.

Im übrigen wird das Berufungsgericht den ursächlichen Zusammenhang zwischen dem schuldhaften Verhalten der letzteren selbst und dem den Klägern entstandenen Schaden zu prüfen und zur Schadensforderung selbst wie auch zu den Einwendungen der Beklagten Stellung zu nehmen haben.

RGZ. 165, 236.

1. Kann ein Schadensersatzanspruch auch dann entstehen und auf die Berufsgenossenschaft übergehen, wenn der durch einen Unfall verletzte Angestellte trotz der Verletzungen seine Stellung behält und sein Gehalt weiter bezieht?

2. Zur Frage des rechtlichen Interesses an alsbaldiger Feststellung einer an sich nicht bestrittenen Schadensersatzpflicht.

RVO. § 1542. ZPO. § 256.

VI. Zivilsenat. Urt. v. 16. November 1940.

I. Landgericht Erfurt. — II. Oberlandesgericht Naumburg a. S.

Am 23. Mai 1938 stießen in der Kreuzung der U.- und der Y.-Straße in E. ein Straßenbahnwagen der E.er Verkehrs-AG. und der Lastkraftwagen des Beklagten zu 1, den der Beklagte zu 2 lenkte, zusammen. Hierbei wurde neben anderen der Straßenbahnangestellte K. verletzt. Die Klägerin, als die zuständige Berufsgenossenschaft, gewährte ihm die ihm nach der Reichsversicherungsordnung zustehenden Leistungen und bewilligte ihm durch Rentenbescheid vom 31. Januar 1939 für die Zeit vom 3. November 1938 bis zum 15. Dezember 1938 eine Unfallrente von 60 v. H. und von da ab bis auf weiteres eine solche von 50 v. H. K., der seit dem 3. November 1938 wiederum zum alten Lohn bei der E.er Verkehrs-AG. beschäftigt ist, bezieht die Rente auch weiterhin.

Die Klägerin begehrt Verurteilung der Beklagten zur Zahlung von 783,70 RM, sowie von monatlich 76,70 RM vom 1. September 1939 ab; ferner hat sie mit der Klage Feststellung verlangt, daß die Beklagten als Gesamtschuldner verpflichtet seien, ihr auch alle weiteren Aufwendungen in der Unfallsache K. im Rahmen des § 1542 RVO. zu ersetzen, die sie nach den Bestimmungen der Reichsversicherungsordnung für den Verletzten noch machen müsse. Sie macht geltend, die hinter den Beklagten stehende Versicherungsgesellschaft habe ihr alle übrigen Aufwendungen ersetzt, weigere sich aber, die dem K. zugebilligte Unfallrente zu erstatten. Auch hierzu seien die Beklagten verpflichtet. Denn wenn K. von seiner Arbeitgeberin auch heute noch seinen vollen Arbeitslohn erhalte, so sei er doch tatsächlich infolge des Unfalls nur in der Lage, etwa die Hälfte dieses Lohnes zu verdienen, während ihm dessen übriger Teil von seiner Arbeitgeberin als freiwillige Zuwendung gezahlt werde; er werde in dem Betriebe überhaupt nur deshalb weiterbeschäftigt, weil er in ihm den schweren Unfall erlitten habe und keinen weiteren Schaden erleiden solle. K. habe daher gegen die Beklagten Anspruch auf Ersatz des Lohnteils, den er nicht verdienen könne. Dieser Anspruch sei nach § 1542 RVO. auf sie, die Klägerin, übergegangen.

Die Beklagten haben ihre Haftung als solche nicht bestritten; sie sind jedoch der Auffassung, daß K. mangels eines Lohnverlustes keinen Schaden erleide und daher Ersatzansprüche auf die Klägerin nicht übergegangen sein könnten, sowie daß eine freiwillige Leistung der E.er Verkehrs-AG. auch um deswillen nicht vorliege, weil K. nach der Tarifordnung einen rechtlichen Anspruch auf den vollen Lohn habe. Im übrigen bestreiten sie, daß K. in einer seinem Gesundheitszustand angepaßten Tätigkeit nicht seinen vollen Lohn verdienen könne, und erheben Bedenken gegen die Zulässigkeit des Feststellungsantrages.

Das Landgericht hat den Zahlungsanträgen im wesentlichen entsprochen, jedoch die Feststellungsklage abgewiesen. Die Beklagten haben Berufung eingelegt; die Klägerin hat sich der Berufung angeschlossen und gebeten, auch ihrem Feststellungsantrage zu entsprechen. Das Berufungsgericht hat die Anschlußberufung zurückgewiesen und auf die Berufung der Beklagten die Klage in vollem Umfang abgewiesen. Die Revision der Klägerin blieb ohne Erfolg.

Gründe:

I. Zur Berufung der Beklagten geht das Berufungsgericht zutreffend davon aus, daß die Entscheidung allein davon abhänge, ob ein Anspruch des verletzten K. auf Gewährung einer Rente nach § 843 BGB. oder nach § 11, 13 KFG. wegen Minderung seiner Erwerbsfähigkeit bestehe, der nach § 1542 RVO. auf die Klägerin übergegangen sein könnte. Es verneint die Frage, weil für den Verletzten wegen einer etwaigen Minderung seiner Erwerbsfähigkeit keine nachteiligen Folgen in wirtschaftlicher Beziehung mehr bestünden. Denn, so führt es aus, K. sei seit dem Tage, an dem er gesund geschrieben sei (3. November 1938), wieder bei seiner früheren Arbeitgeberin in Diensten und erhalte einen Lohn in gleicher Höhe, wie er ihn vor dem Unfall bezogen habe. Zwar seien freiwillige Zuwendungen Dritter an den Verletzten, die mit dem zum Schadensersatz verpflichtenden Verhalten des Schädigers nicht zusammenhingen, auf den erlittenen Schaden nicht anzurechnen; doch sei dem Verletzten Ersatz immer nur in dem Umfange zu leisten, in dem ein Schaden wirklich entstanden sei. Eine Freigebigkeit im Sinne der reichsgerichtlichen Rechtsprechung liege aber weder darin, daß der Verletzte trotz seiner Erwerbsbeeinträchtigung um 50 v. H. von seiner Arbeitgeberin den vollen Lohn ausgezahlt erhalte, noch auch schon darin, daß sie den nicht vollarbeitsfähigen Verletzten in ihrem Betriebe weiterbeschäftige. Denn wenn hier der Verletzte auch keinen Anspruch auf Weiterbeschäftigung gehabt haben möge, so lasse sich doch nicht sagen, daß die in der Weiterbeschäftigung liegende Leistung — wie es für eine Nichtanrechnung erforderlich sei — „aus Anlaß" des schädigenden Ereignisses von einem Dritten allein „aus fürsorglichen Gesichtspunkten" zugewendet werde; vielmehr stelle sie einen Ausfluß der allgemeinen Treupflicht dar und könne daher als eine freiwillige Zuwendung aus Anlaß des Unfalls nicht gewertet werden. Eine solche liege auch nicht in der Zahlung des vollen Lohnes an den nur beschränkt erwerbsfähigen Verletzten. Denn dieser habe arbeitsvertraglich einen Rechtsanspruch auf den gleichen Lohn wie früher, wie sich dies zweifelsfrei aus der Tarifordnung, den eigenen Erklärungen der Klägerin und der Beweisaufnahme ergebe. Danach sei nicht ersichtlich, daß K. einen Schaden in seinem Lohn erlitten habe; ihm würde also gegen die Beklagten ein Schadensersatzanspruch insoweit nicht zustehen. Daher könne insoweit auch kein Ersatzanspruch nach § 1542 RVO. auf die Klägerin übergegangen sein.

Diese Darlegungen lassen keinen Rechtsirrtum erkennen. Ein Schadensersatzanspruch des Verletzten K. gegen die Beklagten wegen Minderung der Erwerbsfähigkeit hätte sowohl nach § 843 BGB. wie nach § 11 KFG. zur Voraussetzung, daß dem K. durch die Minderung der Erwerbsfähigkeit ein „Schaden", der ersetzt werden könnte, oder, wie § 11 KFG. es ausdrückt, ein Vermögensnachteil entstanden wäre. Das ist jedoch nach den einwandfreien Feststellungen des Berufungsgerichts hier tatsächlich nicht der Fall. K. ist auch weiterhin bei seiner früheren Arbeitgeberin im Dienst und bezieht auf Grund seines Arbeitsvertrages denselben Lohn wie vor dem Unfall. Seine rechtliche Stellung gegenüber dem Arbeitgeber ist völlig unverändert geblieben; sein Arbeitsverdienst, auf den ihm ein rechtlich verfolgbarer Anspruch zusteht, hat sich infolge des Unfalls gleichfalls nicht geändert, insbesondere nicht vermindert. Es ist daher rechtlich einwandfrei, wenn das Berufungsgericht verneint, daß dem Verletzten ein Schaden in seinem Lohn erwachsen sei und ihm insoweit ein Schadensersatzanspruch, der auf die Klägerin hätte übergehen können, zustehe.

Die Revision macht gegenüber den Ausführungen des Berufungsrichters geltend, darin, daß man den K. in die Lage versetzt habe, den arbeitsvertraglichen Anspruch auf vollen Tariflohn zu erwerben, liege eine doppelte Freigebigkeit im Sinne der Rechtsgrundsätze über die Anrechnung von Leistungen Dritter. Da K., so meint sie, keinen Anspruch auf Weiterbeschäftigung gehabt habe, so habe der Betriebsführer ihm in der Abstandnahme von der Kündigung eine freiwillige Zuwendung gemacht; überdies liege eine freiwillige Leistung insofern vor, als der Betriebsführer bei dem Entschluß, von der Kündigung Abstand zu nehmen, nicht einmal von der ihm zustehenden Befugnis Gebrauch gemacht habe, K. in eine geringere Lohngruppe einzuweisen. Diese Ausführungen vermögen der Revision nicht zum Erfolge zu verhelfen. Die Frage, ob freiwillige Leistungen Dritter auf die Schadensersatzverbindlichkeit des Schädigers angerechnet werden können oder nicht, kann überhaupt nur dann entstehen, wenn feststeht, daß der Verletzte in seinem Verdienst infolge des Unfalls irgendeinen Schaden erlitten hat. Liegt ein solcher Schaden nicht vor, dann kann auch die

Frage einer Anrechnung keine Rolle spielen. Wenn aber ein Angestellter trotz des Unfalls seine Stellung behält und sein Gehalt weiter bezieht, so kann, wie der Senat — wenn auch in anderem Zusammenhange — bereits in der Entscheidung VI 11/38 vom 23. Juli 1938 (Deutsche öffentlich-rechtliche Versicherung 1939 S. 19) ausgesprochen hat, regelmäßig nicht davon die Rede sein, daß ihm aus der Körperverletzung (soweit es sich um die Minderung der Erwerbsfähigkeit handelt) ein Schaden entstanden sei. Lediglich für den Fall, daß der Arbeitgeber das Gehalt nach dem Unfall nicht mehr als Arbeitslohn, sondern aus rein fürsorgerischen Erwägungen weiterzahlt, wird dort eine Ausnahme gemacht und wird es für angängig erklärt, einen Schaden des Verletzten anzunehmen. Daran ist festzuhalten. Wird das Arbeitsverhältnis, wie es nach den einwandfreien Feststellungen des Berufungsgerichts hier der Fall ist, rechtlich unverändert fortgesetzt, verbleibt also der Angestellte in seiner Stellung und erhält er, wie vor dem Unfall seinen Lohn weiter als wirkliches Arbeitsentgelt, so kann, auch wenn fürsorgerische Erwägungen des Arbeitgebers für die Beibehaltung des früheren Zustandes mitbestimmend gewesen sind, nicht davon gesprochen werden, daß dem Verletzten durch die auf den Unfall zurückzuführende Minderung seiner Erwerbsfähigkeit ein „Schaden" und daraus ein Ersatzanspruch gegen den Schädiger erwachsen sei. Rechtlich wie wirtschaftlich ist dann die Stellung des Verletzten, soweit es sich um seinen Verdienst aus Arbeit handelt, durchaus unverändert geblieben, und es ist nicht abzusehen, nach welcher Richtung hin ihm aus der Beeinträchtigung seiner Arbeitsfähigkeit ein Schaden erwachsen sein sollte.

Aus denselben Erwägungen folgt, daß auch der Hinweis der Revision auf die Unzulässigkeit der Anrechnung von Leistungen, die Dritte auf Grund vertraglicher Rechtsansprüche bewirken, nicht durchgreifen kann. Denn es handelt sich bei der Belassung des Arbeitnehmers in seiner Stellung und bei der Weiterzahlung des Lohnes auf Grund des bestehenbleibenden Arbeitsverhältnisses nicht um eine erst durch das Unfallsereignis ausgelöste Leistung eines Dritten, sondern allein um die in rechtlicher und wirtschaftlicher Hinsicht völlig unveränderte Fortsetzung des bisherigen Arbeitsverhältnisses. Bei einer solchen Sach- und Rechtslage, aus der sich das Fehlen eines aus der Minderung der Erwerbsfähigkeit folgenden Schadens ergibt, muß auch der Hinweis auf § 843 Abs. 4 BGB. versagen.

Der Revision kann weiter nicht zugegeben werden, daß das Ergebnis, zu dem das Berufungsgericht gelangt ist, von dem gesunden

Rechtsempfinden des Volkes nicht verstanden werde und daher nicht zutreffen könne. Sie führt dazu aus, es könne nicht angehen, daß ein öffentlichrechtlicher Versicherungsträger auf Grund der Reichsversicherungsordnung nach Maßgabe der in Hundertsätzen festgestellten Erwerbsbeschränkung Leistungen an den Arbeitnehmer zu bewirken habe, welche aus der Tasche aller Arbeitgeber und Arbeitnehmer bestritten werden müßten, während der Schädiger frei ausgehe. Dieses Ergebnis, das im Einzelfall, wie hier, gelegentlich eintreten kann, findet, worauf die Beklagten bereits zutreffend hingewiesen haben, seine Erklärung in der Verschiedenartigkeit der Voraussetzungen, an welche die Leistungen der Träger der Reichsunfallversicherung und die Schadensersatzpflicht des Schädigers geknüpft sind. Während die Leistungen der Berufsgenossenschaften davon abhängig sind, ob und in welchem Umfange die Erwerbsfähigkeit des Verletzten an sich und unabhängig von seinen tatsächlichen Erwerbsverhältnissen beeinträchtigt ist, setzt die Verpflichtung des Schädigers zum Schadensersatz voraus, daß dem Verletzten ein tatsächlicher Schaden erwachsen ist; die bloße Minderung der Erwerbsfähigkeit an sich ist insoweit nicht von Bedeutung. Daß sich bei dieser grundsätzlich verschiedenartigen Gestaltung der Haftungsgrundsätze auch Verschiedenheiten in der Haftung als solcher und ihrer Höhe im Einzelfall ergeben können, liegt auf der Hand.

II. Die Feststellungsklage erachtet das Berufungsgericht für unbegründet, weil es an den Voraussetzungen des § 256 ZPO. fehle, insbesondere an einem Interesse der Klägerin an Feststellung der Ersatzpflicht der Beklagten als solcher, wie sie der Antrag verlange. Die Revision ist der Meinung, daß sich dieses Interesse bereits aus der kurzen Verjährung ergebe, deren Verlängerung durch Vereinbarung unzulässig sei. Auch diese Rüge ist unbegründet. Die Beklagten haben die Klägerin wegen ihrer sonstigen Ersatzansprüche aus dem Unfall befriedigt und auch im Rechtsstreit von vornherein ausdrücklich erklärt, nicht bestreiten zu wollen, daß sie aus dem Unfall der Klägerin haften und ihr, falls der Verletzte Schadensersatzansprüche habe und diese auf die Klägerin übergegangen seien, die entsprechenden Beträge zahlen müßten; im Schriftsatze vom 22. April 1940 haben sie ihre Verpflichtung hierzu sogar ausdrücklich anerkannt. Tatsächlich streiten die Parteien, wie der Berufungsrichter zutreffend hervorhebt, auch gar nicht um die Ersatzpflicht als solche, sondern nur darüber, ob dem Verletzten der Höhe nach in einer einzelnen Beziehung ein Schaden entstanden ist. Wenn der Berufungsrichter unter diesen Umständen ein Interesse der Klägerin an alsbaldiger Feststellung der Ersatzpflicht verneint, so ist das rechtlich nicht zu beanstanden. Daran ändert auch der Hinweis der Revision auf die kurze Verjährung nichts. Abgesehen davon, daß diese durch das jedenfalls bis zur letzten mündlichen Verhandlung in der Tatsacheninstanz aufrechterhaltene und betätigte Anerkenntnis im Sinne des § 208 BGB. unterbrochen ist, läßt auch die Kürze der Verjährung im Hinblick auf die Möglichkeit, weitere Anerkenntnisse der die grundsätzliche Haftung nicht bestreitenden Beklagten in Zukunft herbeizuführen, ein rechtliches Interesse an alsbaldiger gerichtlicher Feststellung der unstreitigen Haftung der Beklagten als solcher noch nicht erkennen. Überdies aber würde die Klägerin den Beklagten, wenn diese sich späterhin etwa auf die Verjährung berufen würden, im Hinblick auf ihr bisheriges Verhalten, insbesondere auf ihre Stellungnahme in diesem Rechtsstreit, den Einwand der unerlaubten Rechtsausübung entgegenhalten können, sofern jenes Verhalten nicht sogar als vertragliches Anerkenntnis zu würdigen sein sollte, das die dreißigjährige Verjährung des Anspruchs zur Folge haben würde.

RGZ. 167, 385.

1. Zum Begriff des Betriebsaufsehers im Sinne der Gewerbeunfallversicherung.

2. Sind Mitglieder von Betriebsfeuerwehren durch § 899 Abs. 2 RVO. geschützt?

3. Wird die Haftung des Deutschen Reiches für Amtspflichtverletzungen seiner Beamten durch § 898 RVO. ausgeschlossen?

RVO. §§ 898, 899. BGB. § 839. WeimVerf. Art. 131.

III. Zivilsenat. Urt. v. 24. Oktober 1941.

I. Landgericht Flensburg. — II. Oberlandesgericht Kiel.

Der frühere Kraftwagenführer P. sowie August K., der Ehemann der Klägerin zu 1 und Vater des Klägers zu 2, waren Feuerwehrmänner bei einem Seefliegerhorst in L. Am 4. Februar 1938 fuhr P. den Schlauchtender der Feuerwehr durch das Ausfahrtstor des Standes I rückwärts in die Halle an seinen Standplatz. Dabei verletzte er den an dem gegenüberliegenden Einfahrtstor stehenden August K. so schwer, daß er starb. P. hatte den K. zwar stehen sehen, brachte aber den Wagen nicht mehr zum Stehen, nach seiner Angabe, weil die Luftdruckbremse versagte. Durch rechtskräftiges Urteil des

Schöffengerichts in H. vom 29. September 1939 wurde P. von der Anklage der fahrlässigen Tötung freigesprochen.

Der Klägerin zu 1 billigte das Versorgungsamt aus der Unfallversicherung ein Sterbegeld zu. Außerdem erhielt sie von dem Fliegerhorst, der Krankenkasse und der Zusatzversicherung des Reichs und der Länder Sterbegeld und eine Hinterbliebenenrente. Der Kläger zu 2 erhält von dem Versorgungsamt eine Waisenrente von monatlich 43,70 RM.

Die Klage gegen P. auf Schadensersatz wurde durch rechtskräftiges Urteil des Oberlandesgerichts abgewiesen, da P. in Ausübung öffentlicher Gewalt gehandelt habe und deshalb nach Art. 131 WeimVerf. nicht persönlich in Anspruch genommen werden könne. Nun verlangt die Klägerin zu 1 vom Deutschen Reich für Beerdigung und Umzug nach Abzug der ihr gezahlten Beträge 274,01 RM und für ihren Unterhalt außer der Unfallrente monatlich 50 RM. bis zu dem Tage, an dem ihr Ehemann sein 65. Lebensjahr vollendet haben würde. Der Kläger zu 2 begehrt für den Fall, daß die Waisenrente für seinen Unterhalt nicht ausreiche, Feststellung, daß das Reich ihm zum Schadensersatz verpflichtet sei, soweit nicht ein gesetzlicher Übergang auf öffentliche Kassen und Versicherungsträger eintrete.

Der Beklagte wendet ein, ein Verschulden des P. sei nicht festzustellen. Jedenfalls ständen den Ansprüchen der Kläger die §§ 898, 899 RVO. entgegen. Es komme ein gewerblicher Unfall in Frage; P. sei als Lenker des Schlauchtenders Betriebsaufseher gewesen. Schließlich rechnet er mit einem Kostenerstattungsanspruch auf, den P. gegen die Kläger aus dem Vorprozeß erworben und ihm abgetreten habe.

Das Landgericht hat der Klage unter Abweisung des Anspruchs auf Zahlung von 274,01 RM, die durch Aufrechnung getilgt seien, stattgegeben. Die Betriebsaufsehereigenschaft und die Anwendbarkeit des § 898 RVO. hat es verneint. In § 898 handele es sich um die unmittelbare Haftung des Unternehmers für eigenes oder vermutetes eigenes Verschulden (§ 831 BGB., § 7 KFG.). Hier aber stehe eine Ersatzhaftung in Frage.

Das Berufungsgericht hat das Urteil aufgehoben und die Klage abgewiesen. Zur Begründung führt es aus, auch Ansprüche aus Art. 131 WeimVerf. gehörten zu denen des § 898 RVO. Ansprüche aus dem Kraftfahrzeuggesetze stünden den Klägern offensichtlich zu. Sie könnten jedoch gegen den Beklagten nach § 898 RVO. nicht erhoben werden. Die Ersatzpflicht des Beklagten nach Art. 131 WeimVerf. reiche nicht weiter als die des Beamten. P. selbst habe nicht vorsätzlich gehandelt und hafte daher weder nach § 899 Abs. 2 RVO., weil die Horstfeuerwehr als Pflichtfeuerwehr aufzufassen sei, noch nach § 899 Abs. 1 RVO., weil er Betriebsaufseher gewesen sei. Somit sei auch der Beklagte nicht an Stelle des P. haftbar zu machen.

Die Revision der Kläger wurde zurückgewiesen.

Gründe:

Der Unfall ist vom Versorgungsamt als entschädigungspflichtiger Betriebsunfall anerkannt worden. An diese Entscheidung ist das Gericht nach § 901 RVO. gebunden.

§ 899 Abs. 1 RVO. beschränkt die Haftung der Betriebs- und Arbeiteraufseher. Die Beschränkung gilt nur für Handlungen, für die der Aufseher als solcher, nicht in anderer Eigenschaft einzutreten hat (RGZ. Bd. 158 S. 341; diese Entscheidung betrifft den Bevollmächtigten des Betriebsunternehmers). Ob P. zur Zeit des Unfalls Oberfeuerwehrmann war, ist nicht festgestellt worden. Keinesfalls ist er bei dem Unfall als Betriebs- oder Arbeiteraufseher insofern tätig gewesen, als er andere, ihm dienstlich unterstellte Betriebsangehörige zu überwachen gehabt hätte.

In RAG. Bd. 20 S. 196 ist im Anschluß an das Urteil des Reichsgerichts IV 555/05 vom 21. Mai 1906 (Zeitschrift für Rechtspflege in Bayern, 2. Jahrg. Nr. 18 S. 359) der Straßenbahnwagenführer als Betriebsaufseher angesehen worden, weil seine Tätigkeit den Gang des Betriebes und seine Sicherheit zu gewährleisten habe. Das Urteil des Reichsgerichts VI 109/39 vom 16. Dezember 1939 (abgedr. in DR. Ausg. A 1940 S. 400 Nr. 13) legt nahe, daß auch derjenige Betriebsaufseher im Sinne der Reichsversicherungsordnung sei, der mit der Prüfung von Kraftfahrzeugen, der Prüfung der Fahrer und ähnlichen Aufgaben betraut sei, und kommt zur Ablehnung der Anwendung des § 899 Abs. 1 RVO. nur, weil es sich in jenem Fall um den selbständigen Inhaber eines Kraftwagenüberwachungsdienstes handelte und die Haftungsbeschränkung des § 899 Betriebszugehörigkeit des Schädigers voraussetzt. Von ähnlichen Erwägungen ausgehend hat das Oberlandesgericht Karlsruhe den Einfahrer einer Kraftwagenfabrik als Betriebsaufseher angesehen (Urteil vom 5. April 1939 DR. Ausg. A S. 1172 Nr. 25). Nach dem in diesen Urteilen anerkannten Rechtsgedanken wird aber doch verlangt, daß eine gewisse Überwachung des ganzen Betriebes oder wenigstens eines Teils des Betriebes auf seine Sicherheit hin ausgeübt werde und eine Verantwortlichkeit nach solcher Richtung gegeben sei. Unzulässig ist aber eine Ausdehnung dahin, daß schlechthin die Bedienung jeder Maschine im Betriebe den damit betrauten Gefolgsmann zum Betriebsaufseher machen würde, weil eine Nachlässigkeit in der Bedienung die Betriebssicherheit gefährden könnte. So ist in RAG. Bd. 20 S. 196 betont, daß die rein mechanische Bedienung der Maschine nicht genügt, daß vielmehr die Verantwortung für den reibungslosen Ablauf eines Teils der Betriebsaufgaben, eine Aufsichtstätigkeit, wenn nicht über andere Betriebsangehörige, so doch über Betriebseinrichtungen zum bloßen Ingangsetzen der Maschine hinzukommen muß. Eine solche Aufsichtstätigkeit liegt dem Feuerwehrmann, der einen Dienstwagen zu pflegen und zu fahren hat, nicht ob. Auch hier kann es wieder dahingestellt bleiben, ob P. sonst als Oberfeuerwehrmann durch die Wahrnehmung weiterer Dienstaufgaben Betriebsaufseher war. Die den Unfall verursachende Fahrt geschah im Zusammenhang mit der Wagenpflege, hatte also mit der Betriebsaufsicht nichts zu tun.

Aus § 899 Abs. 1 in Verbindung mit § 898 RVO. ist demnach eine Haftungsbeschränkung für P. und daher auch an seiner Stelle nach Art. 131 WeimVerf. für das beklagte Reich nicht herzuleiten.

§ 537 Abs. 1 Nr. 4 a RVO. ist ebenso wie § 899 Abs. 2 RVO. durch Gesetz vom 20. Dezember 1928 (RGBl. I S. 405) in die Reichsversicherungsordnung eingefügt worden und hat den Betrieb sämtlicher Feuerwehren der Unfallversicherung unterstellt. Nach der Begründung zum Gesetz vom 20. Dezember 1928 — Drucksachen des Reichstags IV. Wahlperiode Nr. 234 S. 7/8 — gehören zu den versicherten Feuerwehren Berufsfeuerwehren, freiwillige Feuerwehren, Pflichtfeuerwehren, die auf Ortssatzung oder Polizeiverordnung beruhen, und Betriebsfeuerwehren.

Das preußische Gesetz über das Feuerlöschwesen vom 15. Dezember 1933 (GS. S. 484) regelt die Einrichtung der örtlichen Feuerwehren, also der öffentlichen Feuerwehren, befaßt sich aber nicht mit den Betriebsfeuerwehren. Sie betraf der Runderlaß des Ministers des Innern über Werkfeuerwehren vom 28. Mai 1934 — II D 2293 — (MBliV. Sp. 783). Sie sind „nach der Begründung zum Feuerlöschgesetz vom 15. 12. 1933 als private Selbstschutzorganisationen anzusehen. Polizeiliche Befugnisse stehen ihnen daher nicht zu" (Nr. 1 d. Erl.). Sie *können* in öffentliche Feuerwehren umgewandelt werden (Nr. 2), und zwar entweder dadurch, daß sie als Pflichtfeuerwehr in Anspruch genommen werden, oder durch Umbildung in eine selbständige freiwillige Feuerwehr, bedürfen aber dann der Anerkennung durch die Polizeiaufsichtsbehörde wie die übrigen öffentlichen Feuerwehren. Die

Pflichtfeuerwehr ist dadurch gekennzeichnet, daß ihre Mannschaften zur Teilnahme an Übungen und bei Brandalarm an den Löscharbeiten verpflichtet sind (pr. PolVO. über die Pflichtfeuerwehren vom 1. November 1934 [GS. S. 436] § 1); Pflichtfeuerwehren sind nach § 6 des Feuerlöschgesetzes zu bilden, wenn die Berufsfeuerwehren und die freiwilligen Feuerwehren nicht ausreichen.

Ob Werksfeuerwehren aus Berufsfeuerwehrmännern zusammengesetzt sind, ist für die Einordnung in das Feuerlöschgesetz ohne Belang. Denn sie werden auch dadurch nicht zu öffentlichen Feuerwehren. Im Sinne des Feuerlöschgesetzes ist die Fliegerhorstfeuerwehr weder eine Pflicht-, noch eine Berufs-, noch eine freiwillige Feuerwehr, weil sie kein Organ der Ortspolizeiverwaltung ist, wenn sie auch (nach Auskunft der Fliegerhorstkommandantur) in Notfällen den Feuerschutz für die Gemeinde mit ausübt.

§ 899 Abs. 2 RVO. hat die Beschränkung der Haftung nach § 898 auf die Mitglieder von Pflicht- und freiwilligen Feuerwehren und auf alle beim Tätigwerden der Feuerwehr mit Befehlsgewalt ausgestatteten Personen ausgedehnt. Wenn das Berufungsgericht meint, darüber, daß § 899 Abs. 2 auch auf den Betrieb der Feuerwehr des Fliegerhorstes anzuwenden sei, könne kein Zweifel bestehen, so kann dem nicht beigetreten werden. Die Reichsversicherungsordnung kann den Begriff der Pflicht- und freiwilligen Feuerwehren vielmehr ebenfalls nur in dem Sinne der öffentlichen Feuerwehren verstehen.

Das Reichsgesetz vom 20. Dezember 1928 ist zwar älter als das preußische Feuerlöschgesetz. Aber es unterscheidet in seiner Begründung gleichfalls ausdrücklich zwischen Berufs-, Pflicht- und freiwilligen Feuerwehren sowie Betriebsfeuerwehren und hat bei der Einfügung des Absatzes 2 in den § 899 RVO. nur die Mitglieder der Pflicht- und freiwilligen Feuerwehren begünstigt. Auch schon früher wurde zwischen öffentlichen und Feuerwehren von Einzelbetrieben unterschieden und als Pflicht- und freiwillige Feuerwehr nur eine öffentliche Feuerwehr bezeichnet; so in der Allgemeinen Verfügung vom 28. Dezember 1898 betr. die Regelung des Feuerwehrwesens — pr. MBliV. 1899 S. 6 —, wenn es hier auch in Nr. II letztem Absatz heißt, den freiwilligen Feuerwehren seien die vielfach in größeren Privatbetrieben eingerichteten Feuerwehren gleich zu behandeln. Schließlich hat die neue Reichsgesetzgebung die Unterscheidung ebenfalls beibehalten. Nach § 2 des Reichsgesetzes über das Feuerlöschwesen vom 23. November 1938 (RGBl. I S. 1662) sind Feuerwehren die freiwilligen Feuerwehren, die Pflichtfeuerwehren, die Werkfeuerwehren. Nach § 2 der Vierten Durchführungsverordnung zum Gesetz über das Feuerlöschwesen (Organisation der Pflichtfeuerwehr) vom 24. Oktober 1939 (RGBl. I S. 2100 — die Berichtigung RGBl. 1940 I S. 178 kommt hier nicht in Betracht —) ist eine Pflichtfeuerwehr in einer Gemeinde aufzustellen, wenn eine freiwillige Feuerwehr nicht zustande kommt oder keinen ausreichenden Feuerschutz gewährleistet. § 2 Abs. 4 fügt an, vorhandene Werkfeuerwehren müßten außer Betracht bleiben. Offensichtlich hat das Gesetz vom 20. Dezember 1928 für Werkfeuerwehren den Schutz des § 899 Abs. 1 RVO. für ausreichend gehalten, während es unsicher war, inwieweit er auch Mitgliedern der Pflicht- und freiwilligen Feuerwehren zugute kam; für diese erschien daher die Sondervorschrift erforderlich.

Mitglied einer in § 899 Abs. 2 RVO. begünstigten Feuerwehr war also P. nicht. Endlich kann er den Schutz des § 899 Abs. 2 nicht als eine beim Tätigwerden der Feuerwehr mit Befehlsgewalt ausgestattete Person in Anspruch nehmen, selbst wenn er damals schon Oberfeuerwehrmann war. Denn auch hier ist sinngemäß Bedingung ein Unfall bei der Tätigkeit als Inhaber der Befehlsgewalt.

P. selbst kann sich somit auf keine Haftungsbeschränkung aus der Reichsversicherungsordnung berufen. Es ist nicht mehr bestritten, daß er in Ausübung öffentlicher Gewalt bei dem Unfall tätig war. Die Feuerwehr dient dem Schutz des Fliegerhorstes, also einer Einrichtung der Wehrmacht. P. ist zwar auf gewöhnlichen Dienstvertrag angestellt, ist aber, da mit der Wahrnehmung hoheitlicher Aufgaben betraut, Beamter im Sinne des § 839 BGB. An seiner Stelle haftet daher das Reich nach Art. 131 WeimVerf.

Diese Haftung des Reichs beruht nicht auf seiner Eigenschaft als „Unternehmer", sondern es haftet als die öffentliche Körperschaft, in deren Diensten der Schädiger steht. Es ist aber doch zugleich Unternehmer und hat als solcher die Lasten der Unfallversicherung zu tragen (§ 624 RVO.). Wegen dieser Belastung ist die Haftung des einzelnen Unternehmers auf die Fälle der vorsätzlichen Herbeiführung des Unfalls beschränkt (§ 898 RVO.), die Haftung „nach anderen gesetzlichen Vorschriften" im übrigen schlechthin ausgeschlossen. § 898 beschränkt auch die Haftung juristischer Personen, die Unternehmer versicherter Betriebe sind, obwohl sie strafrechtlich nicht verfolgt werden können (RGZ. Bd. 71 S. 3).

Das Landgericht hat unterschieden zwischen unmittelbarer Haftung des Unternehmers und dem Haftungseintritt des Reichs für den Beamten und hat insoweit die Anwendbarkeit des § 898 abgelehnt.

Das Berufungsgericht unterstellt ausdrücklich „auch die aus Art. 131 WeimVerf. hergeleiteten Ansprüche" der Haftungsbeschränkung des § 898, schließt sich aber dann doch ohne ersichtlichen Grund der Meinung des Landgerichts an, daß das Reich für ein Verschulden seines Beamten soweit hafte, wie dieser selbst. Die ganz allgemeine Ausschließung jeder Haftung des Unternehmers nach anderen gesetzlichen Vorschriften in § 898 läßt diese Unterscheidung jedoch nicht zu. So hat auch der erkennende Senat in den Urteilen III 122/39 vom 31. Mai 1940 und III 25/41 vom 8. August 1941 die Haftung des Reichs aus § 839 BGB. mit Art. 131 WeimVerf. bei gleichzeitiger Haftung aus § 86 Abs. 1 des Reichsversorgungsgesetzes verneint, weil die nach diesem Gesetz versorgungsberechtigten Personen nur die auf ihm beruhenden Ansprüche gegen das Reich haben, und hat dabei im Urteil vom 8. August 1941 noch besonders betont, der Fall liege grundsätzlich nicht anders als der des § 898 RVO. oder des § 124 DBG. Auch diese Vorschriften vernichteten den über den Rahmen der sondergesetzlichen Versorgung hinausgehenden sachlichrechtlichen Schadensersatzanspruch. Zu demselben Ergebnis ist das Oberlandesgericht Köln in dem Beschlusse vom 19. Juni 1941 (abgedr. DR. Ausg. A 1941, S. 2245 Nr. 10) gekommen.

Daran scheitern die Klageansprüche ohne Rücksicht auf den Umfang der eigenen Haftung des P. Deshalb kann auch dahingestellt bleiben, ob P. den Unfall überhaupt verschuldet hat, ob den Getöteten ein Mitverschulden traf und ob der von der Klägerin geforderte Rentenbetrag angemessen ist.

RGZ. 170, 70.

Kann der Betriebsunternehmer, der von der Berufsgenossenschaft aus § 903 Abs. 4 RVO. auf Ersatz ihrer Aufwendungen in Anspruch genommen wird, weil er seine Verpflichtung, eine Einrichtung in betriebssicherem Zustande zu erhalten, vernachlässigt habe, einwenden, daß die Berufsgenossenschaft durch ihre Aufsichtsbeamten seinen Betrieb nicht hinreichend beaufsichtigt habe?

RVO. §§ 848, 903 Abs. 4, § 1199.

VI. Zivilsenat. Urt. v. 3. November 1942.

I. Landgericht Kiel. — II. Oberlandesgericht daselbst.

Am 14. März 1938 tauchte der Matrose M. vom Schiffe des Beklagten in der Ostsee nach Steinen und verunglückte dabei tödlich.

Die Klägerin zahlt an die Hinterbliebenen M.s Renten und verlangt auf Grund des § 903 RVO. vom Beklagten die Erstattung von 10100 RM, weil er als Unternehmer wegen Fahrlässigkeit für den Tod verantwortlich sei. Das Landgericht und das Oberlandesgericht haben (ebenso wie das Seeamt und das Oberseeamt) ein für den Tod M.s ursächliches Verschulden des Beklagten angenommen und der Klage stattgegeben. Die Revision des Beklagten hatte keinen Erfolg.

Aus den Gründen:

Das Berufungsgericht hat festgestellt, die alleinige Ursache für den Tod des Tauchers sei gewesen, daß die Überfallschraubenmutter, die den Luftzuführungsschlauch am Anschlußstutzen des Kompressors habe festhalten sollen, sich gelöst habe, weil die Schraubenmutter ausgeleiert und auch das Gewinde des Anschlußstutzens abgeplattet gewesen sei; dadurch sei die Luftzufuhr zum Taucher unterbrochen worden. (Die gegen diese Feststellung erhobenen Verfahrensrügen werden zurückgewiesen, ebenso die Rüge, das Berufungsgericht habe mit seiner Annahme, der Beklagte sei für den verkehrssicheren Zustand der Tauchereinrichtung verantwortlich, die zu stellenden Anforderungen überspannt. Zu der von der Revision zur Nachprüfung verstellten Frage eines mitwirkenden Verschuldens der Klägerin, welcher die Aufsicht über die Taucherbetriebe obgelegen habe, wird fortgefahren:) Das Berufungsgericht verneint, wie das Landgericht, ein mitwirkendes Verschulden der Klägerin und führt aus: Die Klägerin sei nach der Reichsversicherungsordnung verpflichtet gewesen, die versicherten Betriebe zu überwachen und Unfallverhütungsvorschriften zu erlassen. Sie habe solche Vorschriften aufgestellt, die in der hier wesentlichen Richtung genügten, da es selbstverständlich und auch dem Beklagten bekannt gewesen sei, daß zur Vermeidung schwerer Gefahr für den Taucher die ununterbrochene Luftzufuhr gesichert, die dazu dienende Anlage also dicht sein müsse. Inwiefern die Klägerin ihrer Aufsichtspflicht für den Betrieb nicht genügt habe, habe der Beklagte nicht dargelegt. Nach der von ihm vorgelegten Bescheinigung vom 23. Februar 1938 sei damals die Taucherausrüstung nicht geprüft worden. Wenn, was aber bisher nicht belegt sei, die Klägerin den Taucherbetrieb des Beklagten nicht hinreichend überwacht haben sollte, so wäre doch nicht ihre Unterlassung, sondern allein die Fahrlässigkeit des Beklagten für M.s Tod ursächlich gewesen.

Weshalb eine Vernachlässigung der Überwachungspflicht durch die Klägerin nicht mitursächlich für den Tod gewesen sein sollte, wenn bei gehöriger Überwachung der Mangel der Verschraubung hätte bemerkt werden müssen, ist nicht einzusehen und wird auch vom Berufungsgericht nicht gesagt. Es ist aber rechtlich nicht zu beanstanden, wenn das Berufungsgericht verneint, daß die Klägerin ihre Überwachungspflicht vernachlässigt habe. Zur Zeit des Unfalls galt nach § 1199 (§ 1199 a) RVO. für die Unfallverhütung § 848 RVO. in der Fassung vom 14. Juli 1925 (RGBl. I S. 97): „Die Berufsgenossenschaften müssen dafür sorgen, daß, soweit es nach dem Stande der Technik und der Heilkunde und nach der Leistungsfähigkeit der Wirtschaft möglich ist, Unfälle verhütet werden und bei Unfällen dem Verletzten eine wirksame erste Hilfe zuteil wird." Damit ist, wie auch aus der Begründung zum Entwurf eines Zweiten Gesetzes über Änderungen in der Unfallversicherung (abgedruckt im Kommentar von Mitgliedern des Reichsversicherungsamtes, 2. Aufl., zu § 848 RVO.) hervorgeht, den Berufsgenossenschaften nicht die Verpflichtung auferlegt worden, selbst Unfälle zu verhüten, sondern nur die Verpflichtung, dafür zu sorgen, daß innerhalb der Betriebe Maßnahmen getroffen werden, die geeignet sind, Unfälle zu verhüten. Im § 1199 a Abs. 1 RVO. ist die Verpflichtung zum Erlaß der erforderlichen Unfallverhütungsvorschriften geregelt worden; nach § 1209 RVO. gelten für die Durchführung der Unfallverhütungsvorschriften die §§ 874, 875 aus der gewerblichen Unfallversicherung, deren erster bestimmt, daß die Berufsgenossenschaften für die Durchführung der Unfallverhütungsvorschriften zu sorgen haben, während § 875 Bestimmungen über die Anstellung von technischen Aufsichtsbeamten trifft. Die Annahme des Berufungsgerichts, daß die von der Klägerin erlassenen Unfallverhütungsvorschriften in der hier in Betracht kommenden Richtung genügt hätten, da es selbstverständlich und auch dem Beklagten bekannt gewesen sei, daß die Luftzuführungsanlage dicht sein müsse, ist bedenkenfrei.

Die Verpflichtung, innerhalb des Betriebes die Maßnahmen zu treffen, die geeignet sind, Unfälle zu verhüten, lag dem Beklagten selbst ob. Wenn er, wie festgestellt ist, diese Verpflichtung in einer den Tatbestand des § 903 Abs. 4 RVO. erfüllenden Weise vernachlässigt hat, kann er nicht gegenüber dem Anspruch der Klägerin aus § 903 Abs. 4 einwenden, diese habe ihn selbst nicht genügend zur Erfüllung seiner Pflichten angehalten. Die Verpflichtung der Klägerin ging nicht so weit, daß sie etwa durch ihre Aufsichtsbeamten dem Beklagten seine eigene Pflicht, die Tauchereinrichtung in betriebssicherem Zustand zu erhalten, hätte abnehmen, d. h. an seiner Stelle den Zustand der Gewinde der einzelnen Schraubenmuttern und des Stutzens regelmäßig hätte prüfen und überwachen müssen (vgl. RG. VI 479/21 vom 2. Februar 1922 in Entsch. u. Mitt. des RVA. Bd. 14 S. 404 [406/7]). Er kann deshalb weder der Klägerin den Vorwurf eigenen Verschuldens machen noch ihr vorwerfen, daß das Erheben des Anspruchs arglistig sei oder gegen die guten Sitten verstoße.

RGZ. 171, 173.

1. Sind Leistungen aus der Sozialversicherung als anderweitiger Ersatz im Sinne von § 839 Abs. 1 Satz 2 BGB. anzusehen?

2. Kann der Versicherungsträger nach § 1542 RVO. aus dem nicht von ihm gedeckten Schaden des Verletzten Ersatz seiner Aufwendungen vom Schädiger verlangen?

3. Muß die Vorabentscheidung über den Grund des Anspruchs auf eine Rente (§ 842 BGB.) deren Zeitdauer festlegen?

BGB. § 839 Abs. 1 Satz 2. RVO. § 1542. ZPO. § 304.

III. Zivilsenat. Urt. v. 24. Mai 1943.

I. Landgericht Krefeld. — II. Oberlandesgericht Düsseldorf.

Der am 13. August 1881 geborene Kläger stand als Gärtner im Dienste der Stadt K. Am 19. Oktober 1939 wurde er auf der Zugangsbrücke zur Burg L. bei K. von einem auf einer Dienstfahrt begriffenen Pferdewagen der Wehrmacht gegen das gemauerte Brückengeländer gedrückt und schwer verletzt. Er behauptet, dadurch arbeitsunfähig geworden zu sein. Er führt den Unfall auf Verschulden des Gefreiten Kr. zurück, der das Fahrzeug gelenkt hat. Kr. sei mit dem Wagen auf der engen Fahrbahn zu weit links an das Geländer herangefahren. Der Kläger nimmt das Deutsche Reich unter den Gesichtspunkten der Tierhalterhaftung und der Haftung für einen Verrichtungsgehilfen auf Schadensersatz in Anspruch. Er berechnet seinen Verdienstausfall für die Zeit vor dem 1. April 1941 auf insgesamt 446,82 RM. Die Klage richtet sich auf Erstattung dieses Betrages und auf Zahlung einer monatlichen Rente von 53,21 RM für die Zeit vom 1. April 1941 bis zum 31. August 1951. Bei der Berechnung der Beträge hat der Kläger das ihm von der Stadt K. gewährte Ruhegeld sowie die ihm zustehenden Sozialrenten abgezogen. Ferner begehrt der Kläger Feststellung der Verpflichtung des Beklagten, ihm den etwa weiterhin entstehenden Schaden zu ersetzen. Schließlich verlangt er ein angemessenes, vom Gericht festzusetzendes Schmerzensgeld von mindestens 2000 RM.

Der Beklagte ist diesen Ansprüchen entgegengetreten. Er ist der Auffassung, die Rechtsgrundlage der Klage könne nur in Art. 131 WeimVerf., § 839 BGB. gefunden werden. Jedoch könne ein Verschulden des Gefreiten Kr. nicht anerkannt werden. Jedenfalls liege auch eigenes mitwirkendes Verschulden des Klägers vor. In dem Rentenverfahren wegen der Unfallrente des Klägers sei festgestellt, daß die Unfallfolgen für die Zeit vom 5. Oktober 1940 ab als beseitigt anzusehen seien. Die beim Kläger darüber hinaus fortbestehende Arbeitsbehinderung beruhe auf einem Leiden (Arthrosis), an dem er schon vor dem Unfall erkrankt sei. Über den angegebenen Zeitpunkt hinaus könne er schon deshalb keine Ansprüche stellen. Außerdem stehe ihm eine anderweitige Ersatzmöglichkeit aus einer mit einem Zeitungsbezuge verbundenen privaten Unfallversicherung zur Seite, die gemäß § 839 Abs. 1 Satz 2 BGB. seinen Ersatzanspruch ausschließe. Dasselbe gelte von den dem Kläger zustehenden Leistungen aus der Sozialversicherung. Es genüge nicht, daß er diese Leistungen bei Berechnung seiner Ansprüche abgezogen habe. Soweit sein Erwerbsverlust die Versicherungen übersteige, sei der Ersatzanspruch nach § 1542 RVO. in Höhe der Versicherungsleistungen auf die Träger der Sozialversicherung übergegangen. In der reichsgerichtlichen Rechtsprechung (RGZ. Bd. 167 S. 207) sei anerkannt, daß der Verletzte auch insoweit keine eigenen Ansprüche mehr stellen könne.

Durch Teil- und Zwischenurteil sind die bezifferten Klageansprüche einschließlich des Schmerzensgeldes vom Landgericht dem Grunde nach für gerechtfertigt erklärt worden. Die Berufung des Beklagten ist zurückgewiesen worden. Seine Revision blieb erfolglos.

Gründe:

Das Berufungsgericht ist davon ausgegangen, daß als Rechtsgrundlage für die Klage nicht etwa, wie der Kläger meinte, die Tierhalterhaftung gemäß § 833 BGB. oder die Haftung für Verrichtungsgehilfen nach § 831 BGB., sondern nur die Amtshaftung nach Art. 131 WeimVerf., § 839 BGB. in Betracht komme. Diese Auffassung ist zutreffend. Sie wird von der Revision auch nicht beanstandet. Das Berufungsgericht hat ferner angenommen, daß alle Voraussetzungen gegeben seien, um die Ansprüche des Klägers unter dem Gesichtspunkte der Amtshaftung wenigstens dem Grunde nach als gerechtfertigt erscheinen zu lassen. So hat das Berufungsgericht ein schuldhaft amtspflichtwidriges Verhalten des Gefreiten Kr. bejaht, ein mitwirkendes Verschulden des Klägers dagegen verneint. Zum Vorhandensein anderweitiger Ersatzmöglichkeiten (§ 839 Abs. 1 Satz 2 BGB.) hat das Berufungsgericht dargelegt, daß der Kläger aus seiner mit einem Zeitungsbezuge zusammenhängenden privaten Unfallversicherung keine Entschädigung erlangt habe. In dem Rechtsstreit, den er deshalb gegen die in Betracht kommende Versicherungsgesellschaft geführt habe, sei er unterlegen. Das Berufungsgericht hat weiter darauf hingewiesen, daß der Kläger die Bezüge, die er von den öffentlichen Versicherungsträgern und an Ruhegeld von der Stadt K. erhält, als anderweitigen Ersatz von seiner Schadensersatzforderung in Abzug gebracht habe. Der Beklagte glaube aber zu Unrecht, eine doppelte Absetzung dieser Beträge verlangen zu können. Die Entscheidung RGZ. Bd. 167 S. 207, auf die er sich berufe, stelle einen dahingehenden Grundsatz keineswegs auf. Nach der einmaligen Absetzung der genannten Bezüge ergebe sich immer noch ein ungedeckter Verdienstausfall für den Kläger, dessen Berechnung im einzelnen dem Betragsverfahren überlassen bleiben könne. In diesem Verfahren könne auch darüber entschieden werden, ob die fortdauernde Arbeitsunfähigkeit des Klägers im wesentlichen auf seiner inneren Krankheit (Arthrosis) beruhe und welchen Einfluß dieser Umstand auf Dauer und Umfang seines Rentenanspruchs habe. Der Sachverständige Professor Dr. G., der im Rechtsstreite des Klägers wegen seiner Unfallentschädigung aus einer privaten Versicherung gehört worden sei, habe sich jedenfalls dahin ausgesprochen, daß der Kläger ohne den Unfall in der Lage sein würde, seiner früheren Tätigkeit bis Oktober 1943 und vielleicht auch noch länger nachzugehen.

Gegen die vorstehenden Ausführungen des Berufungsgerichts wendet die Revision in verfahrensrechtlicher Hinsicht ein, der Endzeitpunkt des Rentenlaufs habe im Grundurteil genau festgelegt werden müssen. Die Rüge kann jedoch nicht durchdringen. In der reichsgerichtlichen Rechtsprechung hat sich immer mehr die Auffassung durchgesetzt, daß es im wesentlichen nur eine Frage der Zweckmäßigkeit sei, ob der Beginn und die Beendigung von Renten bereits im Zwischenurteil festgesetzt werden oder dem Betragsverfahren vorbehalten bleiben; nur müsse das Grundurteil ausdrücklich angeben, daß die Festsetzung der genannten Zeitpunkte dem Betragsverfahren vorbehalten werde, damit hinsichtlich der bindenden Kraft des Grundurteils keine Schwierigkeiten entstehen; es genüge aber, daß ein solcher Vorbehalt in den Gründen der Vorabentscheidung ausgesprochen werde (vgl. RGZ. Bd. 98 S. 222). Diesen Anforderungen trägt das Berufungsurteil Rechnung.

In sachlichrechtlicher Hinsicht kann allein die Frage des doppelten Abzugs der Versicherungsleistungen zweifelhaft sein, während das Urteil in allen übrigen Punkten keinen Anlaß zur Beanstandung bietet. Auch die Revision bemängelt nur, daß das Berufungsgericht die doppelte Kürzung des Klageanspruchs um die Leistungen der Sozialversicherung zu Unrecht unterlassen habe. Sie ist der Ansicht, das Berufungsgericht sei damit von den Grundsätzen der Entscheidung RGZ. Bd. 167 S. 207 abgewichen. Diese Entscheidung geht davon aus, daß die Gewährung von Leistungen aus den Sozialversicherungen dem Geschädigten eine anderweitige Ersatzmöglichkeit biete, so daß bei nur fahrlässiger Amtspflichtverletzung für eine Ersatzforderung des Geschädigten nach § 839 Abs. 1 Satz 2 BGB. im Umfange der öffentlichen Versicherungsleistungen kein Raum mehr sei. Dem hat der Kläger Rechnung getragen, indem er die ihm zustehenden Versicherungsleistungen — ebenso wie das ihm von der Stadt K. bewilligte Ruhegeld — bei der Berechnung seines Erwerbsverlustes abgezogen hat. Die Entscheidung nimmt aber weiter an, daß dem Geschädigten sein auf den überschießenden Betrag beschränkter Schadensersatzanspruch trotzdem noch ganz oder zum Teil verlorengehen könne. Diese Folge ist aus § 1542 RVO. hergeleitet. Danach werde der Ersatzanspruch, so wie er eben bestehe, kraft Gesetzes auf den öffentlichen Versicherungsträger übertragen, und zwar bis zur Höhe der diesem obliegenden Versicherungsleistungen, wobei allerdings Schadensersatzanspruch und Versicherungsleistung nach ihrer Herkunft aus demselben Tatsachenkreise sowie nach Art und Entstehungszeit einander entsprechen müßten. Angesichts dieser unmißverständlichen Darlegungen ist es nicht recht verständlich, wie das Berufungsgericht zu der Auffassung gelangen konnte, daß jene Entscheidung den Grundsatz einer doppelten Absetzung der Versicherungsleistungen nicht enthalte.

Keinesfalls freilich würde die Anwendung des Grundsatzes zu einer wiederholten Absetzung der Beträge führen können, die der Kläger von der Stadt K. als Ruhegeld erhält. Denn insoweit ist kein Rechtsgrund ersichtlich, kraft dessen der verbleibende Schadensersatzanspruch des Klägers auf die Stadt K. übergegangen wäre. Insbesondere ist sein Ruhegeld keine Beamtenpension, so daß schon deshalb die Bestimmung in § 139 des Deutschen Beamtengesetzes vom 26. Januar 1937 (RGBl. I S. 39) nicht zum Zuge kommt. Die Revision hat sich denn auch darauf beschränkt, die doppelte Kürzung nur wegen der Leistungen aus der Sozialversicherung zu verlangen. Dabei ist jedoch klarzustellen, daß der Schmerzensgeldanspruch des Klägers von einer derartigen Kürzung überhaupt nicht betroffen wird, weil die öffentlichen Versicherungsträger dem Kläger keinen Ersatz für seinen nichtvermögensrechtlichen Schaden gewährt haben, dieser auch grundsätzlich von dem vermögensrechtlichen Schaden getrennt gehalten werden muß (RGZ. Bd. 170 S. 37).

Somit würde der Grundsatz der doppelten Kürzung nur auf die Klageansprüche zur Anwendung kommen, die den Erwerbsschaden des Klägers betreffen. Er müßte in der Tat zur Abweisung dieser Ansprüche führen. Soweit nämlich der Kläger für die Zeit vor dem 1. April 1941 einen Verdienstausfall von 446,82 RM verlangt, stehen dem nach seiner eigenen Aufstellung an Unfallrenten der Berufsgenossenschaft für den gleichen Zeitraum 1007,60 RM gegenüber, so daß insoweit kein Raum für Ersatzansprüche des Klägers mehr bleiben würde. Dasselbe ist von seinem Rentenanspruch zu sagen. Seinem ungedeckten Verdienstausfall von 53,21 RM monatlich steht die durch die Landesversicherungsanstalt gezahlte monatliche Invalidenrente von 68,80 RM gegenüber, so daß er auch insoweit keine Ansprüche gegen den Beklagten mehr erheben könnte.

Gegen die Entsch. RGZ. Bd. 167 S. 207 sind jedoch im Schrifttum erhebliche Bedenken laut geworden. Der erkennende Senat hat daher Veranlassung genommen, das gegenseitige Verhältnis von § 839 Abs. 1 Satz 2 BGB. und § 1542 RVO. erneut nachzuprüfen.

Dabei ist zunächst darauf einzugehen, ob Sozialversicherungsleistungen überhaupt als „Ersatz" im Sinne der zuerst genannten Vorschrift anzusehen sind. Der erkennende Senat hat diese Frage bereits in der Entscheidung RGZ. Bd. 161 S. 199 bejaht, nachdem sie wegen Leistungen aus privaten Schadens- und Unfallversicherungen schon mehrfach in demselben Sinne beantwortet worden war (vgl. dazu RGZ. Bd. 138 S. 209 [210/211], betr. eine Kreditversicherung, RGZ. Bd. 145 S. 56 [61/62], betr. eine Sachschadensversicherung, RGUrt. III 119/34 vom 26. Oktober 1934 in JW. 1935 S. 1084 Nr. 5 = WarnRspr. 1935 Nr. 9 = HRR. 1935 Nr. 346, betr. eine Kaskoversicherung sowie RGZ. Bd. 152 S. 20 [21], betr. eine Unfallversicherung). An dieser Rechtsprechung muß aus folgenden Gründen festgehalten werden: Die Bestimmung in § 839 Abs. 1 Satz 2 BGB. ist im Sinn eines Vorrechts (Privilegs) der Beamten zu verstehen. Diese sollen für einen durch fahrlässige Versehen in ihrer Amtsführung entstandenen Schaden erst in letzter Linie haftbar sein. Die Vorschrift lehnt sich nach ihrer Entstehungsgeschichte an das Preuß. Allgemeine Landrecht II 10 § 91 an, wonach der Beamte nur haftete, wenn kein anderes gesetzmäßiges

Mittel mehr übrig war, durch das den nachteiligen Folgen der Pflichtverletzung abgeholfen werden konnte. Die hiernach allenthalben nur aushilfsweise, d. h. für den äußersten Fall, eintretende Haftung der Beamten ist in § 839 Abs. 1 Satz 2 BGB. unter Beschränkung auf fahrlässige Amtspflichtverletzungen übernommen worden. Das ist geschehen, weil der Beamte berufsmäßig dauernd verpflichtet sei, in die Verhältnisse Dritter einzugreifen, und es deshalb nicht angehe, ihn wegen jeden Mißgriffs haften zu lassen, zumal da seine Tätigkeit auch noch die Besonderheit habe, daß sie von ihm nicht zu seinem eigenen Vorteil ausgeübt werde (Protokolle der Komm. für die zweite Lesung Bd. II S. 661, 662). Geht man weiter davon aus, daß auch das Gehalt des Beamten nicht danach bemessen ist, die Gefahr für jedes Versehen zu tragen, und daß eine überspannte Haftung seine Verantwortungsfreudigkeit herabmindern könnte, so ist es nach alledem gerechtfertigt, den § 839 Abs. 1 Satz 2 BGB. in ausdehnendem Sinn anzuwenden. Der erkennende Senat hat dem einmal dadurch Rechnung getragen, daß er in ständiger Rechtsprechung (RGZ. Bd. 138 S. 209 u. oft) das Fehlen anderweitiger Ersatzmöglichkeiten schlechthin als Anspruchsvoraussetzung für die Inanspruchnahme des Beamten wegen bloßer Fahrlässigkeit angesehen hat. Sodann hat er aber auch den Kreis der in Betracht kommenden Ersatzmöglichkeiten in den oben erwähnten Entscheidungen nicht eng, sondern weit gezogen, ohne einen wesentlichen Unterschied darin zu sehen, ob im Einzelfalle die anderweitige Ersatzmöglichkeit auf Gesetz oder Vertrag beruht. Als ausschlaggebend ist dabei mit Recht immer nur angesehen worden, daß der Geschädigte dadurch im Ergebnis einen endgültigen Ausgleich für die Vermögensnachteile erlangt hat oder erlangen kann, die ihm durch das Versehen des Beamten entstanden sind. Insoweit kann es in der Tat keine Härte für den Geschädigten bedeuten, wenn ihm aus Gründen öffentlichrechtlicher Art, nämlich des Beamtenrechts, eine Inanspruchnahme des fahrlässig handelnden Beamten versagt bleibt. Daran vermag auch der Umstand nichts zu ändern, daß der Staat oder die sonst in Betracht kommende öffentlichrechtliche Körperschaft im Bereiche der Ausübung öffentlicher Gewalt die Haftung an Stelle des Beamten trägt.

Eben weil sich diese Grenzziehung aus dem in § 839 Abs. 1 Satz 2 BGB. festgelegten Beamtenvorrecht ergibt, ist sie unabhängig von dem Grundsatze der sogenannten Vorteilsausgleichung, dessen Voraussetzungen andere und engere sind. Das Erfordernis der Vorteilsausgleichung entspringt dem allgemeinrechtlichen Schadensbegriffe (§ 249 BGB.) und beruht darauf, daß ein Vermögensschaden insoweit nicht vorhanden sein kann, als der Geschädigte durch das schädigende Ereignis unmittelbar auch Vermögensvorteile erlangt.

Betrachtet man hiervon ausgehend § 839 Abs. 1 Satz 2 BGB. und § 1542 RVO. im Zusammenhange, so muß einleuchten, daß die zuerst genannte Vorschrift die stärkere ist. Das folgt aus ihrem Wesen als einer für alle Beamten geltenden Sondervorschrift, ferner auch daraus, daß nach § 1542 RVO. Schadensersatzforderungen auf den Versicherungsträger nur insoweit übergehen, als sie „nach anderen gesetzlichen Vorschriften" begründet sind. Im Umfange der Versicherungsleistungen ist aber, wie oben dargelegt, ein Schadensersatzanspruch des Klägers wegen § 839 Abs. 1 Satz 2 BGB. nicht zur Entstehung gelangt. Führt somit § 839 Abs. 1 Satz 2 BGB. zwangsläufig zu diesem Ergebnis und geht die genannte Bestimmung dem § 1542 RVO. vor, so liegt die Annahme nahe, daß sich damit die Folgen der Gewährung des Sozialversicherungsschutzes auch erschöpfen müssen. Freilich läßt der Wortlaut des § 1542 RVO. für sich allein betrachtet die Auffassung zu, daß der Schadensersatzanspruch in seiner Gesamtheit auf den Versicherungsträger in Höhe der Versicherungsleistungen übergehen soll, selbst wenn er aus irgendwelchen Rechtsgründen den vollen Schaden nicht umfassen sollte. Aber das würde beim Zusammentreffen mit § 839 Abs. 1 Satz 2 BGB. bedeuten, daß der unter dem Schutze der Sozialversicherung stehende Geschädigte schlechter gestellt wäre als der unversicherte. In seiner früheren Entscheidung hatte sich der erkennende Senat über dieses Bedenken hinweggesetzt, weil der Versicherte den Vorteil des unbedingten Versicherungsschutzes genieße und es demgegenüber in Kauf nehmen müsse, daß der Versicherungsträger mit seinem Deckungsanspruch den Vorrang erhalte. Diese Erwägung konnte allerdings in § 1542 RVO. keinen unmittelbaren Anhaltspunkt finden. Immerhin konnte sie für sich in Anspruch nehmen, daß auch andere Gesetze die Gewährung unbedingten Versorgungsschutzes damit verknüpfen, daß sie den Versorgungsberechtigten zur Preisgabe weiterer Schadensersatzansprüche zwingen. Insoweit kann auf § 134 Abs. 1 des Wehrmacht-Fürsorge- und -Versorgungsgesetzes vom 26. August 1938 (RGBl. I S. 1077), § 124 des Deutschen Beamtengesetzes vom 26. Januar 1937, § 898 RVO. verwiesen werden. Nachdem jedoch inzwischen bekannt geworden ist, daß die Staatsführung eine Abänderung dieser Bestimmungen erwägt, kann dem obigen Gesichtspunkte keine überzeugende Kraft mehr beigemessen werden. Unter diesen Umständen treten die Bedenken, die aus dem sozialen Grundzuge der Reichsversicherungsordnung gegen die Doppelanrechnung von Versicherungsleistungen zu erheben sind, so stark in den Vordergrund, daß an den Grundsätzen der früheren Senatsentscheidung nicht mehr festgehalten werden kann. Der Anspruch des Klägers kann daher zu keinem Teil auf den Träger der Sozialversicherung übergegangen sein. Aus dem Urteil VI 361/35 vom 6. Februar 1936 (Deutsches Autorecht 1936 S. 224 Nr. 184) kann gegen dieses Ergebnis nichts hergeleitet werden.

RGZ. 171, 393*).

Kann sich gegenüber dem Schadensersatzanspruch eines Arbeiters, der vom Dienstberechtigten an einen anderen Betrieb „verliehen" worden ist, in diesem einen Unfall erlitten hat und deswegen von der Berufsgenossenschaft des Verleihers entschädigt worden ist, der Entleiher auf die Vorschriften des § 898 oder des § 899 RVO. berufen?

BGB. §§ 618, 823, 831, 847. RVO. §§ 898, 899, 901.

III. Zivilsenat. Urt. v. 20. September 1943.

I. Landgericht Frankenthal. — II. Oberlandesgericht Zweibrücken.

Der Kläger war von dem Bauunternehmen Gebrüder St. als Maurer eingestellt worden. Er wurde von ihm seit Anfang 1936 der Beklagten für ihre Bauvorhaben als Leiharbeiter zur Verfügung gestellt. Seinen Lohn erhielt er von Gebrüder St.; diese zahlten auch die Versicherungsbeiträge. Die Anweisungen für die Arbeit erteilte die Beklagte; sie stellte auch, abgesehen von dem eigenen Handwerkszeug der Maurer, den Werkstoff, das Rüstzeug und dergleichen und führte durch ihre Angestellten die Aufsicht über die Arbeiten. Die Beklagte zahlte an Gebrüder St. auf die Löhne, Versicherungsbeiträge und sonstigen Auslagen, die sie erstattete, einen prozentualen Aufschlag als Verdienst.

Im Juli 1937 war der Kläger mit Maurerarbeiten in einem Hochspannungsbau der Beklagten beschäftigt; er hatte mit anderen Arbeitern den Auftrag, Schaltzellen in „Satz D" montagefertig herzurichten. Der Satz D war zu Beginn der Arbeiten stromlos gemacht worden. Am Freitag, dem 16. Juli 1937, wurde der Kläger mit einer Arbeit in einem benachbarten Gange des gleichen Stockwerks betraut. Nach ihrer Beendigung am Nachmittag des 16. Juli wurde in dem ganzen Stockwerk, auch in Satz D, der Strom eingeschaltet. Am Sonnabend, dem 17. Juli, erhielten der Kläger und ein anderer Arbeiter den Auftrag, in einem anderen Bau „99" eine Arbeit auszuführen. Nach ihrer Fertigstellung

*) Vgl. auch Bd. 172 S. 101. (Abgedr. weiter unten in diesem Abschnitt.)

begaben sich beide gegen 11 1/2 Uhr wieder in den Hochspannungsbau und setzten dort die Arbeit an Satz D bis zum Arbeitsschluß gegen 13 1/2 Uhr fort. Am Montag, dem 19. Juli, nahmen sie die Arbeit in derselben Zelle des Satzes D wieder auf. Als sich der Kläger an der Decke der Zelle zu schaffen machte, geriet er durch die Öffnung in der Decke mit der linken Hand an die über der Zellendecke hinführende Sammelschiene mit 3000 Volt, die seit dem Nachmittag des 16. Juli eingeschaltet war. Er erlitt schwere Verbrennungen, die seine Arbeitsunfähigkeit zur Folge hatten. Er bezieht deshalb von der Bauberufsgenossenschaft eine Rente von monatlich 153,30 RM.

Der Kläger macht die Beklagte für den Unfall verantwortlich. Er behauptet, sie habe die notwendigen Maßnahmen zur Verhütung unterlassen, und legt dies im einzelnen dar. Er verlangt von der Beklagten ein Schmerzensgeld und Ersatz des durch die Rente nicht gedeckten Schadens. Er erstrebt ihre Verurteilung zur Zahlung von 1000 RM sowie einer nach richterlichem Ermessen festzusetzenden weiteren Entschädigung, außerdem die Feststellung der Verpflichtung der Beklagten, alle weiteren aus dem Betriebsunfall vom 19. Juli 1937 in Zukunft entstehenden Schäden, soweit sie nicht durch die Unfallrente abgegolten sind, zu tragen.

Die Beklagte führt aus, sie, ihre Vertreter und Angestellten, hätten alles Erforderliche getan, um derartige Unfälle zu verhüten. Der Kläger sei allein am Unfall schuld, weil er trotz der Belehrungen und trotz Kenntnis von der Einschaltung des Stromes eigenmächtig in der Zelle gearbeitet habe, überdies noch aus der Tatsache, daß mehrere Zellentüren geschlossen waren, und aus dem im Gang angebrachten Leuchtschild hätte sehen müssen, daß die Sammelschiene D unter Strom stand.

Das Landgericht hat die Klage abgewiesen. Auf die Berufung des Klägers sind die Leistungsansprüche, soweit sie nicht auf die Bauberufsgenossenschaft übergegangen sind, dem Grunde nach zu 3/4 für gerechtfertigt erklärt und ist festgestellt worden, daß die Beklagte dem Kläger auch den weiteren, nachweislich aus dem Betriebsunfall noch entstehenden Schaden zu 3/4 zu ersetzen habe, soweit nicht Ansprüche auf die Berufsgenossenschaft übergehen. Zu 1/4 dieser Ansprüche ist es bei der Abweisung der Klage geblieben. Die Revision der Beklagten führte zur Wiederherstellung des landgerichtlichen Urteils.

Gründe:

Der Kläger führt seinen Unfall auf fahrlässiges Verhalten von Personen zurück, die für die Beklagte tätig waren. Er verlangt daher von ihr das Eintreten für seinen Vermögensschaden, soweit dieser nicht durch die Berufsgenossenschaft gedeckt worden ist, sowie ein Schmerzensgeld. Für das erste Begehren ist ein doppelter Klagegrund in Betracht zu ziehen, der der Verletzung der Fürsorgepflicht (§ 618 BGB.) und der der unerlaubten Handlung (§ 823 Abs. 1 und 2 BGB.), für das Verlangen des Schmerzensgeldes hingegen nur der letzte (§ 847 BGB.). Unter dem Gesichtspunkte der unerlaubten Handlung würde die Beklagte für die Personen, denen fahrlässige Verursachung zur Last fällt, unter den Voraussetzungen des § 31 BGB. — Haftung für verfassungsmäßig berufene Vertreter — oder des § 831 BGB. — Haftung aus Bestellung zu einer Verrichtung — einzustehen haben. Die Anwendung des Gesichtspunktes der Fürsorgepflichtverletzung wird zufolge der Eigenart derartiger Fälle dadurch beherrscht, daß das „verliehene" Gefolgschaftsmitglied einerseits zum Entleiher in kein Arbeitsverhältnis tritt, sondern ausschließlich in demjenigen verbleibt, das es mit dem Verleiher begründet hatte, daß es andererseits zur Leistung der Arbeit vollständig in den Betrieb des Entleihers eingegliedert wird. Für derartige Gestaltungen hat das Reichsarbeitsgericht (RAG. Bd. 23 S. 206) überzeugend dargelegt, daß, wie die übrigen Verpflichtungen des Dienstberechtigten, so die Fürsorgepflicht nach wie vor den Verleiher betrifft, daß aber der Entleiher gegenüber dem Gefolgsmann Erfüllungsgehilfe für diese Pflicht im Sinne des § 278 BGB. ist. Dieser Auffassung ist der VIII. Zivilsenat des Reichsgerichts beigetreten (RGZ. Bd. 170 S. 216). Ihr zufolge würde der Kläger den Anspruch aus § 618 BGB. von vornherein nicht gegen die Beklagte erheben können. Es sind freilich abweichende Rechtsbeziehungen denkbar. Sie können dadurch entstehen, daß das verliehene Gefolgschaftsmitglied durch einen Vertrag, der zwischen dem Verleiher und dem Entleiher zu seinen Gunsten abgeschlossen wird, gemäß § 328 BGB. berechtigt wird, auch vom Entleiher die Erfüllung der Fürsorgepflicht zu fordern (RAG. Bd. 19 S. 340 [343]), oder daß die Stellung als Dienstberechtigter selbst mit Zustimmung des Gefolgschaftsmitglieds durch Vertrag zwischen dem Verleiher und dem Entleiher auf diesen als Berechtigten und Verpflichteten übertragen wird (vgl. die Anmerkung von Hueck zu dem zuletzt genannten Urteil in ArbrSamml. Bd. 40 S. 16). Für den gegenwärtigen Fall kann die zuletzt genannte Gestaltung von vornherein ausgeschieden werden, da der vorgetragene Sachverhalt für sie keinen Anhalt bietet. Zu der vorher genannten Möglichkeit haben die Vordergerichte keine Stellung genommen, wie sie sich überhaupt näherer Darlegungen über die rechtliche Natur des erhobenen Anspruchs enthalten haben. Solche sind auch insofern entbehrlich, als, wie sich ergeben wird, die Beurteilung durch den Umstand bestimmt wird, daß die Vorschriften der §§ 898 und 899 RVO., um deren Anwendung der Streit in erster Reihe geht, gegenüber allen Ersatzansprüchen des Versicherten durchgreifen, mögen sie auf dem Arbeitsverhältnis oder auf unerlaubter Handlung beruhen.

§ 898 RVO. befreit „den Unternehmer" von solchen Ersatzansprüchen, sofern diese auf Unfälle in versicherungspflichtigen Betrieben (§ 544 RVO.*) gegründet werden. Über die Erfüllung der zuletzt genannten Voraussetzung kann im gegebenen Falle deshalb kein Zweifel bestehen, weil sowohl der Betrieb der Gebrüder St. (§ 537 Nr. 3 RVO.**) als auch der der Beklagten (§ 537 Nr. 2 RVO.**) der Unfallversicherung unterliegen. Es handelt sich also darum, ob die Beklagte im Sinne des § 898 RVO. „der Unternehmer" ist. Die Bestimmung gebraucht diese Bezeichnung in dem besonderen Sinne der Reichsversicherungsordnung und gewährt ihre Rechtswohltat nur demjenigen, den diese als Unternehmer behandelt. Denn § 898 verweist wegen dieses Begriffs aus § 633 des Gesetzes. Dort wird derjenige als Unternehmer bezeichnet, für dessen Rechnung der Betrieb geht. Damit ist für Fälle der gegebenen Art jedoch nichts gewonnen; denn daraus folgt nur, daß im Sinne der Unfallversicherung Unternehmer des Betriebs der Firma St. deren Inhaber, des Betriebs der Beklagten die im Eingang bezeichnete Aktiengesellschaft sind. Dagegen ergibt § 633 nichts darüber, ob bei einer Gestaltung, wie sie hier vorliegt, der Betrieb, auf den es ankommt, derjenige ist, bei dem der Verletzte im Arbeitsverhältnis steht, oder derjenige, bei dem sich der Unfall ereignet hat (vgl. über diese Frage die grundsätzliche Entscheidung des Reichsversicherungsamts Nr. 3192 der Amtlichen Nachrichten des Reichsversicherungsamts von 1925 [S. 188]). Im gegebenen Fall ist das ordentliche Gericht indessen infolge der weiteren Bestimmung des § 901 RVO. einer fachlichrechtlichen Erörterung dieser Frage enthoben. Die dort angeordnete Bindung an die Entscheidungen der Versicherungsbehörden darüber, ob ein entschädigungspflichtiger Unfall vorliegt, so-

*) Jetzt „Arbeitsunfälle" — § 542 RVO. i. d. F. des Ges. vom 9. 3. 1942 — RGBl. I S. 107.

**) Nach dem in Anm. *) angeführten Ges. ist die UV. nicht mehr von der Beschäftigung in bestimmten Betrieben abhängig.

wie in welchem Umfang und von welchem Versicherungsträger die Entschädigung zu gewähren ist, umfaßt nämlich, wie das Reichsgericht in ständiger Rechtsprechung angenommen hat (RGZ. Bd. 92 S. 296, Bd. 93 S. 321 [323], Bd. 97 S. 202 [206], Bd. 111 S. 159 [161], Bd. 136 S. 345 [348]), auch die Feststellung, daß sich der Unfall in einem bestimmten versicherungspflichtigen Betrieb ereignet hat. Die Frage ist nur, ob, wenn eine derartige Entscheidung getroffen worden ist, dem ordentlichen Gericht noch Raum für die Annahme bleibt, daß neben dem so festgestellten Unternehmer noch ein anderer als solcher in Betracht komme. Das hat das Reichsgericht in der an vorletzter Stelle genannten Entscheidung in gewollter Abweichung von der dort angeführten vorausgegangenen Rechtsprechung mit dem Hinweise verneint, daß nach dem, wie gezeigt, maßgeblichen versicherungsrechtlichen Begriffe des Unternehmers als solcher nur der Inhaber des einen der mehreren Betriebe in Betracht komme. Eine die Gerichte bindende Bestimmung der Versicherungsbehörde schließt daher schon für sich allein die Annahme aus, daß noch ein anderer im Sinne des § 898 RVO. Betriebsunternehmer sei. Diese Auffassung liegt auch anderen höchstrichterlichen Entscheidungen (RGZ. Bd. 158 S. 341 [344]; RAG. Bd. 15 S. 208) zugrunde. Daß, wie die Revision annimmt, der VIII. Zivilsenat des Reichsgerichts in dem Urteil RGZ. Bd. 170 S. 216 von ihr abgewichen und zu der früheren Rechtsprechung zurückgekehrt wäre, kann aus jenem Urteil nicht entnommen werden, da es Erörterungen zu der Anwendbarkeit des § 898 RVO. nur nebenher (S. 219) in Hilfserwägungen bringt. Die bindende Kraft der versicherungsbehördlichen Entscheidungen erstreckt sich auch auf die der Versicherungsträger selbst, zumal der Berufsgenossenschaften (RGZ. Bd. 97 S. 202 [206] mit weiteren Nachweisungen). Sie kommt daher auch der im gegebenen Fall ergangenen Entscheidung der Bauberufsgenossenschaft zu, die, wie das angefochtene Urteil bemerkt, „ausdrücklich festgelegt hat, daß Unternehmer die Firma Gebrüder St. ist", und ihre Entschädigungspflicht anerkannt hat. Daran mußte das Berufungsgericht die Folgerungen knüpfen, daß die Beklagte nicht als Unternehmer im Sinne des § 633 in Betracht kommt und daß ihr daher die Berufung auf § 898 RVO. zu versagen ist.

Damit ist die Rechtslage aber nicht vollständig erörtert. Es bleibt noch die Möglichkeit, daß § 899 RVO. der Beklagten zugute kommt. Das Berufungsgericht hat auch das verneint; es sagt, die Beklagte gehöre nicht zum Betriebe der Gebrüder St., noch sei sie im Rahmen dieses Betriebs tätig geworden; sie sei selbständige Unternehmerin, deren Betrieb der Berufsgenossenschaft Chemische Industrie angehöre für den Rechtsstreit gelte sie demnach als Dritte, gegen die Schadens ersatzansprüche ohne die in Rede stehende Beschränkung erhoben wer den könnten.

Diese Beurteilung wird jedoch dem inneren Gehalt der Sachlag nicht gerecht. Sie führt zu dem Ergebnis, daß bei einem derartige. Arbeiterverleihverhältnis einerseits das Gefolgschaftsmitglied ein unbegründete Besserstellung erfährt, da es gegen denjenigen Betriel in dem es allein Unfälle erleiden kann, Ansprüche erheben kann, di dem in völlig gleicher Gefahrenlage arbeitenden eigenen Arbeiter des selben Betriebs, überhaupt allen Gefolgschaftsmitgliedern, die nich Leiharbeiter sind, versagt werden, daß aber andererseits der Entleihe mit solchen Ansprüchen überzogen werden kann, obwohl sowohl e wie der Verleiher Unternehmer von unfallversicherten Betrieben sind Beide Folgerungen bezeichnet die Revision mit Recht als unannehmba Sie entsprechen auch nicht dem Sinne der gesetzlichen Regelung; den: sie beruhen darauf, daß von der Besonderheit abgesehen wird, di eingangs als wesentlich für die Gestaltung des Falles aufgewiesen wurde von dem Umstande nämlich, daß die Beklagte keineswegs außerhal der arbeitsrechtlichen Beziehungen zwischen dem Kläger und der Firm Gebrüder St. geblieben ist, sondern in diese nicht nur mit der Be rechtigung, vom Gefolgschaftsmitglied Arbeitsleistung zu forderr sondern auch mit der Verpflichtung, an Stelle des Verleihers zu einer wesentlichen Teile dessen Fürsorgepflicht zu erfüllen, eingeschalte worden ist. Verhältnissen ähnlicher Art hat das Gesetz mit der Vor schrift des § 899 RVO. Rechnung getragen. Dort ist bestimmt, da „Bevollmächtigte und Repräsentanten" des Unternehmers auf Grun eines Betriebsunfalls dem Verletzten nur dann auf Schadensersat haften, wenn strafgerichtlich festgestellt worden ist, daß sie den Unfa vorsätzlich herbeigeführt haben. Die Beklagte, sofern sie für den Ver leiher die Fürsorgepflicht leistet, als solchen Bevollmächtigten zu be handeln, entspricht dem Ziele der Vorschrift und dem inneren Gehal der Sachlage. Es kann dabei von keiner Bedeutung sein, daß sich de Gesetzgeber, als er die Bestimmung erließ — ihre Entstehungsgeschicht ist in RGZ. Bd. 136 S. 345 (351) dargelegt —, nicht gerade Verhält nisse der hier gegebenen Art vorgestellt hat. Zur Anwendung des vo: ihm aufgestellten Rechtsgrundsatzes genügt es vielmehr, daß der dabe gebrauchte Begriff der Bevollmächtigten und Repräsentanten bei seine Allgemeinheit zwanglos auf solche Verhältnisse erstreckt werden kan. Deshalb kann es auch nicht für wesentlich angesehen werden, daß di

Beklagte nicht ein Einzelner, sondern eine juristische Person ist. In der zuletzt genannten Entscheidung hat der VI. Zivilsenat des Reichsgerichts allerdings (a. a. O. S. 350) bei eingehender Erörterung des Begriffs des Bevollmächtigten neben sonstigen Merkmalen, die auf den gegebenen Fall zutreffen, auch gefordert, „daß die Bevollmächtigten — ebenso wie Repräsentanten des Unternehmers sowie Betriebs- und Arbeitsaufseher — eine ... Stellung im Betrieb einnehmen". In noch stärkerem Maß ist das im Urteil VI 109/39 desselben Senats vom 16. Dezember 1939 (Entscheidungen und Mitteilungen des Reichsversicherungsamts Bd. 46 S. 250) hervorgehoben worden. Dies Merkmal ist hier nicht erfüllt, da weder die Beklagte selbst noch diejenigen ihrer Angestellten, die für die Sicherung der Arbeit des Klägers zu sorgen hatten, zum Unternehmer in dem zuvor entwickelten Sinne, nämlich zur Firma Gebrüder St., in solchem Abhängigkeitsverhältnisse standen. Aber der Zweck des Gesetzes würde, wie das Bedürfnis des gegebenen Falles zeigt, zu einem wesentlichen Teil unerfüllt bleiben, wenn an diesem Erfordernis überall festgehalten würde. Auch der in derselben Entscheidung dargelegte Zusammenhang des Haftungsausschlusses nach § 899 mit der Haftung gegenüber der Berufsgenossenschaft gemäß § 903 RVO. bereitet der gebotenen weiteren Auslegung jedenfalls dann keine Schwierigkeiten, wenn ferner angenommen wird, daß diese Haftung gegebenenfalls auch den Entleiher trifft. Dieser Folgerung steht nichts im Wege.

Die Beklagte beruft sich demnach gegenüber den erhobenen Ansprüchen mit Erfolg auf den Haftungsausschluß des § 899 RVO. Aus diesem Grund erweist sich das klageabweisende Urteil des Landgerichts im Ergebnis als gerechtfertigt.

RGZ. 172, 85.

1. Zum Umfange der Bindung der Gerichte an die Entscheidungen der Versicherungsbehörden.

2. Haftet der landwirtschaftliche Betriebsinhaber, wenn beim Dreschen seines Getreides durch einen Lohndreschunternehmer eine der von diesem gestellten, beim Dreschen tätigen Personen infolge von Mängeln an den Sicherheitseinrichtungen der Maschine verletzt wird?

RVO. §§ 901, 903.

V. Zivilsenat. Urt. v. 16. Oktober 1943.

I. Landgericht Regensburg. — II. Oberlandesgericht Nürnberg.

Vom 8. bis 10. Dezember 1938 wurde auf dem Erbhof der Ehefrau des Beklagten Getreide gedroschen. Dazu wurde eine Dreschmaschine verwendet, die dem Landwirt Franz H. gehörte und die dieser nicht nur im eigenen Betriebe benutzte, sondern mit der er auch eine Lohndrescherei betrieb. Franz H. stellte zur Bedienung der Maschine einen gewissen Sch. und war am ersten Tage selbst als Einleger tätig. Da er erkrankte, trat an den übrigen Tagen auf Verlangen des Beklagten sein Bruder H. als Einleger ein. Am 10. Dezember verließ dieser, als der Nachschub des Getreides stockte, seinen Stand auf der Dreschmaschine und ging seitlich nach vorn, um nach der Ursache der Stockung zu sehen. Auf dem Rückwege geriet er, als er wieder in den Einlegerstand treten wollte, mit dem linken Fuß in die Trommel und die Welle der Dreschmaschine. Sein Fuß wurde hierbei derart gequetscht, daß er später abgenommen werden mußte. Dieser Unfall war dadurch möglich geworden, daß aus der die Einlegeröffnung überdeckenden Schutzhaube an der vorderen Kante ein Stück herausgeschnitten worden war, um das Einlegen zu erleichtern, und daß die Haube — wahrscheinlich infolge mehrfachen Anfahrens an zu niedrige Tore — etwas zurückgebogen war, so daß die Überdeckung der Trommel um 10 cm verkürzt war.

Die Klägerin, die an Johann H. Unterstützungen gezahlt hat und auch weiterhin zahlen muß, nimmt auf Grund des § 903 RVO. den Beklagten auf Erstattung dieser Aufwendungen in Anspruch mit der Begründung, die Schutzeinrichtung der Dreschmaschine habe wegen der an ihr vorgenommenen und der sonst daran eingetretenen Veränderungen nicht mehr ihren Unfallverhütungsvorschriften (§§ 13, 25, 64) entsprochen. Das habe der Beklagte, der Unternehmer oder doch mindestens Repräsentant des Erbhofs im Sinne des § 899 RVO. sei, bei pflichtgemäßer Prüfung der Dreschmaschine erkennen können; er hätte deshalb Vorkehrungen zur Vermeidung des Unfalls treffen müssen.

Der Beklagte bestreitet zunächst, daß er selbst Unternehmer sei, da der Erbhof seiner Frau gehöre und diese trotz seines ehemännlichen Verwaltungs- und Nutznießungsrechts für die ordnungsgemäße Bewirtschaftung verantwortlich sei. Ferner macht er geltend, der verunglückte Johann H. sei nicht im Betriebe des Erbhofs, sondern in dem der Lohndrescherei seines Bruders Franz H. beschäftigt gewesen und von diesem nach dessen Erkrankung, wenn auch auf Verlangen des Beklagten, gestellt worden. Er, der Beklagte, habe auch mit Johann H. keine Lohnabrede getroffen und ihm keinen Lohn gezahlt, sondern nur an Franz H. den Dreschlohn entrichtet. Im übrigen habe er von dem mangelhaften Zustande der Schutzvorrichtungen keine Kenntnis gehabt und mit dem Vorhandensein von Veränderungen, wie sie hier an der Maschine vorgekommen seien, nicht rechnen können. Auch habe er die Dreschmaschine nicht auf ihren ordnungsgemäßen Zustand prüfen können, da er selbst infolge eines Motorradunfalls an den in Betracht kommenden Tagen zu Bett gelegen habe und nur vorübergehend aufgestanden sei. Da er außer seiner im Hause voll beschäftigten Frau nur einen 20jährigen Knecht und zwei Mägde gehabt habe, sei es ihm auch nicht möglich gewesen, einen anderen mit der Prüfung der Dreschmaschine zu betrauen.

Während das Landgericht die Klage abgewiesen hat, hat das Oberlandesgericht den Beklagten zur Erstattung der von der Klägerin bisher gemachten Aufwendungen verurteilt und seine Pflicht zur Erstattung der künftigen Aufwendungen festgestellt. Auf die Revision des Beklagten wurde das landgerichtliche Urteil wieder hergestellt.

Gründe:

Nach § 901 RVO. sind die Gerichte an die Entscheidung gebunden, die in einem Verfahren der Reichsversicherungsordnung darüber ergeht, ob ein entschädigungspflichtiger Unfall vorliegt und in welchem Umfang und von welchem Versicherungsträger die Entschädigung zu gewähren ist; gemäß § 907 Abs. 2 das. gilt diese Bindung der Gerichte auch für die in § 903 das. bezeichneten Ansprüche. Nach ständiger Rechtsprechung (RGZ. Bd. 92 S. 296, Bd. 93 S. 323, Bd. 97 S. 206, Bd. 111 S. 159) erstreckt sich diese Bindung auch auf die Feststellung des Betriebs, in welchem der Verletzte zur Zeit des Unfalls tätig war, da die Feststellung des ersatzpflichtigen Versicherungsträgers regelmäßig die Bestimmung des Unternehmers voraussetzt, in dessen Betrieb sich der Unfall ereignet hat. Ob eine solche Bindung auch dann gegeben ist, wenn es der Bestimmung des Betriebs, in dem der Unfall sich ereignet hat, nicht bedarf, weil alle in Frage kommenden Betriebe derselben Berufsgenossenschaft angehören, es also gar nicht fraglich sein kann, welche Berufsgenossenschaft die Entschädigung zu gewähren hat, kann hier dahingestellt bleiben. Entgegen der Meinung des Berufungsgerichts ist nämlich in den Rentenbescheiden der Klägerin vom 2. Februar und vom 31. Oktober 1940 keine Feststellung dahin getroffen, daß der Unfall sich im Betriebe des Erbhofs ereignet habe; . . . (wird ausgeführt).

Liegt aber nach dem Gesagten eine die Gerichte bindende Feststellung des Betriebs, in dem der Verunglückte tätig war und der

Unfall sich ereignet hat, nicht vor, so bedurfte es auch keiner Aussetzung des gegenwärtigen Rechtsstreits gemäß § 901 Abs. 2 RVO., da, wie gesagt, eine Feststellung des Betriebs zur Bestimmung des Versicherungsträgers, der die Entschädigung zu gewähren hat, hier nicht notwendig ist. Die Gerichte haben vielmehr selbständig zu prüfen, ob der von der Klägerin verfolgte Rückgriffsanspruch gegen den Beklagten gerichtet werden kann. In dieser Beziehung ist es ohne Belang, ob der Beklagte kraft seines ehemännlichen Verwaltungs- und Nutznießungsrechts Unternehmer im Sinne der §§ 633, 903 RVO. oder ob er nur Repräsentant, Betriebsaufseher des Erbhofs oder dergleichen im Sinne des § 899 das. war. Selbst wenn die Bedenken des Berufungsgerichts gegen die erste Annahme zutreffen sollten, so hat er doch unstreitig den Betrieb des Erbhofs geleitet und geführt; er gehörte also als Betriebsleiter zu den nach § 899 RVO. dem Unternehmer gleichgestellten Personen, die ebenso wie dieser der Berufsgenossenschaft bei Verstoß gegen die Unfallverhütungsvorschriften haften. Entscheidend ist allein, in welchem Betriebe der Verletzte beschäftigt war, d. h., ob er zur Gefolgschaft des Erbhofs oder nicht vielmehr zu der der Lohndrescherei gehörte. . . .

Dazu ist folgendes zu bemerken: Nach den von dem Aufsichtsbeamten der Klägerin unmittelbar nach dem Unfall getroffenen Feststellungen, den eidlichen Bekundungen des Beklagten und den Bekundungen des Franz H. und des Johann H. betrieb Franz H. mit seiner Dreschmaschine Lohndrusch in der Regel in der Weise, daß er die von ihm zu den Drescharbeiten zu stellende Maschine selbst führte und einen Mann als Einleger oder Maschinisten mitbrachte. So war es bereits in den früheren Jahren auf dem Erbhof der Ehefrau des Beklagten gehandhabt worden; so sollte auch im Jahre 1938 das Ausdreschen des Getreides vor sich gehen. Wie aus der Aussage des Johann H. hervorgeht, hat Franz H. am ersten Tage mit dem von ihm gestellten Sch. die Dreschmaschine bedient; erst an den späteren Tagen ist, weil Franz H. erkrankte, sein Bruder Johann, der Verletzte, an seine Stelle getreten. Der Beklagte hat ein Arbeitsentgelt nur an Franz H. gezahlt, nicht aber an Sch. oder an den Verletzten; beide sind vielmehr durch Franz H. entlohnt worden.

Es handelt sich somit im vorliegenden Fall um den üblichen Lohndreschvertrag, bei dem nicht nur die Dreschmaschine, sondern auch der Maschinist und der Einleger vom Unternehmer der Lohndrescherei gestellt und entlohnt wurden. Die rechtliche Natur dieses Vertrags kann dahingestellt bleiben. Denn jedenfalls tritt, worauf es hier allein ankommt, der auf fremdem Hofe tätig werdende, selbst die Maschine führende Inhaber des Lohndreschunternehmens, mögen auch die Menge des an den einzelnen Tagen zu dreschenden Getreides, die Dreschzeiten und dergleichen vom Bauern bestimmt und dem Dreschpersonal angegeben werden, nicht in ein derartiges Abhängigkeitsverhältnis zum Bauern, daß er in dessen landwirtschaftlichen Betrieb eingegliedert und Betriebsangehöriger des Bauern wird, daß also zwischen ihm und dem Bauern ein Arbeitsverhältnis zustande kommt. Er leistet diesem vielmehr seine vertraglichen Dienste als selbständiger Unternehmer. Ebenso werden die von ihm gestellten Leute, Maschinisten und Einleger, während des Dreschens nicht Betriebsangehörige des Hofes, auf dem gedroschen wird, und nicht Gefolgschaftsmitglieder der einzelnen bäuerlichen Betriebe, in denen sie jeweils arbeiten, sondern sie bleiben Betriebsangehörige des Lohndreschunternehmens und sind nur jeweils in einem fremden Betrieb im Sinne des § 634 RVO. tätig; sie sind Unternehmerarbeiter im Sinne der Entscheidungen RAG. Bd. 23 S. 206; RGZ. Bd. 170 S. 218. Auch nach der ständigen Rechtsprechung des Reichsversicherungsamtes gehören im versicherungsrechtlichen Sinne die an der Dreschmaschine beschäftigten, sogenannten technischen Kräfte, wie Maschinisten, Heizer, Schmierer und Anleger, zu dem Betriebe des Lohndreschunternehmers.

An dieser Rechtslage, wie sie regelmäßig besteht und mangels Sondervereinbarungen auch bei Erteilung und Annahme des hier vorliegenden Dreschauftrages von den Parteien als gewollt anzusehen ist, ist dadurch nichts geändert worden, daß der Eigentümer der Dreschmaschine infolge Krankheit am zweiten Tage und am Unfalltage nicht selbst beim Dreschen mitgewirkt hat, sondern daß an seiner Stelle sein Bruder, der Verletzte auf Betreiben des Beklagten abwechselnd mit Sch. die Maschine bedient hat und als Einleger tätig gewesen ist. Die vertragliche Pflicht des Franz H. bestand darin, die an der Maschine unmittelbar tätigen Kräfte, den Maschinisten und den Einleger, zu stellen; konnte er selbst nicht tätig sein, so mußte er für eine Ersatzkraft sorgen. Er hat also mit der Gestellung seines Bruders nichts anderes getan, als seiner vertraglichen Pflicht genügt, selbst wenn Johann H. auf Wunsch des Beklagten tätig geworden oder von diesem zur Hilfeleistung aufgefordert worden sein sollte. In der Äußerung eines solchen Verlangens oder Wunsches kann rechtlich nichts anderes als eine Aufforderung an den Lohndreschunternehmer zur Gestellung einer Ersatzkraft gesehen werden, nicht aber eine vom Beklagten selbst vorgenommene Einstellung der Ersatzkraft in dem landwirtschaftlichen

Betriebe des Erbhofs. Zwischen dem Beklagten und Johann H. ist daher weder ein Arbeitsverhältnis noch ein Beschäftigungsverhältnis im Sinne der Rechtsprechung des Reichsversicherungsamtes begründet worden; vielmehr ist davon auszugehen, daß Johann H., mag er auch äußerlich durch Bitten des Beklagten oder durch Zureden des Franz H. (so die Aussage des Johann H.) oder in ähnlicher Weise (so Franz H.) zu einem Tätigwerden veranlaßt worden sein, doch von seinem Bruder Franz mit dieser Arbeit beauftragt worden ist. Es kommt hinzu, daß er nur von seinem Bruder, nicht vom Beklagten, ein Entgelt für seine Tätigkeit erhalten, der Beklagte vielmehr an Franz H. lediglich den Dreschlohn gezahlt hat. Selbst wenn der Beklagte dabei gesagt haben sollte, davon solle etwas an den Verletzten abgegeben werden, so hat er damit offensichtlich keine eigene Verpflichtung zur Zahlung eines Lohnes an Johann H. anerkennen oder erfüllen wollen; das ergibt sich auch daraus, daß über die Höhe eines solchen Lohnes nicht gesprochen worden ist, die Bestimmung der dem Johann H. zu zahlenden Vergütung vielmehr ganz dem Belieben des Franz H. überlassen blieb, nicht anders als die Entschädigung des von diesem gestellten Sch.

Ohne Belang für die Frage, in wessen Betrieb der Verletzte tätig war, ist ferner, daß der Beklagte die Unfallanzeige erstattet hat, da nach § 1554 RVO. auch der Leiter des Betriebs, in dem sich der Unfall ereignete, an Stelle des Arbeitgebers die Anzeige erstatten kann und sogar zu erstatten hat, wenn dieser abwesend oder verhindert ist.

Ist nach alledem zwischen Johann H. und dem Eigentümer oder Betriebsführer des Hofes kein Arbeitsverhältnis begründet worden, so lag nicht diesem, sondern nur dem Unternehmer der Lohndrescherei, dem Franz H., eine Fürsorgepflicht für den Verletzten ob (RAG. Bd. 23 S. 206; RGZ. Bd. 170 S. 218). Der Beklagte hatte deshalb entgegen der Meinung des Berufungsgerichts gegenüber dem Johann H. ebensowenig wie gegenüber dem Eigentümer der Dreschmaschine, dem Franz H., oder gegenüber dem von diesem gestellten Sch. eine vertragliche Verpflichtung, die Dreschmaschine auf ihre Betriebssicherheit zu untersuchen. Denn die Fürsorgepflicht gemäß § 618 BGB. besteht für den Betriebsführer nur gegenüber seinen Gefolgschaftsmitgliedern; nur diesen haftet er für Erfüllung einer solchen Pflicht. Hatte aber der Beklagte gegenüber den von dem Lohndreschunternehmer zu stellenden Kräften keine Fürsorgepflicht, so fehlt auch für den hier geltend gemachten Rückgriffsanspruch der Klägerin die rechtliche Grundlage, da dann nicht gesagt werden kann, daß der Unfall auf Außerachtlassung einer dem Beklagten kraft seines Berufs obliegenden Aufmerksamkeit zurückzuführen sei (§ 903 RVO.).

Die Klage ist somit schon aus diesem Grunde abzuweisen. . . .

RGZ. 172, 101.

1. Über die Zulässigkeit des Rückgriffsanspruchs der Berufsgenossenschaft bei Freisprechung des Verpflichteten im Strafverfahren.

2. Gehört auch derjenige zu den in § 899 RVO. aufgeführten Personen, dem im Innenverhältnis von einem anderen Unternehmer ein Teil der Arbeiten zur Ausführung auf eigene Verantwortung und Rechnung übertragen worden, der aber nicht Betriebsangehöriger dieses Unternehmers ist?

3. Zur Frage, ob Eilbedürftigkeit der Arbeit von der Beachtung der Unfallverhütungsvorschriften befreien kann.

RVO. §§ 898, 899, 903.

V. Zivilsenat. Urt. v. 22. Oktober 1943.

I. Landgericht Bonn. — II. Oberlandesgericht Köln.

Am 15. September 1939 sollten die Arbeiter M. und J. bei Westwallarbeiten in der Nähe von H. einen bereits auf 2 m ausgehobenen Kabelgraben auf 2,50 m vertiefen. Der Kabelgraben führte durch schräggerichtetes Schiefergestein mit einem Neigungswinkel von 35 Grad. Nach Beginn der Vertiefungsarbeiten rutschte an der einen Grabenwand eine mehrere Kubikmeter große Erd- und Steinmasse auf der Breite von etwa 8 m in den Graben ab und verschüttete die beiden Arbeiter, die dabei den Tod fanden.

Die Klägerin, die an die Hinterbliebenen Unterstützungen gezahlt und noch zu zahlen hat, nimmt die beiden Beklagten gemäß § 903 RVO. auf Ersatz dieser Aufwendungen in Anspruch. Zur Begründung hat sie vorgetragen: Der Unfall habe sich im Betriebe des Erstbeklagten ereignet; der Zweitbeklagte sei Bevollmächtigter oder Vertreter des Erstbeklagten gewesen, da er die ihm von diesem übertragenen Arbeiten geleitet und beaufsichtigt habe. Bei der Ausführung der Arbeiten seien weder die Bestimmungen ihrer Unfallverhütungsvorschriften (§ 43) noch die ebenfalls anwendbaren Unfallverhütungsvorschriften der Tiefbauberufsgenossenschaft (§§ 86 und 93) beachtet worden. Nach diesen Bestimmungen seien bei nicht standfestem Boden die Grabenwände entweder zu verbauen oder abzuböschen, insbesondere wenn mit Erschütterung zu rechnen sei. Ferner müsse an jeder Seite des Grabens ein Streifen von 60 cm von dem ausgehobenen Boden, Materialien u. dgl. freigehalten werden. Das sei nicht geschehen, vielmehr sei der Aushub des Grabens bis dicht an die Grabenränder gelagert worden. Vor allem sei aber — an der Grabenwand erkennbar — schräggerichtetes Schiefergestein vorhanden gewesen, das immer rutschgefährlich sei. Die Rutschgefahr sei bei dem herrschenden Regenwetter und durch Sprengungen in der Nähe erheblich erhöht worden. Das hätten beide Beklagte als Fachleute erkennen müssen. Sie hätten deshalb voraussehen müssen, daß bei Unterlassung von Sicherheitsvorkehrungen die Arbeiter durch abstürzendes Gestein gefährdet würden.

Jeder Beklagte bestritt zunächst, der richtige Beklagte zu sein. Der Erstbeklagte wollte nur nach außen, der Wehrmacht gegenüber, Unternehmer gewesen sein, während tatsächlich der Zweitbeklagte die selbständige Ausführung dieses Teils der Arbeiten übernommen habe. Zum mindesten habe er sich auf diesen verlassen dürfen und deshalb sich nicht selbst um die Beachtung der Unfallverhütungsvorschriften zu kümmern brauchen. Der Zweitbeklagte machte dagegen geltend, der Erstbeklagte sei Alleinunternehmer und er selbst nur zur Überwachung der Arbeiten verpflichtet gewesen. Beide Beklagten bestritten ferner, daß der Boden nicht standfest und die Gefahr des Abrutschens voraussehbar gewesen sei; sie beriefen sich auch darauf, daß die militärische Bauleitung auf größte Beschleunigung gedrängt habe und deshalb die Sicherheitsvorkehrungen nicht hätten getroffen werden können, zumal da auch das Material zum Verbau wegen Fehlens von Beförderungsmöglichkeiten nicht greifbar gewesen sei.

Während das Landgericht die Klage abgewiesen hat, hat das Oberlandesgericht beide Beklagten als Gesamtschuldner zur Erstattung der bisherigen Aufwendungen der Klägerin verurteilt und ihre Verpflichtung zur Erstattung aller weiter entstehenden Aufwendungen festgestellt. Die Revision des Zweitbeklagten blieb ohne Erfolg.

Gründe:

Ohne Rechtsverstoß hat das Berufungsgericht die förmlichen Voraussetzungen des § 906 RVO. für den Rückgriffsanspruch als gegeben angesehen. Mit Recht hat es auch entsprechend der ständigen Rechtsprechung (RGZ. Bd. 62 S. 340; JW. 1907 S. 115 Nr. 18 u. a.) die Klage nicht schon deshalb abgewiesen, weil der Zweitbeklagte im Strafverfahren freigesprochen worden ist. Von dieser Rechtsprechung abzugehen, liegt, wie der erkennende Senat bereits in seiner Entscheidung V 55/43 vom 7. September 1943 (DR. 1943 S. 79 Nr. 17) ausgesprochen hat, kein Anlaß vor. Durch die jahrzehntelang gleichgebliebene Rechtsprechung ist ein fester Rechtszustand geschaffen worden, der auch vom Gesetzgeber insofern anerkannt ist, als er trotz der gegen diese Rechtsprechung erhobenen Einwendungen weder bei der Schaffung der Reichsversicherungsordnung im Jahre 1911 und bei ihrer Neufassung im Jahre 1923 noch bei der Neufassung der Vorschriften der Unfallversicherung durch das Gesetz vom 9. März 1942 (RGBl. I S. 107) Anlaß genommen hat, der maßgebenden Bestimmung (jetzt § 903 Abs. 4 RVO.) eine andere Fassung zu geben. Hat aber ein Rechtszustand unter offensichtlicher Billigung des Gesetzgebers jahre- oder gar jahrzehntelang bestanden, so kann zu einer Aufgabe dieser Rechtsprechung nicht schon eine einfache Übernahme der früheren Gegengründe genügen, sondern es müßten wesentliche neue Umstände dargetan werden, die diese Rechtsprechung als mit den veränderten Verhältnissen und den heutigen Rechtsanschauungen nicht mehr vereinbar erscheinen lassen. Davon kann hier aber keine Rede sein. Der allgemeine Grundsatz des § 14 EG. z. ZPO., daß der Zivilrichter nicht an die Entscheidung des Strafrichters gebunden ist, ist nicht aufgehoben und auch offenbar vom Gesetzgeber für die Verhältnisse der Unfallversicherung nicht als untragbar erachtet worden, da sonst das Gesetz vom 9. März 1942, das die Unfallversicherung auf eine neue Grundlage gestellt hat, den Abs. 4 des § 903 RVO. nicht in seiner alten Fassung hätte bestehen lassen. Auch die Revision hat irgendwelche neuen Gründe gegen diese Rechtsprechung nicht vorgebracht, sondern nur die früher geltend gemachten und vom Reichsgericht geprüften Einwendungen wiederholt. Die Freisprechung des Zweitbeklagten im Strafverfahren konnte somit das Berufungsgericht nicht hindern, die Voraussetzungen für den Rückgriffsanspruch erneut zu prüfen und zu bejahen.

Auch sachlich ist die Entscheidung frei von Rechtsirrtum. Fehl geht zunächst der Angriff der Revision gegen die Annahme, auch der Zweitbeklagte sei gemäß § 903 RVO. für den entstandenen Schaden verantwortlich. Zwar steht nach den im Revisionsverfahren vorgelegten Rentenbescheiden nunmehr auch für die Gerichte bindend fest (RGZ. Bd. 92 S. 296, Bd. 93 S. 323 u. a.), daß der Unfall sich im Betriebe des Erstbeklagten ereignet hat, also nur dieser und nicht der Zweitbeklagte Unternehmer im Sinne der §§ 903, 633 RVO. gewesen ist. Indessen haftet der Zweitbeklagte als eine der in § 899 RVO. dem Unternehmer gleichgestellten Personen. Nach seinen eigenen

Angaben wie nach dem vorgelegten Briefwechsel mit dem Erstbeklagten hat er — zunächst nur mit seinen eigenen Leuten, später auch mit vom Erstbeklagten gestellten Arbeitern — einen Teil der diesem durch die oberste Bauleitung übertragenen Arbeiten ausgeführt. Er hat die Ausführung der Arbeiten in diesem Abschnitt selbständig geleitet und die Arbeiter beaufsichtigt und überwacht, somit die Tätigkeit eines Betriebs- und Arbeiteraufsehers im Sinne der Entscheidung RGZ. Bd. 170 S. 159 (161) ausgeübt. Allerdings stand er zum Erstbeklagten nicht als Angestellter in einem Arbeitsverhältnis, war nicht als Gefolgschaftsmitglied in dessen Betrieb eingegliedert. Er hatte vielmehr durch Vertrag mit ihm für einen Bauabschnitt die Ausführung der Arbeiten zu festen Preisen auf eigene Verantwortung übernommen, war also im Verhältnis zum Erstbeklagten selbständiger Unternehmer geblieben. §§ 899, 903 wie § 913 RVO. gehen freilich davon aus, daß die Bevollmächtigten und Aufsichtspersonen Betriebsangehörige des versicherungspflichtigen Betriebs sind, da die Befreiung von der Haftpflicht gegenüber den Verletzten ein Ausgleich dafür sein soll, daß den Arbeitern Ersatzansprüche auch dann zustehen, wenn dem Unternehmer oder seinen Vertretern kein Verschulden zur Last fällt, und daß der Unternehmer die Kosten der Unfallversicherung zu tragen hat. Führt also ein Dritter, Handwerker oder sonstiger selbständiger Unternehmer, in einem fremden Betrieb Arbeiten aus und werden dadurch Arbeiter dieses Betriebs verletzt, so ist er diesen gegenüber nicht von seiner Haftung gemäß § 899 RVO. befreit, da er ihnen nicht als Unternehmer oder Vertreter desselben gegenübersteht, und haftet andererseits auch nicht der Berufsgenossenschaft gemäß § 903 RVO. (RGZ. Bd. 136 S. 346; RGUrt. VI 109/39 vom 16. Dezember 1939 in DR. Ausg. A 1940 S. 400 Nr. 13). Anders aber ist die Sachlage, wenn ein Unternehmer durch seine eigenen Leute in einem fremden Betrieb Arbeiten ausführen läßt, diese hierbei eine Verletzung erleiden und ihnen die für diesen Betrieb zuständige Berufsgenossenschaft die Unfallentschädigung gewährt, weil die ausgeführten Arbeiten im Rahmen der beruflichen Tätigkeit des versicherungspflichtigen Betriebs liegen, die Arbeiter bei ihr angemeldet waren und die Versicherungsbeiträge an sie gezahlt sind. Hier muß der Nebenunternehmer, der dem anderen, dem Hauptunternehmer, seine Arbeiter zur Verfügung stellt und ihnen gegenüber nach wie vor die Fürsorgepflicht behält (RAG. Bd. 23 S. 206; RGZ. Bd. 170 S. 218), den Schutz der §§ 898, 899 RVO. genau so genießen, wie wenn die Arbeiter in seinem eigenen Betrieb verunglückt wären und ihnen die Unfallentschädigung von seiner Berufsgenossenschaft gewährt würde. Denn sonst würde seine Befreiung von der Haftpflicht gegenüber dem Verletzten nur davon abhängen, wie die beiden Unternehmer ihr Rechtsverhältnis zueinander gestaltet haben, ob insbesondere die Versicherungsbeiträge an die Berufsgenossenschaft des einen oder des anderen Unternehmers gezahlt wurden, was häufig nur von buchhalterischen Zweckmäßigkeitsgründen abhängt, und ob die Arbeiter von der einen oder anderen Berufsgenossenschaft als zum Betrieb ihres Mitgliedes gehörend behandelt wurden. Andererseits würde es auch nicht dem Zwecke des § 903 RVO. entsprechen, den Nebenunternehmer, der die Ausführung der Arbeiten an der Arbeitsstelle des anderen Unternehmers zu beaufsichtigen hat und für die Beachtung der Unfallverhütungsvorschriften in erster Reihe verantwortlich ist, von der Rückgriffshaftung freizustellen, nur weil er auf Grund der getroffenen Vereinbarungen nicht als Betriebsangehöriger des Hauptunternehmers angesehen werden kann. Sonst müßte der Berufsgenossenschaft ein solcher Rückgriffsanspruch selbst dann versagt sein, wenn der Nebenunternehmer neben seinen eigenen Leuten noch Arbeiter des Hauptunternehmers beschäftigt und beaufsichtigt und einer von ihnen einen Unfall erleidet, da der Nebenunternehmer versicherungsrechtlich dann weder Unternehmer noch eine gleichgestellte Person des § 899 RVO. wäre. Andererseits würde auch der Arbeiter des Hauptunternehmers einen unbeschränkten Schadensersatzanspruch gegen den Nebenunternehmer haben, dagegen dessen eigene Arbeiter nicht. Für eine derartige ungleiche Behandlung liegt kein innerer Grund vor. Deshalb müssen die Bestimmungen der §§ 898, 899 und ebenso des § 903 RVO. auch auf den vom Gesetzgeber nicht berücksichtigten Fall angewendet werden, daß ein Unternehmer einen Teil seiner Arbeiten einem anderen zur Ausführung mit eigenen und ihm zur Verfügung gestellten Arbeitern auf eigene Verantwortung in eigener Rechnung überträgt. Der Nebenunternehmer ist dann sinngemäß als Bevollmächtigter, Betriebs- oder Arbeiteraufseher des Hauptunternehmers anzusehen, ebenso wie umgekehrt der Hauptunternehmer, wenn er gewisse dem Betriebsführer an sich obliegende Fürsorgepflichten für den Nebenunternehmer zu erfüllen hat und nicht erfüllt (vgl. RGZ. Bd. 171 S. 393). Das Berufungsgericht hat daher mit Recht einen Rückgriffsanspruch auch gegen den Zweitbeklagten als möglich angesehen.

Nicht zu beanstanden ist ferner die Feststellung, daß die Unterlassung jeglicher Sicherung der Grabenwände bei der Beschaffenheit des

Bodens an der Unfallstelle ein Verstoß gegen den gemäß § 1 Abs. 2 der Unfallverhütungsvorschriften der Klägerin anwendbaren § 86 der Unfallverhütungsvorschriften der Tiefbauberufsgenossenschaft gewesen sei. Das Berufungsgericht würdigt dazu die Äußerung von vier Gutachtern und zwei im Rechtsstreit vernommenen Zeugen und folgert aus den Gutachten T. und R. sowie den Äußerungen der Zeugen, daß der an der Unfallstelle vorhandene plattenförmige Schiefer bei seiner starken Neigung, dem Vorhandensein glitschiger Zwischenschichten und dem herrschenden Regenwetter nicht standfest im Sinne der Unfallverhütungsvorschriften gewesen sei und bei gewissenhafter fachmännischer Prüfung auch nicht als standfest habe angesehen werden könen. Diese Feststellung liegt auf tatsächlichem Gebiet und kann im Revisionsverfahren nicht dahin nachgeprüft werden, ob etwa die gegenteilige Meinung der beiden anderen Gutachter vorzuziehen wäre. ...

Fehl geht weiter die Meinung der Revision, daß, wenn mehrere Gutachter über die Frage der Standfestigkeit und Erkennbarkeit verschiedener Meinung seien, ein strafrechtliches Verschulden nicht festgestellt werden könne. Denn das hängt von den durch den Tatrichter zu prüfenden Umständen ab. Nur das läßt sich sagen, daß bei einem Bestehen solcher Meinungsverschiedenheiten genau geprüft werden muß, ob auch der Beklagte den Eintritt des Schadens erkennen und vorhersehen konnte. Das hat aber das Berufungsgericht getan und insbesondere die Bekundung des Schachtmeisters herangezogen, wonach bei aufmerksamer Beobachtung hätte bemerkt werden können, daß es sich nicht um ganz reine Felsen handelte, sondern daß dünne Letteschichten zwischen den Felsenlagen vorhanden waren. Konnte aber nach diesen Bekundungen ein praktischer Fachmann bei gewissenhafter Prüfung, zu der der Leiter von Schachtarbeiten kraft seines Berufs verpflichtet ist, die Rutschgefährlichkeit des Schiefers erkennen, so kann nicht entscheidend sein, daß ein Gutachter abweichender Meinung ist, also Zweifel an der Erkennbarkeit hat. Unerheblich war auch, ob die sachkundigen Offiziere des Festungspionierstabes bei ihren laufenden Nachprüfungen die Absteifungen verlangt oder angeregt haben, da, wie das Schreiben des Festungspionierstabes vom 20. Oktober 1939 ergibt, ihre Aufgabe nur in der Nachprüfung der planmäßigen Durchführung der Arbeiten lag. Die Beachtung und Durchführung der Unfallverhütungsvorschriften liegt zudem dem Unternehmer unter eigener Verantwortung ob und von ihr kann er durch Besichtigung der Baustellen durch Aufsichtspersonen nicht befreit werden (RGZ. Bd. 170 S. 70).

Mit Recht hat schließlich das Berufungsgericht auch den Einwand der Beklagten zurückgewiesen, die Dringlichkeit der Westwallarbeiten habe die Vornahme von Sicherheitsvorkehrungen nicht zugelassen. Wie der erkennende Senat wiederholt ausgesprochen hat, darf eine an sich gebotene Schnelligkeit der Arbeit niemals dazu führen, daß die zur Sicherung des Lebens und der Gesundheit der Arbeiter getroffenen Unfallverhütungsvorschriften außer acht gelassen werden (zuletzt RGUrt. VI 57/41 vom 21. Oktober 1941 in DR. Ausg. A 1942 S. 583 Nr. 19). Für den Westwallbau galt grundsätzlich nichts anderes, da, wie dem Senat aus der schon oben erwähnten, ähnlich liegenden Sache V 55/43 bekannt ist, die oberste Bauleitung, soweit erforderlich, besondere Kosten für die Durchführung von Sicherheitsmaßnahmen bewilligte, also die damit verbundene Verzögerung der Arbeiten in Kauf nahm und vorliegend ja auch nach dem eigenen Vorbringen der Beklagten die zur Abstützung der Grabenwände erforderlichen Materialien von den Pionierparks bereitgestellt wurden, wenn sie auch nicht immer schon bei Beginn der Arbeiten greifbar gewesen sein mögen. Ob die besonderen Verhältnisse des Krieges eine sofortige Ausführung von Arbeiten erfordern können, ohne daß erst zeitraubende Sicherheitsvorkehrungen getroffen werden, ob also unter besonderen Umständen die Gefahr eines Unfalls in Kauf genommen werden muß, kann dahingestellt bleiben. Denn vorliegend konnte nach den Feststellungen des Berufungsgerichts die für den nächsten Tag angekündigte Heranbringung der Absteifhölzer abgewartet werden, weil die Arbeiter an anderer Stelle des Grabens mit ungefährlichen Arbeiten beschäftigt werden konnten, so daß nicht etwa die endgültige Fertigstellung des Grabens dadurch hinausgezögert worden wäre. Selbst wenn also die Behauptung der Beklagten richtig sein sollte, daß von der Bauleitung wie auch von dem Batterieführer, durch dessen Feuerstellung der Graben führte, auf äußerste Beschleunigung gedrängt worden sei, so war es doch nicht notwendig, mit den Vertiefungsarbeiten vor Heranschaffung der Absteifhölzer zu beginnen. Einer Beweisaufnahme darüber, ob auf eine Beschleunigung der Arbeiten gedrängt worden ist, bedurfte es somit nicht, ebenso nicht darüber, ob am Unfalltage im Pionierpark Absteifhölzer nicht zu erhalten gewesen sind. Daß sie überhaupt nicht zu erlangen gewesen seien, haben die Beklagten nicht behauptet und unter Beweis gestellt. Ihre Erklärungen gingen vielmehr ebenso wie die Bekundungen des Schachtmeisters im Strafverfahren und des Zeugen Sch. bei seiner Vernehmung vor dem Berufungsgericht ersichtlich nur dahin, daß der Pionierpark den Anforderungen auf Lieferung von Absteifhölzern nicht immer gerecht werden konnte und zeitweise Mangel vorhanden war. Dieser zeitweilige Mangel hätte aber die Vornahme der Vertiefungsarbeiten ohne Sicherheitsvorkehrungen nur rechtfertigen können, wenn mit dem Beginne dieser Arbeiten aus militärischen Gründen nicht hätte gewartet werden können. Das ist aber nach den Feststellungen des Berufungsgerichts, wie gesagt, nicht der Fall gewesen.

Arbeitsrecht

RGZ. 54, 255.

Verstößt es gegen die guten Sitten (§ 826 BGB.), wenn ein Arbeitgeber bei ihm beschäftigte Arbeiter entläßt, um dadurch auf die Beendigung des bei einem anderen Arbeitgeber ausgebrochenen Arbeiterausstandes hinzuwirken?

GewO. § 152.

VI. Zivilsenat. Urt. v. 26. März 1903.

I. Landgericht Hamburg. — II. Oberlandesgericht daselbst.

Im Mai und Juni 1900 wurde von mehreren Hamburger Sektionen des „Deutschen Metallarbeiter-Verbandes" beschlossen, Maßregeln zur Verbesserung der Lage ihrer Mitglieder zu ergreifen, insbesondere eine Lohnerhöhung und die Abkürzung der Arbeitszeit durchzusetzen. Die von ihnen insoweit aufgestellten Forderungen wurden einzelnen Arbeitgebern und dem „Verbande der Eisenindustrie Hamburgs", der insbesondere alle dortigen größeren Schiffswerften umfaßt, durch Zirkulare mitgeteilt, welche die Unterschrift „Die Lohnkommission" trugen. Der genannte Arbeitgeberverband lehnte aber ab, mit dieser Kommission in Verhandlung zu treten, wobei er darauf hinwies, daß die Zirkulare keine Namensunterschriften trügen und in anmaßendem Tone gehalten seien.

Darauf wendeten sich die Nieter der Reiherstieg-Werft in Hamburg, die eine Erhöhung des Stundenlohnes beanspruchten, am 2. Juli 1900 schriftlich an die Direktion der Werft mit dem Verlangen, im Laufe dieses Tages mit den Beauftragten der Nieter in Verhandlung zu treten, und legten, als das nicht geschah, am nächsten Tage die Arbeit nieder. Auf der genannten Werft wurde damals an einem der jetzigen Beklagten zu 1 gehörigen Schiffe gearbeitet; diese wollte, um die Vollendung des Schiffes zu ermöglichen, die erforderlichen Arbeiten durch bei ihr selbst beschäftigte Schmiede und Schlosser ausführen lassen; diese verweigerten dies aber als „Streikbrecherarbeit" und wurden deshalb entlassen. Ein darauf am 11. Juli unternommener Versuch, im Wege mündlicher Besprechung zwischen den Vertretern des Verbandes der Eisenindustrie Hamburgs einer- und den Vertretern der bei den Schiffswerften bestehenden Arbeiterausschüsse andererseits eine Einigung zu erzielen, blieb ohne Erfolg; insbesondere wurde die von den Arbeitgebern verlangte Beendigung des Nieterstreiks auf der Reiherstieg-Werft nicht erreicht. Infolgedessen schritten vom 14. Juli ab die zu dem genannten Verbande gehörigen Werften zu umfänglichen Arbeiterentlassungen und dehnten diese schließlich soweit aus, daß der Betrieb der Werften überhaupt zum Erliegen kam.

Zu den von diesen Maßregeln betroffenen Arbeitern gehörten auch die Kläger, die zum Teil bei der Beklagten zu 2, zum Teil bei der Beklagten zu 1 in Arbeit gestanden hatten. Sie forderten Ersatz des ihnen in der Zeit der Arbeitslosigkeit entgangenen Verdienstes in Höhe von zusammen 3202,40 M von den Beklagten, indem sie angenommen wissen wollten, daß die von diesen verhängte Arbeitssperre eine gegen die guten Sitten verstoßende vorsätzliche Schadenszufügung im Sinne von § 826 BGB. darstelle. Es handle sich bei dem Vorgehen der beiden Beklagten und der mit ihnen verbundenen Schiffswerften darum, daß den ausgesperrten Arbeitern planmäßig jede Möglichkeit habe entzogen werden sollen, an ihrem Wohnorte in ihrem Fach ihren Unterhalt zu gewinnen, und zwar allein zu dem Zweck, um durch die Not, in die sie und ihre Angehörigen dadurch gerieten, einen Druck auf die bei der Reiherstieg-Werft ausständig gewordenen Nieter auszuüben und sie zur Wiederaufnahme der Arbeit unter den früheren Arbeitsbedingungen zu nötigen. Der Streik dieser Nieter habe aber mit der allgemeinen Lohnbewegung, die zur fraglichen Zeit unter den Metallarbeitern Hamburgs begonnen gehabt, nicht im Zusammenhange gestanden; es habe sich dabei lediglich darum gehandelt, eine Erhöhung des Stundenlohnes der Nieter auf der Reiherstieg-Werft bis zu der Höhe zu erreichen, die der Lohn auf den übrigen Werften bereits gehabt habe. Der Metallarbeiter-Verband, dem die Kläger angehörten, hätte jenen Streik nicht nur nicht veranlaßt, sondern sogar den Nietern der Reiherstieg-Werft dringend empfohlen, ihre Forderung auf Lohnerhöhung zurückzustellen.

Die Beklagten widersprachen diesen Ausführungen. Der Streik auf der erwähnten Werft sei von dem Metallarbeiter-Verband veranlaßt worden; man habe, da unter den Arbeitern keine Neigung zu einem allgemeinen Streik bestanden habe, zunächst einen solchen bei einer einzelnen Werft ins Werk gesetzt und die dort ausständigen Arbeiter unterstützt. Nach dem Vorgehen des Verbandsvorstandes und den Auslassungen der sozialdemokratischen Presse Hamburgs habe aber für die Arbeitgeber nicht zweifelhaft sein können, daß die Arbeitseinstellung auch auf andere Werften werde erstreckt werden, um die angekündigten Forderungen zu erzwingen. Die in dem Verbande der Hamburger Eisenindustrie vereinigten Werften wären zu der Aussperrung ihrer Arbeiter, nachdem der Versuch gütlicher Beseitigung des Nieterstreiks mißlungen gewesen, nur geschritten, um den ihnen drohenden Ausständen zuvorzukommen. Sie hätten damit ein anerkanntes Kampfmittel gewählt, das geradeso erlaubt und berechtigt sei, wie der Arbeiterstreik.

Die Klage wurde in erster und zweiter Instanz abgewiesen; beide Instanzgerichte nahmen an, die von den beiden Beklagten angewendete Arbeiteraussperrung möge als eine harte Maßregel anzusehen sein, eine gegen die guten Sitten verstoßende, zum Schadensersatz verpflichtende Handlung aber sei darin nicht zu finden. Das Oberlandesgericht sah als festgestellt an, die Werftbesitzer seien bei ihrem Vorgehen gegen ihre Arbeiter davon ausgegangen, daß der Streik der Nieter auf der Reiherstieg-Werft nur das erste Glied einer Reihe von Maßnahmen sei, die von den Leitern der Arbeiterbewegung zur Erzwingung der von ihnen angekündigten Forderungen auf Änderung der allgemeinen Arbeitsbedingungen in Aussicht genommen worden seien; sie hätten, wenn nicht als gewiß, so doch mindestens als sehr wahrscheinlich angesehen, daß die Arbeiter, wenn die Nieter der Reiherstieg-Werft von dieser die Bewilligung der verlangten Lohnerhöhung erreicht hätten, versuchen würden, die von der „Lohnkommission" angekündigten Forderungen durch sukzessive Einzelstreiks oder durch einen alle Werften gleichzeitig umfassenden Ausstand durchzusetzen. Übrigens würde der erhobene Schadensersatzanspruch auch dann nicht begründet sein, wenn die Beklagten bei ihren Arbeiterentlassungen lediglich den Zweck verfolgt hätten, die Nieter der Reiherstieg-Werft zur Wiederaufnahme der Arbeit unter den früheren Bedingungen zu veranlassen.

Die von den Klägern gegen das zweite Urteil eingelegte Revision blieb erfolglos. Das Reichsgericht erachtete die Angriffe der Revision gegen die Feststellung in betreff der Motive, von denen die Beklagten bei ihrem Vorgehen geleitet worden seien, für unbegründet, billigte aber auch die zuletzt erwähnte Auffassung des Berufungsgerichts und sprach sich in dieser Beziehung wie folgt aus.

Gründe:

... „Durch § 152 GewO. sind die Verbote und Strafbestimmungen beseitigt worden, durch welche früher vielfach partikularrechtlich den Gewerbetreibenden oder den gewerblichen Gehilfen und Arbeitern untersagt war, sich zum Behufe der Erlangung günstiger Lohn- und Arbeitsbedingungen zu gemeinsamem Vorgehen zu vereinigen. Das Gesetz stellt hierbei die Arbeitnehmer und Arbeitgeber vollständig gleich und hebt als Maßnahmen, die fortan unverwehrt bleiben sollten, ausdrücklich für die Arbeitnehmer die gemeinsame Arbeitseinstellung, für die Arbeitgeber die Arbeiterentlassung hervor. Nach diesen gesetzlichen Vorschriften würde es ausgeschlossen erscheinen, die in Frage stehenden Arbeiterentlassungen allein deshalb als unrechtmäßig im Sinne von § 826 BGB. zu bezeichnen, weil die Beklagten dabei lediglich beabsichtigt hätten, der Reiherstieg-Werft in dem Streite mit ihren ausständigen Nietern zum Siege zu verhelfen. Das Gesetz beschränkt das Recht der Arbeitgeber einer- und der Arbeitnehmer andererseits, sich zu gemeinschaftlichem Vorgehen zu verbinden, ncht auf den Fall, wenn es sich um die Erreichung eines Erfolges handelt, der unmittelbar allen Verbündeten zum Vorteil gereicht; ein Ausfluß des anerkannten Rechts der Koalition ist es vielmehr auch, wenn Arbeitgeber oder Arbeitnehmer ohne unmittelbares eigenes Interesse in einen Kampf, der zwischen anderen Arbeitgebern und Arbeitnehmern entstanden ist, zur Unterstützung der einen oder anderen streitenden Partei eingreifen.

Tatsächlich wird auch, vor allem in den Kreisen der Arbeitnehmer, häufig in dieser Weise verfahren. Es gehören hierher außer den speziell so genannten Sympathiestreiks die überaus zahlreichen Fälle, in denen, wenn der Arbeitgeber infolge entstandener Differenzen einzelne Arbeiter aus dem Dienstverhältnis entläßt, die übrigen Arbeiter die Wiederannahme der Entlassenen durch Arbeitseinstellung zu erzwingen unternehmen, und die nicht minder häufigen Fälle, wo bei einem auf einen einzelnen Arbeitgeber beschränkten Ausstand die Arbeiter auf anderen Werkstätten gegenüber ihrem an sich ganz unbeteiligten Arbeitgeber die Verrichtung sog. Streikbrecherarbeit verweigern, d. h. es ablehnen, für diesen Arbeiten auszuführen, die unmittelbar die Chancen der streikenden Arbeiter, gegenüber ihrem Arbeitgeber obzusiegen, ungünstig beeinflussen könnten.

Die ganz überwiegende Mehrheit der Arbeitnehmer, und zweifellos auch die Kläger, sind weit davon entfernt, in solchen Fällen den

Arbeitern, die andere bei ihrem Kampfe in der einen oder anderen Weise unterstützen, ein gegen die guten Sitten verstoßendes Verhalten beizumessen; im Gegenteil wird eine solche Unterstützung als löblich angesehen, und auch in den Kreisen unbeteiligter, billig und gerecht denkender Menschen werden, so wenig man die mit solcher Ausdehnung der Kämpfe zwischen Arbeitgebern und Arbeitnehmern, und zwar keineswegs bloß in wirtschaftlicher Beziehung, verbundenen Schäden verkennt, Maßnahmen der erwähnten Art nicht als ohne weiteres und an sich gegen die guten Sitten verstoßende Handlungen angesehen.

Das gleiche Recht, wie für die Arbeitnehmer, gilt aber auch für die Arbeitgeber; es würde direkt gegen die Tendenz des § 152 GewO. verstoßen, wenn man das, was bei den Arbeitnehmern für rechtlich und sittlich erlaubt anzusehen ist, bei den Arbeitgebern als gegen die guten Sitten verstoßend erachten wollte. Ob bei einem Kampfe zwischen Arbeitgebern und Arbeitnehmern über Lohn- und Arbeitsbedingungen eine Sachgestaltung denkbar ist, die den Richter berechtigen würde, von den Arbeitgebern als Kampfmittel gebrauchte Arbeiterentlassungen oder die damit verfolgten Zwecke als unsittlich im Sinne von § 826 BGB. zu behandeln, kann dahingestellt bleiben, denn jedenfalls sind im gegebenen Falle Umstände, welche eine solche Beurteilung rechtfertigen könnten, in keiner Weise behauptet worden." ...

RGZ. 57, 418.⁺

Aussperrung eines Arbeiters durch einen Arbeitgeberverband. Haftung desjenigen, der diese Maßregel veranlaßt hat, für den dem Arbeiter verursachten Schaden, wenn die Aussperrung nach den von dem Verbande getroffenen Maßnahmen dem betreffenden Arbeiter in weitgehender Weise die Erlangung von Arbeit erschwert und sich gegenüber dem Verhalten des Arbeiters als eine unbillige Härte darstellt.

BGB. § 826.

VI. Zivilsenat. Urt. v. 17. März 1904.

I. Landgericht I Berlin. — II. Kammergericht daselbst.

...

Aus den Gründen:

...

Wie das Reichsgericht bereits mehrfach ausgesprochen hat, muß auch in den Kämpfen, die der gewerbliche Wettbewerb und in besonderer Schärfe der Interessen- und Klassengegensatz zwischen den Arbeitgebern und Arbeitnehmern im gewerblichen Großbetriebe mit sich bringt, bei Verfolgung an sich erlaubter Zwecke die Einhaltung von Schranken in der Weise verlangt werden, daß als unzulässig nicht bloß Kampfmittel, die in an sich rechtswidrigen Handlungen bestehen, sondern auch solche eine Schädigung des Gegners mit sich bringende Maßregeln anzusehen sind, die nach den allgemein bestehenden Sittenanschauungen schlechthin oder doch unter den gegebenen Umständen als unbillig und ungerecht erscheinen.

Nach demjenigen, was gestützt auf die tatsächlichen Feststellungen der Vorinstanz oben über die Wirkung einer von dem in Frage stehenden Verband verhängten Arbeitssperre bemerkt ist, enthält nun diese Maßregel einen sehr schweren Eingriff in das wirtschaftliche Leben des davon Betroffenen; denn es wird ihm die Gewinnung von Arbeitsgelegenheit auf einem gewerblichen Gebiet, das bezüglich der Zahl der darin beschäftigten Arbeiter in allererster Reihe steht, in weitestgehender Weise beschränkt und erschwert; der Übergang zu einem anderen gewerblichen Gebiete aber ist auch für einen Arbeiter, der keine besondere Fachausbildung genossen hat, regelmäßig mit großen Nachteilen verbunden; es gelingt ihm der Natur der Sache nach meist nicht sofort, in einem ihm zunächst fremden Gebiet eine für ihn geeignete Beschäftigung zu finden, und er muß sich fast immer mit geringerem Lohn begnügen, als er ihn in einem Arbeitszweige, für den ihm die durch längere Übung erworbenen Fertigkeiten und Kenntnisse zu statten kämen, erzielt haben würde.

Mit Rücksicht hierauf muß es für einen Arbeitgeberverband, der sich in den Stand gesetzt hat, seinen Maßnahmen eine so weit greifende Wirkung zu geben, wie es bei dem hier in Frage stehenden Verbande der Fall ist, als ein zwingendes Gebot der Gerechtigkeit und Billigkeit erachtet werden, daß er zur Aussperrung eines einzelnen Arbeiters auf längere Zeit oder zeitlich unbegrenzt höchstens dann vorschreitet, wenn es sich um sehr schwere Verfehlungen desselben in dem Arbeitsverhältnis handelt, und diese durch sorgfältige Ermittelungen festgestellt sind. ... Die von der Kommission verfügte Maßregel gegenüber dem Verhalten des Klägers muß als eine gegen die Billigkeit verstoßende Härte bezeichnet werden.

Es soll keineswegs verkannt werden, daß die Art, wie der Kläger während seiner Tätigkeit in der Fabrik der Beklagten andere Arbeiter zum Beitritte zur Gewerkschaft der Metallarbeiter zu bestimmen gesucht hat, durchaus ungehörig gewesen ist, ungehörig wegen der Zeit und des Ortes, wo er seine Werbungen unternahm, und wegen der Aufdringlichkeit und Rücksichtslosigkeit, mit der er verfuhr. Das gleiche gilt von seinem Verhalten gegenüber dem Direktor K., als dieser ihn wegen jener Agitationen zur Rede stellte. Es erscheint deshalb sehr erklärlich und berechtigt, daß der genannte Fabrikleiter die sofortige Entlassung des Klägers verfügte. Dagegen geht es viel zu weit, wenn das Landgericht ausgesprochen hat, schon das erwähnte Verhalten des Klägers lasse ihn als eine Persönlichkeit erscheinen, die sich überhaupt nicht dazu eigne, in Werkstätten, wo er mit einer größeren Anzahl von Arbeitern in Berührung komme, beschäftigt zu werden. Diese Beurteilung ist um so weniger gerechtfertigt, als nicht etwa festgestellt oder auch nur behauptet worden ist, daß der Kläger sich schon an anderen Stellen, wo er gearbeitet, in gleicher Weise durch Agitationen und unbotmäßiges Verhalten lästig gemacht habe und daher als ein Mensch zu betrachten sei, der auch durch Entlassung aus der Arbeit an einer oder mehreren Stellen nicht zu einem angemessenen Verhalten gebracht werden könne. Tatsächlich hat auch der Direktor K. die erwähnten Vorgänge noch nicht als geeignet angesehen, eine Maßregelung des Klägers durch den Arbeitgeberverband zu rechtfertigen; er ist zu einer Anzeige an diesen erst verschritten, nachdem die Entlassung des Klägers (und noch zwei weiterer Arbeiter) Gegenstand der Verhandlung in zwei Arbeiterversammlungen gewesen war.

Was diese Versammlungen anlangt, so ist von der Beklagten behauptet worden, sie seien durch den Kläger oder doch auf seine Veranlassung einberufen worden, um gegen die Beklagte zu agitieren und ihre Arbeiterschaft gegen sie „zu mobilisieren", und der Kläger sei darin als Hauptredner in diesem Sinne aufgetreten.

Diese Angaben haben aber durch die Beweisaufnahme gerade in wesentlichen Punkten keine Bestätigung gefunden. Nach den Feststellungen des Berufungsgerichts hat allerdings der Kläger in der Anzeige, die er über seine und seiner beiden Genossen Entlassung der Verwaltungsstelle der Gewerkschaft erstattete, die Sache so dargestellt, daß er wegen seiner Werbungen für diese entlassen worden sei. Es ist aber nicht dargetan, daß die daraufhin einberufenen Versammlungen bezweckt haben, die Arbeiter der Beklagten gegen sie „zu mobilisieren und rebellisch zu machen"; sie sollten vielmehr, wie das Berufungsgericht annimmt, im wesentlichen dazu dienen, zu erörtern, ob die Entlassung im Sinne der Gewerkschaft als „Maßregelung" der drei Arbeiter durch ihre Arbeitgeberin anzusehen, und diesen deshalb für die Dauer der Arbeitslosigkeit Unterstützung zu gewähren sei. Die zweite Versammlung ist nur veranstaltet worden, weil in der ersten mehrfach bestritten worden war, daß eine solche Sachgestaltung vorliege, und man deshalb die Entscheidung einer weiteren, größeren Versammlung vorbehalten wollte. Das Berufungsgericht bezeichnet ferner als unerwiesen, daß der Kläger in den Versammlungen als Hauptredner gegen die Beklagte aufgetreten sei, und stellt nicht fest, daß von irgendeiner Seite und insbesondere von dem Kläger verlangt oder angeregt worden sei, es möchten wegen der Entlassungen von den bei der Beklagten beschäftigten Arbeitern irgendwelche Schritte gegen sie unternommen werden. Als erwiesen wird aber erachtet, daß der Kläger auch in Versammlungen die Gründe seiner Entlassung nicht wahrheitsgemäß angegeben habe, und daran wird die Bemerkung geknüpft, er habe dadurch die Beklagte unter ihren Arbeitern und sonstigen Teilnehmern verdächtigt und der Mißachtung anderer ausgesetzt.

Als Gesamtergebnis dieser Feststellungen muß hiernach angesehen werden, daß es sich in den beiden Versammlungen darum gehandelt hat, ob dem Kläger und seinen Genossen Unterstützung zu gewähren sei, und daß der Kläger, um diese zu erlangen, bestrebt gewesen ist, sich als Opfer seiner Bemühungen um die Gewerkschaft hinzustellen, und sich dabei insofern nicht an die Wahrheit gehalten hat, als er lediglich seine Agitaion für die Gewerkschaft als Grund der Entlassung bezeichnet und verschwiegen, bzw. bestritten hat, daß nicht die Agitation als solche, sondern die Art, wie er dabei verfahren, Anlaß zu dem Einschreiten gegen ihn gegeben hatte, und Ursache für die Entlassung auch sein ungebührliches Verhalten gegenüber dem Direktor K. bei Gelegenheit des ihm von diesem wegen der ungehörigen Art der Agitation gemachten Vorhaltes gewesen war.

Natürlich ist nicht zu bestreiten, daß der Kläger auch hierdurch unrecht gehandelt hat; allein eine besonders böswillige, auf die Schädigung seiner bisherigen Arbeitgeberin gerichtete Gesinnung oder eine wirkliche moralische Verkommenheit ist auch hier in seinem Verhalten nicht zutage getreten.

Unter diesen Umständen durfte die Beklagte nicht beantragen, und die Vertrauenskommission des Verbandes, wenn sie gerecht und billig urteilen wollte, nicht beschließen, eine zeitlich unbegrenzte Arbeitssperre über den Kläger zu verhängen, und ihn damit so schweren Nachteilen, wie sie diese Maßregel nach den von dem Verbande geschaffenen Einrichtungen mit sich bringt, aussetzen.

Für die hieraus sich ergebende Folgerung, daß der Beschluß, durch den dies gleichwohl geschehen ist, als gegen die guten Sitten verstoßend anzusehen sei, ist es unerheblich, daß nach der Feststellung der Vorinstanz von dem Verbande die „dauernde Sperre nur unter der

Voraussetzung des Widerrufs beschlossen und nach Verlauf einiger Zeit, wenn der Gesperrte, sein Unrecht einsehend, darum bittet, zuweilen auch von Amts wegen, von der Vertrauenskommission wieder aufgehoben wird, wenn die Umstände dazu angetan sind". An der Unbilligkeit und der daraus folgenden Unrechtmäßigkeit (§ 826 BGB.) einer Maßnahme ändert sich nichts dadurch, daß derjenige, welcher sie vornimmt, sich innerlich vorbehält, sie vielleicht später, sei es aus eigenem Antrieb, oder auf besonderes Ansuchen des Betroffenen, gewissermaßen aus Gnade, wiederaufzuheben.

War hiernach anzunehmen, daß gegen den Kläger eine von der Beklagten veranlaßte und zu vertretende unerlaubte Handlung im Sinne von § 826 BGB. begangen worden sei, so erscheint der Klaganspruch dem Grunde nach gerechtfertigt. ...

RGZ. 64, 52.⁺

1. Enthält es eine schon an sich rechtswidrige Verletzung eines Rechtes im Sinne von § 823 Abs. 1 BGB., wenn bei einem Streite zwischen Arbeitnehmern und Arbeitgebern über die Arbeitsbedingungen die Arbeitnehmer oder Dritte, die sich auf deren Seite stellen, in öffentlichen Kundgebungen die Arbeiterschaft oder auch das Publikum im allgemeinen auffordern, nur Waren solcher Arbeitgeber zu kaufen, welche die Forderungen der Arbeitnehmer bewilligt haben, und wenn dabei Listen derjenigen Arbeitgeber, welche dies getan haben, bekannt gegeben werden? Liegt in solchem Vorgehen eine wider die guten Sitten verstoßende Handlung (§ 826 BGB.)?

2. ...*)

VI. Zivilsenat. Urt. v. 12. Juli 1906.

I. Landgericht Kiel. — II. Oberlandesgericht daselbst.

Im März 1904 stellte ein Teil der in Kiel beschäftigten Bäckergesellen einem in einer öffentlichen Versammlung gefaßten Beschlusse gemäß an die Arbeitgeber des Bäckergewerbes in Kiel und Umgegend eine Reihe auf Verbesserung der Lage der Gesellen gerichteter Forderungen; vor allem verlangten sie, daß die Gesellen von den Arbeitgebern nicht mehr Wohnung und Kost, sondern dafür eine Vergütung von 12 M wöchentlich erhalten und einen Mindestlohn von 22 M für die Woche bekommen sollten.

Da zahlreiche Arbeitgeber sich dem nicht fügten, wurde beschlossen, daß die Arbeit bei ihnen eingestellt, und über ihre Geschäfte der Boykott verhängt werden solle. Die Streikleitung übernahm der

*) Geringere Bedeutung.

Beklagte N. Von diesem wurde in Form von Flugblättern und von Inseraten in der von der Beklagten zu 3 verlegten Zeitschrift „Schleswig-Holsteinische Volkszeitung" zahlreiche Kundgebungen veröffentlicht, in denen ausgeführt wurde, daß die von den Bäckergesellen erhobenen Forderungen billige, sogar bescheidene seien, und an deren Erfüllung, soweit es sich um die Beseitigung der Einrichtung, daß die Bäckergesellen bei den Meistern wohnten, handle, auch das ganze Publikum interessiert sei; daran wurde die Aufforderung geknüpft, die Bevölkerung von Kiel und Umgegend solle die Bäckergesellen „in ihrem schweren Kampfe um Erringung menschenwürdiger Lohn- und Arbeitsbedingungen" dadurch unterstützen, daß sie Backwaren, insbesondere Brot, nur aus solchen Bäckereien kaufe, welche die berechtigten Forderungen der Bäckereiarbeiter bewilligt hätten. Zugleich wurde eine Liste derjenigen Bäckermeister und Brotfabriken, die dies getan hätten, bekannt gegeben. Mit besonders eindringlichen Worten wurde diese Aufforderung an die Arbeiter und Arbeiterinnen gerichtet.

Das Gewerkschaftskartell in Kiel, „eine Vereinigung sämtlicher in Kiel und Umgegend bestehenden selbständigen Filialen, bzw. Sektionen gewerkschaftlicher Zentralverbände und der Lokalverbände solcher Branchen, für die eine Zentralisation in Deutschland nicht besteht", deren Vorsitzender der Beklagte A. war, beschloß den Streik der Bäckergesellen zu unterstützen und gab dies durch einen Artikel in der Schleswig-Holsteinschen Volkszeitung bekannt, in dem insbesondere auch ausgesprochen war, daß der Boykott gegen die den Forderungen der Bäckergesellen nicht nachgebenden Arbeitgeber von dem Kartell „in aller Form zu Recht" beschlossen, es also die Pflicht der organisierten Arbeiter sei, sich streng an diese Beschlüsse zu halten.

Zu den Arbeitgebern, welche die von den Gesellen verlangten Einrichtungen in ihren Betrieben nicht getroffen hatten, bzw., soweit sie überhaupt keine Gesellen beschäftigten, die obenerwähnten Forderungen als berechtigt anzuerkennen verweigert hatten, gehörten die Kläger; sie waren deshalb in den Listen der Arbeitgeber, deren Backwaren allein gekauft werden sollten, nicht mit aufgeführt. Sie erhoben Klage gegen das Gewerkschaftskartell, gegen dessen Vorsitzenden A., den Streikleiter N. und die Firma Chr. H. & Co. als Verlegerin der Schleswig-Holsteinschen Volkszeitung und Druckerin der Flugblätter und verlangten Schadensersatz, sowie Verurteilung der Beklagten zur Unterlassung von Kundgebungen der oben bezeichneten Art.

Das Landgericht verurteilte die Beklagten zur Unterlassung solcher Kundgebungen und erklärte den Schadensersatzanspruch für dem

Grunde nach berechtigt. Dagegen wies das Oberlandesgericht die Klage ab. Die Revision der Kläger wurde vom Reichsgericht zurückgewiesen aus den folgenden

Gründen:

„Die Kläger haben zur Begründung ihrer Klaganträge hauptsächlich geltend gemacht: die Beklagten hätten durch ihre Handlungen das Recht der Kläger auf den Betrieb ihrer bestehenden gewerblichen Unternehmungen verletzt, indem sie den Warenabsatz in weitgehendem Maße verhindert hätten (§ 823 Abs. 1 BGB.); ihr Verhalten verstoße ferner gegen die Schutzvorschriften des § 153 GewO.*) und der §§185, 186 StGB. (§ 823 Abs. 2 u. § 824 BGB.) und stelle eine gegen die guten Sitten verstoßende Handlung dar, durch welche sie das Vermögen der Kläger vorsätzlich geschädigt hätten (§ 826 BGB.).

Das Berufungsgericht ist bei eingehender Würdigung des gesamten Vorbringens der Kläger zu dem Ergebnis gelangt, daß die Klaganträge nicht berechtigt seien, und es ist ihm hierin beizutreten gewesen.

Zweifellos erscheint dies, soweit die Klage auf die Bestimmungen in §§ 185, 186 StGB. in Verbindung mit § 823 Abs. 2 BGB. und auf § 824 BGB. hat gestützt werden sollen. In dem Berufungsurteil ist hierüber bemerkt, die Mitteilung, daß die Kläger sich den Forderungen der Bäckergesellen nicht gefügt hätten, sei an sich nicht ehrverletzend. Wenn in den von den Beklagten veröffentlichten Kundgebungen die Forderungen der Gesellen, soweit sie auf Änderung der Einrichtung, daß in der Bäckereibranche die Gewerbegehilfen von den Arbeitgebern Wohnung und Kost erhielten, und auf Gewährung eines Mindestlohnes von 22 M wöchentlich gerichtet waren, als bescheiden bezeichnet seien, so würden damit die widerstrebenden Arbeitgeber zwar als zähe Verfechter ihrer Standesinteressen hingestellt; es werde aber nichts behauptet, was sie verächtlich zu machen oder in der öffentlichen Meinung herabzuwürdigen geeignet wäre. Darauf sei auch die Absicht der Beklagten nicht gerichtet gewesen; die Kundgebungen hätten vielmehr nur den Zweck verfolgt, die Kläger und die auf ihrer Seite stehenden Bäckermeister zu bestimmen, den von den Beklagten vertretenen Wünschen der Bäckergehilfen nachzugeben, insoweit einen Druck auf sie zu üben. Diese Ausführungen sind, soweit sie der Nachprüfung in der jetzigen Instanz unterliegen, als zutreffend anzuerkennen. . . .

---

*) Aufgehoben durch Ges. v. 22. 5. 1918 — RGBl. I S. 423.

Wenn die Kläger sich weiter auf § 823 Abs. 1 BGB. berufen haben, so ist allerdings von dem Reichsgerichte mehrfach ausgesprochen worden, daß ein bereits eingerichteter und ausgeübter Betrieb eines selbständigen Gewerbes ein Rechtsgut sei, dessen Verletzung negatorische Abwehr und Anspruch auf Schadensersatz nach § 823 Abs. 1 BGB. begründen könne. Allein dies trifft doch jedenfalls nur dann zu, wenn ein solcher Gewerbebetrieb widerrechtlich gestört worden ist. Nun kann aber nicht davon die Rede sein, daß eine Handlung schon deshalb rechtswidrig wäre, weil sie für den Ertrag des Gewerbebetriebes eines anderen nachteilig ist; eine solche Wirkung haben, und zwar unter Umständen in durchgreifendster Weise, auch Handlungen, die Ausfluß der allgemeinen und speziell der gewerblichen Handlungsfreiheit dessen, der sie vornimmt, sind und diesem in gleicher Weise freistehen, wie dem geschädigten Unternehmer sein eigener Gewerbebetrieb. Zu den an sich erlaubten Handlungen gehören auch die Koalitionen gewerblicher Arbeiter zur Erlangung günstiger Lohn- und Arbeitsbedingungen, und die zur Erreichung dieses Zweckes von solchen Koalitionen oder ihnen zur Seite tretenden Personen ergriffenen Maßnahmen sind keineswegs schon deshalb rechtswidrig, weil durch sie bestehende selbständige Gewerbebetriebe geschädigt werden. Es kann sich also nur darum handeln, ob die im vorliegenden Falle von den Beklagten ins Werk gesetzten Maßregeln über dasjenige hinausgehen, was in dem Lohn- und Klassenkampf zwischen Arbeitgebern und Arbeitnehmern als statthaft anzusehen ist. Daß dies schlechthin von der Boykottierung Gewerbetreibender durch Arbeiterkoalitionen gelte, kann der Revision nicht zugegeben werden. Sie ist ein Kampfmittel, das gleich dem Streik dazu dienen soll, einen Zwang auf die Arbeitgeber auszuüben; in dem einen Falle geschieht dies dadurch, daß versucht wird, dem Gewerbetreibenden die Produktion von Waren zeitweilig unmöglich zu machen oder zu erschweren, das andere Mal in der Weise, daß ihm zeitweilig der Absatz seiner Waren verkümmert wird. Ein zureichender Grund, diese beiden einander nahestehenden Kampfmittel bezüglich ihrer Statthaftigkeit grundsätzlich verschieden zu beurteilen, liegt nicht vor. Der Boykott hat auch, ebenso wie der Streik, ein Gegenstück in den Kampfmitteln, deren sich die Arbeitgeber gegenüber den Arbeitnehmern bedienen; dem Streik entspricht die Arbeiteraussperrung, die ein Arbeitgeber gegenüber den bei ihm beschäftigten Arbeitern oder Gruppen von solchen eintreten läßt, und der Sache nach ein Boykott ist es, wenn Verbände von Arbeitgebern nach einer von ihnen getroffenen Vereinbarung einzelne Arbeiter oder ganze Kategorien von solchen — z. B.

alle organisierten Arbeiter ihrer Branche — von der Beschäftigung in allen dem Verbande angehörenden Betrieben ausschließen.

Das Verhalten der Beklagten enthält also keine Störung des Gewerbebetriebes der Kläger, die schon an sich als rechtswidrig erachtet werden könnte.

. . . (betr. § 153 GewO.).

Beizustimmen ist dem Berufungsgericht endlich auch in der Annahme, daß den Beklagten keine nach § 826 BGB. rechtswidrige Handlungsweise zur Last zu legen sei, da das, was sie getan, weder nach dem Ziel, das sie erstrebten, noch nach den Mitteln, mit denen sie es zu erreichen suchten, als gegen die guten Sitten verstoßend anzusehen sei.

Mit Recht hat die Vorinstanz hierbei, was das gesteckte Ziel anlangt, davon Abstand genommen, zu erörtern und zu entscheiden, ob die von den Beklagten vertretenen Wünsche der Bäckergesellen, insbesondere ihr Verlangen, es solle ihnen nicht mehr Wohnung und Beköstigung in Natur gewährt, sondern dafür eine angemessene Geldsumme gezahlt werden, sachlich berechtigt gewesen sind. Die Annahme, daß das Verhalten der Beklagten wegen des von ihnen verfolgten Zweckes als wider die guten Sitten verstoßend anzusehen sei, erscheint schon dann hinfällig, wenn sie die von ihnen angestrebte Änderung der Arbeitsverhältnisse der Bäckergesellen als in deren Interesse geboten angesehen haben, und es kann auch den Beklagten der Nachweis dafür, daß dies der Fall gewesen sei, nicht angesonnen werden.

Vgl. auch Entsch. des RG.s in Strafs. Bd. 30 S. 236 flg.

Was aber das angewendete Mittel anlangt, so ist schon oben ausgesprochen worden, daß in dem Lohn- und Klassenkampf der Arbeiter und Arbeitgeber der Boykott nicht schon an sich als eine unerlaubte und gegen die guten Sitten verstoßende Maßnahme betrachtet werden kann; die besonderen Verhältnisse des vorliegenden Falles aber rechtfertigen für diesen eine abweichende Beurteilung nicht. Die Beklagten haben sich in ihren Kundgebungen aller persönlichen Anfeindungen oder Verdächtigungen der Kläger enthalten und sich im wesentlichen darauf beschränkt, die Kreise, an die sie sich wendeten, zu bitten, die Sache der Bäckergesellen dadurch zu unterstützen, daß sie bei ihrem Bezuge von Backwaren diejenigen, namentlich bekanntgegebenen, Gewerbetreibenden bevorzugten, welche die von den Gesellen bekämpfte Einrichtung abgeschafft und ihren Arbeitern den Minimallohn von 22 M für die Woche bewilligt hätten. Dieses an sich nicht unerlaubte Vorgehen der Beklagten hat auch dadurch nicht den Charakter einer gegen die guten Sitten verstoßenden Handlung angenommen, daß die bezeichnete Bitte nicht bloß an die Arbeiter von Kiel und Umgegend, sondern allgemein an die Bevölkerung dieses Bezirks gerichtet, und dazu die Presse benutzt worden ist. Es ist nicht unsittlich, auf diesem Wege weite Kreise für eine Sache zu interessieren und dadurch eine ausgiebige Hilfe für die Erreichung eines angestrebten Zieles zu gewinnen, solange nicht bei den hierauf gerichteten Kundgebungen besondere verwerfliche Mittel zur Anwendung gebracht werden.

Auf dem bezeichneten Wege wird oftmals die Beseitigung wirklicher oder vermeintlicher Übelstände angestrebt, und die Unterstützung gewisser Bevölkerungskreise zu erlangen versucht. Es sei insoweit auf die Kundgebungen hingewiesen, durch die vielfach zum Besten der kleineren Geschäftsbetriebe auf das Publikum in dem Sinne eingewirkt wird, daß ihm die Meidung der sog. Warenhäuser empfohlen und gewissermaßen als Pflicht hingestellt wird, und an die verwandten Bestrebungen gewisser Kreise erinnert, welche durch die Presse die Bevölkerung zu bestimmen suchen, bei Befriedigung ihrer Bedürfnisse christlichen Gewerbtreibenden den Vorzug vor solchen jüdischer Religion oder Abstammung zu geben.

Wie Kundgebungen dieser oder ähnlicher Art nicht schon an sich und wegen der Schädigung, welche durch die dabei empfohlenen Maßnahmen einzelnen Gewerbtreibenden oder Kreisen von solchen bereitet wird, als gegen das Anstandsgefühl aller billig und gerecht Denkenden verstoßend angesehen werden, so kann dies auch dann nicht ohne weiteres angenommen werden, wenn Arbeitnehmer zur Erringung günstigerer Arbeitsverhältnisse und zur Beseitigung von Zuständen und Einrichtungen, durch die sie sich beschwert fühlen, die Mitwirkung weiter Kreise des Publikums durch die Presse oder durch Flugblätter anrufen.

Daß auch im übrigen hier keine besonderen Verhältnisse vorliegen, die das Vorgehen der Beklagten als Verstoß wider die guten Sitten erscheinen lassen, daß insbesondere Erwägungen, wie sie in dem Urteile des erkennenden Senats vom 17. März 1904 — Entsch. in Zivils. Bd. 57 S. 418 flg. — zur Geltung gebracht worden sind, eine solche Beurteilung nicht bedingen, ist in dem angefochtenen Urteile zutreffend und erschöpfend dargelegt worden." . . .

RGZ. 86, 152*).

1. . . .)**

2. Verstößt ein sog. Sympathiestreik gegen den Tarifvertrag?

III. Zivilsenat. Urt. v. 29. Januar 1915.

I. Landgericht Magdeburg. — II. Oberlandesgericht Naumburg a. S.

. . .

Aus den Gründen:

„Der Tarifvertrag vom 3. Januar 1912 . . . verpflichtete den Beklagten, für ein tarifgemäßes Verhalten seiner bei der Klägerin angestellten Mitglieder zu sorgen und jede Handlung zu unterlassen, durch die ein den Tarifbestimmungen zuwiderlaufendes Verhalten veranlaßt oder begünstigt wurde (RGZ. Bd. 73 S. 100). Die Frage des vorliegenden Falles ist nur die, welche Verpflichtungen hinsichtlich des Verhaltens der Arbeiter übernommen wurden, ob insbesondere eine Verletzung der Tariftreue deshalb anzunehmen sei, weil . . . die Arbeitniederlegung im Wege des Streiks, des gemeinsamen und gleichzeitigen Vorgehens, erfolgt ist. Die Klägerin vertritt die Auffassung, daß die die Lösung des Arbeitverhältnisses betreffende Bestimmung des Tarifvertrags: „eine Kündigung zwecks Lösung des Arbeitverhältnisses ist für beide Parteien ausgeschlossen", den Ausschluß der Arbeitniederlegung und der Arbeiterentlassung während der ganzen Dauer des Tarifvertrags bedeute. Im Gegensatz hierzu hat das Berufungsgericht die Bestimmung dahin ausgelegt, daß durch sie die Einhaltung einer Kündigungsfrist ausgeschlossen worden sei, daß also Arbeitniederlegung und Arbeiterentlassung jederzeit ohne Einhaltung der gesetzlichen Kündigungsfrist zulässig gewesen sei. Diese Auslegung ist nicht zu beanstanden. . . . (wird ausgeführt).

Dies wäre zweifellos dann der Fall, wenn der Zweck des Streiks auf die Bewilligung anderer Tarifbestimmungen, insbesondere anderer Lohnbedingungen gerichtet gewesen wäre. So liegt aber die Sache im vorliegenden Falle nicht, da nach der Feststellung des Berufungsgerichts die Arbeiter der Klägerin durch den Streik nicht unmittelbar eigene Interessen, deren Regelung im Tarifvertrag erfolgt war, verfolgten, sondern lediglich im Wege des sogenannten Sympathie- oder Solidaritätsstreiks andere Arbeiter, auf die der Tarifvertrag sich nicht bezog,

*) Vgl. auch RAG. in Bensheimer Sammlung Bd. 5 S. 224.

**) Geringere Bedeutung.

in deren Bestrebungen für günstigere Arbeitsbedingungen unterstützen wollten. Der zwischen den Parteien geschlossene Tarifvertrag enthält auch keine allgemeine Bestimmung dahin, daß während seiner Dauer Streike überhaupt nicht veranstaltet werden dürften, wie dies in anderen Tarifverträgen vorgeschrieben ist (Reichsarbeitsblatt 1908 S. 368 § 6, S. 477 § 10). Ebensowenig läßt sich aus dem Wesen des Tarifvertrags unter Anwendung der Grundsätze von Treu und Glauben ableiten, daß ein Sympathiestreik die Tariftreue verletze; denn ein solcher Streik dient im wesentlichen Zwecken, die außerhalb der tarifrechtlichen Regelung liegen. Hiernach kommt es darauf an, ob nach den Umständen des Einzelfalls der Wille der vertragschließenden Parteien auch auf den Ausschluß des Sympathiestreiks während der Vertragsdauer gerichtet ist. Die Annahme des Berufungsgerichts aber, daß in dem fraglichen Tarifvertrag ein solcher Wille nicht zum Ausdruck gekommen sei, läßt in keinerlei Richtung einen Rechtsirrtum erkennen." . . .

RGZ. 103, 23.+

1. . . .*)

2. Kann für den Beginn der allgemeinen Verbindlichkeit eines Tarifvertrags auch ein der Verbindlichkeitserklärung vorausgehender Zeitpunkt bestimmt werden?)**

III. Zivilsenat. Urt. v. 30. September 1921.

I. Landgericht Karlsruhe. — II. Oberlandesgericht daselbst.

. . .

Aus den Gründen:

. . .

Mit Unrecht bestreitet die Beklagte die Wirksamkeit der Bestimmung, daß die allgemeine Verbindlichkeit des Tarifvertrags vom 1. Juni 1919 mit dem 1. August 1919 beginnen solle. Die Entscheidung des Ministers erfolgte am 29. November 1919, ihre Eintragung in das Tarifregister am gleichen Tage, die Bekanntmachung im Reichsanzeiger am 5. Dezember 1919. Die Frage, ob als Zeitpunkt des Beginns der

*) Geringere Bedeutung.

**) Vgl. jetzt § 5 des Tarifvertragsgesetzes vom 9. 4. 1949 — Ges.Bl. der Verwaltung des Vereinigten Wirtschaftsgebiets, 1949, S. 55, i. d. F. des Änderungsges. v. 11. 1. 52 — BGBl. I S. 19. — Berlin: § 5 des Tarifvertragsgesetzes vom 12. 9. 1950 — GVBl. S. 417 — und § 5 der DurchfVO. v. 5. 10. 1950 — GVBl. S. 469. — Rheinland-Pfalz: § 6 des Landesges. über den Tarifvertrag vom 24. 2. 1949 — GVBl. S. 82 — u. § 15 der 1. DurchfVO. v. 23. 8. 1949 — GVBl. S. 509. — Baden: § 9 der Tarifregister-VO. v. 20. 1. 1949 — GVBl. S. 72.

allgemeinen Verbindlichkeit ein der Verbindlichkeitserklärung vorausgehender Zeitpunkt bestimmt werden kann, ist bestritten.

. . .

Die Interessen der Beteiligten zu berücksichtigen, ist ausschließlich Sache des Ministers, wenn er nach pflichtmäßigem Ermessen sich darüber schlüssig macht, welchen Zeitpunkt er für den Beginn der allgemeinen Verbindlichkeit eines Tarifvertrags bestimmen will. Das Gericht hat nicht nachzuprüfen, ob er von seinem Ermessen den richtigen Gebrauch gemacht hat. Gegenstand der richterlichen Prüfung kann vielmehr nur sein, ob die Bestimmung eines der Entscheidung des Ministers vorausgehenden Zeitpunktes überhaupt zulässig ist. Die Verordnung über Tarifverträge gibt darüber keine Auskunft. Insbesondere läßt sich, wie auch das Berufungsgericht annimmt, aus dem Wortlaut des § 4 Abs. 2 Satz 3, wonach zu bestimmen ist, mit welchem Zeitpunkt die allgemeine Verbindlichkeit des Tarifvertrags beginnt, etwas Sicheres nicht entnehmen. Es muß daher auf die rechtliche Bedeutung der Erklärung der allgemeinen Verbindlichkeit zurückgegangen werden. Nach § 2 der Verordnung bewirkt diese Erklärung, daß der für allgemein verbindlich erklärte Tarifvertrag für Arbeitsverträge, die nach der Art der Arbeit unter ihn fallen, auch dann im Sinne des § 1 verbindlich ist, wenn Arbeitgeber oder Arbeitnehmer oder beide an dem Tarifvertrage nicht beteiligt sind. Solche Arbeitgeber und Arbeitnehmer werden dadurch nicht Vertragsteile des Tarifvertrags, und die Wirksamkeit seiner Bestimmungen für Außenstehende tritt nicht kraft des Vertrags, sondern kraft einer Rechtsnorm ein, die in der Verordnung begründet ist, aber um wirksam zu werden noch der Erklärung des Ministers bedarf. Die Verordnung hätte selbst bestimmen können, welcher Zeitpunkt jeweils den Beginn der allgemeinen Wirksamkeit bedeuten solle. Sie hätte auch bestimmen können, daß ein früherer Zeitpunkt als der der Entscheidung des Ministers maßgebend sein solle oder könne. Daraus, daß die Verordnung eine Bestimmung dieser Art nicht getroffen, vielmehr die Bestimmung allgemein und ohne jede Einschränkung einer Behörde überlassen hat, muß im Zweifel gefolgert werden, daß die Behörde an der Bestimmung eines früheren Zeitpunktes in keiner Weise gehindert sein sollte. Danach muß die Bestimmung eines solchen früheren Zeitpunktes ganz allgemein für zulässig erachtet werden. Eine natürliche zeitliche Begrenzung solcher Bestimmung ergibt sich freilich insofern, als ein früherer Zeitpunkt nicht wirksam bestimmt werden kann, als derjenige, in dem der Tarifvertrag abgeschlossen worden ist. Das hat aber mit dem Wesen der nach § 4 Abs. 2 Satz 3 der Verordnung zu treffenden Bestimmung nichts zu tun, beruht vielmehr auf dem aus der Verordnung sich ergebenden Grundsatze, daß der Minister nicht von sich aus Tarifbestimmungen treffen und daß er auch die bestehenden Tarifverträge nicht ändern, sondern nur so, wie sie bestehen, und folglich auch nur von der Zeit an, zu der sie entstanden sind, für allgemein verbindlich erklären kann. In dieser natürlichen Begrenzung kann man die Möglichkeit der Bestimmung eines der Entscheidung des Ministers vorausgehenden Zeitpunktes für den Beginn der allgemeinen Verbindlichkeit auch nicht als sachliches Unrecht gegenüber den Arbeitgebern betrachten. Tarifverträge pflegen alsbald nach ihrem Abschlusse auch in denjenigen Interessentenkreisen bekannt zu werden, die nicht unmittelbar am Abschlusse beteiligt waren. Die nicht unmittelbar beteiligten Arbeitgeber müssen daher von Anfang an, nicht nur von der Veröffentlichung des Antrags auf die Erklärung zu allgemeiner Verbindlichkeit an, mit einer solchen Erklärung rechnen und können, namentlich in der heutigen Zeit, in der Verbindlichkeitserklärungen zahlreich stattfinden, eine solche Möglichkeit auch bei der Berechnung ihrer Preise berücksichtigen. Danach ist die Entscheidung des Berufungsgerichts, wenn auch nicht aus den gleichen Gründen, zutreffend, die Revision der Beklagten unbegründet.

RGZ. 111, 166.⁺

Rechtliche Bedeutung der Wiedereinstellungsklausel in Gesamtvereinbarungen.*)

III. Zivilsenat. Urt. v. 30. Juni 1925.

I. Landgericht Halle a. S. — II. Oberlandesgericht Naumburg a. S.

. . .

Aus den Gründen:

. . .

Satz 1 des § 1 der TVVO.**) lautet:

„Sind die Bedingungen für den Abschluß von Arbeitsverträgen zwischen Vereinigungen von Arbeitnehmern und einzelnen Arbeitgebern oder Vereinigungen von Arbeitgebern durch schriftlichen Vertrag (TV.) geregelt, so sind Arbeitsverträge zwischen den beteiligten Personen insoweit unwirksam, als sie von der tariflichen Regelung abweichen."

---

*) Vom Herausgeber verfaßte Überschrift.

**) Vgl. jetzt § 4 Abs. 1, 3 des Tarifvertragsges. v. 9. 4. 1949 (TVG.) — Ges.-Bl. der Verw. d. Verein. Wirtschaftsgebiete, Nr. 11 S. 55. — Berlin: § 4 des Tarifvertragsges. v. 12. 9. 1950 — GVBl. S. 417. — Rheinland-Pfalz: §§ 3, 4 des Landesgesetzes über den Tarifvertrag v. 24. 2. 1949 — GVBl. S. 82.

Mit diesem Satze hat der Gesetzgeber nicht etwa den allein möglichen, nicht den gesetzlich allein zulässigen Inhalt eines Tarifvertrags festlegen, sondern dem klaren Wortlaute nach nur denjenigen Teil seines Inhalts genau umschreiben wollen, auf den sich der von ihm neu eingeführte Grundsatz der Unabdingbarkeit bezieht und der, wie man hinzusetzen muß, nach Maßgabe des § 2*) für allgemein verbindlich erklärt werden kann. § 1 a. a. O. handelt also nur von den Arbeitsnormen und ihrer Bedeutung für die Einzelarbeitsverträge, verbietet aber nicht die Aufnahme anderer, der friedlichen Entwicklung der Arbeitsverhältnisse dienender, der Unabdingbarkeit und der Allgemeinverbindlichkeit nicht unterliegender, daher rein schuldrechtlicher Bestimmungen in den Tarifvertrag. Sie ist nach dem Inkrafttreten der TVVO. ebenso zulässig wie früher und allgemein üblich.

. . .

Wenn man unterstellt, die Verbände hätten nach einem Lohnstreik und nach fristloser Entlassung der Arbeiter einen Vertrag mit dem Inhalt der Schiedssprüche vom 19., 26. und 31. Oktober 1923 geschlossen, so hätten sie in den Klauseln:

1. Die Arbeit wird bis zum 2. November wieder aufgenommen,
2. Die Arbeiter werden wieder eingestellt,

nicht, wie das Oberlandesgericht annimmt, etwas für sie Unmögliches, sondern Leistungen Dritter versprochen. Damit hätten sie aber nach allgemeinen Rechtsgrundsätzen zugleich die Verpflichtung übernommen, sich mit allen Verbandsmitteln dafür einzusetzen, daß die einzelnen Verbandsmitglieder die Abmachungen ihrer Organisationen achten und durchführen, daß also die Arbeiter bis zum 2. November in ihre früheren Betriebsstätten zurückkehren und daß die Arbeitgeber die Zurückkehrenden nach Maßgabe des Tarifvertrags wieder beschäftigen. Diese Auffassung enthält nicht eine unzulässige Umdeutung, sondern die allein mögliche Auslegung der beiden Klauseln, wenn ihnen überhaupt ein verständiger Sinn beigelegt werden soll. ...

RGZ. 111, 199.+

Ist § 152 Abs. 2 der Gewerbeordnung durch Art. 159 der Reichsverfassung) außer Kraft gesetzt?***)**

IV. Zivilsenat. Urt. v. 2. Juli 1925.

I. Landgericht Lyck. — II. Oberlandesgericht Königsberg.

*) Jetzt § 4, namentl. Abs. 4 TVG.
**) Vgl. jetzt Art. 9 Abs. 3 des Bonner Grundgesetzes.
***) Vgl. auch Bd. 113 S. 33 (abgedr. unter „Öffentliches Recht").

Die Beklagte war Mitglied des klagenden Verbands. Im Frühjahr 1923 hatte dieser aus Anlaß von Lohnforderungen eine Aussperrung der Arbeitnehmer in den Betrieben seiner Mitglieder angeordnet. Die Beklagte war dieser Anordnung zunächst nachgekommen, hat aber später die Aussperrung in ihrem Betriebe nicht mehr aufrechterhalten. Der Kläger verlangt mit der Klage Zahlung der in Gemäßheit des § 10 seiner Satzung gegen die Beklagte festgesetzten Vertragsstrafe von 3000 GM. Die Vorinstanzen wiesen die Klage auf Grund des § 152 Abs. 2 GewO. ab. Die Revision des Klägers führte zur Aufhebung des Berufungsurteils.

Gründe:

Der § 152 der Gewerbeordnung bestimmt:

Alle Verbote und Strafbestimmungen gegen Gewerbetreibende, gewerbliche Gehilfen, Gesellen oder Fabrikarbeiter wegen Verabredungen und Vereinigungen zum Behufe der Erlangung günstiger Lohn- und Arbeitsbedingungen, insbesondere mittels Einstellung der Arbeit oder Entlassung der Arbeiter, werden aufgehoben.

Jedem Teilnehmer steht der Rücktritt von solchen Vereinigungen und Verabredungen frei, und es findet aus letzteren weder Klage noch Einrede statt.

Die Beklagte will nach der Vorschrift des Abs. 2 zur Leistung der eingeklagten Vertragsstrafe nicht verpflichtet sein. Die Vorschrift findet Anwendung auf Kampforganisationen der in Abs. 1 bezeichneten Art (RGZ. Bd. 73 S. 99/100; RG. in Seuff. Arch. Bd. 78 Nr. 45, 46). Daß es sich bei dem klagenden Verband um eine solche Kampforganisation handelt, nimmt der Berufungsrichter auf Grund der Satzung rechtsirrtumsfrei an. Es fragt sich aber, ob § 152 Abs. 2 GewO. im Hinblick auf die Bestimmungen der Reichsverfassung, namentlich auf Art. 159, noch geltendes Recht ist. Das muß entgegen der Ansicht des Berufungsrichters verneint werden.

Die bisher den gewerblichen Arbeitgebern und Arbeitnehmern, wenn auch nur unvollkommen, gewährleistete Vereinigungsfreiheit (Koalitionsfreiheit) ist durch Art. 159 Satz 1 RV. unter Erweiterung ihrer Zwecke grundsätzlich auf alle Personenkreise ausgedehnt worden, Während § 152 Abs. 2 GewO. den Teilnehmern der Vereinigung ein beliebiges Rücktrittsrecht gab und der Koalitionsabrede durch Versagung von Klage und Einrede den staatlichen Schutz vorenthielt, erklärt Art. 159 S. 2 RV. alle Abreden und Maßnahmen für rechtswidrig, welche die Vereinigungsfreiheit einzuschränken oder zu behindern suchen. Daß Art. 159 RV., insbesondere Satz 2, objektives Gesetzesrecht, nicht einen bloßen Richtsatz enthält und daher geeignet ist, § 152 Abs. 2 GewO. außer Kraft zu setzen, muß in Übereinstimmung mit dem Berufungsrichter und der herrschenden Meinung angenommen werden. Ebenso kann es nicht zweifelhaft sein, daß unter „Maßnahmen" im Sinne des Art. 159 Abs. 2 RV. auch gesetzliche Maßnahmen, so die des § 152 Abs. 2 GewO., zu verstehen sind. Stellt sich daher die letztere Vorschrift als eine Maßnahme dar, durch welche die Vereinigungsfreiheit eingeschränkt oder behindert wird, so steht ihr die Verfassung entgegen (Art. 178 Abs. 2 RV.); sie wäre danach außer Kraft gesetzt.

Die Frage der Fortgeltung des § 152 Abs. 2 GewO. ist . . . bestritten. . . .

Auszugehen ist bei der Entscheidung der Streitfrage von dem Wesen und Inhalt der Vereinigungsfreiheit, wie sie durch Art. 159 RV. anerkannt ist. Danach gewährt sie zunächst mehreren das Recht, sich zur Erreichung der dort angegebenen Zwecke zusammenzuschließen. Sie stellt es zugleich in das freie Belieben des einzelnen, einer solchen Vereinigung beizutreten. Ob der Vorschrift die Gewährleistung eines Rechts auf Nichtvereinigung zu entnehmen ist, kann auf sich beruhen bleiben. Jedenfalls enthält, wie auch der Berufungsrichter annimmt und z. B. in RGZ. Bd. 104 S. 329 anerkannt wird, die Reichsverfassung keine Bestimmung, die einen Zwang zum Beitritt (sog. Organisations- oder Koalitionszwang) für zulässig erklärt. Vom Gesichtspunkt einer solchen Koalitionsfreiheit des einzelnen aus hält der Berufungsrichter einen Widerstreit zwischen Art. 159 S. 2 RV. und § 152 Abs. 2 GewO. nicht für gegeben. Wenn der einzelne sich frei entschließen könne, ob er der Vereinigung beitreten wolle oder nicht, so stehe mit dieser Freiheit die Vorschrift des § 152 Abs. 2 GewO., die ihm das Recht des Rücktritts und der Klaglosstellung gewährleiste, vollkommen im Einklang. Es handle sich auch hierbei nicht anders wie bei der Frage des Anschlusses um die selbständige, keinem Rechtszwang unterworfene Stellung des einzelnen zu der Vereinigung.

Diese Erwägungen mögen an sich zutreffen. Sie würden auch durch den Einwand der Revision, daß im Streitfall nicht der Anschluß der Beklagten, sondern die Klagbarkeit eines gegen sie als Mitglied erhobenen Anspruchs in Frage stehe, noch nicht ausgeräumt. Die Ausführungen des Berufungsrichters werden aber der Sach- und Rechtslage insofern nicht gerecht, als sie nur die eine Seite des Verhältnisses ins Auge fassen. Darin, daß der einzelne das Recht freier Entschließung hat, erschöpft sich die Vereinigungsfreiheit des Art. 159 RV. nicht.

Geschützt ist in gleichem Maße das positive Recht der anderen auf Zusammenschluß. Dementsprechend werden ihre Organisationen in Art. 165 Abs. 2 RV. ausdrücklich anerkannt. Ihrem Wesen und Zweck nach muß aber diese Vereinigungsfreiheit der zum Verband zusammengeschlossenen Teilnehmer die weitere Befugnis in sich begreifen, sie wirksam auszugestalten und zur rechtlichen Geltung zu bringen. Auch das fällt begrifflich in den Rahmen des der Organisation als solcher gewährleisteten Freiheitsrechts. Ihre Koalitionsfreiheit würde in Wahrheit unvollkommen und ein Schattenbild sein, wenn nicht auch das Recht der Gesamtheit der Teilnehmer geschützt wäre, die zur Durchführung des Koalitionszwecks erforderlichen Maßnahmen und Abmachungen zu treffen, z. B. Vertragsstrafen gegen unbotmäßige, dem Verbandszweck zuwiderhandelnde Mitglieder festzusetzen und einzuklagen. Die Schutzbestimmung des Art. 159 S. 2 RV. hat hiernach, und zwar in diesem weiteren Sinn auch zugunsten der Vereinigung selbst, gegenüber einschränkenden Maßnahmen Anwendung zu finden. Allerdings war ihr wie den einzelnen Teilnehmern bisher durch § 152 Abs. 2 GewO. trotz grundsätzlicher Anerkennung der Koalitionsfreiheit, wie sie zum ersten Male in Abs. 1 das. ausgesprochen wurde, jeder zivilrechtliche Schutz versagt. Diese Unvollkommenheit sollte aber, wie die Verhandlungen der verfassunggebenden deutschen Nationalversammlung (mündlicher Bericht des 8. Ausschusses, Aktenstück Nr. 391 S. 389) erkennen lassen, nunmehr durch die Vorschrift des Art. 159 S. 2 RV. beseitigt werden. Gerade aus der geschichtlichen Entwicklung folgt, daß hierdurch nicht nur die Freiheit des Zusammenschlusses gewährleistet, sondern darüber hinaus die rechtliche Möglichkeit seiner wirksamen Durchführung geschaffen werden sollte — abgesehen von solchen Mitteln, die nach allgemeinen Rechtsgrundsätzen unerlaubt sind. Ist aber die der Gesamtheit der Teilnehmer gewährte Vereinigungsfreiheit in diesem Sinn aufzufassen, so steht mit ihr § 152 Abs. 2 GewO. in offenbarem Widerspruch; er hat daher gemäß Art. 178 Abs. 2 RV. als aufgehoben zu gelten und kann einem Einwand der Beklagten, die seinerzeit Mitglied des klagenden Verbandes war, nicht zur Stütze dienen. Demgemäß wird im Schrifttum der neueren Zeit die Fortgeltung des § 152 Abs. 2 GewO. fast überall verneint. ...

Die Revision hat noch darauf hingewiesen, daß es dem Willen des Gesetzgebers nicht entsprechen könne, zweierlei Arten von Koalitionsfreiheit — eine durch § 152 Abs. 2 GewO. eingeschränkte für die unter den Geltungsbereich der Gewerbeordnung fallenden Berufs- und Personenkreise, im übrigen eine nach Art. 159 RV. unbeschränkte — zur gesetzlichen Anerkennung zu bringen. Auch diese Erwägung erweist sich als zutreffend und als geeignet, der hier getroffenen Entscheidung zur weiteren Stütze zu dienen.

Der Senat gibt hiernach die in seinem Urteil vom 8. Februar 1923 vertretene Rechtsansicht auf. . . .

Nicht ausgeschlossen ist selbstverständlich, daß unter Umständen in Fällen der vorliegenden Art § 138 BGB. der Festsetzung und Einforderung einer Vertragsstrafe entgegenstehen kann.

. . .

RGZ. 113, 33.+

Inwiefern kann darin, daß ein Arbeitgeber seine Angestellten unter Zuwiderhandlung gegen Art. 159*) der Reichsverfassung veranlaßt, aus einer Berufsvereinigung auszutreten, eine unerlaubte Handlung liegen, die einen Unterlassungsanspruch für die Berufsvereinigung begründet?

Reichsverfassung Art. 159*). BGB. §§ 823, 826.

IV. Zivilsenat. Urt. v. 11. Februar 1926.

I. Landgericht Bamberg. — II. Oberlandesgericht daselbst.

Zu den Mitgliedern des klagenden Gewerkschaftsbundes, dessen Rechtsfähigkeit auf § 5 Abs. 1 Hamburg.AG. z. BGB. beruht, zählte eine Reihe von Angestellten im Betriebe des Beklagten. Von ihnen trat eine größere Anzahl im Jahre 1924 aus. Der Kläger behauptet: In einem Ende 1923 oder Anfang 1924 an den Vorsitzenden des Betriebsrats seiner Angestellten gesandten Briefe habe der Beklagte nicht nur seine Angestellten aufgefordert, aus dem klagenden Gewerkschaftsbund auszutreten, weil dieser nach links gerichtet sei, und in den — angeblich deutsch-national eingestellten — DHB. einzutreten, sondern zugleich angedroht, er werde diejenigen seiner Angestellten, die seiner Aufforderung nicht nachkämen, im Falle einer Arbeitseinschränkung zuerst entlassen, werde ferner den auf die Angestellten entfallenden Anteil der Krankenkassenbeiträge an die Krankenkasse des Gewerkschaftsbundes nicht weiter aus eigenen Mitteln zahlen, ja sogar die Zahlung des Arbeitgeberdrittels einstellen, und er werde ihnen endlich die bisher über den Tarif hinaus gewährten fünf Monatsgehälter nicht mehr bezahlen. Auf diesen Brief sei der Austritt der Angestellten aus dem Gewerkschaftsbund zurückzuführen. Mit der Klage begehrte der Kläger Verurteilung des Beklagten, sich jeden Eingriffs in die Vereinigungsfreiheit seiner Arbeiter und Angestellten zu enthalten, ins-

---

*) Jetzt Bonner Grundges., Art. 9 Abs. 3.

besondere es zu unterlassen, den in dem klagenden Verbande zusammengeschlossenen Angestellten mittelbar oder unmittelbar den Austritt aus dem Verbande nahezulegen und die Zahlung der Krankenkassenbeiträge und der in seinem Betrieb üblichen Entlohnung von dem Austritt abhängig zu machen, sowie für jeden Fall der Zuwiderhandlung eine vom Gericht festzusetzende Strafe zu bezahlen.

Der Beklagte beantragte Klagabweisung, indem er eine unzulässige Einwirkung auf seine Angestellten bestritt.

Das Landgericht wies die Klage ab. Die Berufung des Klägers blieb ohne Erfolg. Seine Revision wurde zurückgewiesen.

Gründe:

Soweit der Kläger vom Beklagten ganz allgemein verlangt, daß dieser sich jedes Eingriffs in die Vereinigungsfreiheit seiner Arbeiter und Angestellten enthalte, fehlt ihm die Sachbefugnis. Ihm kann ein Unterlassungsanspruch nur insoweit zustehen, als der Beklagte durch sein Verhalten in den Kreis der Rechte und Belange des Klägers selbst eingegriffen hat. Für die Begründung des erhobenen Unterlassungsanspruchs kommt daher bloß die — für diesen Rechtszug als wahr zu unterstellende — Behauptung des Klägers in Betracht, der Beklagte habe eine Anzahl seiner Angestellten durch Androhung wirtschaftlicher Nachteile, insbesondere der Kündigung, dazu bewogen, ihre Mitgliedschaft bei dem klagenden Gewerkschaftsbund aufzugeben, und es kann sich allein fragen, ob der Kläger beanspruchen kann, daß der Beklagte derartige, die Belange des Klägers schädigende Einwirkungen auf die Angestellten künftig unterlasse.

Die Klage ist gestützt auf Art. 159 der Verfassung des Deutschen Reichs in Verbindung mit §§ 823 Abs. 1 und 2, 826 BGB. Liegt eine in den Rechtskreis des Klägers eingreifende unerlaubte Handlung vor, so ist eine Unterlassungsklage nach den in der Rechtsprechung des Reichsgerichts ausgebildeten Grundsätzen gegeben, sofern der unerlaubte Eingriff in seinen Folgen in der Weise fortwirkt, daß die Fortsetzung der Beschädigung durch Wiederholung von Handlungen derselben Art ernstlich zu befürchten steht (vgl. Komm. v. RGR. Vorbem. 6 II vor § 823 BGB.).

Durch Art. 159 RV. ist „die Vereinigungsfreiheit zur Wahrung und Förderung der Arbeits- und Wirtschaftsbedingungen für jedermann und für alle Berufe gewährleistet. Alle Abreden und Maßnahmen, die diese Freiheit einzuschränken oder zu behindern suchen, sind rechtswidrig". Der 8. Ausschuß der verfassunggebenden deutschen Nationalversammlung vertrat den Standpunkt, daß dadurch eine Schadensersatzpflicht des Zuwiderhandelnden begründet sei (Prot. S. 389, Drucks. S. 391). Über die rechtliche Natur dieser Schadensersatzpflicht gehen im Schrifttum die Meinungen auseinander. Giese (Verf. d. DR. 1926 Anm. II 2) zieht zur Begründung § 823 Abs. 2 BGB. heran. Groh (Koalitionsrecht S. 36/38) und Oertmann (Arbeitsvertragsrecht 1923 S. 272) sehen in Art. 159 ebenfalls ein Schutzgesetz für Arbeitnehmer und Arbeitgeber, verweisen aber auch auf § 826 BGB. für den Fall, daß dessen engere Bedingungen erfüllt sind. Kaskel (Arbeitsrecht 1925 S. 234) erkennt einen Schadensersatzanspruch an, sofern ein Verstoß gegen § 823 Abs. 1 — schuldhafte Verletzung der als Persönlichkeitsrecht geschützten körperlichen Freiheit — oder gegen § 826 vorliegt und dadurch ein Vermögensschaden entstanden ist. Anschütz (Verf. d. DR. 1926 Anm. 5) bejaht die Schadensersatzpflicht des der Vorschrift des Art. 159 Zuwiderhandelnden, ohne eine nähere Begründung zu geben. Der VI. Zivilsenat des Reichsgerichts hat Beschränkungen der Vereinigungsfreiheit des einzelnen unter den Gesichtspunkt des § 826 BGB. gestellt, indem er unentschieden läßt, ob auch § 823 in Betracht kommen könne (RGZ. Bd. 104 S. 327). Es kann auch hier dahingestellt bleiben, ob bei rechtswidrigen Eingriffen in die Vereinigungsfreiheit des einzelnen für diesen ein Schadensersatzanspruch aus § 823 Abs. 1 oder 2 BGB. herzuleiten ist. Für den vorliegenden Fall kommt es darauf an, ob der Beklagte, indem er nach der Behauptung des Klägers in das Vereinigungsrecht seiner Angestellten widerrechtlich eingriff, dadurch zugleich eine den Kläger verletzende unerlaubte Handlung begangen hat; und hier versagen jedenfalls die Bestimmungen in § 823.

Da der Kläger keine natürliche Persönlichkeit ist, kann von einer Verletzung der körperlichen Freiheit im Sinne des § 823 Abs. 1 nicht gesprochen werden. Auch ein „sonstiges Recht" des Klägers steht nicht in Frage, da Art. 159 RV., wie das Berufungsgericht zutreffend annimmt, die Vereinigungsfreiheit des einzelnen Staatsbürgers gewährleistet, aber nichts über die Rechte der Berufsvereinigungen bestimmt, zu denen sich die einzelnen zusammenschließen. In dem oben nachgewiesenen Schrifttum ist die Frage eines Schadensersatzanspruchs dieser Vereinigungen bezeichnenderweise überhaupt nicht aufgeworfen worden. Nur vereinzelt wird Art. 159 RV. als eine Vorschrift im Sinne des § 823 Abs. 2 BGB. aufgefaßt, durch die nicht nur die einzelnen, sondern auch die „Verbände" dem Staat oder sozialen Gewalten gegenüber geschützt werden sollen (Marcuse in Kaskels Koalitionen und Koalitionskampfmittel 1925 S. 73). Diese Auffassung geht nach Ansicht des Senats zu weit, da Art. 159 — was auch die Revision nicht verkennt — seiner ganzen Fassung nach eben nur die Vereinigungsfreiheit des einzelnen im Auge hat (folgen: Ausführungen zu Art. 165 Abs. 1 Satz 2 der Weimarer Verfassung). . . .

Danach ist der Ansicht des Berufungsgerichts beizutreten, daß sich ein Schadensersatzanspruch des Klägers nur aus § 826 BGB. begründen ließe. Die Revision meint nun, das Vorgehen des Beklagten gegen seine Angestellten verstoße schon deshalb gegen die guten Sitten, weil es nach Art. 159 RV. rechtwidrig sei. Allein eine rechtswidrige Handlung ist noch nicht schlechthin sittenwidrig (vgl. RGZ. Bd. 77 S. 220, Bd. 100 S. 158; Groh a. a. O. S. 36); und selbst, wenn ein sittenwidriges Verhalten des Beklagten gegenüber seinen Angestellten vorgelegen hätte, so würde daraus noch nicht folgen, daß es auch dem Kläger gegenüber gegen die guten Sitten verstieß. Es ist zu billigen, daß das Berufungsgericht selbständig geprüft hat, ob das Vorgehen des Beklagten im Verhältnis zum Kläger als sittenwidrig zu beanstanden war. Ebensowenig sind rechtliche Bedenken dagegen zu erheben, daß das Berufungsgericht bei dieser Prüfung von den Grundsätzen ausgeht, die das Reichsgericht für die Anwendung des § 826 auf dem Gebiete des Lohnkampfes und des Kampfes um die Arbeitsbedingungen ausgebildet hat. Wenn sich frühere Entscheidungen des Reichsgerichts auf Streitigkeiten zwischen Organisierten und Nichtorganisierten oder Arbeitgebern und Arbeitnehmern bezogen haben, so ist das nicht entscheidend. Die Machtprobe des Arbeitgebers gegen seine Angestellten, die zugleich die Belange der Organisation der letzteren berührt, ist auch im Verhältnis zur Organisation eine Auswirkung gegensätzlicher sozialer Kräfte und Anschauungen und es ist nicht einzusehen, weshalb hier eine andere Beurteilung als in jenen Fällen Platz greifen sollte. Daß der Begriff der guten Sitten, für den das Anstandsgefühl aller billig und gerecht Denkenden bestimmend ist, in der neuesten Zeit kein anderer geworden ist, hat das Urteil RGZ. Bd. 104 S. 330 zutreffend angenommen. Das Berufungsgericht hat hiernach mit Recht seine Prüfung darauf erstreckt, ob die vom Beklagten zur Erreichung seiner Zwecke angewendeten Mittel an sich unsittlich sind, ob der dem Kläger zugefügte Nachteil so erheblich ist, daß dadurch seine wirtschaftliche Vernichtung herbeigeführt werden würde, und ob dieser Nachteil zu dem vom Beklagten erstrebten Vorteil außer Verhältnis steht. Diese Fragen sind vom Berufungsgericht verneint worden, ohne daß dabei ein Rechtsirrtum zutage träte.

RGZ. 113, 87.⁺

Zum Begriffe der Stillegung eines Betriebs im Sinne des § 96 Abs. 2 Nr. 2 des Betriebsrätegesetzes vom 4. Februar 1920*).

III. Zivilsenat. Urt. v. 16. Februar 1926.

I. Landgericht Hannover. — II. Oberlandesgericht Celle.

Der Kläger war vom Februar 1921 bis zum 30. Juni 1924 bei der Beklagten zuerst als Laborant im chemischen Laboratorium, zuletzt als Verwalter des dazu gehörigen Gerätelagers tätig. Mitte Mai 1924 wurde ihm ebenso wie dem größten Teile der Angestellten und Arbeiter unter Einhaltung der vertraglichen Kündigungsfrist zum 30. Juni mit der Begründung gekündigt, daß dann eine Stillegung des Betriebs erfolgen werde. Der Kläger war Mitglied des Angestellten- und des Betriebsrats; deren Zustimmung zur Kündigung wurde nicht eingeholt und nicht erteilt. Deshalb und weil eine Stillegung des Betriebs im Rechtssinne nie beabsichtigt worden sei und auch nicht stattgefunden habe, begehrt der Kläger die Fortzahlung seines Gehalts für die Zeit vom 1. Juli 1924 an bis zur Erlangung einer neuen Beschäftigung. Die Beklagte behauptet dagegen, daß der Betrieb vom 1.—7. Juli völlig geruht habe und erst von da an allmählich und in beschränktem Umfange wieder aufgenommen worden sei.

Das Landgericht gab der Klage statt. Die Berufung der Beklagten hatte nur so weit Erfolg, als sie zu noch nicht fälligen Gehaltszahlungen, d. h. zu solchen für die Zeit nach dem 1. Juli 1925, verurteilt war. Mit seinen über diesen Tag hinausgehenden Ansprüchen wies das Oberlandesgericht den Kläger ab. Die Beklagte legte Revision, der Kläger Anschlußrevision ein. Erstere wurde zurückgewiesen, auf die letztere jedoch das erstinstanzliche Urteil wiederhergestellt.

Gründe:

Die Parteien streiten darüber, ob der von ihnen im Jahre 1921 geschlossene Dienstvertrag noch zu Recht bestehe oder infolge der Kündigung der Beklagten am 30. Juni 1924 sein Ende erreicht habe. Grundsätzlich darf der Arbeitgeber einem Mitgliede der Betriebsvertretung nur mit deren — im gegebenen Fall unstreitig fehlenden —

*) Jetzt: Bund: Kündigungsschutzges. v. 10. 8. 1951 — BGBl. I S. 499 — § 13 Abs. 2; Berlin: Kündigungsschutzgesetz v. 20. 5. 1950 — VOBl. I S. 173. § 9 Abs. 2.

Zustimmung kündigen (§ 96 Abs. 1 BGB.). Ohne sie entbehrt die Kündigung der Wirksamkeit. Die Beklagte beruft sich jedoch auf die Ausnahmevorschrift des § 96 Abs. 2 Nr. 2 a. a. O., welche den Arbeitgeber unter zwei Vorausetzungen, nämlich dann von der Verpflichtung, die Zustimmung der Betriebsvertretung einzuholen, entbindet, wenn er

1. seinen Betrieb stillegt und
2. infolgedessen Betriebsratsmitglieder entläßt und entlassen muß.

Ob im gegebenen Falle diese beiden Voraussetzungen vorliegen, darauf hatte sich also die Prüfung des Tatrichters zu erstrecken, aber auch zu beschränken. Dagegen war es nicht seine Aufgabe, in eine Erörterung der Notwendigkeit und Zweckmäßigkeit der Stillegungsmaßnahme einzutreten. Denn vom Boden des Betriebsrätegesetzes aus steht grundsätzlich jedem Unternehmer das Recht zu, nach freiem Ermessen darüber zu befinden, ob er seinen Betrieb aufrechterhalten oder stillegen will. Nur insoweit Betriebsstillegungen das Interesse der Allgemeinheit zu gefährden geeignet sind, hat der Gesetzgeber in der StillVO. vom 8. November 1920 — abgeändert durch die VO. vom 13./15. Oktober 1923*) — dem Ermessen der Unternehmer eine Schranke gezogen, welche für das Anwendungensgebiet des Betriebsrätegesetzes jedoch nicht in Betracht kommt.

Für dieses ist es auch ohne Bedeutung, in welcher Weise die Stillegungsverordnung den Stillegungsbegriff bestimmt und erläutert, da sie und das Betriebsrätegesetz ganz verschiedene Ziele verfolgen. Das letztere will Organe der Arbeitnehmerschaft eines Betriebs zu ihrer Vertretung dem Arbeitgeber gegenüber und zur Förderung der Betriebszwecke schaffen, sowie das Mitbestimmungsrecht der Arbeitnehmerschaft in den für sie lebenswichtigen Fragen sichern und regeln, während die Stillegungsverordnung Schädigungen der Volkswirtschaft durch „Abbruch oder Nichtbenutzung von Fabrikanlagen" zu verhüten beabsichtigt. Die Tatbestandsmerkmale einer Betriebsstillegung im Sinne des Betriebsrätegesetzes können daher nur diesem selbst, seinem Geiste und Zweck entnommen werden. Die Materialien geben über sie keinen Aufschluß.

Von der Betriebsstillegung und ihrem Einfluß auf Arbeiterentlassungen handeln die §§ 85 und 96 und auch § 74 BRG. mit der Maßgabe, daß im § 85 von einer „gänzlichen oder teilweisen Stillegung",

*) Vgl. jetzt über den Kündigungsschutz bei Massenkündigungen: Berlin a. a. O. §§ 12 ff.; Bayern: Ges. gegen mißbräuchliche Massenentlassungen und Betriebsstillegungen; v. 22. 10. 1948 — Ges. u. VOBl. S. 240, mit Ergänzungsges. v. 27. 2. 1950; Ges. u. VOBl. S. 56; Hessen, Betriebsräteges. § 41.

in den beiden anderen Paragraphen aber nur von Stillegung schlechthin die Rede ist. Diese Abweichung bedeutet aber nicht die absichtliche Betonung eines sachlichen Unterschieds, der auch der inneren Berechtigung entbehren würde, sondern erklärt sich leicht daraus, daß die Worte „gänzliche oder teilweise Stillegung" auf Grund eines erst in der Nationalversammlung selbst gestellten Antrags in den § 85 a. a. O. eingefügt sind, und daß dann übersehen worden ist, die §§ 74 und 96 mit ihm in Einklang zu bringen*).

Unter Betrieb im Sinne des Betriebsrätegesetzes ist nicht das Geschäftsunternehmen in seinem äußeren Bestande, nicht die Betriebsanlage, sind auch nicht die in Tätigkeit befindlichen Maschinen oder die Gesamtheit der Betriebsmittel zu verstehen. Er ist vielmehr ein lebendiger Organismus, innerhalb dessen Unternehmer und Arbeiter zu einer Produktionsgemeinschaft zusammengeschlossen sind und in gemeinsamer Tätigkeit demselben Ziele, der Erreichung eines möglichst hohen Standes und möglichster Wirtschaftlichkeit der Betriebsleistungen zustreben (§§ 1 und 66 Nr. 1 BGB., vgl. RGZ. Bd. 106 S. 275). Von diesem Ausgangspunkt aus läßt sich die Betriebsstillegung als eine Auflösung der Arbeits- und Produktionsgemeinschaft bezeichnen, die ihren Grund und ihre Rechtfertigung darin findet, daß der Unternehmer die Erzeugung von Sachwerten für eine wirtschaftlich nicht unerhebliche Zeitspanne einstellt und damit die Erreichung des Betriebs- und Gemeinschaftszwecks unmöglich macht. Das Wesen der Betriebsstillegung erschöpft sich also nicht in einer Handlung, nicht in der Schaffung einer Tatsache, sondern besteht in der Herbeiführung eines Zustandes von gewisser Dauer. Das folgt aus dem gesetzgeberischen Zwecke der §§ 84 flg. und des § 96 Abs. 1 BRG. Diese lassen den Arbeitnehmern und erst recht den von ihnen gewählten Betriebsvertretern aus sozialen Gründen einen weitgehenden Kündigungsschutz angedeihen. Wenn der Gesetzgeber ihn in den Fällen des § 85 Abs. 2 Nr. 2 und des § 96 Abs. 2 Nr. 2 BRG. wieder beseitigt, so ging er davon aus, daß Arbeitgeber und Arbeitnehmer, wie sie vorher die Vorteile der Betriebsleistungen gemeinsam genossen hatten, nunmehr auch die Nachteile einer Betriebsstillegung gemeinsam auf sich nehmen müssen. Das würde aber nicht geschehen, wenn es dem Arbeitgeber schlechthin gestattet wäre, unter Berufung auf den § 85 Abs. 2 Nr. 2 und den § 96 Abs. 2 Nr. 2 BRG. sämtliche Arbeitnehmer zu entlassen, um nach wenigen Tagen den Betrieb mit einem Teile seiner bisherigen

*) Das bayr. Ges., Art. 15 Abs. IIa verlangt jetzt „vollständige Stillegung".

Arbeiter oder mit fremden Arbeitern wieder aufzunehmen. Würde auch ein solcher Fall unter die angezogenen Ausnahmevorschriften fallen, dann wäre der Umgehung des Gesetzes Tür und Tor geöffnet und in den rechts- und sozialpolitischen Schutz der Arbeitnehmer gegen willkürliche Kündigungen eine sachlich nicht gerechtfertigte Bresche geschlagen. Eine derartige Bevorzugung des Arbeitgebers und Hintanstellung der Interessen der wirtschaftlich schwächeren Arbeitnehmer hat der Gesetzgeber sicher nicht gewollt. Bei Schaffung der Ausnahmebestimmungen des § 85 Abs. 2 Nr. 2 und des § 96 Abs. 2 Nr. 2 a. a. O. hatte er dem ganzen Charakter des Gesetzes entsprechend vielmehr nur solche Stillegungen im Auge, deren Dauer eine Verpflichtung der Unternehmer zur Fortzahlung der Löhne und Gehälter ohne gleichzeitige Erzeugung von Werten, aus denen sie nach dem Betriebszwecke genommen werden sollen, auch unter Berücksichtigung der berechtigten Interessen der Arbeitnehmer als unbillige Härte erscheinen lassen würde.

Aus dem Gesagten erhellt, daß nicht nur eine endgültige, sondern auch eine zeitweilige Stillegung, welche diese Voraussetzung erfüllt, die Rechtsfolge des § 85 Abs. 2 Nr. 2 und des § 96 Abs. 2 Nr. 2 BRG. auszulösen vermag. Einer Stillegung des Betriebs aber, an die sich eine Wiedereröffnung so rasch und in einer Weise anschließt, daß sie zeitlich und wirtschaftlich nur als eine Fortsetzung des bisherigen Betriebs, wenn auch vielleicht in beschränkterem Umfang erscheint, kommt nicht die Bedeutung einer solchen im Rechtssinne, sondern nur die einer Betriebsunterbrechung, einer die Aufhebung des Kündigungsschutzes nicht rechtfertigenden Arbeitspause zu, es sei denn, daß eine Stillegung von längerer oder unbestimmter Dauer beabsichtigt war und die vorzeitige schnelle Wiedereröffnung des Betriebs auf eine nicht vorhergesehene plötzliche Änderung der Verhältnisse zurückzuführen ist. Die Auflösung der Produktions- und Arbeitsgemeinschaft darf nicht lediglich ein Mittel zur Erleichterung ihrer Um- oder Neubildung sein, wenn der Arbeitgeber die Befreiung von den Kündigungsbeschränkungen des Betriebsrätegesetzes für sich in Anspruch nehmen will. Macht, wie es häufig der Fall sein wird, die Umstellung oder Einschränkung des Betriebs Massenkündigungen erforderlich, dann kann der Unternehmer nur nach Maßgabe des § 74 BRG. und, soweit es sich um die Entlassung von Betriebsratsmitgliedern handelt, auf dem durch die §§ 96 Abs. 1, 97 BRG. gewiesenen Wege vorgehen.

Im gegebenen Falle ist nun der Berufungsrichter zu der Überzeugung gelangt, daß nach Lage der Umstände in den geschäftlichen Maßnahmen der Beklagten eine Betriebsstillegung im Rechtssinne nicht zu erblicken sei. . . . Er geht auf Grund der eigenen Angaben der Beklagten davon aus, daß sie von vornherein nur eine vorübergehende Schließung der Fabrik beabsichtigt habe, legt im Anschluß hieran entscheidendes Gewicht darauf, daß der Betrieb tatsächlich auch nur eine Woche geruht habe und daß eine unvorhersehbare oder wenigstens unvorhergesehene Änderung der Verhältnisse, welche die plötzliche Wiedereröffnung des Betriebs zu rechtfertigen geeignet wäre, weder von der Beklagten behauptet noch sonst erkennbar zutage getreten sei. Im übrigen verweist er auf das Ergebnis der Beweisaufnahme, nach der, wie die Beklagte auch nicht bestreitet, in der kritischen Zeit vom 1. bis 7. Juli 1924 die nicht unerhebliche Zahl von 69 Arbeitern und 78 Angestellten beschäftigt und die Schwefelsäureerzeugung zur Vermeidung einer Erkaltung der Öfen überhaupt nicht eingestellt worden ist. Wenn der Berufungsrichter von dieser Grundlage aus folgert, daß die Beklagte bereits vor der Entlassung des Klägers nur eine kurzfristige Unterbrechung des Betriebs zum Zwecke seiner Umstellung und von vornherein dessen Wiederaufnahme nach einer Ruhepause von wenigen Tagen geplant, die Umstellungsmaßnahmen aber zur Vermeidung aller, insbesondere der aus dem Betriebsrätegesetz sich ergebenden Schwierigkeiten und zur Wahrung völliger Handlungsfreiheit in das Gewand einer „Stillegung" zu kleiden versucht habe, so ist ihm der Vorwurf einer Rechtsverletzung nicht zu machen. Er verneint also die Absicht der Beklagten auf Herbeiführung eines der Stillegung im Rechtssinne entsprechenden, wenn auch nur vorübergehenden Dauerzustandes und damit dessen Herbeiführung selbst, so daß seine Sachentscheidung mit der oben gegebenen Erläuterung des Stillegungsbegriffs völlig im Einklange steht. Da die Beklagte, wie der Berufungsrichter gleichfalls einwandfrei feststellt, auch denjenigen Teil des Fabrikbetriebs, in dem der Kläger bis zum 30. Juni 1924 beschäftigt war, im Rechtssinne weder stillegen wollte noch stillgelegt hat, also auch eine teilweise Stillegung des Betriebs nicht erfolgt ist, war die Kündigung nach § 96 Abs. 1 BRG. unwirksam. Das Vertragsverhältnis der Parteien dauert fort, und die Beklagte ist zur Weiterzahlung des Gehalts verpflichtet, bis der Kläger eine neue Anstellung gefunden hat. Die Beklagte ist daher durch die Entscheidung des Oberlandesgerichts, die dem Kläger nur die bereits fälligen Gehaltsrückstände zubilligt, nicht beschwert, so daß ihre Revision zurückzuweisen war. . . .

RGZ. 113, 197.

1. Unter welchen Voraussetzungen darf eine Tarifvertragspartei während des Bestehens des Tarifvertrags zur Anwendung wirtschaftlicher Kampfmittel greifen?*)

2. Können die durch einen Tarifbruch geschädigten Einzelmitglieder einer Tarifvertragspartei Schadensersatzansprüche gegen den tarifbrüchigen Vertragsteil geltend machen?

Tarifvertragsverordnung vom 23. Dezember 1918.

III. Zivilsenat. Urt. v. 30. März 1926.

I. Landgericht I Berlin. — II. Kammergericht daselbst.

Der klagende Arbeitgeberverband schloß am 31. März 1922 mit den beiden beklagten Arbeitnehmerverbänden einen Tarifvertrag, der in zwei Teile zerfiel. Der Hauptteil, ein die Arbeitsbedingungen mit Ausnahme der Lohnhöhe regelnder Manteltarif, sollte bis zum 31. März 1923 laufen und sich um ein weiteres Jahr verlängern, wenn er nicht zwei Monate vor seinem Ablauf gekündigt würde. Ihm waren als Anhang die Lohnvereinbarungen beigefügt, die bis zum 30. Juni 1922, bei Zustimmung sämtlicher Vertragsparteien bis zum 30. September 1922 Geltung haben sollten. Für den Dezember 1922 wurde eine Einigung über die Lohnhöhe nicht erzielt. Dem Schiedsspruch eines vom Reichsarbeitsminister einberufenen Schlichtungsausschusses fügten sich die Arbeitnehmer nicht. Nunmehr forderten die beklagten Verbände ihre Mitglieder durch gedruckte Flugblätter auf, vom 12. Dezember ab „nur noch acht Stunden zu verrichten und jede Extra-, Überstunden- und Sonntagsarbeit abzulehnen". Dieser Weisung folgten die Schiffer. Dadurch sollen einzelnen Mitgliedern des klagenden Verbandes infolge verlängerter Fahrten, vermehrten Kohlenverbrauchs, verspäteter Erfüllung eingegangener Ladeverbindlichkeiten u. dgl. Vermögensverluste entstanden sein. Einen derartigen, ihm von einem seiner Mitglieder abgetretenen, Schadensersatzanspruch macht der klagende Verband gegen die beklagten Verbände mit der Behauptung geltend, sie hätten durch die erwähnten Aufrufe gegen ihre tarifliche Friedenspflicht und zugleich gegen die guten Sitten verstoßen. Das Landgericht gab der Klage statt. Das Kammergericht wies sie ab. Die Revision des Klägers blieb erfolglos.

---

*) Vgl. aber auch RAG. in Bensheimer Bd. 7 S. 533 und RAG. Bd. 5 S. 252 (257).

Gründe:

Der Tarifvertrag vom 31. März 1922 enthält keine ausdrückliche Bestimmung, durch welche die Parteien sich zur Einhaltung des Arbeitsfriedens verpflichtet haben. Aber auch ohne eine solche muß — wenigstens in der Regel — die gegenseitige Übernahme der Friedenspflicht als von den Tarifvertragsparteien gewollt und stillschweigend vereinbart angesehen werden (vgl. RGZ. Bd. 73 S. 92, Bd. 86 S. 154; Hueck, Recht des TV. S. 170 und TR S. 91; Kaskel, N. Ztschr. f. ArbR. 1922 Sp. 403). Die Friedenspflicht ist mit dem Wesen eines Tarifvertrags so eng verbunden, daß ohne sie die Erreichung der rechts- und wirtschaftspolitischen Ziele, die mit seinem Abschluß verfolgt werden, in hohem Grade gefährdet sein würde. Ein Tarifvertrag soll nicht nur Arbeitsnormen schaffen, sondern auch die Möglichkeit ihrer Durchführung gewährleisten. Er soll die an seinem Abschluß beteiligten Verbände und die in ihnen organisierten Arbeitgeber und Arbeitnehmer dagegen sichern, daß während seiner Dauer die in ihm geregelten Arbeitsbedingungen zum Gegenstand eines Wirtschaftskampfes gemacht werden. Diese Sicherung würde aber nur sehr gering und unvollkommen sein, wenn bei einem Verstoß gegen die Friedenspflicht (vgl. RGZ. Bd. 111 S. 108 und 177) der schuldige Vertragsteil nur dem Vertragsgegner und nicht auch dessen geschädigten Einzelmitgliedern ersatzpflichtig wäre. Eine solche Rechtslage würde der Förderung des Wirtschaftsfriedens nicht nur nicht dienlich, sondern geradezu abträglich sein, da durch wirtschaftliche Kampfmaßnahmen in der Hauptsache die einzelnen Arbeitgeber oder Arbeitnehmer, nicht aber die Verbände, denen sie angehören, benachteiligt zu werden pflegen. Deshalb enthält die Friedensklausel, mag sie ausdrücklich oder stillschweigend vereinbart sein, regelmäßig zugleich einen Vertrag zugunsten der Verbandsmitglieder, der für sie im Sinne des § 328 Abs. 1 BGB. unmittelbar Rechte und im Fall ihrer Verletzung Schadensersatzansprüche begründet. Dieser Rechtsauffassung entsprechend hat das Kammergericht auch den Tarifvertrag vom 31. März 1922 ausgelegt, so daß die N. N. Dampfschiffahrtsgesellschaft nicht gehindert war, Schadensersatzansprüche aus dem angeblichen Tarifbruch der Beklagten geltend zu machen und sie an den Kläger abzutreten. Daß sie dazu auch befugt war, soweit sie diese aus einem sittenwidrigen Verhalten der Beklagten ihr gegenüber, d. h. aus § 826 BGB. herleitet, bedarf keiner Erörterung.

Die Friedenspflicht der Tarifvertragsparteien ist, wenn sie nicht im Einzelfall durch ausdrückliche Abrede zu einer absoluten gestaltet wird, regelmäßig nur eine relative. Es soll nur der Vertragsinhalt selbst geschützt und der Versuch, eine vorzeitige Änderung der im Tarifvertrag vereinbarten Arbeitsnormen durch Anwendung wirtschaftlicher Kampfmittel zu erzwingen, verhindert werden. Dagegen ist es den Verbänden regelmäßig nicht verwehrt, sich solcher Mittel zu bedienen, um während des Bestehens eines Tarifvertrags nicht tariflich geregelte Streitpunkte einer solchen Regelung entgegenzuführen. Daß die Verbände auch für derartige Fälle von vornherein auf jeden Wirtschaftskampf verzichtet und sich des Rechts begeben haben, im Interesse ihrer Mitglieder nötigenfalls auch zu wirtschaftlichen Druckmitteln zu greifen, ist nicht zu vermuten. Ein solcher Verzicht bedürfte einer unzweideutigen Willenserklärung. Wenn ihn das Kamergericht daher in dem Manteltarif vom 31. März 1922 nicht findet, so entspricht seine Vertragsauslegung, wie gezeigt, ebenso der Natur der Sache wie den Grundsätzen von Treu und Glauben. Sie steht auch mit der bisherigen Rechtsprechung des Reichsgerichts (vgl. die bereits angezogenen in RGZ. Bd. 73 und 86 abgedruckten Entscheidungen und RGZ. Bd. 111 S. 107) und der im Schrifttum vorherrschend vertretenen Ansicht (vgl. Kaskel, N. Ztschr. f. ArbR. 1922 Sp. 403 Anm. 12; Oertmann, Arbeitsvertragsrecht S. 64/65; Hueck, TR. S. 92; Nipperdey, Beitr. z. TR. S. 67) in Einklang.

Der Tarifvertrag vom 31. März 1922 bestand aus zwei auch äußerlich gesonderten Teilen, dem Manteltarifvertrag und dem als Anhang bezeichneten, besonders datierten und unterschriebenen Lohntarifvertrag. Beide Teile bildeten zunächst eine rechtliche Einheit. Vereinbarungsgemäß erlosch der Lohntarifvertrag bedeutend früher als der Manteltarifvertrag. Sein Fortfall übte jedoch, wie das Kammergericht einwandfrei feststellt, auf das rechtliche Schicksal des Manteltarifvertrags und dessen Fortgang keinen Einfluß aus.

Da weder die Verhandlungen der Parteien noch ein Schlichtungsverfahren zu einer Einigung über neue Löhne führten, gingen die beklagten Verbände schließlich zum Angriff über. Um die Arbeitgeber durch wirtschaftlichen Druck zum Abschluß eines den Zeitverhältnissen entsprechenden Lohntarifvertrags zu bewegen, forderten sie ihre Mitglieder zur Verweigerung von Überstunden- und Sonntagsarbeit auf. Dieser Angriff auf den Arbeitsfrieden richtete sich also nicht gegen die Normen des Manteltarifs, sondern sollte nur die in ihm nicht geregelte, für die Arbeiter aber lebenswichtige Lohnfrage möglichst rasch in einem für sie günstigen Sinne lösen und damit den Manteltarif in sachgemäßer Weise ergänzen und vervollständigen.

Dieses Ziel war kein rechtswidriges. Ein Verbot, es unter Anwendung wirtschaftlicher Kampfmittel zu erstreben, enthält nach der rechtsirrtumsfreien Feststellung des Berufungsrichters der Manteltarifvertrag nicht. Auch die von den Beklagten empfohlenen Kampfmittel waren keine unerlaubten. Das Kammergericht bezeichnet sie als passive Resistenz. Dem kann nicht beigepflichtet werden. Passive Resistenz ist, wie der Senat bereits in dem Urteil vom 9. Juni 1925 (RGZ. Bd. 111 S. 112) ausgeführt hat, ein unlauteres Kampfmittel. Denn mit ihr beabsichtigen die Arbeiter durch Herabsetzung ihrer Arbeitsleistungen auf ein Mindestmaß die Druckwirkung eines Streiks hervorzurufen, ohne sich wie bei diesem der Gefahr von Lohnausfällen auszusetzen. Dazu haben die beklagten Verbände ihre Mitglieder nicht veranlaßt. Während der regelmäßigen achtstündigen Arbeitszeit sollten sie ihre Pflicht voll und ganz erfüllen, nur Überstunden- und Sonntagsarbeit, die sich während der Fahrt der Schiffe allerdings kaum entbehren läßt, sollten sie ablehnen und damit auch auf die für sie ausgeworfene Sondervergütung verzichten. Die Beklagten trifft daher nach Lage des Falles nicht der Vorwurf des Tarifbruchs. Daß die Schiffer nach dem Manteltarif Überstunden leisten sollten, ändert an der Rechtslage nichts, da der Kampf der Parteien auf einem Gebiet und bezüglich einer Streitfrage, die außerhalb der bisherigen tariflichen Regelung lagen, entbrannt war und dieser Kampf ohne Rücksicht auf den Inhalt des Manteltarifs mit allen erlaubten wirtschaftlichen Kampfmitteln ausgefochten werden durfte. In ihm waren die Beklagten an keine anderen Schranken als diejenigen gebunden, welche die Rechtsordnung jedem Wirtschaftskampf und dem Gebrauch wirtschaftlicher Kampfmittel überhaupt setzt. Innerhalb dieser haben die Beklagten sich aber gehalten. Deshalb fällt mit dem Vorwurf der Tarifuntreue auch der eines sittenwidrigen Verhaltens, so daß die Kampfbetätigung der Beklagten auch die Anwendung des § 826 BGB. nicht zu rechtfertigen vermag.

RGZ. 114, 12.

1. In welchem Umfang sind Berufsgenossenschaften tariffähig?

2. Kann ein Berufsgenossenschaftsverband in einem Tarifvertrag mit bindender Wirkung für seine Mitglieder vereinbaren, daß sämtliche Angestellte nach Ablauf einer bestimmten Dienstzeit als lebenslänglich angestellt gelten sollen?

RVO. §§ 690 flg. Tarifvertragsverordnung § 1*).

*) Jetzt § 2 Tarifvertragsges. vom 9. 4. 1949 (GesBl. der Verw. des Vereinigten Wirtschaftsgebietes, S. 55). — Berlin: § 2 des Tarifvertragsges. v. 12. 9. 50 — GVBl. S. 417 — Rheinland-Pfalz: § 2 des Landesges. über den Tarifvertrag vom 24. 2. 1949 — GVBl. S. 82.

III. Zivilsenat. Urt. v. 18. Juni 1926.

I. Landgericht Duisburg. — II. Oberlandesgericht Düsseldorf.

Der Beklagte wurde von der Klägerin im Jahre 1904 als Sekretär ihrer Sektion I in M. angestellt; im schriftlichen Dienstvertrag war für beide Teile eine dreimonatige Kündigungsfrist vorgesehen. Am 14. November 1919 trafen der Arbeitgeberverband Deutscher Berufsgenossenschaften, dem die Klägerin nicht angehört, und verschiedene Angestelltenverbände ein schriftliches Abkommen, dessen Nr. VIII Abs. 1 folgenden Wortlaut hat:

„Ständig Angestellte gelten nach einer anrechnungsfähigen Dienstzeit von 10 Jahren, jedoch frühestens von Vollendung des 31. Lebensjahres an, als ruhegehaltsberechtigt und lebenslänglich angestellt."

Das Abkommen wurde im April 1920 vom Reichsarbeitsminister vorbehaltlos für allgemein verbindlich erklärt. Es wurde später durch die Tarifverträge vom 27. Dezember 1920 und vom 13. März 1922 ersetzt, die gleichfalls eine mit Nr. VIII Abs. 1 des Abkommens von 1919 übereinstimmende Vorschrift enthielten. Diese wurde aber von der „Allgemeinverbindlicherklärung" der beiden Verträge ausdrücklich ausgenommen; im folgenden Tarifvertrag vom 27. Dezember 1923 fehlte sie ganz.

Im März 1923 kündigte die Klägerin dem Beklagten mit der Begründung, daß sie die Sektion in M. auflöse. Verhandlungen der Parteien über Abschluß eines neuen Dienstvertrags führten nicht zum Ziele. Schließlich wiederholte die Klägerin die Kündigung zum 31. Dezember 1923. Der Beklagte, der unter Berufung auf Nr. VIII des Abkommens vom 14. November 1919 lebenslänglich angestellt zu sein behauptete, legte Beschwerde beim Reichsversicherungsamt ein. Dieses billigte die Auffassung des Beklagten und erklärte durch Beschluß vom 23. November 1923 beide Kündigungen für unzulässig. Darauf erhob die Klägerin Klage mit dem Antrag auf Feststellung, daß zwischen ihr und dem Beklagten kein Dienstvertrag auf Lebenszeit bestehe.

Das Landgericht gab diesem Antrag statt. Das Oberlandesgericht wie ihn ab. Auf die Revision der Klägerin wurde das landgerichtliche Urteil wiederhergestellt.

Gründe:

Der Beschluß des Reichsversicherungsamts vom 23. November 1923, der die Lebenslänglichkeit des Dienstverhältnisses des Klägers anerkennt und deshalb die Kündigungen der Berufsgenossenschaft für unzulässig erklärt, eröffnete den Parteien gemäß § 705 RVO. die Möglichkeit, die ordentlichen Gerichte anzurufen. Denn der endgültige Ausgang des Kündigungsstreits ist für ihre vermögensrechtlichen Beziehungen von weittragender Bedeutung und verpflichtet die Klägerin, wenn die Entscheidung zu ihren Ungunsten ausfällt, mittelbar zu Geldleistungen, denen sie sich unter Berufung auf die Entlassung des Beklagten zu entziehen sucht. Das genügt aber, um dem Klagebegehren den Charakter eines vermögensrechtlichen Anspruchs im Sinne des § 705 RVO. zu geben (vgl. Urteile des erkennenden Senats: RGZ. Bd. 108 S. 286 und III 154/25 vom 24. März 1926).

Seine sachliche Entscheidung stützt das Oberlandesgericht auf die oben wiedergegebene Nr. VIII des Übereinkommens vom 14. November 1919. Daß diesem die Bedeutung eines Tarifvertrags im Sinne der Tarifvertragsverordnung vom 23. Dezember 1918 zukommt und daß Tarifverträge dazu bestimmt sind, die Bedingungen für den Abschluß von Einzelarbeitsverträgen einheitlich zu regeln, ist ohne weiteres zuzugeben. Dagegen unterliegt der Ausspruch des Berufungsrichters, daß alle Arbeits- und Anstellungsbedingungen, die Gegenstand eines Einzeldienstvertrags sein können, schlechthin auch in einem Tarifvertrag wirksam vereinbart werden dürfen, in dieser Allgemeinheit erheblichen Bedenken. Man wird ihm für diejenigen Fälle die Anerkennung versagen müssen, in denen sich aus Sondergesetzen oder aus dem Wesen des Tarifvertrags etwas Gegenteiliges ergibt.

Nun ist es, worauf schon das Reichsversicherungsamt in dem oben erwähnten Beschlusse hinweist, wirtschaftlich in hohem Grade unzweckmäßig in einem seiner Natur nach zeitlich beschränkten Tarifvertrag, der nur den zur Zeit seines Inkrafttretens herrschenden Wirtschaftsverhältnissen Rechnung tragen soll und kann, weit über seine voraussichtliche Geltungsdauer hinaus für gewisse Klassen von Arbeitnehmern lebenslängliche Rechte zu begründen, und wirtschaftlich noch unzweckmäßiger erscheint es, die solchen Rechten entsprechenden Verpflichtungen im Wege der Allgemeinverbindlicherklärung auch denjenigen Arbeitgebern aufzuerlegen, die am Abschluß des Tarifvertrags nicht beteiligt sind. Ob daraus zu folgern ist, daß der Inhalt der Nr. VIII des Übereinkommens vom 14. November 1919, soweit er sich auf die lebenslängliche Anstellung bezieht, sich mit dem Wesen und Zweck eines Tarifvertrags überhaupt nicht vereinen lasse, kann zweifelhaft sein. Einer Entscheidung dieser Frage bedarf es im vorliegenden Falle jedoch nicht; denn auch wenn man sie verneint, vermag der Beklagte aus Nr. VIII a. a. O. keine Rechte für sich herzuleiten.

Die Angestellten einer Berufsgenossenschaft sind keine Beamte (vgl. das Bl. 114 S. 22 abgedruckte Urteil des Senats vom 18. Mai 1926 III 217/25), sondern stehen zu ihr in einem bürgerlichrechtlichen Dienstverhältnis, dessen Inhalt sich freilich in erster Linie nach den Vorschriften der Reichsversicherungsordnung und der Dienstordnung (§ 690 RVO.) bestimmt und nur, soweit diese den Parteien zu seiner Ergänzung und Vervollständigung Spielraum lassen, ihrer freien Vereinbarung unterliegt. Die Vorschrift des § 690 RVO. verpflichtet die Berufsgenossenschaften, „die allgemeinen Anstellungsbedingungen und die Rechtsverhältnisse der Angestellten durch eine Dienstordnung angemessen zu regeln". *Die Bestimmungen der Dienstordnung sind ebenso* wie die in den §§ 692 bis 699 RVO. enthaltenen Grundsätze für die Einzeldienstverträge schlechthin maßgebend; eine Vertragsklausel, die gegen sie verstößt, ist nichtig (§§ 691, 701 Abs. 2 RVO.). Die Dienstordnung bedarf der Genehmigung des Reichsversicherungsamts (§ 700 Abs. 2 a. a. O.); wird diese versagt oder kommt eine Dienstordnung aus anderen Gründen nicht zustande, so wird sie vom Reichsversicherungsamt „erlassen", also durch einen hoheitsrechtlichen Akt geschaffen (§ 700 Abs. 3 a. a. O.). Aus alledem ergibt sich, daß der Berufsgenossenschaft und dem Reichsversicherungsamt auf dem Gebiete des Angestelltenwesens ein weitgehendes Gesetzgebungsrecht, d. h. die Befugnis zum Erlasse von Normen eingeräumt ist, welche die Vertragsteile auch unabhängig von ihrem Willen binden. Innerhalb der von der Reichsversicherungsordnung und der Dienstordnung gezogenen Schranken sind aber, wie schon betont, die Dienstvertragsparteien befugt, ihre schuldrechtlichen Beziehungen beliebig zu gestalten. Soweit danach die Vertragsfreiheit einer Berufsgenossenschaft reicht, reicht auch ihre Tariffähigkeit und Tarifbefugnis. Tarifvertragsnormen, die sich mit zwingenden Dienstordnungsnormen in Widerspruch setzen, sind jedoch nach Maßgabe des in § 701 Abs. 2 RVO. ausgesprochenen Rechtsgedankens ebenso unwirksam, wie es im gleichen Falle Bestimmungen eines Einzeldienstvertrags wären.

Das Schicksal der Revision hängt daher von der Entscheidung der Frage ab, ob die in Nr. VIII a. a. O. getroffene allgemeine Regelung des Angestelltenverhältnisses mit der klägerischen Dienstordnung vereinbar ist oder ihr derart zuwiderläuft, daß sie trotz ihrer Allgemeinverbindlicherklärung die Klägerin nicht zu binden vermag. Das Oberlandesgericht hat im Gegensatz zum Landgericht die verbindliche Kraft der Nr. VIII bejaht. Dieser Auffassung kann jedoch nicht beigepflichtet werden. Der Berufungsrichter geht nämlich rechtsirriger Weise davon aus, daß die §§ 690 flg. RVO. und die Dienstordnung grundsätzlich nur die Mindestrechte der Angestellten festlegen und ihre Besserstellung nach keiner Richtung hin ausschließen. Dieser Gedanke findet jedoch im Gesetz keine Stütze. Entspräche er dem Willen des Gesetzgebers, so hätte er in der Reichsversicherungsordnung selbst oder in der Dienstordnung unzweideutig zum Ausdruck gelangen müssen, wie es beispielsweise hinsichtlich der Durchbrechnung von Tarifvertragsnormen in § 1 der Tarifvertragsordnung geschehen ist.

Die Berufsgenossenschaften sind öffentlichrechtliche Körperschaften, die der Aufsicht des Reichsversicherungsamts unterstehen (§ 722 RVO.). Als Aufsichtsbehörde, der die Genehmigung der von den Genossenschaftsversammlungen beschlossenen Dienstordnungen obliegt, hat das Reichsversicherungsamt bei Prüfung ihres Inhalts ebenso auf die berechtigten Interessen der Angestellten wie auf die Belange der Genossenschaften zu achten und Rücksicht zu nehmen. Mit der Genehmigung seitens des Reichsversicherungsamts erhalten die Vorschriften der Dienstordnung, wie schon hervorgehoben, den Charakter von Rechtsnormen, die Angestellte und Berufsgenossenschaft gleichmäßig binden und von denen in Einzeldienstverträgen zugunsten des einen oder des anderen Teils nur soweit abgewichen werden darf, als die Reichsversicherungsordnung oder die Dienstordnung es zweifelsfrei gestatten. So sind z. B. der Klägerin hinsichtlich der Bemessung der Dienstbezüge ihrer Angestellten nach oben keine Schranken gezogen, da § 9 ihrer Dienstordnung die dort genannten Summen im Anschluß an § 695 RVO. ausdrücklich als Mindestgehälter bezeichnet. Ihrer tarifvertraglichen Heraufsetzung steht daher nichts im Wege (vgl. das angeführte Urteil des Senats vom 18. Mai 1926).

Die lebenslängliche Anstellung erklärt nun aber § 694 RVO. nur so weit für zulässig, als die Dienstordnung sie vorsieht. Damit hat der Gesetzgeber klar zum Ausdruck gebracht, daß eine lebenslängliche Anstellung, die gegen die in der Dienstordnung für sie aufgestellten Grundsätze verstößt, unzulässig und deshalb gemäß § 701 Abs. 2 RVO. nichtig ist. Der § 7 der Dienstordnung lautet:

> „Die Anstellung erfolgt in der Regel auf Zeit. Der Vorstand kann Angestellte, die eine anrechnungsfähige Dienstzeit von 10 Jahren zurückgelegt haben, auf Lebenszeit anstellen."

Hieraus erhellt, daß gegenüber der regelmäßigen Anstellung auf Zeit die lebenslängliche Anstellung die Ausnahme bilden soll und einen — grundsätzlich erst nach mehrjähriger Dienstzeit zulässigen — besonderen Anstellungsakt erfordert, dessen Vornahme naturgemäß voraussetzt, daß der Vorstand ihn nach den Umständen als im Interesse der Berufsgenossenschaft liegend erachtet. Die Dienstordnung räumt also den Angestellten, auch den älteren, kein Recht, sondern nur eine Anwartschaft auf lebenslängliche Anstellung ein, deren Verwirklichung der Vorstand nach § 7 daselbst in der Regel nicht lediglich vom Zeitablauf abhängig machen, sondern erst nach pflichtgemäßer Erprobung des Angestellten und nach Prüfung des Einzelfalls vornehmen darf. Durch Aufnahme einer der Nr. VIII a. a. O. entsprechenden Klausel in sämtliche Dienstverträge würde der Vorstand in bezug auf sie eine Rechtslage schaffen, die mit Wortlaut, Sinn und Zweck des § 7 der Dienstordnung in Widerspruch stände und zu deren Herbeiführung ihn dieser nicht ermächtigt. Eine derartige allgemeine Vertragsklausel würde daher gemäß § 701 Abs. 2 RVO. nichtig sein. Trifft das aber zu, so kann die Klausel auch nicht auf dem Umweg über einen Tarifvertrag Geltung erlangen. Denn auch als Tarifvertragsnorm hat sie nicht die Macht, eine ihr entgegenstehende Dienstordnungsvorschrift außer Kraft zu setzen. Diese hat vielmehr stets den Vorrang vor ihr....

RGZ. 119, 13.

Unter welchen Voraussetzungen ist ein Anwalts- oder ein Notarverein tariffähig?

Tarifvertrags-Verordnung v. 23. Dezember 1918 § 1*).

III. Zivilsenat. Urt. v. 18. November 1927.

I. Landgericht Frankfurt a. M. — II. Oberlandesgericht daselbst.

Durch Schiedsspruch des Schlichtungsausschusses vom 31. August 1925 wurde den Parteien ein Tarifvertrags-Vorschlag über die Regelung der Lohn- und Arbeitsbedingungen für die bei den Mitgliedern der klagenden Vereine beschäftigten Angestellten gemacht. Dieser von den Klägern abgelehnte Schiedsspruch wurde vom Schlichter für verbindlich und vom Präsidenten der Reichsarbeitsverwaltung für allgemein verbindlich erklärt. Die klagenden Vereine, die ihre Tariffähigkeit bestreiten und schon vor dem Schlichtungsausschuß und dem Schlichter bestritten hatten, verlangen im vorliegenden Rechtsstreite die Feststellung der Unwirksamkeit des Schiedsspruchs. Sie sind mit der Klage vom Landgericht und vom Oberlandesgericht abgewiesen worden. Ihre Revision blieb erfolglos.

*) Jetzt § 2 Tarifvertragsges. vom 9. 4. 1949 (GesBl. der Verw. des Vereinigten Wirtschaftsgebietes S. 55). — Berlin: § 2 des Tarifvertragsges. v. 12. 9. 50 — GVBl. S. 417. — Rheinland-Pfalz: § 2 des Landesges. über den Tarifvertrag vom 24. 2. 1949 — GVBl. S. 82.

Gründe:

Tariffähig im Sinne des § 1 der Verordnung vom 23. Dezember 1918, d. h. fähig, Partei eines Tarifvertrags zu sein, ist nach der ständigen Rechtsprechung des Senats jede Arbeitgebervereinigung, deren Mitglieder sich, sei es allein, sei es auch in ihrer Eigenschaft als Arbeitgeber, zusammengeschlossen haben und zu deren Verbandsaufgaben auch die Förderung der Arbeitgeberinteressen ihrer Mitglieder auf dem Gebiete der Arbeits- und Lohnbedingungen gehört (RGZ. Bd. 111 S. 354 und Bd. 115 S. 177; JW. 1927 S. 2363 Nr. 1). Von diesen Gesichtspunkten aus hat der Berufungsrichter die Tariffähigkeit der Kläger geprüft und mit Recht bejaht. Er erklärt also nicht etwa, wie die Revision annimmt, im Gegensatz zu dem Urteil des IV. Zivilsenats vom 1. Oktober 1923 (RGZ. Bd. 107 S. 144) jeden Anwaltsverein für tariffähig, sondern zieht aus den besonderen Umständen des vorliegenden Falles, aus dem Inhalte der Satzungen und ihrer Handhabung rechtliche Folgerungen, die in dem vom IV. Zivilsenat entschiedenen Rechtsstreit beim Fehlen entsprechender tatsächlicher Unterlagen nicht gezogen werden konnten.

Das Oberlandesgericht geht davon aus, daß Rechtsanwälte und Notare nach der im Gerichtsbezirk herrschenden Verkehrsauffassung schlechthin als Arbeitgeber gelten und, abgesehen von geringen Ausnahmen, auch Arbeitgeber sind. Zutreffend legt es für die Charakterisierung der Kläger als Arbeitgeberverbände auf den Umstand keinen entscheidenden Wert, daß — nach seiner Feststellung — nur wenige Anwälte und Notare keine Angestellten beschäftigen. Ebenso unwesentlich ist, daß einzelne Mitglieder des klagenden Anwaltsvereins die Anwaltstätigkeit nicht selbständig, sondern als Angestellte anderer Anwälte ausüben. Es ist zwar richtig, daß ein Verband nicht als tariffähig anzusehen ist, wenn er zu Mitgliedern Arbeitgeber und Arbeitnehmer zählt, deren Interessen einander widerstreiten und gerade durch den Abschluß von Tarifverträgen nach Möglichkeit ausgeglichen werden sollen. Die als Angestellte tätigen Rechtsanwälte gehören jedoch nicht zu denjenigen Arbeitnehmern, deren Arbeitsverträge durch den streitigen Tarifvertrag geregelt werden sollen und geregelt werden. Ihre Berufstätigkeit und ihre Aufgaben sind ganz anderer Art als die des Büropersonals, für dessen Arbeits- und Lohnbedingungen die Tarifverträge die maßgebenden Normen aufstellen. Ebenso decken sich ihre wirtschaftlichen Interessen nicht mit den Interessen der Mitglieder derjenigen Arbeitnehmerverbände, die durch den Zwangstarifvertrag gebunden werden sollen, und stehen mit den Interessen der klagenden

Vereine nicht in Widerspruch. Es ist deshalb nicht zu beanstanden, daß der Berufungsrichter auch die Zugehörigkeit einiger als Angestellte tätigen Anwälte zu dem klagenden Anwaltsverein für unerheblich erklärt hat.

§ 1 seiner Satzung lautet:

„Zweck des Vereins ist die Wahrung und Förderung der Standes- und Berufsinteressen der im Bezirke des Landgerichts F. ansässigen Rechtsanwälte sowie die Pflege rechtswissenschaftlicher und geselliger Bestrebungen."

Satzungszweck des klagenden Notarvereins ist „die Wahrung der Interessen der Notare und die Erörterung aller das Notariat betreffenden Fragen".

Das Oberlandesgericht hat den Sinn und die Tragweite dieser Bestimmungen zu erforschen gesucht und gelangt mit Rücksicht auf das Verhalten der Kläger, die, ohne auf beachtlichen Widerstand ihrer Mitglieder zu stoßen, mit den beklagten Verbänden wiederholt Tarifverträge abgeschlossen haben, zu dem Ergebnis, daß die Betätigung der klagenden Vereine auf dem Gebiete des Lohnwesens durch ihre Satzungen gedeckt werde, d. h. in den Kreis der satzungsmäßigen Verbandsaufgaben falle. Als ein die Annahme der Tariffähigkeit ausschließender Umstand kann es namentlich nicht angesehen werden, daß bei den Beratungen über die Tarifverträge einzelne Mitglieder des Anwaltsvereins der Zweckmäßigkeit des Abschlusses widersprochen haben. Denn sie haben die tatsächlich abgeschlossenen Tarifverträge stets als für sich verbindlich anerkannt und sich ihnen gefügt. Die Auslegung der Satzung durch das Oberlandesgericht enthält somit keinen Rechtsirrtum und ist für den Senat bindend. Die Revision bekämpft sie zwar mit der Behauptung, es sei übersehen, daß die Vereine in den Jahren 1899 und 1910 gegründet seien, daß zur Zeit der Abfassung der Satzungen ein Tarifrecht noch nicht bestanden habe und daher der Abschluß von Gesamtverträgen auch nicht zu den Verbandsaufgaben der Kläger habe gerechnet werden können. Die Ausführungen des Berufungsrichters gehen in ihrer Gesamtheit jedoch dahin, daß die angezogenen Satzungsbestimmungen die Verbände von vornherein ermächtigt haben, in Wahrnehmung der Berufsinteressen ihrer Mitglieder in wirtschaftlicher Beziehung auch in die Regelung des Angestelltenwesens und der Lohnbedingungen des Büropersonals selbsttätig einzugreifen, die Art des Eingreifens aber von den jeweiligen Umständen und Zeitverhältnissen abhängig gemacht und dem pflichtmäßigen Ermessen der Verbandsorgane überlassen haben. Mit Recht weist der Berufungsrichter darauf hin, daß der klagende Anwaltsverein dieser ihm zugeteilten Aufgabe und den wirtschaftlichen Arbeitgeberinteressen seiner Mitglieder vor dem Kriege durch Gründung und Unterhaltung einer Gehilfenschule sowie durch Aufstellung von Besoldungsrichtlinien gerecht geworden sei und daß der Abschluß von Tarifverträgen nur eine naturgemäße, den rechtlichen Neuschöpfungen des Arbeitsrechts entsprechende Fortentwicklung seiner bisherigen Tätigkeit auf dem genannten Gebiete darstelle.

Waren aber die Kläger als tariffähig und tarifberechtigt anzusehen, so ist der Schiedsspruch wirksam und die Klage unbegründet.

RGZ. 119, 291.⁺

Über die Sittenwidrigkeit der Unterstützung eines Streikes, die durch Organe einer zur Einhaltung der Friedenspflicht verpflichteten Gewerkschaft geleistet wird.

BGB. § 826.

III. Zivilsenat. Urt. v. 20. Dezember 1927.

I. Landgericht Zwickau. — II. Oberlandesgericht Dresden.

. . .

Gründe:

Zutreffend geht das Oberlandesgericht davon aus, daß ... die Verpflichtung zur Einhaltung einer acht- und neunstündigen Arbeitszeit Bestandteil der einzelnen Arbeitverträge wurde. Nicht zu beanstanden sind auch die daraus gezogenen Folgerungen, daß die fristlose Entlassung der ersten Belegschaft, die gegen diese Verpflichtung verstieß, nicht als unbefugte Störung des Arbeitsfriedens durch die Arbeitgeberin, sondern als berechtigte Abwehr grober Pflichtwidrigkeit anzusehen sei und daß die daran sich anschließende allgemeine Arbeitsniederlegung zur Erzwingung einer dem Tarifvertrag zuwiderlaufenden kürzeren Arbeitszeit einen tarifwidrigen Bruch der Einzelarbeitsverträge darstelle. Die vom Oberlandesgericht zugunsten der Klägerin beantwortete Frage, ob die beklagten Gewerkschaften nunmehr verpflichtet gewesen seien, gemäß ihrer tariflichen Friedenspflicht mit allen Kräften auf die Beendigung des Streiks hinzuwirken und alle zu seiner Förderung geeigneten Maßnahmen zu unterlassen, berührt den hier zu entscheidenden Teil des Rechtsstreits nicht unmittelbar. Ihre Bejahung läßt übrigens keinen Rechtsirrtum erkennen. Auch der Annahme, daß die beklagten Gewerkschaftssekretäre sich durch ihre Kampfaufrufe keines Tarifbruchs schuldig gemacht haben, ist an sich beizupflichten, da Personen, die, wie die beklagten Gewerkschaftssekretäre, nicht Tarifvertragsparteien sind, unmöglich tarifvertragsuntreu werden können (vgl. Urteil des erkennenden Senats vom 25. Mai 1927 III 438/26). Die Frage liegt indessen neben der Sache, weil die Klägerin gegen die genannten Beklagten nur Ansprüche aus unerlaubter Handlung erhebt. Die danach allein noch offene Frage, ob die beklagten Gewerkschaftssekretäre sich etwa aus § 826 oder § 823 BGB. schadensersatzpflichtig gemacht haben, ist vom Berufungsgericht mit Ausführungen verneint worden, die, wenn sie auch in einzelnen Punkten zu Bedenken Anlaß geben mögen, doch *im wesentlichen mit der ständigen* Rechtsprechung des Reichsgerichts im Einklang stehen (RGZ. Bd. 54 S. 255, Bd. 64 S. 52) und zu einem rechtlich einwandfreien Ergebnis geführt haben. Der Berufungsrichter sieht zwar für erwiesen an, daß die Gewerkschaftssekretäre den Streik durch Aufrufe und dergl. geschürt und ihm eine moralische Unterstützung haben zuteil werden lassen, er erblickt aber in diesem Verhalten keine unerlaubte oder sittenwidrige Handlung.

Die Belegschaft, die sich am 5. Mai 1924 entgegen den tarifvertraglichen Bestimmungen die Ausfahrt vorzeitig erzwang, machte sich eines nicht zu rechtfertigenden Verstoßes gegen die Einzelarbeitsverträge schuldig, der durch die Entlassung der vertragsuntreuen Arbeiter seine verdiente Ahndung fand. Ob er im Hinblick auf die mit ihm verbundene Gewaltanwendung oder Gewaltandrohung zugleich die guten Sitten verletzte, kann dahingestellt bleiben. Denn er hat, wie das Berufungsgericht feststellt, nicht im Sinne der Gewerkschaften und der Gewerkschaftssekretäre gelegen und ist ohne ihr Zutun erfolgt. Die Vorgänge bei der Frühschicht des 5. Mai sind daher den beklagten Gewerkschaftssekretären nicht zur Last zu legen. Auch der Eintritt der nicht entlassenen Arbeiter in den Streik bedeutete, wie schon betont, an sich einen Vertragsbruch. Für ihn sind aber gleichfalls der Klägerin nur die Arbeiter, nicht auch die beklagten Gewerkschaftssekretäre verantwortlich. Denn die Gewerkschaften und ihre Organe waren nach der Feststellung des Oberlandesgerichts zunächst gewillt, sich dem Schiedsspruch zu fügen, und haben sich erst, als der Streik im Gang war, den Standpunkt der Arbeiter zu eigen gemacht. Auf ihre Tätigkeit ist nur der Umfang des Streiks und seine lange Dauer, nicht aber sein Ausbruch zurückzuführen.

Streiks werden grundsätzlich als ein aus dem Interessengegensatz zwischen Arbeitgebern und Arbeitnehmern geborenes erlaubtes wirtschaftliches Kampfmittel anerkannt. Sie sind deshalb an sich nicht sittenwidrig und werden es auch dadurch nicht, daß sie in der Regel mit nicht unbeträchtlichen Nachteilen für die Arbeitgeber verbunden sind. Nur unter besonderen Umständen, so z. B. bei einem sittenwidrigen Zweck, bei einem etwaigen Mißverhältnis zwischen den erstrebten Vorteilen und dem voraussichtlichen Schaden der Arbeitgeber, bei Anwendung von Kampfmaßnahmen, die durch die Rechtsordnung verboten sind, oder aus anderen ähnlichen Gründen können Streiks und ihre Unterstützung den Charakter unerlaubter Handlungen annehmen. Im gegebenen Falle war das Ziel des Arbeitskampfes einwandfrei. Er bezweckte die Erreichung einer erheblichen Verkürzung der Arbeitszeit, also *einer Verbesserung der Arbeitsbedingungen. Der Vertragsbruch*, mit dem er begann, und die Absicht der Streikenden, den Tarifvertragsgegner ihrer Gewerkschaften zur Einwilligung in die Aufhebung des diesen aufgezwungenen Tarifvertrags und in die Wiederherstellung des alten Tarifvertrags vom Jahre 1921 zu nötigen, stempeln den Streik noch nicht zu einem sittenwidrigen. Auch sonst sind Tatsachen, die ihn zu einem solchen zu machen geeignet wären, dem festgestellten Sachverhalt nicht zu entnehmen.

Die beklagten Gewerkschaftssekretäre waren, wie schon hervorgehoben, nicht als Vertragsparteien am Zwangstarifvertrag beteiligt. Er legte ihnen keine vertraglichen Verpflichtungen auf. Trotzdem handelten sie nicht im Sinne und Geiste der Schlichtungsverordnung, vielmehr dem die Grundlage des neuzeitlichen Arbeitsrechts bildenden Schlichtungs- und Tarifvertragsgedanken entgegen, als sie die Arbeiterschaft, die dem Schiedsspruch unmittelbar nach der Verbindlicherklärung die Anerkennung versagte, in ihrem tariffeindlichen Tun unterstützten und als Organe der zur Tariftreue verpflichteten Gewerkschaften dazu beitrugen, den Schlichtungszweck, die Aufrechterhaltung des Arbeitsfriedens, zu vereiteln. Ihr Verhalten war kein solches, wie es im Interesse des Verkehrs, des Wirtschaftslebens und der Rechtsordnung gefordert werden muß. Immerhin waren sie nach der den Senat bindenden Auffassung des Berufungsgerichts davon überzeugt, daß der von den Gewerkschaftsmitgliedern erhobene Anspruch auf Verkürzung der Arbeitszeit wirtschaftlich berechtigt sei. Mit Rücksicht hierauf kann ihnen nicht der Vorwurf gemacht werden, daß sie gegen das Billigkeits- und Anstandsgefühl aller anständig Denkenden verstießen, wenn sie nach Ausbruch des Arbeitskampfes den kämpfenden Gewerkschaftsmitgliedern Beistand leisteten und sie zum Ausharren anfeuerten. Es müßten vielmehr ganz besondere Umstände vorliegen, um die Beihilfe, welche die Gewerkschaftssekretäre dem Streik angedeihen ließen, als sittenwidrig zu bezeichnen. Solche Umstände sind aber vom Berufungsrichter nicht festgestellt worden. Er glaubt den Gewerkschaftssekretären, daß sie die Entlassung der vertragsuntreuen Frühbelegschaft für zu schroff und für die unmittelbare Ursache des Streiks hielten. Ob diese Annahme zutrifft, und ob das Vorbringen der Klägerin nach dieser Richtung erschöpfend gewürdigt ist, unterliegt nicht der Nachprüfung des Revisionsgerichts. ... Jedenfalls rechtfertigt jene Annahme die Zurückweisung des Vorwurfs einer bewußt wahrheitswidrigen Darstellung der Streikursachen in den angeblich von den Gewerkschaftssekretären verfaßten Aufrufen.

Das Berufungsgericht verkennt auch nicht die mit dem Streik der Bergarbeiter verbundene Schädigung nicht nur der Klägerin, sondern auch der Allgemeinheit, hat aber, und zwar nach Lage des Falles ohne Rechtsirrtum, eine Feststellung dahin abgelehnt, daß diese Schädigung und der auf die Arbeitgeber ausgeübte wirtschaftliche Druck das Maß des Erträglichen und die nach allgemeinen Billigkeitsgrundsätzen zu ziehenden Grenzen des Erlaubten überschritten habe. Für etwaige mit dem allgemeinen sittlichen Empfinden nicht im Einklang stehende Ausschreitungen einzelner Streikender macht das Berufungsgericht die Gewerkschaftssekretäre deshalb nicht verantwortlich, weil nicht unter Beweis gestellt und auch sonst nicht erkennbar sei, daß sie die Arbeiter zu verwerflichen Handlungen ermuntert oder solche auch nur gebilligt hätten. War daher das Verhalten der Beklagten auch nicht einwandfrei, so kann es doch nach den Feststellungen des Berufungsgerichts nicht als sittenwidrig im Sinne des § 826 BGB. gewertet werden. Auch ein widerrechtlicher, subjektiv schuldhafter Eingriff der beklagten Gewerkschaftssekretäre in den Gewerbebetrieb der Klägerin, der einen Schadensersatzanspruch nach Maßgabe des § 823 BGB. Abs. 1 zu begründen geeignet wäre, läßt sich nach dem Gesagten nicht feststellen.

RGZ. 124, 17.+

1. Tritt der Schutz des § 13 des Gesetzes vom 12. Januar 1923 über die Beschäftigung Schwerbeschädigter (RGBl. I S. 58*) nur dann ein, wenn dem Arbeitgeber die Eigenschaft des Arbeitnehmers als Schwerbeschädigten bekannt ist?

---

*) Vgl. auch Bayr. VO. zur Durchführung des Ges. zur Änderung und Ergänzung des Ges. über die Beschäftigung Schwerbeschädigter: vom 10. 6. 1948 — Ges. u. VOBl. S. 104 — § 12 — und die entspr. VO. der Regierung des Landes Württemberg-Baden Nr. 920 v. 20. 4. 1948 — RGBl. S. 55 — § 12. — Württemberg-Hohenzollern: § 12 der Rechtsanordnung über die Beschäftigung Schwerbeschädigter vom 14. 5. 1946 — Amtsbl. S. 171.

2. Unter welchen Umständen kann in der widerspruchlosen Entgegennahme des Kündigungsschreibens durch einen schwerbeschädigten Angestellten dessen stillschweigende Einwilligung in die ohne Zustimmung der Hauptfürsorgestelle erklärte Kündigung des Vertragsverhältnisses gefunden werden?

III. Zivilsenat. Urt. v. 19. März 1929.

I. Landgericht Nordhausen. — II. Oberlandesgericht Naumburg a. S.

Mitte Juni 1924 war bei einer Revision der Sparkasse der Beklagten, der eine Bankabteilung (Stadtbank) angegliedert war, festgestellt worden, daß infolge mangelhafter Leitung der Geschäfte durch den Direktor die Sparkasse in Unordnung und Zahlungsunfähigkeit geraten war. Auf Veranlassung des Regierungspräsidenten ... wurden nacheinander mehrere Banksachverständige als „kommissarische Verwalter" mit der vorläufigen Geschäftsleitung betraut, und zwar vom 1. Oktober 1924 ab der Kläger, welcher Schwerbeschädigter im Sinne des § 3 des oben bezeichneten Gesetzes ist. ... Anfang November 1925 erkrankte der Kläger schwer infolge Verschlimmerung eines von den Versorgungsbehörden als Kriegsbeschädigung anerkannten körperlichen Leidens und wurde arbeitsunfähig. Am 13. November 1925 kündigte der Magistrat der Beklagten dem Kläger, der sich damals auswärts in einer Heilanstalt befand, schriftlich zum 31. Dezember 1925. Die Beklagte zahlte dem Kläger bis Ende Dezember 1925 Gehalt und entrichtete bis zum gleichen Zeitpunkt Beiträge zur Angestelltenversicherung für ihn. Mit Schreiben vom 15. November 1925 bestätigte der Kläger, ohne Widerspruch zu erheben, den Empfang des Kündigungsschreibens und bat um Ausstellung eines vorläufigen Zeugnisses. Eine Zustimmung der Hauptfürsorgestelle zu der Kündigung hat die Beklagte nicht erwirkt.

Durch Schreiben an den Magistrat der Beklagten vom 30. Mai 1926 wies der Kläger auf die Vorschriften des Schwerbeschädigten-Gesetzes hin und teilte mit, daß er gegen die am 13. November 1925 ausgesprochene Kündigung bei der amtlichen Fürsorgestelle Beschwerde eingelegt und beantragt habe, die ihm ohne Zustimmung der Fürsorgestelle zugestellte Kündigung für rechtsunwirksam zu erklären. Gleichzeitig forderte er den Magistrat auf, die Zustimmung der Hauptfürsorgestelle einzuholen, und behielt sich vor, gegen deren Entscheidung Beschwerde bei der obersten Landesbehörde einzulegen. ... Die Beklagte hat auch nachträglich keine Zustimmung der Hauptfürsorgestelle zu der Kündigung erwirkt.

Mit der vorliegenden Klage, die im Mai 1927 erhoben wurde, beantragt der Kläger die Feststellung, daß die Kündigung vom November 1925 wegen fehlender Zustimmung der Hauptfürsorgestelle unwirksam sei; er verlangt ferner Verurteilung der Beklagten zur Zahlung seines Gehalts für die Zeit vom 1. Januar 1926 bis 31. Mai 1927 mit 5389 RM. ... Der Kläger ... hat sich auf die Vorschriften des Schwerbeschädigten-Gesetzes berufen und vorgetragen, dem Magistrat der Beklagten sei seine Eigenschaft als Schwerbeschädigter bekannt gewesen.

Die Beklagte hat ... vorgebracht, ... daß der Kläger unter das Schwerbeschädigten-Gesetz falle, habe sie erst durch sein Schreiben vom 30. Mai 1926 erfahren; bei früherer Kenntnis würde sie sich mit allen Mitteln gegen seine Einweisung in die Stellung verwahrt haben. Jedenfalls habe der Kläger durch sein Verhalten bei Empfang der Kündigung und in den folgenden Monaten erkennen lassen, daß er mit der Kündigung einverstanden sei und auf den Schutz des Schwerbeschädigten-Gesetzes verzichte. ...

Das Landgericht wies die Klage ab, das Oberlandesgericht wies die Berufung des Klägers zurück. Seine Revision führte zur Aufhebung und Zurückverweisung.

Gründe:

... Rechtlich einwandfrei ist die Ansicht des Berufungsrichters, es komme nicht darauf an, ob die Beklagte die bezeichnete Eigenschaft des Klägers gekannt habe, weil auch dann, wenn ihr diese Eigenschaft unbekannt geblieben sei, die Schutzbestimmungen des Gesetzes anzuwenden seien. Das Reichsarbeitsgericht hat zu dieser Frage bereits Stellung genommen und ausgesprochen, nach dem Zweck, den das Gesetz verfolge, müsse davon ausgegangen werden, daß dem Arbeitnehmer der Schutz des § 13 schon dann zur Seite stehe, wenn er nur die Voraussetzungen des § 3 des Gesetzes erfülle (Entsch. Bd. 1 S. 90). Dieser Ansicht des Reichsarbeitsgerichts tritt der erkennende Senat bei.

Die Auffassung des Berufungsgerichts, daß eine ohne Zustimmung der Hauptfürsorgestelle einem Schwerbeschädigten gegenüber ausgesprochene Kündigung wirksam werde, wenn dieser sich nachträglich mit der Vertragsauflösung einverstanden erkläre und dadurch auf den ihm zustehenden Kündigungsschutz nach dem Schwerbeschädigten-Gesetz verzichte, steht im Einklang mit dem von der Mehrzahl der Schriftsteller vertretenen Rechtsstandpunkt, ist auch in einem früher entschiedenen Falle von dem erkennenden Senat nicht beanstandet worden (Urt. vom 21. Dezember 1928 III 240/28).

Dagegen ist der Revisionsangriff begründet, daß der Berufungsrichter zu Unrecht einen stillschweigenden Verzicht des Klägers auf seine Rechte aus dem Schwerbeschädigten-Gesetz angenommen habe. Es wird im angefochtenen Urteil ausdrücklich unterstellt, daß der Kläger im Winter 1925/26, also zur Zeit des Empfangs des Kündigungsschreibens und noch längere Zeit nachher, den ihm als Schwerbeschädigtem zustehenden gesetzlichen Schutz nicht gekannt habe, daß er infolgedessen auch nicht den Willen gehabt haben könne, auf diesen Schutz zu verzichten und das Anstellungsverhältnis, dessen Kündigung an sich nach § 13 a. a. O. zunächst wirkungslos war, durch sein Einverständnis zum Erlöschen zu bringen. Muß aber hiernach für diesen Rechtsgang damit gerechnet werden, daß der Kläger keine Kenntnis von den Vorschriften jenes Gesetzes über Kündigungsschutz hatte, so ist es rechtsirrig, einen stillschweigenden Verzicht des Klägers auf ihm unbekannte Rechte anzunehmen. Nach den getroffenen Feststellungen und bei richtiger Auslegung der beiderseitigen Willenserklärungen der Parteien kommt ein Verzicht im Rechtssinne zunächst überhaupt nicht in Frage. Der Fall liegt vielmehr so, daß die Beklagte als Arbeitgeberin eine Kündigung ausgesprochen hat, die wegen der Schwerbeschädigteneigenschaft des Klägers nach § 13 SchwBeschG. an sich nicht geeignet war, das Arbeitsverhältnis in rechtswirksamer Weise zu beenden, und daß der Kläger als Arbeitnehmer, ohne Widerspruch zu erheben, den Empfang des Kündigungsschreibens bestätigt und um Erteilung eines vorläufigen Zeugnisses gebeten, also ... stillschweigend sein Einverständnis mit der Auflösung des Vertragsverhältnisses erklärt hat. Es trifft zwar im allgemeinen zu, wenn der Berufungsrichter auf die Verkehrsauffassung Bezug nimmt und ausführt, diese sehe in der stillschweigenden Entgegennahme der Kündigung eines laufenden, dauernden Vertragsverhältnisses einen Verzicht auf etwa vorhandene Einwendungen gegen die Kündigung sowie den Ausdruck des Einverständnisses, daß das Vertragsverhältnis durch die Kündigung zur Auflösung gelange. Diese Verkehrsauffassung kann aber dann nicht Platz greifen, wenn der Empfänger der Kündigung gar nicht weiß, daß und welche Einwendungen gegen die Kündigung und die Auflösung des Vertragsverhältnisses ihm zur Seite stehen. Um aus dem Verhalten eines Schwerbeschädigten schlüssig seine Einwilligung in eine — der gesetzlichen Voraussetzungen entbehrende — Vertragsauflösung durch Kündigung des Arbeitgebers folgern zu können, muß bei seinen Erklärungen und Handlungen irgendwie hervorgetreten sein, daß er sich trotz Bestehens des Kündigungsschutzes mit der Lösung des Arbeitsverhältnisses einverstanden erklären wollte; es muß in erkennbarer Weise in die Erscheinung getreten sein, daß der Schwerbeschädigte sich der gesetzlichen Fürsorge bewußt war, daß er sie aber nicht für sich in Anspruch nehmen wollte. Sind diese Umstände, wie hier, in keiner Weise zutage getreten, dann kann eine Erklärung des Einverständnisses nicht angenommen werden. Wollte man die Unterlassung eines Widerspruchs bei Unkenntnis des gesetzlichen Schutzes gleichwohl als stillschweigende Einwilligung in die Lösung des Arbeitsverhältnisses auslegen, und wollte man in der Geltendmachung dieser Rechte nach erlangter Kenntnis vom Bestehen der Schutzrechte einen Verstoß gegen Treu und Glauben erblicken, so würde das den Schutz der Schwerbeschädigten auf das empfindlichste beeinträchtigen und die Tragweite des Schwerbeschädigten-Gesetzes in einer den Absichten des Gesetzgebers zuwiderlaufenden Weise einschränken. Zugleich würde der Vertragsgegner eines Schwerbeschädigten, wenn er diesen an einer in Unkenntnis seiner Schutzrechte stillschweigend abgegebenen Erklärung des Einverständnisses festhalten wollte, seinerseits gegen die Grundsätze von Treu und Glauben verstoßen. Die Annahme einer stillschweigenden Einwilligung des Klägers erscheint um so bedenklicher, als der Berufungsrichter feststellt, der Kläger sei, als ihm das Kündigungsschreiben zuging, schwer erkrankt gewesen, er habe sich zu jener Zeit auswärts in einer Heilanstalt befunden, und als der Kläger im Rechtsstreit ohne Widerspruch vorgetragen hat, er sei zu jener Zeit Morphinist gewesen. . . .

RGZ. 132, 249.

Unter welchen Voraussetzungen ist ein Sympathiestreik als eine der tariflichen Friedenspflicht und der Rechtsordnung widerstreitende Kampfmaßnahme anzusehen?

BGB. § 54 Satz 2, § 276.

III. Zivilsenat. Urt. v. 31. März 1931.

I. Landgericht Hamburg. — II. Oberlandesgericht daselbst.

Der Arbeitgeberverband der Textilindustrie im Nieder-Elbe-Bezirk, Sitz Hamburg, dessen Mitglieder die Klägerinnen sind, hatte mit dem Erstbeklagten, dem Deutschen Textilarbeiterverband, den Rahmentarifvertrag vom 15. April 1924 und den Lohntarifvertrag vom 15. Februar 1927 geschlossen. Diese Verträge sind namens des Erstbeklagten vom Zweitbeklagten, dem Gewerkschaftssekretär F., unterzeichnet worden. In einem gleichfalls vom Zweitbeklagten unterschriebenen Briefe vom

21. April 1927 warf der Erstbeklagte den Klägerinnen vor, die genannten Tarifverträge dadurch verletzt zu haben, daß sie seit drei Jahren ohne Rücksprache mit dem Arbeiterrat eigenmächtig eine 54-stündige Arbeitswoche sowie ein Leistungszuschlagslohnsystem eingeführt hätten. Zugleich forderte er sofortige Abstellung dieser angeblichen Tarifwidrigkeiten, Erhöhung sämtlicher Löhne um 15 % und Neuregelung der Akkordquoten. An demselben Tage, also gleichfalls am 21. April 1927, erschien im „Volksblatt" ein an die Arbeiterschaft der drei Klägerinnen gerichteter, vom Erstbeklagten verfaßter Aufruf, der die obigen Vorwürfe und Forderungen wiederholte, zugleich aber auch, und zwar im Eingang, darauf hinwies, daß sich die Arbeiterschaft der Konzern-Betriebe in D., L. u. E. seit zwei Wochen in einem gerechten Kampf gegen das unwürdige Prämienlohnsystem befinde und daß sie, die Hamburger Belegschaften, Streikarbeit leisteten. In einem weiteren Flugblatt des Erstbeklagten mit ungefähr gleichem Inhalt wurden die Arbeiter der klägerischen Fabriken zur Teilnahme an einer für den 24. April einberufenen Versammlung eingeladen. In ihr wurde, nachdem der Hauptredner, ein Spinner aus D., über das dortige Lohnsystem berichtet hatte, beschlossen, eine 15prozentige Lohnerhöhung und Rückkehr zum achtstündigen Arbeitstag zu fordern und sämtliche Werke der sog. NWuK.-Betriebe, insbesondere in der Tschechoslowakei, in K. und in L. sowie die der Klägerinnen zu bestreiken. In den Fabriken der letzteren legten die Arbeiter bereits am folgenden Tage die Arbeit nieder. Erst am 17. Juni 1927 kam eine Einigung dahin zustande, daß die Arbeit unter den alten Bedingungen wieder aufgenommen wurde.

Im vorliegenden Rechtsstreit fordern die Klägerinnen 50 000 RM Schadensersatz mit der Behauptung, die Beklagten hätten durch die Streikhetze, Auszahlung von Streikgeldern und Veranlassung von Gewalttätigkeiten gegen Arbeitswillige die ihnen obliegende Friedenspflicht schuldhaft verletzt und sich zugleich unerlaubter Handlungen schuldig gemacht. Die Beklagten suchten dagegen ihr Verhalten und den Streik der Hamburger Arbeiter damit zu rechtfertigen, daß sie ihn als Abwehrmaßnahme gegen angebliche Tarifbrüche der Klägerinnen und zugleich als Sympathiestreik zur Unterstützung der berechtigten Forderungen der Thüringer Arbeiterschaft bezeichneten. Die bereits am 21. April 1927 in den Flugblättern gegen die Klägerinnen erhobenen Vorwürfe erweiterten sie noch durch die Beschuldigung, ihre Werkleitungen hätten zum Teil Arbeitskräfte nicht durch die in den Tarifverträgen vorgesehenen, allein zuständigen Arbeitsnachweise bezogen.

Sie erhoben Widerklage auf Erstattung von 177 291 RM gezahlter Streikgelder, auf Feststellung der Verpflichtung der Klägerinnen zum Ersatz des weiteren durch den Streik ihnen entstandenen Schadens und auf Feststellung der Nichtberechtigung der Klägerinnen, von ihnen einen den Klagebetrag übersteigenden Schadensersatz zu verlangen.

Das Landgericht hat dem zweiten Feststellunsantrag der Widerklage stattgegeben und im übrigen Klage und Widerklage abgewiesen. Die Berufung der Klägerinnen blieb erfolglos. Auf ihre Revision wurde das Urteil des Oberlandesgerichts aufgehoben und der Klaganspruch dem Grunde nach für gerechtfertigt erklärt. Die Sache wurde zur Verhandlung über den Betrag sowie über den mit der Widerklage geltend gemachten zweiten Feststellungsanspruch an das Landgericht zurückverwiesen.

Gründe:

Das Berufungsgericht hält zur Klagforderung die Aktiv- und die Passivlegitimation der Parteien im Hinblick auf die §§ 54, 276 und 328 BGB. für gegeben. Dagegen sind keine Bedenken zu erheben. Weiter führt das Oberlandesgericht in Übereinstimmung mit der Rechtsprechung des Reichsgerichts und des Reichsarbeitsgerichts aus, daß die im Tatbestand genannten Tarifverträge mangels Vereinbarung einer absoluten Friedenspflicht den Vertragsparteien nur eine relative Friedenspflicht, d. h. die Pflicht auferlegten, während der Dauer der Tarifverträge jeden Versuch zur gewaltsamen Änderung der in ihnen ausdrücklich oder stillschweigend geregelten Punkte zu unterlassen und ihre Mitglieder mit allen ihnen zu Gebote stehenden Verbandsmitteln von hierauf gerichteten Kampfmaßnahmen abzuhalten. Dagegen erachtet es die Entfesselung von Arbeitskämpfen beim Auftauchen neuer, tariflich nicht geordneter Streitfragen und zur Abwendung gegnerischer Tarifwidrigkeiten ebenso wie zur Unterstützung anderer, in berechtigter Wirtschaftsfehde liegender Arbeitgeber oder Arbeitnehmer für zulässig. Von diesem an sich zutreffenden Ausgangspunkt aus untersucht der Berufungsrichter, ob die von den Beklagten zu ihrer Entlastung vorgebrachten Gründe die unstreitige Herbeiführung und Förderung des Hamburger Streiks durch sie nach Lage des Falles zu rechtfertigen oder zu entschuldigen vermögen. Er kommt dabei ebenso wie das Landgericht zu dem den Klägerinnen günstigen Ergebnis, daß keine ausreichende Veranlassung für einen Abwehrstreik vorhanden war. Im einzelnen legt er dar, daß die Tarifverträge einerseits die Einführung der 54stündigen statt der 48stündigen Arbeitswoche sowie die Forderung von Überstundenarbeit vorgesehen und erlaubt, anderseits

Leistungszuschläge und Prämien, durch welche die Lage der Arbeiter nicht verschlechtert, sondern verbessert worden sei, nicht untersagt hätten, daß keine tarifliche Verpflichtung der Klägerinnen zur Erhöhung der Löhne und Akkordsätze bestanden habe, daß keine Streikarbeit verlangt worden und daß in der Einstellung einzelner, nicht von den zuständigen Stellen zugewiesener Arbeiter kein zweifelloser, jedenfalls kein den Streikausbruch rechtfertigender Verstoß gegen § 14 des Rahmentarifvertrags zu finden sei. Insoweit geben die Ausführungen des Berufungsgerichts zu Beanstandungen keinen Anlaß. Dagegen zeige, so fährt das Urteil fort, die dem Lohntarifvertrag widersprechende Forderung einer Lohnerhöhung von 15 %, daß die Beklagten den Streik nicht nur zur Verteidigung oder vermeintlichen Verteidigung ihrer tariflichen Rechte, sondern auch zu tarifwidrigen Angriffszwecken in Szene gesetzt hätten. Das Gericht erachtet aber trotzdem eine Schadensersatzpflicht der Beklagten aus noch zu erörternden Gründen dann für ausgeschlossen, wenn sich ihre Behauptung als richtig erweise, der Streik sei zugleich ein von der Rechtsordnung gestatteter, also kein widerrechtlicher Sympathiestreik gewesen. In dieser Beziehung hält der Berufungsrichter auf Grund der Beweisaufnahme für dargetan, daß nach Ausbruch des Wirtschaftskampfes in D., L., E., M. und S. die Vertrauensleute der verschiedenen Konzernbetriebe, darunter auch der Vertreter Hamburgs, Anfang 1927 in K. zusammengekommen seien und einstimmig beschlossen hätten, „dem Kampf eine breitere Basis zu geben und namentlich Leipzig und Hamburg in ihn hineinzuziehen". Die Äußerung des Zweitbeklagten, er wolle versuchen, die in Hamburg zwischen Arbeitgebern und Arbeitern bestehenden Streitigkeiten aus der Welt zu schaffen, habe der Vertreter des Zentralverbands mit der Entgegnung abgetan, „darauf komme es nach dem gefaßten Beschluß nicht an, es müsse gestreikt werden". Aus diesen Vorgängen folgert der Berufungsrichter, daß die Beklagten den Hamburger Streik, abgesehen von seinen vorher erörterten tarifwidrigen Zielen, auch zur Unterstützung des Thüringer Streiks angezettelt und geschürt hätten. Den Thüringer Streik selbst erklärt er für einen erlaubten Streik. Er stellt fest, daß die in Thüringen bestreikten Betriebe von dem Arbeitgeberverband, dessen Mitglieder sie waren, aus der Tarifhoheit entlassen waren und sich infolgedessen von den bestehenden oder abgelaufenen Tarifverträgen losgesagt hatten. Bei Unzulässigkeit dieser Maßnahme hätte — so erwägt das Berufungsgericht weiter — Tarifbruch von seiten der Arbeitgeber vorgelegen, bei ihrer Zulässigkeit ein tarifloser Zustand geherrscht, so daß in beiden Fällen die Thüringer Arbeitnehmer berechtigt gewesen seien, zur Erreichung ihrer Ziele, zu denen unstreitig, wie in Hamburg, auch die Beseitigung des Leistungslohnes gehört hätte, in den Streik zu treten. Deshalb müsse der Hamburger Arbeiterschaft das Recht eingeräumt werden, den Thüringer Arbeitsgenossen durch einen Streik zu Hilfe zu kommen.

Die Hauptfrage, ob ein Streik mit so gemischten, d. h. nach Ansicht des Berufungsgerichts teils erlaubten, teils unerlaubten Zielen wie der Hamburger und ob die Aufreizung dazu als tarifwidrig oder als statthaft anzusehen sei, hat der Vorderrichter im ersteren, also im Sinne der Klägerinnen beantwortet. Er hat aber eine Ersatzpflicht der Beklagten mit der Erwägung abgelehnt, daß der Hamburger Streik, auch wenn die Beklagten die unberechtigten örtlichen Forderungen nicht erhoben hätten, doch — und zwar dann lediglich als Sympathiestreik — ausgebrochen wäre und die Klägerinnen in gleicher Weise, wie tatsächlich geschehen, geschädigt haben würde.

Gegen diese Schlußfeststellung wendet sich der Hauptangriff der Revision. Sie bekämpft zwar auch die Annahme der Zulässigkeit eines Sympathiestreiks um deswillen, weil sie, wenn überhaupt, nur unter der Voraussetzung als richtig anerkannt werden könne, daß alle Beteiligten unter demselben Tarifverhältnis ständen. Dieser Auffassung kann nicht beigetreten werden. Bei der feinen Verflechtung der einzelnen Berufs- und Gewerbezweige im heutigen Wirtschaftsleben können die tariflichen Grenzen für die Frage der Zulässigkeit oder Unzulässigkeit eines Sympathiestreiks keine maßgebende Rolle spielen. Mit Recht hat der Berufungsrichter daher auf die wirtschaftlichen Zusammenhänge zwischen dem Thüringer und dem Hamburger Streik hingewiesen. Er legt dar, daß die Klägerinnen und die bestreikten Thüringer Firmen dem Konzern der NWuK.-Betriebe angehörten, daß entsprechend diesem Zusammenschluß die in Betracht kommenden Hamburger und Thüringer Arbeitnehmerverbände sich dem Berliner Zentralverbande der Textilarbeiter angegliedert und daß alle diese Verbände übereinstimmend die Beseitigung des ihnen unbequemen und unsympathischen Leistungslohnsystems erstrebt hätten. Die Verschiedenheit der Tarifverträge in Thüringen und in Hamburg hätte daher einem Hamburger Sympathiestreik nicht im Wege gestanden. Mangels eines allgemeinen Streikverbots in den Hamburger Tarifverträgen könnten der Eintritt in einen Sympathiestreik und die Aufforderung dazu sowie seine Förderung durch eine der Tarifvertragsparteien im Hinblick darauf, daß er keine Aufhebung oder Abänderung tariflich festgelegter Arbeitsbedingungen bezweckte, nicht als unerlaubt und als Tarifbruch bezeichnet werden, es sei denn, daß der Streik mit Billigung einer der Tarifvertragsparteien zu Gewalttätigkeiten oder sonst die Rechtsordnung verletztenden Handlungen geführt oder nach den besonderen Umständen des Falles gegen das Anstands- und Billigkeitsgefühl aller gerecht denkenden Menschen verstoßen hätte (vgl. RGZ. Bd. 86 S. 152/154). Der Hamburger Streik kann aber so, wie er aufgezogen und von der Gewerkschaft und den Arbeitern begründet worden ist, unmöglich ein Sympathiestreik genannt werden. Die Zulässigkeit eines solchen läßt sich vom rechtlichen, sittlichen und sozialpolitischen Standpunkt aus nur durch den Unterstützungszweck, d. h. aus dem Willen und der Absicht der Streikenden rechtfertigen, durch den Streik die Arbeitnehmerschaft fremder Betriebe in der Erreichung ihrer berechtigten wirtschaftlichen Ziele zu unterstützen. Daraus folgt einerseits, daß seine Berechtigung und Zulässigkeit zugleich mit dem Unterstützungszweck und der Unterstützungsmöglichkeit, d. h. mit der sei es erfolgreichen, sei es erfolglosen Beendigung des unterstützten Streiks wegfällt, anderseits aber auch, daß die Verquickung eines Unterstützungsstreiks mit eigenen tarifwidrigen Zielen, wie sie hier vorliegt, ihm schlechthin die Eigenschaft eines Sympathiestreiks nimmt. Ein solcher Streik kann im Hinblick auf seinen einheitlichen Charakter und seine einheitlichen Wirkungen auf den bestreikten Arbeitgeber unmöglich in zwei Teile, einen erlaubten und einen unerlaubten, zerlegt werden. Er ist vielmehr rechtlich so zu beurteilen, als wenn er nur zur Erreichung des erstrebten tarifwidrigen Zieles eingeleitet worden wäre. Um so weniger darf dann von einem Sympathiestreik im eigentlichen Sinne gesprochen werden, wenn die Gewerkschaften unter diesem Namen Streike an verschiedenen Orten entfesseln, um einem von vornherein oder im Laufe des Wirtschaftskampfes entworfenen einheitlichen Kampfplan gemäß in mehr und mehr Betrieben dieselben wirtschaftlichen Ziele durchzusetzen und so unter dem Mantel der Unterstützung eines bereits im Gange befindlichen Streiks in Wirklichkeit gegen eine Mehrheit von Betrieben angriffsweise vorgehen, um deren Inhaber zur Bewilligung ihrer einheitlichen offenen oder versteckten Forderungen zu zwingen (so auch Oertmann „Zur Lehre vom Sympathiestreik" im ZentrBl. für Handelsrecht 3. Jahrgang 1928 S. 49). Es kann aber dahingestellt bleiben, ob diese Voraussetzungen, welche die Annahme eines Sympathiestreiks im Rechtssinne überhaupt ausschließen würden, nach dem festgestellten Sachverhalt beim Hamburger Streik zutreffen.

Zweifellos hat die Hamburger Arbeiterschaft durch ihren lokalen Streik nicht nur den Thüringer Woll- und Kammgarnarbeitern zum Siege verhelfen, sondern zugleich für sich Vorteile, so die auch von den Thüringer Arbeitern erstrebte Beseitigung des Leistungslohnsystems und eine tarifwidrige Lohnerhöhung erzwingen wollen, und dieses Ziel drückt, wie gezeigt und wie auch das Berufungsgericht nicht verkennt, ihrem Vorgehen als ganzem den Stempel der Widerrechtlichkeit auf. Die Anreizung zu dem Hamburger, d. h. zu einem den Tarifverträgen widerstreitenden Streik und seine Unterstützung enthalten also eine Verletzung der tariflichen Friedenspflicht und machen die Beklagten nach allgemeinen Rechtsgrundsätzen, d. h. nach § 276 BGB., den Zweitbeklagten in Verbindung mit § 54 Satz 2 das. schadensersatzpflichtig. Das Berufungsgericht will freilich ihre Haftung beseitigen, indem es, wie schon betont, erwägt, daß das Unerlaubte und Rechtswidrige im Verhalten der Beklagten deshalb unbeachtlich sei, weil die Hamburger Arbeiter auch dann, wenn die Beklagten ihnen ihre unberechtigten Forderungen nicht als berechtigt hingestellt, sondern sie als tarifwidrig gekennzeichnet hätten, lediglich zur Unterstützung ihrer Thüringer Arbeitsgenossen in den Streik getreten wären. Mit dieser Annahme setzt sich aber der Berufungsrichter kurzer Hand über die von ihm festgestellte Tatsache hinweg, daß die Beklagten in Wirklichkeit einen mit der unbegründeten Beschuldigung eines Arbeitgeber-Tarifbruchs und mit tarifwidrigen Ansprüchen belasteten widerrechtlichen Streik veranlaßt und eingeleitet haben. Er verkennt dabei übrigens auch die Wirklichkeiten des Lebens, das Wesen eines Sympathiestreiks und die durch § 287 ZPO. seinem Ermessen gezogenen Grenzen. Fest steht

1. das schädigende Ereignis, der Streik,
2. seine schuldhafte Herbeiführung durch die Beklagten und
3. sein nachteiliger Einfluß auf die Wirtschaftslage der Klägerinnen.

Streitig ist nur, ob die Beklagten für die schädlichen Folgen ihres rechtswidrigen Handelns den Klägerinnen verantwortlich sind. Das ist aber eine Frage, die nach materiellem Recht zu beurteilen ist und deren Entscheidung der Berufungsrichter nur den wirklichen und nicht einen den gegebenen Tatsachen und der natürlichen Entwicklung der Dinge widerstreitenden Sachverhalt zugrunde legen darf. Nach seinen Feststellungen richteten sich die Thüringer Streike in der Hauptsache gegen die Leistungslöhne. Auch das bei den Klägerinnen übliche Leistungslohnsystem war, obschon es, wie das Oberlandesgericht darlegt, nicht gegen die Hamburger Tarifverträge verstieß, bei den dortigen Gewerkschaften und Arbeitnehmern in hohem Grade unbeliebt. Infolge des Schürens der Abneigung gegen das Prämienlohnsystem und infolge Aufreizung der Begehrlichkeit der Arbeitnehmer durch die Beklagten kam es in Hamburg zum Streik. Die Annahme des Berufungsgerichts, daß die Arbeiter der Streikaufforderung auch Folge geleistet hätten, wenn ihnen gesagt worden wäre:

> Ihr sollt lediglich den Thüringer Arbeitern helfen, in ihren Betrieben das Leistungslohnsystem abzuschaffen. Für Euch dürft Ihr mit dem Streik keine Lohn- oder sonstigen Vorteile erstreben

widerspricht jeder Lebenserfahrung und findet jedenfalls in dem festgestellten Sachverhalt keine Stütze. Sie ist im angefochtenen Urteil auch nur mit dem Hinweis auf den Anfang April 1927 in K. gefaßten Beschluß begründet worden. Dieser verlangte aber gar nicht, daß außerhalb Thüringens reine Sympathiestreike ohne eigene Kampfziele ins Leben gerufen würden. Er überließ vielmehr den einzelnen Gewerkschaften und Geschaftssekretären die Wahl der Mittel und Ziele, mit denen sie die Arbeiter für den Streik gewinnen wollten. Es kommt hinzu, daß die Absicht der in K. versammelten Funktionäre, „den Kampf auf eine breitere Basis zu stellen", weniger auf die Erregung von Sympathiestreiken als darauf deutet, eine gemeinsame breite Angriffsfront gegen das von den Konzernfirmen teils schon eingeführte, teils geplante und, wie schon wiederholt betont, allen in Betracht kommenden Arbeitnehmerorganisationen verhaßte Prämienlohnsystem zu schaffen. Jedenfalls haben die Beklagten von der ihnen gewährten Handlungs- und Agitationsfreiheit in der geschilderten, objektiv und subjektiv rechtswidrigen Weise Gebrauch gemacht. Ihnen die Verantwortung dafür mit der Erwägung abzunehmen, sie hätten ebensogut einen erlaubten Sympathiestreik mit den gleichen Nachteilen für die Klägerinnen entfachen können, geht nicht an. Denn sie haben es eben nicht getan, sondern sich eines offen zutage liegenden Tarifvertragsbruchs schuldig gemacht, den der Berufungsrichter nicht damit aus der Welt schaffen kann, daß er an seine Stelle einen anderen in Wirklichkeit nicht vorliegenden und jeder inneren Wahrscheinlichkeit entbehrenden Tatbestand treten läßt. . . .

Bau- und Wohnungswesen

(Bauforderungen, Wohnungszwangswirtschaft, Mietpreis und Mieterschutz, Kleingartenpacht)

RGZ. 113, 159.

Können Inhaber von Räumen, die sie auf Grund eines nichtigen Mietvertrags innehaben, Mieterschutz auf Grund von § 27 des Mieterschutzgesetzes vom 1. Juni 1923*) beanspruchen?

III. Zivilsenat. Urt. v. 19. März 1926.

I. Landgericht Köln. — Oberlandesgericht daselbst.

. . .

Gründe:

Das Berufungsgericht hat den Einwand der Beklagten zurückgewiesen, daß für die Entscheidung des vorliegenden Rechtsstreits nicht das ordentliche, sondern nach § 27 MSchG. das Mietschöffengericht zuständig sei, indem es sagt, daß dieses Gesetz nur gültige Mietverhältnisse erfasse, ein solches aber unter den Parteien nicht bestehe. Diese Ausführungen greift die Revision zu Unrecht an. Sie meint, durch den Vergleich vom 2. Dezember 1921 vor dem Mieteinigungsamt sei zum mindesten ein mietähnliches Verhältnis geschaffen worden.

Der dieser Annahme zugrunde liegende Sachverhalt ist folgender: Im Jahre 1900 überließ der Ehemann der Klägerin die streitigen Räume an den Ehemann der Beklagten zum Betrieb einer Wirtschaft und zu Wohnzwecken. Er selbst war und blieb Konzessionsinhaber, der Ehemann der Beklagten wurde zum Geschäftsführer bestellt. In Wirklichkeit sollte er vereinbarungsgemäß die Wirtschaft auf eigene Rechnung betreiben. Dieses Verhältnis dauerte zunächst auch nach dem Tode des Ehemanns der Klägerin fort, bis diese im Jahre 1921 beim Mieteinigungsamt gegen die Beklagte und ihren Ehemann die Genehmigung zur Kündigung beantragte. Der Streit wurde durch einen Vergleich vor dem Mieteinigungsamt vom 2. Dezember 1921 beendet, in dem die Beklagte und ihr Ehemann sich verpflichteten, zum 1. März 1923 zu räumen. Dazu kam es nicht, vielmehr einigten die Parteien sich im Herbst 1923 dahin, daß die Beklagte und ihr Ehemann in den Räumen bleiben und die Wirtschaft weiter führen sollten. Danach starb der Ehemann der Beklagten und nun schlossen die Klägerin und die Beklagte am 23. Januar 1924 „unter Fortsetzung des mit dem verstorbenen Johann H. (dem Ehemann der Beklagten) früher geschlossenen Vertrags" einen neuen Vertrag, durch den die Beklagte als Geschäftsführerin der Wirtschaft angestellt wurde. Da in Wirklichkeit der Ehemann der Beklagten

*) Jetzt i. d. F. v. 15. 12. 1942 — RGBl. I S. 712.

und diese selbst die Wirtschaft auf eigene Rechnung betrieben, waren sowohl der Vertrag vom Jahre 1900, wie auch der vom 23. Januar 1924 wegen Verstoßes gegen §§ 33, 147 RGewO. nichtig, und ein Vertragsverhältnis zwischen den Parteien war weder durch den ersten, noch durch den zweiten begründet worden. Damit entbehrten aber auch die beiden Vergleiche, die lediglich eine Verlängerung der Dauer dieses nichtigen Vertrags bezweckten, der Rechtswirksamkeit. Sie konnten weder ein mietähnliches Verhältnis noch überhaupt ein Vertragsverhältnis schaffen.

Grundsätzlich erstreckt sich das Mieterschutzgesetz, wie der erkennende Senat mehrfach ausgesprochen hat, nur auf gültige Mietverhältnisse. Auch die ausdehnende Bestimmung des § 21 setzt ebenso wie die einschränkenden Vorschriften der §§ 32 bis 34 gültige Vertragsverhältnisse voraus. Nichtige Verträge finden im Gesetz keinen Schutz. . . .

Stellt sich damit bereits die Berufung der Revision auf § 27 MSchG. als ungerechtfertigt dar, so besagt aber auch diese Vorschrift keineswegs, wie die Revision meint, daß sie auch und gerade in den Fällen zur Anwendung kommen solle, wenn ein Vertragsverhältnis überhaupt nicht vorliege. Diese Ansicht findet ihre Widerlegung schon in der Fassung des Abs. 1, daß die Vorschriften über die Zuziehung von Beisitzern auch in einem Rechtsstreit anzuwenden sind, „der die Herausgabe eines Mietraumes zum Gegenstande hat, ohne daß eine Aufhebung des Mietverhältnisses im Sinne dieses Gesetzes verlangt wird". Denn die Worte „Mietraum" und „Mietverhältnis" bringen klar zum Ausdruck, daß grundsätzlich nur derjenige Rauminhaber Anspruch auf Anwendung dieser Vorschrift machen kann, der durch einen — selbstverständlich gültigen — Mietvertrag in den Besitz des Mietraums gelangt ist. Das spricht auch die Begründung zum Mieterschutzgesetz deutlich aus, wenn sie sagt: „Daß ein Schutz nicht stattfindet, wenn jemand ohne Vorliegen eines Vertragsverhältnisses Räume inne hat, bedarf keiner näheren Ausführung."

Über den Zweck des § 27 MSchG. sagt die allgemeine Begründung zum Gesetz: „Der dem Mieter gebotene Schutz soll ihm unter Umständen auch dann zuteil werden, wenn er selbst das Mietverhältnis gelöst hat, oder wenn, wie bei den sogenannten „gemischten Verträgen", die Vorschriften des Mieterschutzes nicht oder nicht in vollem Umfang zur Anwendung gelangen sollen. In ähnlicher Weise soll unter bestimmten Voraussetzungen auch derjenige geschützt werden, dem ein Raum in anderer Weise als durch Abschluß eines Mietvertrags überlassen ist." Als Fälle im Sinne des ersten Satzes führt die besondere Begründung zu § 27 auf: a) „wenn der Mieter gekündigt hat, b) wenn die Parteien die Beendigung des Mietverhältnisses vereinbart haben, c) wenn es sich um Räume handelt, die nur mit Rücksicht auf ein Dienst- und Arbeitsverhältnis vermietet sind (§ 20), nach Beendigung dieses Verhältnisses, d) wenn der Vermieter eine nach dem Entwurf besonders zugelassene Kündigung ausgesprochen hat." . . .

Hieraus ergibt sich: das Mieterschutzgesetz will den Mieter in erster Reihe gegen die Aufhebung des Mietverhältnisses schützen. Ist aber das letztere durch den Mieter selbst oder sonstwie bereits aufgehoben worden, so soll er trotzdem des Schutzes nicht verlustig sein. Es soll nicht die an sich zulässige Räumungsklage vor dem ordentlichen Gericht erhoben werden dürfen, sondern es soll das Mietschöffengericht zur Entscheidung über die Herausgabe des Mietraums zuständig und in der Lage sein, dem Mieter den Schutz zu gewähren, den die in § 27 Abs. 1 MSchG. aufgeführten Bestimmungen vorsehen. Dasselbe soll gelten in den Fällen der §§ 19, 20, 21, da der Raum in anderer Weise als durch Mietvertrag oder durch einen gemischten Vertrag dem Inhaber überlassen ist. Voraussetzung für die Gewährung des Schutzes ist aber in allen Fällen, daß ein gültiges Miet- oder anderes Vertragsverhältnis die rechtliche Grundlage für die Benutzung der Räume durch die betreffenden Inhaber abgibt. Liegt ein gültiges Vertragsverhältnis, auf das die Innehaltung der Räume zurückzuführen ist, nicht vor, so besteht auch kein Anspruch auf Mieterschutz aus § 27 MSchG. . . .

RGZ. 116, 382.

Auf welchen Zeitpunkt ist die in einem Rechtsgestaltungsurteil erster Instanz ausgesprochene Rechtsänderung, insbesondere die auf Grund des Mieterschutzgesetzes vom 1. Juni 1923*) ausgesprochene Aufhebung eines Mietverhältnisses zu beziehen, wenn das Urteil erst durch Zurückweisung der Berufung rechtskräftig wird?

Mieterschutzgesetz § 5.

III. Zivilsenat. Urt. v. 1. April 1927.

I. Landgericht Düsseldorf. — II. Oberlandesgericht daselbst.

Der Kläger hatte an die Beklagte zu 1 Geschäftsräume bis zum 30. September 1924 vermietet. Die Mieterin hatte die Räume vertragswidrig dem Beklagten zu 2 überlassen. Am 23. Juni 1924 hat das Mietschöffengericht das Mietverhältnis aufgehoben und ausgesprochen,

*) Jetzt i. d. F. v. 15. Dezember 1942 — RGBl. I S. 712.

daß die Mieterin sofort zu räumen habe. Durch Urteil vom 30. Dezember 1924 hat das Landgericht die Berufung der Mieterin zurückgewiesen. Nun trat der Beklagte zu 2 als Inhaber der Räume auf; erst nachdem der Kläger auch gegen ihn einen Vollstreckungstitel erwirkt hatte, konnten die Mieträume am 3. Februar 1925 zwangsweise geräumt werden.

Mit der Klage verlangt der Kläger von beiden Beklagten als Gesamtschuldnern Ersatz des Schadens, der ihm aus der Vorenthaltung der Räume erwachsen ist. Er vertritt die Meinung, daß ihm die Räume schon von Ende Juni 1924 ab hätten herausgegeben werden müssen, beschränkt aber seinen Ersatzanspruch auf die Zeit vom 1. Oktober 1924 bis 3. Februar 1925. Das Oberlandesgericht hat den Klaganspruch nur für die Zeit vom 31. Dezember 1924 an zugesprochen, dagegen für die Zeit vom 1. Oktober bis 30. Dezember 1924 aberkannt. Die Revision des Klägers führte zur Aufhebung des Berufungsurteils und zur Zurückverweisung.

Gründe:

Der Berufungsrichter hält den Klaganspruch für die Zeit vom 1. Oktober bis 30. Dezember 1924 für unbegründet. Denn, so führt er aus, das Urteil des Mietschöffengerichts vom 23. Juni 1924, das die Beendigung des Mietverhältnisses ausgesprochen und die Beklagte zu 1 zu sofortiger Räumung verurteilt habe, sei erst mit dem 30. Dezember 1924 rechtskräftig geworden; als Rechtsgestaltungsurteil habe es den Eintritt der in ihm ausgesprochenen Wirkung nicht vor seiner Rechtskraft herbeiführen können; eine Rückbeziehung seiner Wirkung auf den Zeitpunkt des erstinstanzlichen Urteils sei dem Gesetz unbekannt. Mithin sei erst mit dem 30. Dezember 1924 das Mietverhältnis beendigt worden und erst damals der Räumungsanspruch des Klägers entstanden.

Diese Ausführungen sind im Ausgangspunkt richtig, aber sie erschöpfen die Frage nicht.

Allerdings ist das die Aufhebung eines Mietverhältnisses aussprechende Urteil des Mietschöffengerichts rechtsgestaltender Art und schafft erst mit seiner Rechtskraft die Rechtsänderung, d. h. die Aufhebung des Mietverhältnisses. Eine gewisse Rückbeziehung ist aber damit keineswegs unvereinbar, wie denn schon die Rechtslehre (vgl. Stein-Jonas, Vorbem. II 3 vor § 253 ZPO.) innerhalb der Rechtsgestaltungsklagen unterscheidet zwischen solchen, bei denen das Urteil erst für die Zukunft wirkt, und solchen, die den Erfolg mit rückwirkender Kraft herstellen. Eine solche Rückbeziehung ist durch § 5 MSchG.

geboten. Nach dieser Vorschrift ist die Beendigung des Mietverhältnisses auf einen ganz bestimmten Zeitpunkt auszusprechen und der Zeitpunkt ist in der Urteilsformel festzustellen (§ 5 Abs. 2 a. a. O.). Der Zeitpunkt selbst ist im allgemeinen derjenige, für den eine zur Zeit der Klagerhebung ausgesprochene Kündigung zulässig wäre oder in dem die vereinbarte Mietzeit ablaufen würde; in dem (hier gegebenen) Falle des § 2 MSchG. kann das Gericht aber auch die Beendigung des Mietverhältnisses mit sofortiger Wirkung anordnen. Auf Grund dieser gesetzlichen Ermächtigung hat vorliegendenfalls das Urteil vom 23. Juni 1924 die Beendigung mit sofortiger Wirkung ausgesprochen. Hätte das Mietschöffengericht die Beendigung auf einen bestimmten Kalendertag festgesetzt, etwa auf den 30. September 1924, an dem das Mietverhältnis der Parteien in der Tat an sich abgelaufen wäre, so stünde, nachdem das Urteil mit dem 30. Dezember 1924 die Rechtskraft erlangt hat, die Beendigung des Mietverhältnisses unzweifelhaft zwar erst am 30. Dezember, aber mit Wirkung für den genannten früheren Kalendertag fest, also für den 30. September. Für den gleichen Zeitpunkt stünde dann auch die Räumungspflicht des Mieters fest. In einem Falle solcher Art mag der Mieter verfahrensrechtlich befugt sein, nicht vor dem Eintritt der Rechtskraft die Mietsache zurückzugeben. Vom Standpunkt des materiellen Rechts handelte er aber auf eigene Gefahr, wenn er das die Beendigung anordnende Urteil mit einem Rechtsmittel angriff. Nicht anders kann es sich auch hier verhalten, nachdem das erste Urteil die Räumungspflicht der Beklagten zu 1 mit sofortiger Wirkung, also mit Wirkung vom 23. Juni 1924 an, ausgesprochen hat. Dieses Ergebnis ist schon aus dem § 5 MSchG. mit Sicherheit abzuleiten. Die gegenteilige Annahme wäre zudem mit den Anforderungen einer geordneten Rechtspflege nicht zu vereinigen; sie würde geradezu einen Anreiz dazu geben, daß der Mieter ein Rechtsmittel lediglich zu dem mißbräuchlichen Zweck der Verschleppung einlegt.

RGZ. 121, 212.+

Wann sind Räume durch Um- oder Einbau neu geschaffen?

Reichsmietengesetz v. 24. März 1922 § 16*).

III. Zivilsenat. Urt. v. 12. Juni 1928.

I. Landgericht Neuruppin. — II. Kammergericht Berlin.

*) Fassung v. 20. 6. 1936, RGBl. I S. 378, 380. — Vgl. auch § 2 der Mieten-VO. v. 20. 11. 1950 — BGBl. S. 759 —, sowie §§ 27, 23 des Ersten Wohnungsbauges. v. 24. 4. 50 — BGBl. S. 83 —, VO. über Maßnahmen auf dem Gebiete des Mietpreisrechts v. 29. 11. 1951 — BGBl. S. 920, bes. § 6 —.

Die Beklagten, die in N. eine Gastwirtschaft betrieben, haben in der Zeit von Ende 1918 bis Anfang 1919 die Restaurationsräume und einen Teil der Fremdenzimmer ihres Hauses in ein Lichtspieltheater umgebaut und dieses im Jahre 1923 an den Kläger vermietet. Der Mietpreis wurde auf 50000 M monatlich festgesetzt und sollte sich nach dem Steigen und Fallen der monatlichen Richtzahl berechnen. Die Beklagten verlangen vom 1. September 1924 ab die gesetzliche Miete, die vom Mieteinigungsamt auf 7400 RM festgesetzt ist. Der Kläger bestreitet, daß die Räume dem Reichsmietengesetz unterstehen, und will nur die vertragliche Miete mit 2640 RM zahlen. Mit der Klage begehrt er eine dahingehende Feststellung, während die Beklagten widerklagend die Nachzahlung der ihnen angeblich zustehenden gesetzlichen Miete verlangen.

Das Landgericht gab der Klage statt und wies die Widerklage ab, das Kammergericht entschied im umgekehrten Sinn. Auf die Revision des Klägers wurde das Berufungsurteil aufgehoben und die Sache in die Vorinstanz zurückverwiesen.

Gründe:

Das Berufungsgericht nimmt zutreffend an, daß die Festsetzung der gesetzlichen Miete durch das Mieteinigungsamt für das Gericht nur dann bindend sei, wenn das Mieteinigungsamt sie im Rahmen seiner Zuständigkeit getroffen habe, d. h. wenn die Räume dem Reichsmietengesetz unterständen und nicht etwa infolge des Umbaues nach § 16 RMG. seinem Geltungsbereich entzogen seien. Das Vorliegen eines Umbaues von solcher Bedeutung verneint es. § 16 RMG. wolle die Bautätigkeit fördern. Dies geschehe nur, wenn tatsächlich neuer Raum geschaffen oder durch Um- oder Einbau Räume gewonnen würden, die in bezug auf ihre Verwendbarkeit etwas ganz anderes darstellten, als die früheren. Zur Erfüllung der Voraussetzungen des § 16 a. a. O. müßten also bisher nicht zu Wohn- oder Geschäftszwecken geeignete Räume einem dieser Zwecke dienstbar gemacht werden. Diese Auffassung habe nach RGZ. Bd. 115 S. 220 allgemein zu gelten. Da die hier umgebauten Räume schon vorher geschäftlichen Zwecken gedient hätten, seien sie dem Reichsmietengesetz unterstellt geblieben. Der Kläger habe also die gesetzliche Miete zu zahlen.

Mit Recht rügt die Revision Verletzung des § 16 RMG. Diese Vorschrift stellt für die Befreiung von den Schranken des Gesetzes Neubauten und Um- oder Einbauten, sowie alle auf diesem Wege neugeschaffenen Räume gleichberechtigt nebeneinander. Das Gesetz erfaßt auch, ebenso wie das Mieterschutzgesetz, alle Arten von Räumen, gleichgültig wozu sie benutzt worden sind oder benutzt werden sollen, und macht insbesondere keinen Unterschied zwischen Wohn- und gewerblichen Räumen. Zu welchem Zweck sie neu geschaffen werden, ist für ihre Herausnahme aus dem Gesetz ohne Bedeutung. Wohl aber ist aus der Gegenüberstellung von Neubauten einerseits und Um- oder Einbauten — zu denen nach dem Abänderungsgesetz vom 29. Juni 1926 (RGBl. I S. 317) in § 33 b des Mieterschutzgesetzes noch der „Ausbau" getreten ist — anderseits zu entnehmen, daß der Gesetzgeber nicht nur bisher überhaupt nicht vorhandene, tatsächlich neu gewonnene Räume, wie sie bei Neubauten entstehen, sondern auch andere im Auge gehabt haben muß. Welche diese sind, ist aus den Begriffen des Um- oder Einbaues zu entnehmen, die weder im Gesetz noch in seiner Begründung eine Erläuterung erfahren haben, also im üblichen Sinne zu verstehen sind. In diesem Sinne setzen beide Bezeichnungen begrifflich bereits vorhandene Räume voraus. Nur solche können mit Einbauten versehen oder umgebaut werden. Es brauchen also auf diesem Wege nicht, wie bei Neubauten, völlig neue Räume zu entstehen; es genügt dem Gesetz, wenn bereits vorhandene durch Um- oder Einbau „neugeschaffen" werden. Diese Neuschaffung kann aber bei Um- oder Einbauten naturgemäß nur darin bestehen, daß an die Stelle des Vorhandenen etwas Neues tritt, daß die umgestalteten Räume sowohl in ihrer Gestalt als auch in ihrer Verwendbarkeit etwas Neues, etwas anderes darstellen als früher. Daß eine andere Verwendbarkeit auch innerhalb des bisherigen Zweckes gegeben sein kann, bedarf keiner Darlegung, da auch bei gleichem Zweck ganz verschiedene und sich gegenseitig ausschließende Verwendungsmöglichkeiten bestehen, wie sich ohne weiteres aus der Gegenüberstellung von Lager- und Büro- oder Ladenräumen ergibt. Die andere Verwendbarkeit erfordert also keineswegs einen Wechsel im allgemeinen Verwendungszweck, danach auch keinen Übergang vom Wohn- zum gewerblichen Zweck oder umgekehrt. Es kann kein Zweifel daran bestehen, daß der Einbau von Geschäftsräumen in einen bisher für Lagerzwecke dienenden Schuppen eine ganz andere Verwendbarkeit ergeben, sich als eine Neuschaffung darstellen würde, obwohl der gewerbliche Zweck an sich fortbesteht. Genau so würde der Fall liegen, wenn in denselben Schuppen Wohnungen eingebaut würden, obwohl damit der gewerbliche Zwecke entfällt. Und wenn derselbe Schuppen bisher schon zu Wohnungen benutzt worden wäre, dann aber Wohnungen in ihn eingebaut und er damit zum Wohngebäude würde, so könnte kein Zweifel sein, daß hier im Sinne des Gesetzes die Voraussetzungen des § 16 erfüllt wären, wenngleich der ursprüngliche Wohnzweck erhalten geblieben, das Gebäude ihm nach wie vor zu dienen bestimmt wäre. Daraus ergibt sich aber weiter, daß nicht jede Änderung in der Verwendbarkeit und nicht jeder Um- oder Einbau auch geringfügiger Art die Freistellung der betroffenen Räume herbeiführen kann, sondern daß dies nur dann der Fall ist, wenn die Neugestaltung und die Neuverwendbarkeit von solchem Umfang und solcher Bedeutung sind, daß sie die Bezeichnung als neu mit Recht beanspruchen können. Ob dies im einzelnen Falle zutrifft, wird im wesentlichen Frage der tatsächlichen Würdigung sein.

Diesen Standpunkt hat auch die Rechtsprechung bisher eingenommen und der erkennende Senat hat in seiner Entscheidung vom 23. April 1926 (WarnRspr. 1926 Nr. 108) bereits ausgesprochen, daß unter neugeschaffenen Räumen solche zu verstehen sind, die tatsächlich neu gewonnen oder durch den Um- oder Einbau in bezug auf ihre Verwendbarkeit ganz andere, neue geworden sind, die etwas ganz anderes darstellen als die früheren. In der RGZ. Bd. 115 S. 221 abgedruckten Entscheidung des erkennenden Senats vom 11. November 1926 ist allerdings der Grundsatz aufgestellt, nur solche Räume seien neu im Sinne des § 16 RMG., die bisher nicht zu Wohn- oder Geschäftszwecken geeignet gewesen und durch die Bautätigkeit des Eigentümers oder eines Dritten gerade einem dieser Zwecke dienstbar gemacht worden seien. Der Entscheidung lag aber ein besonderer Fall zugrunde. Es waren Läden in größere Hotelräume und dann wieder in Läden umgewandelt worden, wodurch nach Ansicht des Senats nicht erst die Möglichkeit einer gewerblichen Benutzung, sondern nur die einer Änderung der bisherigen gewerblichen Benutzung geschaffen worden war. Lag demnach der damalige Fall in tatsächlicher Beziehung wesentlich anders als der gegenwärtige, so läßt sich doch nicht verkennen, daß das gesamte Urteil auch in rechtlicher Hinsicht so verstanden werden kann, als ginge es über den Rahmen des älteren Urteils des Senats vom 23. April 1926 hinaus. Soweit diese Auffassung gerechtfertigt sein sollte, hält der Senat an dem zweiten Urteil nicht fest, zumal da er inzwischen in einer weiteren Entscheidung (III 236/27 vom 14. Februar 1928) auch schon für den Fall einer Umwandlung von Wohnräumen in gewerbliche Räume dahin erkannt hat, daß eine Befreiung dieser neuen Räume von den Beschränkungen des Reichsmietengesetzes anzunehmen sei. Die erneute Prüfung der Frage im vorliegenden Falle gibt dem Senat Anlaß, zu seinem ersten Urteil vom 23. April 1926 zurückzukehren. Danach sind Räume nicht nur dann als durch Um-

oder Einbau neu geschaffen anzusehen, wenn sie damit einem Wohn- oder Geschäftszweck erst dienstbar gemacht werden, sondern auch dann, wenn unter Beibehaltung des Wohn- oder Geschäftszweckes, dem die Räume bisher gedient haben, durch den Um- oder Einbau eine ganz andere Verwendbarkeit innerhalb dieses Zweckes geschaffen wird. Der Übergang von einem Zweck zum andern ist selbstverständlich ebenso zu behandeln.

Diesen Grundsätzen wird das Berufungsurteil nicht gerecht und es mußte aus diesem Grunde aufgehoben werden. In der Sache selbst zu erkennen, war das Revisionsgericht nicht in der Lage, da das Berufungsgericht über den Umfang der Änderungen keine tatsächlichen Feststellungen getroffen hat und deshalb eine Prüfung der Frage, ob neugeschaffene Räume im Sinne des Gesetzes vorliegen, nicht möglich war. Deshalb war die Sache an das Berufungsgericht zurückzuverweisen....

RGZ. 132, 174.

1. Kann eine Behörde Hoheitsakte, die in ihr Ermessen gestellt sind, ohne besondere gesetzliche Ermächtigung von Geldzahlungen oder anderen Gegenleistungen abhängig machen?

2. Gibt insbesondere § 2 des Wohnungsmangelgesetzes vom 26. Juli 1923 der Gemeindebehörde das Recht, ihre Zustimmung zum Abbruch eines Gebäudes an eine private Gegenleistung zu knüpfen?

BGB. § 812.

III. Zivilsenat. Urt. v. 23. Januar 1931.

I. Landgericht I Berlin. — II. Kammergericht daselbst.

Der Kläger hatte im Jahre 1928 ein Grundstück in Berlin-Charlottenburg erworben. Er beabsichtigte, das darauf stehende Haus abreißen zu lassen und durch ein neuzeitliches Wohnhaus zu ersetzen. Die Baupolizei genehmigte den Neubau. Jedoch verlangte das zuständige Bezirksamt der verklagten Stadtgemeinde, bevor es die Abbruchsgenehmigung auf Grund des Wohnungsmangelgesetzes erteilte, als Ersatz „für den Abriß des Hauses und die dadurch der Zwangsbewirtschaftung verlorengehenden Räume" den Betrag von 25 000 RM. Nach Empfang dieses Betrags erteilte es die Genehmigung. Das alte Haus wurde abgerissen, der Neubau errichtet.

Der Kläger verlangt Rückzahlung eines Teilbetrags von 15 000 RM. Er stützt seinen Anspruch auf ungerechtfertigte Bereicherung und Amtspflichtverletzung, ficht auch den Vertrag mit der Beklagten wegen

Irrtums und Zwanges an. Er behauptet, er habe geglaubt, auf Grund gesetzlicher Vorschrift zur Zahlung verpflichtet zu sein, und meint, daß der Vertrag wegen Sittenwidrigkeit nichtig sei; jedenfalls habe die vom Bezirksamt geforderte Summe den Wert der Zwangsrechte mindestens um 15 000 RM überstiegen. Die Beklagte wendet Unzulässigkeit des Rechtsweges ein. Sie macht ferner geltend, sie sei nicht mehr bereichert, da der vom Kläger gezahlte Betrag dem Wohnungsbaufonds zugeflossen sei. Im übrigen bestreitet sie die Klagegründe. Sie weist darauf hin, daß der Neubauwert eines normalen Wohnraums rund 3500 RM betrage.

Landgericht und Kammergericht wiesen die Klage ab. Die Revision des Klägers führte zur Verurteilung nach dem Klagantrag.

Gründe:

Das Berufungsgericht hat die Zulässigkeit des Rechtswegs sowohl wegen des Klagegrundes der Amtspflichtverletzung als auch wegen desjenigen der ungerechtfertigten Bereicherung bejaht. Diese Auffassung unterliegt keinem Bedenken und entspricht der ständigen Rechtsprechung des erkennenden Senats (zuletzt RGZ. Bd. 127 S. 277).

Sachlich gelangt das Berufungsgericht zur Abweisung der Klage, weil es der Auffassung ist, daß die verklagte Stadtgemeinde weder willkürlich noch pflichtwidrig noch sittenwidrig gehandelt habe, indem sie dem Kläger gegenüber die Genehmigung zum Abbruch vorhandenen Wohnraums von der Bereitstellung von Mitteln zur Beschaffung anderen Wohnraums abhängig machte. Das Berufungsgericht geht davon aus, daß nach § 1 Abs. 1 des Berliner Wohnungsnotrechts vom 21. Mai 1927 (Gemeindeblatt der Stadt Berlin S. 204) in Verb. mit §§ 1 und 2 des Wohnungsmangelgesetzes vom 26. Juli 1923 (RGBl. I S. 754) Gebäude nur mit Zustimmung des Wohnungsamtes abgebrochen werden dürfen*). Darüber, ob diese Zustimmung an die Erstellung von Ersatzraum oder an die Zahlung einer Geldsumme geknüpft werden könne, enthalte das Gesetz, so führt das Berufungsurteil weiter aus, keine ausdrückliche Bestimmung. Es könne auch nichts daraus entnommen werden, daß nach § 1 Abs. 2 des Berliner Wohnungsnotrechts und § 2 Abs. 2 WMG. die Umwandlung von Wohnraum in Geschäftsraum von der Erstellung von Ersatzraum oder Zahlung einer Geldsumme abhängig gemacht werden könne. Diese Vorschrift könne nicht auf den in Abs. 1 geregelten Fall des Abbruchs von Gebäuden ausgedehnt werden. Aber ebensowenig könne im Wege des Umkehrschlusses

*) Vgl. jetzt § 21 Abs. 1c, § 22 der Vollzugs-VO. v. 2. 9. 1948 zum Wohnungsges. (VO. Bl. f. Groß-Berlin Teil I S. 416.)

gefolgert werden, daß hier derartige Bedingungen unzulässig sein sollten. Die Umwandlung von Wohnraum in Geschäftsraum sei nach den angezogenen Vorschriften grundsätzlich unzulässig, so daß die Zulassung von Ausnahmen eines besonderen Ausspruchs bedurft habe. Das Abreißen von Gebäuden sei dagegen nicht schlechthin untersagt, sondern nur an die vorherige Zustimmung des Wohnungsamts gebunden; hier habe es also keiner besonderen Bestimmung darüber bedurft, unter welchen Voraussetzungen die Zustimmung erteilt werden könne.

Die Frage, ob die Zustimmung zum Abreißen eines Gebäudes von der Zahlung einer Geldsumme abhängig gemacht werden könne, sei zu bejahen. Das Gesetz (§ 1 Abs. 1 des Berliner Wohnungsnotrechts und § 2 Abs. 1 WMG.) stelle es in das Ermessen des Wohnungsamts, ob dieses dem Eigentümer eines Gebäudes die Zustimmung zum Abbruch erteilen oder versagen wolle. Das Wohnungsamt könne also in Fällen, in denen es auf Grund pflichtmäßigen Ermessens zur Überzeugung komme, daß der Abbruch den vorhandenen Wohnraum schmälere, wegen Gefährdung des Wohnungsmarkts die Zustimmung versagen. Erteile es die Erlaubnis unter der Bedingung, daß die Gefährdung durch Ersatzraumstellung oder durch Geldzahlung beseitigt werde, so stehe der Eigentümer besser, als wenn ihm die Erlaubnis schlechthin versagt werde. Er habe dann die Wahl, ob er sich bei der Versagung beruhigen wolle, wenn ihm nämlich die Bedingung zu hart erscheine, oder ob er, wenn ihm viel am Abbruch liege, durch Erfüllung der Bedingung die Zustimmung herbeiführen wolle. Zur Erteilung der Genehmigung, die einen Hoheitsakt darstelle, bestehe kein Zwang; in der Stellung der Bedingung einer Zahlung liege nicht etwa ein Verkauf eines Hoheitsrechts.

Nach alledem sei das Wohnungsamt nicht gehindert gewesen, die Erteilung der Genehmigung von einer Geldzahlung abhängig zu machen. Da es sich um eine in sein Ermessen gestellte Entscheidung handle, würde eine Amtspflichtverletzung nur vorliegen, wenn die Beamten bei Ausübung ihres Ermessens willkürlich gehandelt oder den an eine ordnungsmäßige Verwaltung zu stellenden Anforderungen nicht genügt hätten. Von Willkür könne hier aber nicht die Rede sein. Denn die Wohnungszwangswirtschaft habe durch den Abbruch tatsächlich an Wohnraum verloren. Für die im alten Hause befindlichen zwei Wohnungen von sechs und acht Zimmern hätten auch nach § 1 der ersten preuß. Lockerungsverordnung vom 11. November 1926 (GS. S. 300) noch die §§ 2 und 8 WMG. gegolten. Dem Eigentümer sei daher verwehrt gewesen, ohne Zustimmung des Wohnungsamts diese Wohnungen abzureißen oder in Geschäftsräume umzuwandeln. Die Pförtnerwohnung des alten Hauses (zwei Zimmer) sei der Verfügungsgewalt des Wohnungsamts nur so lange nicht unterworfen gewesen, als sie tatsächlich als Pförtnerwohnung benutzt worden sei (§ 15 WMG., § 8 Abs. 4 des Berliner Wohnungsnotrechts); im übrigen habe sie sämtlichen Vorschriften des Wohnungsmangelgesetzes unterstanden. Das neue Haus dagegen unterstehe der Wohnungszwangswirtschaft überhaupt nicht, da es nach dem 1. Juli 1918 bezugsfertig geworden und ohne Inanspruchnahme öffentlicher Mittel erbaut worden sei (§ 12 WMG.). Es bestehe daher z. B. die Möglichkeit, daß der Kläger eine Wohnung in Geschäftsräume umwandle oder die Pförtnerwohnung unbenutzt stehen lasse oder sie mit einer der beiden großen Wohnungen vereinige. Der Zwangswirtschaft sei also tatsächlich Wohnraum verlorengegangen.

Hiernach habe das Bezirksamt weder willkürlich noch pflichtwidrig gehandelt, wenn es die Genehmigung zum Abbruch vorhandenen Wohnraums von der Bereitstellung von Mitteln zur Beschaffung anderen Wohnraums abhängig gemacht habe. Ob der geforderte Betrag angemessen gewesen, sei eine Ermessensfrage, welche die Gerichte nicht nachzuprüfen hätten; willkürlich sei die Forderung in Rücksicht auf die Leistungsfähigkeit des Klägers und auf die Größe des vernichteten Wohnraums nicht gewesen. Es sei auch nicht etwa sittenwidrig, wenn eine Behörde im Interesse des Gemeinwohls eine in ihrem Ermessen stehende Maßnahme treffe. Irrtum oder Zwang lägen ebenfalls nicht vor. Insbesondere habe der Kläger nicht geirrt, als er annahm, daß das Bezirksamt berechtigt sei, die Bewilligung unter einer Bedingung zu erteilen.

Mit Recht greift die Revision diese Ausführungen als rechtsirrig an. Der erkennende Senat hat sich bereits wiederholt mit der Frage beschäftigt, ob es zulässig ist, behördliche Maßnahmen auf dem Gebiete des Wohnungsrechts von einer privaten Gegenleistung der Beteiligten abhängig zu machen. In der Entscheidung vom 29. März 1927 (RGZ. Bd. 116 S. 336) ist eine Vereinbarung für wirkungslos erklärt worden, in der das Wohnungsamt gegen ein auf Zahlung von 5000 RM gerichtetes Schuldanerkenntnis die Beschlagnahme eines Hauses aufgehoben und auch für die Zukunft die Freistellung des Hauses von einer gleichen Maßnahme zugesichert hatte. In der Entscheidung vom 27. September 1927 (RGZ. Bd. 118 S. 109) ist ebenso eine Vereinbarung für nichtig erklärt worden, in der sich das Wohnungsamt für die Zuweisung einer

Wohnung eine besondere Vergütung in Form eines Baukostenzuschusses ausbedungen hatte. Dort ist ausgeführt worden, da das Gesetz keine Bestimmung darüber enthalte, daß die Gemeinde die Ausübung ihrer auf Zuweisung einer Wohnung gerichteten Tätigkeit von der Zahlung von Gebühren oder sonstigen Leistungen abhängig machen dürfe, sei das Wohnungsamt nicht für befugt zu erachten, für solche Zuweisung unter irgendeinem Titel eine Abgabe zu fordern. In der Entscheidung vom 8. November 1927 (RGZ. Bd. 118 S. 379) ist allerdings ausgesprochen worden, daß eine Vereinbarung zulässig sei, durch welche das Wohnungsamt für die Dauer der Überlassung einer Neubauwohnung auf das Recht zur Beschlagnahme einer Wohnung verzichte. Die Begründung hierfür liegt darin, daß dem wirtschaftlichen Zwecke der Beschlagnahme, durch die Inanspruchnahme unbenutzter oder nicht genügend ausgenutzter Räume zur Behebung oder Milderung der Wohnungsnot beizutragen, durch die Erstellung und Überlassung neuen Wohnraums ebenso gedient wird wie durch die Beschlagnahme selbst. Aber schon in der Entscheidung vom 10. Januar 1930 (RGZ. Bd. 127 S. 276) hat der Senat den Versuch zurückgewiesen, diesen Gedanken etwa dahin zu erweitern, daß der Abgeltung des Beschlagnahmerechts durch Zurverfügungstellung anderweitigen Wohnraums auch die Entrichtung einer Geldsumme an die Gemeinde gleichstehe. Vielmehr müsse es insofern bei dem allgemeinen Grundsatz sein Bewenden behalten, daß eine Behörde für die Erfüllung einer amtlichen Aufgabe eine besondere geldliche Vergütung nur dann beanspruchen dürfe, wenn das gesetzlich ausdrücklich zugelassen sei oder sich wenigstens mit Gewißheit aus Sinn und Zweck des Gesetzes ergebe.

Unter Berücksichtigung dieser Gesichtspunkte ist bei der Auslegung des § 2 WMG. zwischen den Fällen des Abs. 1 und des Abs. 2 zu unterscheiden. Abs. 2 ordnet an, daß Räume, die bis zum 1. Oktober 1918 zu Wohnzwecken bestimmt oder benutzt waren, zu anderen Zwecken, insbesondere als Fabrik-, Lager-, Werkstätten-, Dienst- oder Geschäftsräume nicht verwendet werden dürfen, fügt aber die Bestimmung an, daß die Gemeindebehörde in besonderen Fällen Ausnahmen zulassen kann, wenn für den beanspruchten Raum neuer Wohnraum erstellt wird. Der Standpunkt des Gesetzes deckt sich also hier mit derjenigen Auslegung, die der erkennende Senat in seiner einen Vorgang aus dem Jahre 1921 behandelnden Entscheidung vom 8. November 1927 (RGZ. Bd. 118 S. 379) bereits dem alten Wohnungsmangelgesetz vom 11. Mai 1920 (RGBl. S. 949) dahin gegeben hat, daß die Erstellung neuen Wohnraums wirtschaftlich einer Beschlagnahme gleichzusetzen sei und daher dazu berechtige, von letzterer abzusehen.

Hier handelt es sich nicht um die Anwendung des Abs. 2, sondern um die des Abs. 1 des § 2 WMG. Dort ist schlechthin bestimmt, daß Gebäude oder Teile von Gebäuden nicht ohne vorherige Zustimmung der Gemeindebehörde abgebrochen werden dürfen. Dafür, daß diese Zustimmung von einer Gegenleistung, insbesondere von einer Gebühr oder einer sonstigen geldlichen Vergütung abhängig gemacht werden dürfe, ist kein Anhalt aus dem Gesetz zu entnehmen. Die vom Berufungsgericht eingehend erörterte Frage, ob der Verfügung des Wohnungsamtes durch den Abbruch Wohnraum entzogen wird, der unter gewissen Voraussetzungen noch der Zwangswirtschaft unterlag, hat dabei ganz auszuscheiden. Eine Erwägung dieser Art hätte dem Wohnungsamt vielleicht Anlaß geben können, die Zustimmung zum Abbruch zu verweigern, was ihm freigestanden hätte, nicht aber, seine Zustimmung von einer gesetzlich nicht zugelassenen Gegenleistung abhängig zu machen. Vielmehr muß es gerade auch für diesen Fall (des § 2 Abs. 2 WMG.) sein Bewenden dabei behalten, daß die Ausübung der behördlichen Befugnis zur Erteilung der Abbrucherlaubnis mangels gesetzlicher Ermächtigung nicht an die Erfüllung einer privaten Gegenleistung geknüpft werden kann, wie überhaupt Hoheitsakte, die in das Ermessen einer Behörde gestellt sind, ohne ausdrückliche gesetzliche Ermächtigung in der Regel nicht von Geldzahlungen oder anderen Gegenleistungen des Gesuchstellers abhängig gemacht werden dürfen. Wenn der Preußische Minister für Volkswohlfahrt in seinem Erlaß vom 29. Juni 1929 — II B 2282 — für das Wohnungsrecht eine abweichende Rechtsauffassung vertreten hat, so findet diese im Gesetz keine hinreichende Stütze.

Die Beamten der Beklagten haben sonach die vom Kläger an das Wohnungsamt geleistete Geldsumme rechtswidrig eingefordert; der Kläger hat sie ohne Rechtsgrund gezahlt und kann sie daher nach den Grundsätzen der rechtlosen Bereicherung zurückverlangen.

RGZ. 153, 361. +

Ist der Zwischenpächter dem Landeigentümer zur Zahlung des Wohnlaubenentgelts verpflichtet?

Gesetz zur Ergänzung der Kleingarten- und Kleinpachtlandordnung vom 26. Juni 1935 (RGBl. I S. 809) §§ 1, 2, 7, i. d. F. des Ges. vom 2. August 1940 (RGBl. I S. 1074).

IV. Zivilsenat. Urt. v. 18. Februar 1937.

I. Landgericht Berlin. — II. Kammergericht daselbst.

Durch Vertrag vom 23. Juni 1925 haben die Klägerinnen der Beklagten ihr Grundstück in B.-R. zur Weiterverpachtung zu kleingärtnerischer Nutzung verpachtet. Von den Unterpächtern sind darauf insgesamt 135 Wohnlauben errichtet worden, die ständig zu Wohnzwecken benutzt werden. Gemäß Anordnung des Oberbürgermeisters der Stadt B. vom 15. September 1935 sind hierfür je 5 RM monatlich an den Verpächter zu entrichten, die sich bei besonderer Hilfsbedürftigkeit der Bewohner auf 3,50 RM ermäßigen. Mit der Klage fordern die Klägerinnen deshalb von der Beklagten für die Zeit vom 1. Juli 1935 bis zum 29. Februar 1936 3500 RM nebst Zinsen abzüglich am 4. Februar 1936 gezahlter 452,12 RM. Die Beklagte hat Unzulässigkeit des Rechtsweges eingewandt und geltend gemacht, Schuldner des Entgelts sei nicht sie, sondern der einzelne Dauerwohner. ... Gegen das der Klage stattgebende Urteil des Landgerichts hat sie Berufung eingelegt und außer Klagabweisung widerklagend die Feststellung begehrt, daß den Klägerinnen ihr gegenüber keinerlei Ansprüche auf Entgelt für die Wohnlaubenbenutzung zuständen. Das Kammergericht hat die Berufung unter Abweisung der Widerklage zurückgewiesen. Auch die Revision der Beklagten hatte keinen Erfolg aus folgenden

Gründen:

Dem Berufungsgericht ist zunächst darin beizutreten, daß für Ansprüche auf Zahlung des Entgelts für die Wohnlaubenbenutzung, wie sie hier im Streite sind, der Rechtsweg nicht ausgeschlossen ist, da nur die Festsetzung der Höhe des Entgelts durch das Gesetz zur Ergänzung der Kleingarten- und Kleinpachtlandordnung vom 26. Juni 1935 der Verwaltungsbehörde übertragen ist (§§ 1, 2). ...

Mit Recht hat aber auch das Berufungsgericht die Beklagte als die den Klägerinnen gegenüber zur Zahlung dieser Entgelte Verpflichtete betrachtet, obschon sie nur Zwischenpächterin ist. Ebenso wie die Kleingarten- und Kleinpachtlandordnung vom 31. Juli 1919 (RGBl. S. 1371) — KGO. — selbst (vgl. Sokolowski-Mirels Das deutsche Kleingartenrecht § 5 KGO. Bem. 18 Nr. II) enthält auch das Gesetz zu deren Ergänzung vom 26. Juni 1935 keine besonderen Vorschriften für den Fall, daß zwischen dem Eigentümer des Pachtlandes und dem Pächter eine Körperschaft oder Anstalt des öffentlichen Rechts oder ein als gemeinnützig anerkanntes Unternehmen zur Förderung des Kleingartenwesens als Zwischenpächter steht (§ 5 KGO.). Die Bestimmungen des Ergänzungsgesetzes gelten nun aber sowohl dann, wenn die Verwendung des Pachtlandes zu ständig zu Wohnzwecken benutzten Lauben im Pachtvertrag vorgesehen ist, wie dann, wenn der Pächter das Land bisher unberechtigt dazu gebraucht hat. Wenn das Gesetz nunmehr auch für die letztbezeichneten Fälle die Verpächter mit gewissen Einschränkungen verpflichtet hat, diese Benutzung zu dulden, und für beide Gruppen von Fällen gleichmäßig die Vorschriften der Kleingarten- und Kleinpachtlandordnung auch insoweit für anwendbar erklärt und Bestimmungen über die Bemessung des Entgelts hierfür getroffen hat, so kann vernünftigerweise nur angenommen werden, daß es damit hier wie dort lediglich regelnd in die bestehenden Pachtverhältnisse eingreifen, nicht aber nebenher davon unabhängige, auf die Wohnlaubenbenutzung allein bezügliche Schuldverhältnisse zwischen den Beteiligten schaffen und so wirtschaftlich zusammengehörige und für die natürliche Betrachtung eine Einheit darstellende Dinge künstlich trennen wollte. Da wo die Verwendung des Pachtlandes zu ständig zum Wohnen benutzten Lauben bisher vertragswidrig war, ist daher durch das Gesetz das Pachtverhältnis auf diese Art der Benutzung des Pachtlandes erstreckt worden. ... Die Annahme zweier, voneinander unabhängiger Schuldverhältnisse, wie sie die Revision vertritt, muß schon daran scheitern, daß eine Auflösung allein des Schuldverhältnisses über die dauernde Benutzung der Laube zum Wohnen tatsächlich zumeist undurchführbar wäre, da sich die Fortsetzung solcher Benutzung bei Fortbestand des Kleingartenpachtverhältnisses regelmäßig gar nicht verhindern ließe. ...

Entsprechendes muß nun auch für die Fälle der Zwischenschaltung einer Körperschaft oder Anstalt des öffentlichen Rechts oder eines als gemeinnützig anerkannten Unternehmens zur Förderung des Kleingartenwesens zwischen Landeigentümer und Kleingärtner im Sinne des § 5 KGO. gelten. Hier greift das Ergänzungsgesetz regelnd sowohl in die Unterpachtverhältnisse zwischen den Kleingärtnern und dem Zwischenpächter als auch in das Hauptpachtverhältnis zwischen diesem und dem Eigentümer des Pachtlandes ein. Dort, wo wie bei den Parteien bisher die Verwendung des Pachtlandes zu ständig bewohnten Lauben nicht Gegenstand der Pachtverträge war, werden Hauptpachtvertrag und Unterpachtverträge gleichmäßig nunmehr auf diese erstreckt. So wie der Zwischenpächter bis dahin schon nach der Kleingartenordnung neben der Pachtzinszahlung auch für jeden schuldhaften Mißbrauch des Pachtlandes durch die Unterpächter zu haften hatte (vgl. Sokolowski-Mirels Das deutsche Kleingartenrecht, KGO. § 5

Bem. 21 Nr. IIId), muß er auch, nachdem den Unterpächtern durch das Ergänzungsgesetz der Weitergebrauch der bisher unberechtigt ständig zu Wohnzwecken benutzten Lauben gestattet worden ist, dem Verpächter für das nunmehr diesem hierfür zukommende Entgelt einstehen. Die gegenteilige Rechtsauffassung würde zu dem sicherlich vom Gesetzgeber nicht gewollten ungereimten Ergebnisse führen, daß die den Laubenbesitzern nun gestattete ständige Benutzung der Lauben zu Wohnzwecken im Verhältnis zwischen dem Eigentümer und dem Zwischenpächter nach wie vor vertragswidrig bliebe mit allen daraus zwischen ihnen erwachsenden Rechtsfolgen. Gegen sie spricht ferner die Erwägung, daß dem Eigentümer bei der Einziehung des Entgelts unmittelbar von den Laubenbesitzern, die ihm häufig nicht einmal der Person nach bekannt sein werden, in vielen Fällen kaum überwindliche Schwierigkeiten entgegentreten würden, während dem Zwischenpächter hierfür weit bessere Hilfen zu Gebote stehen. Weiter ist, wie das Berufungsgericht mit Recht hervorhebt, folgendes zu beachten: Eine öffentliche Körperschaft oder Anstalt und ein als gemeinnützig anerkanntes Unternehmen, wie sie allein als Zwischenpächter in Betracht kommen, können bei Bedürftigkeit eines Kleingärtners weit leichter und schneller als der Landeigentümer die Hilfe der zur Unterbringung Obdachloser verpflichteten Stellen und die Vermittelung der Wohlfahrtsbehörden erlangen, wobei es belanglos ist, ob das Eintreten dieser Behörden, wie die Revision einwendet, einen Antrag des zu Unterstützenden voraussetzt. Ins Gewicht fallen muß schließlich, daß die Kleingartenordnung offensichtlich gerade auch zum Schutze des Eigentümers vor Ausfällen an Pacht bei bedürftigen oder böswilligen Kleingärtnern eine Zwangsverpachtung nur an eine öffentliche Körperschaft oder Anstalt oder ein solches als gemeinnützig anerkanntes Unternehmen vorgesehen hat; es ließe sich nicht rechtfertigen, dem Eigentümer hinsichtlich des Entgelts für die ständige Benutzung von Lauben zu Wohnzwecken, zu deren Duldung ihn das Ergänzungsgesetz verpflichtet, diese Sicherung zu versagen. Dem läßt sich nicht entgegenhalten, daß die Belastung mit dem Entgelt für eine solche Verwendung des Pachtlandes für die Zwischenpächter wirtschaftlich zu schwer sei. Denn es ist nicht einzusehen, weshalb sie diese nicht ebenso sollten tragen können wie die Verpflichtung zur Entschädigung des Eigentümers für die kleingärtnerische Nutzung des Pachtlandes. Wäre der Gesetzgeber anderer Ansicht gewesen, so würde er dem sicherlich ... durch eine ausdrückliche entsprechende Regelung Rechnung getragen haben. Eine solche findet sich in dem Ergänzungsgesetz aber nicht.

Namentlich kann sie entgegen den Ausführungen der Revision nicht darin erblickt werden, daß das Gesetz den Anspruch auf das Entgelt dem Verpächter gibt. Daß damit auch da, wo eine Zwischenverpachtung vorhanden ist, nur der Landeigentümer gemeint sein könne und nicht auch der Zwischenpächter im Verhältnis zu den Unterpächtern, kann nicht zugegeben werden. Jene Bezeichnung des Berechtigten für das zusätzliche Entgelt spricht im Gegenteil entschieden dafür, daß der Anspruch vom Gesetz als ein solcher innerhalb eines schon ohnedies bestehenden kleingärtnerischen Pachtverhältnisses gedacht ist und daher beim Vorhandensein eines Zwischenpächters, wo unmittelbare pachtrechtliche Beziehungen zwischen dem Landeigentümer und dem Kleingärtner fehlen, von ihm in die beiden kleingärtnerischen Pachtverhältnisse zwischen jenem und dem Zwischenpächter und zwischen diesem und dem Kleingärtner eingefügt worden ist. ...

RGZ. 167, 92.

1. Was hat ein unbefriedigt gebliebener Baugläubiger zur Begründung der Klage gegen den Baugeldempfänger darzutun und wieweit geht demgegenüber die Erklärungspflicht des letzteren als Beklagten im Rechtsstreit?

2. Haftet der Baugeldempfänger auch für fahrlässige Entfremdung von Baugeld?

Gesetz über die Sicherung der Bauforderungen vom 1. Juni 1909 (RGBl. S. 449) § 1. ZPO. § 138 Abs. 2.

VI. Zivilsenat. Urt. v. 7. Mai 1941.

I. Landgericht Elbing. — II. Oberlandesgericht Marienwerder.

Am 21. Februar 1927 schloß die Beklagte mit dem Kaufmann P. in E. einen Betreuungsvertrag, nach dem sie „die Finanzierung" für den von P. auszuführenden Bau eines Häuserblocks übernahm. Bestandteil des Vertrages war ein „Finanzierungsplan", nach dem die Baukosten teils durch Hypothekendarlehen der Landespfandbriefanstalt und der Stadt E., teils durch eigene Leistungen des P. aufgebracht werden sollten. Für die Landespfandbriefanstalt wurde eine Hypothek in Höhe von 240 000 RM eingetragen. Die Beklagte machte bei ihr einstweilen 185 000 RM für den Bau flüssig. Das Bauland wurde abgetrennt. Die auf den ursprünglichen Grundstücken stehenden Belastungen wurden abgedeckt.

Der Kläger, einer der Baulieferanten, hat auf mehrere Rechnungen, die er, wie üblich, zunächst vom Architekten F. hatte prüfen lassen, von der Beklagten keine Zahlung erlangen können. P. geriet in Vermögensverfall und stellte im Januar 1928 seine Zahlungen ein. Im Februar wurde der Konkurs mangels Masse abgelehnt und das Heizungsanlagengeschäft Ps. bei der Gewerbepolizei auf den Namen der Ehefrau P. umgemeldet. Auf Antrag der Landespfandbriefanstalt kam es am 22. November 1928 zur Einleitung der Zwangsversteigerung und Zwangsverwaltung des Baugrundstücks. Am 26. November 1928 leistete P. vor dem Amtsgericht Elbing den Offenbarungseid. Am 4. Dezember 1928 erwarb eine Tochtergesellschaft der Beklagten das Baugrundstück von P. zum Kaufpreise von 419 000 RM, indem sie die Hypotheken von u. a. 240 000 RM übernahm und an P. 4000 RM bar zahlte. Zwangsversteigerung und Zwangsverwaltung wurden aufgehoben. Die Erwerberin beendete den Bau und veräußerte den Häuserblock am 4. November 1930 zum Kaufpreise von 467 800 RM an den Kaufmann S. Hierbei erhielt P. 2500 RM.

Bei allen diesen Geschäften wurde die Beklagte von dem Direktor U. vertreten.

Der Kläger behauptet, noch 12 288,25 RM ausstehende Forderungen gegen P. zu haben. Er will wegen seines Ausfalls die Beklagte in Anspruch nehmen. Aus dem Betreuungsvertrage, so meint er, sei die Beklagte auch den Baulieferanten gegenüber zur Einhaltung des Finanzierungsplanes vertraglich verpflichtet. In ihm sei die alsbald vorgenommene Abdeckung der alten Hypotheken nicht vorgesehen gewesen. Auch andere Zahlungen habe die Beklagte dem Plane zuwider geleistet, die P. danach obliegenden Eigenleistungen aber nicht verlangt, vielmehr ihm noch 4000 und 2500 RM bei den Verkäufen des Grundstücks zu Unrecht gezahlt. Durch all dies habe sie im Verein mit P. gegen § 1 des Gesetzes zum Schutze der Bauforderungen vom 1. Juni 1909 verstoßen. Sie hafte hiernach auch aus unerlaubter Handlung.

Die Beklagte leugnet jede Vertragsbeziehung zum Kläger und bestreitet, daß er noch eine Forderung aus unmittelbaren Baulieferungen habe. Gegen das Gesetz zum Schutze der Bauforderungen habe sie nicht verstoßen; die Landespfandbriefanstalt sei mit Abdeckung der alten Grundstückslasten aus dem auf die Hypothek verschafften Zwischenkredit einverstanden gewesen. Auch sonst habe weder sie noch U. den Finanzierungsplan verletzt.

Das Landgericht hat die Klage abgewiesen. Auf die Berufung des Klägers hatte es das Oberlandesgericht bei der Abweisung des Klageanspruchs nur in Höhe von 1193,99 RM bewenden lassen; im übrigen aber hatte es den Klaganspruch gegen die Beklagte dem Grunde nach für gerechtfertigt erklärt. Nachdem dieser letzte Teil des Berufungsurteils auf Revision der Beklagten aufgehoben und die Sache an das Oberlandesgericht zurückverwiesen worden war, hat dieses jetzt die Berufung des Klägers gegen das Urteil des Landgerichts völlig zurückgewiesen. Die nunmehr vom Kläger eingelegte Revision führte wiederum zur Aufhebung und Zurückverweisung.

Aus den Gründen:

Mit zutreffender Begründung hat das Berufungsgericht ausgeführt, daß der Kläger aus einem Vertragsverhältnis, das zwischen der Beklagten und dem Kläger als Baugläubiger mit Recht abgelehnt wird, keine Rechte herleiten kann. Ohne mit den Handwerkern und Lieferanten in unmittelbare Vertragsbeziehungen zu treten, hatte die Beklagte auf Grund des Vertrages vom 21. Februar 1927 nach den Bescheinigungen des bauleitenden Architekten F. die Gelder für den Bau anzuweisen; und wenn zwischen ihr und P. die Beachtung des Gesetzes zur Sicherung der Bauforderungen vom 1. Juni 1909, wie es im Berufungsurteil heißt, zur besonderen Vertragspflicht erhoben war, so konnte doch daraus ein Baugläubiger keinen Vertragsanspruch gegen die Beklagte herleiten.

Der Kläger greift das Berufungsurteil auch nur unter dem Gesichtspunkt einer unerlaubten Handlung der Beklagten an, die durch einen Verstoß gegen § 1 des Gesetzes über die Sicherung der Bauforderungen vom 1. Juni 1909 begangen sein soll, rügt also die Verletzung dieser Bestimmung in Verbindung mit § 823 Abs. 2 BGB.

Zu dieser Klagebegründung hat das Berufungsgericht überzeugend festgestellt, daß insoweit, als die gewährten Zwischenkredite für den Bau verwendet werden sollten, die Beklagte selbst als Baugeldempfängerin im Sinne des Gesetzes vom 1. Juni 1909 anzusehen war und deshalb wegen eines Verstoßes gegen die ihr der Allgemeinheit, also auch dem Kläger gegenüber obliegende Pflicht zur richtigen Verwendung der Baugelder in Anspruch genommen werden kann. Sie haftet in diesem Umfange, wie im Berufungsurteil zugunsten des Klägers angenommen wird, auch für die Handlungen ihres Zweigstellenleiters U. ohne die Möglichkeit einer Entlastung aus § 831 BGB. Zur Frage einer Schädigung des Klägers stellt der Vorderrichter tatsächlich fest, daß er auf seine Baugeldforderung noch keine volle Bezahlung erlangt hat. Rechtlich war zu prüfen, ob ein ursächlicher Zusammenhang zwischen seinem Ausfall und einer ordnungswidrigen Verwendung — Entfremdung — von Baugeld bestand. Das Berufungsgericht sieht einen solchen auch dann als gegeben an, wenn noch andere Baugläubiger unbefriedigt geblieben sind; und es ist nur zu billigen, wenn es dabei im Gegensatz zu Mügel (Gruch. Bd. 54 S. 21) in Übereinstimmung mit der in RGZ. Bd. 138 S. 159 vertretenen Auffassung nicht den Nachweis vom Kläger verlangt, daß gerade er aus dem Baugeld ohne dessen Entfremdung Befriedigung erzielt haben würde.

So kommt es für die Entscheidung des Rechtsstreits darauf an, ob für den Bau gegebene Gelder entfremdet worden sind. In dieser Beziehung bestanden, als der Senat das erste Mal im Revisionsverfahren zu entscheiden hatte, vornehmlich Zweifel darüber, ob die zum Beginn des Baus bewilligten Zwischenkredite auch mit zur Ablösung der auf dem Baugrundstück ruhenden alten Lasten im Betrage von rund 21 000 RM bestimmt waren. Nach Lage der Sache war anzunehmen, daß hierüber der Geldgeber seine Meinung der Beklagten gegenüber klar zum Ausdruck gebracht haben werde; lediglich deshalb hatte der Senat in diesem Zusammenhang ausgesprochen, der Beklagten müsse das Bewußtsein von der bestimmungswidrigen Verwendung von Baugeldern nachgewiesen werden. Damit sollte aber nicht etwa allgemein die rechtliche Möglichkeit einer fahrlässigen Verletzung des Gesetzes über die Sicherung der Bauforderungen verneint werden. Eine solche Beschränkung der bürgerlichrechtlichen Verantwortlichkeit würde im Gesetz keine Stütze finden (vgl. hierzu RGZ. Bd. 91 S. 72 [76 flg.]); nur in strafrechtlicher Hinsicht wird in § 5 des Gesetzes Vorsatz des Zuwiderhandelnden gefordert.

Daß die Zwischenkredite zur Ablösung der auf dem Baugrundstück stehenden alten Lasten verwendet werden durften und insoweit nicht als reine Baugelder anzusehen waren, hat der Berufungsrichter jetzt einwandfrei festgestellt, und die Revision erhebt dagegen auch keinerlei Einwendungen. Im übrigen aber bejaht er die Baugeldeigenschaft des Reichszwischenkredits (mit einer Einschränkung . . .).

Soweit das Berufungsurteil im Anschluß hieran überhaupt bei den mit dem Bau im Zusammenhange stehenden Zahlungen auf das fehlende Bewußtsein bestimmungswidriger Verwendung abstellt, ist darauf hinzuweisen, daß die bei solchem Zusammenhange denkbaren Zweifel eine fahrlässige Verletzung des Gesetzes vom 1. Juni 1909 noch nicht ausschließen. Das gilt nach dem bisher festgestellten Sachverhalt insbesondere bei den Zahlungen auf Grund der Abtretung, die an eine Firma B. in Höhe von 19 500 RM aus dem

Zwischenkredit vorgenommen worden ist. Die Bedenken, welche die Revision dagegen erhebt, daß das Berufungsgericht hier eine Baugeldentfremdung verneint hat, müssen anerkannt werden. Daß zwischen jener Abtretung und Löschungsbewilligung für B.sche Grundschulden von 20 000 RM (die mit dem Bau nichts zu tun hatten) ein naher zeitlicher Zusammenhang bestand, legt der Berufungsrichter selbst dar. Für mehr als etwa 10 000 RM sind nun aber keine Belege über Baulieferungen der Firma B. festzustellen gewesen. Bei dieser Sachlage läßt sich nicht, wie es im Berufungsurteil geschieht, ein hinreichender Verdacht dafür verneinen, daß B. aus den Baugeldern Zahlungen auf Forderungen gegen P. erhalten hat, die mit dem Bau nichts zu tun hatten. Der Berufungsrichter meint zwar, es sei kein Anhalt für die Vollständigkeit der Belege gegeben und die Geschäftsbücher und -papiere der Firma B. seien inzwischen vernichtet worden. Damit stellt er darauf ab, daß hier dem beweispflichtigen Kläger der Beweis für die Entfremdung von Baugeld nicht gelungen sei. Hierbei wird aber übersehen, daß der Beklagten gemäß § 138 Abs. 2 ZPO. zunächst eine Erklärungspflicht oblag, nachdem der Kläger behauptet und dargetan hatte, daß die Zahlungen an B. auf Grund der Abtretung von Baugeld über die nachweisbaren Beträge für Lieferungen der Firma hinausgingen. Die Beklagte müßte an sich in der Lage sein, darzulegen, wofür auf Grund der Abtretung Zahlungen geleistet worden sind. Kann sie hierüber keinen Aufschluß geben, so ist ihr Bestreiten der vom Kläger genügend begründeten Behauptung einer Baugeldentfremdung mangels genügender Einzeldarlegung (Substantiierung) unbeachtlich.... Es erscheint auch billig, daß eine etwaige Unmöglichkeit, die Zahlungsgrundlage aufzuklären, letzten Endes zu Lasten der Beklagten geht; denn sie hat die Zahlungen geleistet, während der Kläger als einzelner Baugläubiger genauere Feststellungen darüber zu treffen nicht oder doch nur insoweit in der Lage ist, als er zufällig durch den Verwalter im Konkurse der Witwe P. Einsicht in P.s Akten erhalten hat. Sollte nach einer Prüfung der tatsächlichen Verhältnisse, die das Revisionsgericht nicht vornehmen kann, zu Lasten der Beklagten auch weiterhin die Annahme begründet sein, daß B. aus Baugeldern in einem gleichfalls noch festzustellenden Umfange zu Unrecht befriedigt worden ist, so wird auch daran, daß die Beklagte zum mindesten fahrlässigerweise solche Baugeldentfremdung herbeigeführt hat, kaum gezweifelt werden können; denn ihr Vertreter U. mußte sich über die gesetzlichen Bestimmungen unterrichten und kann sich zu seiner Entlastung nicht auf einen Irrtum über den Begriff des Baugeldes oder über die Eigenschaft der Zahlungsempfänger als Baugläubiger berufen. Immerhin kann auch die Frage des Verschuldens im Revisionsverfahren nicht abschließend geprüft werden. ...

Anlaß zu besonderer Sorgfalt hatte die Beklagte, bevor sie Zahlung aus den Baugeldern für Forderungen leistete, die der Bauherr P. selbst aus eigenen Lieferungen oder Leistungen stellte. Solche durften ihm nach § 1 Abs. 2 des Gesetzes vom 1. Juni 1909 von der Beklagten, die das Baugeld anzuweisen hatte, nur zur Hälfte ihres angemessenen Wertes vergütet werden; denn das Berufungsgericht sieht ihn ohne Rechtsirrtum als Baugeldempfänger neben der Beklagten an. Überdies gebot seine Persönlichkeit alle Vorsicht. ... (Wird ausgeführt.) Trotzdem scheint er voll befriedigt worden zu sein, teils durch Zahlung, teils durch Verrechnung auf Eigenleistungen, wobei noch nicht einmal feststeht, ob er die 8000 RM, die er nach dem Finanzierungsplan bar zu leisten hatte, überhaupt gezahlt hat; dieser Betrag hatte selbst die Eigenschaft als Baugeld und mußte mit zur Befriedigung der Baugläubiger dienen. Allerdings durfte P., wie das Berufungsurteil richtig darlegt, für Löhne seiner Gesellen und Gehilfen und auch für Lieferungen, die er von anderen bezogen hatte, volle Bezahlung nach § 1 Abs. 1 des Gesetzes vom 1. Juni 1909 verlangen; und die Belege ließen nach der Feststellung des Berufungsrichters erkennen, daß es sich bei den vorgelegten Rechnungen „vornehmlich" um solche handelte, die Zahlungen an dritte Personen oder „in der Hauptsache" reine Arbeitsleistungen, nach Arbeitsstunden abzurechnen, betrafen. Völlige Klarheit fehlt hier aber und ist nach Ansicht des Berufungsgerichts bei der Länge der Zeit und nach dem Tode des P. nicht mehr zu schaffen. Daß jedoch der Kläger deswegen als beweisfällig angesehen wird, beanstandet die Revision mit Recht. Ohne daß von einer Umkehrung der Beweislast oder von deren Verkennung, wie die Revision meint, gesprochen zu werden brauchte, hat die Beklagte nach dem bereits Ausgeführten auch hier ihrer Erklärungspflicht nicht genügt, wenn sie über diese von ihr selbst besonders zu überwachenden Zahlungen und Verrechnungen keine Auskunft im einzelnen gegeben hat. Das muß um so mehr gelten, als der Berufungsrichter an anderer Stelle allgemein die Feststellung trifft, daß „wenigstens objektiv von der Beklagten Teile des Baugeldes ihrem bestimmungsmäßigen Zweck entzogen" worden seien. Es ist nicht klar ersichtlich, inwieweit diese Feststellung etwa eingeschränkt oder ob sie gar wieder beseitigt werden soll durch die im Berufungsurteil nur im Anschluß an die Ausführungen zu den Zahlungen bei Verkauf des Baugrundstücks enthaltene Feststellung, die ungedeckten Gesamtleistungen der Beklagten für P. hätten etwa 43 250 RM betragen, so daß sie bis zu dieser Höhe das Baugeld gemäß § 1 Abs. 1 Satz 2 des Gesetzes vom 1. Juni 1909 anderweitig habe verwenden dürfen. Insoweit ließe sich dann in der Tat vielleicht nicht mehr von einer Entfremdung von Baugeld sprechen. Indessen wäre es wiederum Sache der Beklagten, im einzelnen darzulegen, daß sie zu den Zeiten, in denen sie aus den Baugeldern baugeldfremde Zahlungen (wie oben erörtert) oder an P. an sich zu weitgehende Zahlungen leistete, bereits Baugläubiger in Höhe der in Betracht kommenden Beträge befriedigt hatte. ...

RGZ. 172, 63.

Kann sich der Mieter, dem der Eigentümer eines Eigenheims dieses mietweise gegen die Zusicherung überlassen hat, binnen bestimmter Frist eine Ersatzwohnung zu stellen, nach fruchtlosem Ablauf der Frist gegenüber dem Verlangen des Eigentümers nach Wiedereinräumung des Eigenheims auf den gesetzlichen Mieterschutz berufen, insbesondere geltend machen, daß es sich bei dem Vertrag um einen unzulässigen Verzicht auf den Mieterschutz handele?

MSchG. § 49.

IV. Zivilsenat. Beschl. v. 6. Oktober 1943.

I. Amtsgericht Kottbus. — II. Landgericht daselbst.

Die Frage wurde verneint aus folgenden, den Sachverhalt ergebenden

Gründen:

Der Kläger, vordem Intendant des Städtischen Theaters in K., bewohnte dort ein Eigenheim. Nach seinem Übertritt in den Ruhestand erstrebte er, unter Verwendung seines Hauses als Tauschgegenstand eine Wohnung in W. zu erlangen. Er trat in Unterhandlungen mit dem Beklagten, dem Inhaber eines größeren Unternehmens, der an dem Haus ein besonderes Interesse hatte, um dort zwei höhere Angestellte seines Betriebs unterzubringen. Er stellte dem Kläger in Aussicht, daß es ihm bei seinen weitgehenden Beziehungen möglich sein werde, eine für den Kläger passende Tauschwohnung zu beschaffen. Es kam zwischen den Parteien zu einem schriftlichen Mietvertrag, kraft dessen der Kläger dem Beklagten das Haus auf fünf Jahre vermietete und der Beklagte in Aussicht stellte, den Kläger bei Beschaffung einer Wohnung in W. zu unterstützen.

Dieser Vertrag wurde durch eine in einem Bestätigungsschreiben des Beklagten niedergelegte Abrede dahin ergänzt, daß der Beklagte dem Kläger als Zwischenlösung bis zur Beschaffung der Wohnung in W. eine Mietwohnung in Berlin beschaffen sollte. In dem Schreiben heißt es, der Beklagte werde, falls der Kläger durch eigene Bemühungen bis zum 31. März 1942 keine Wohnung in W. oder Berlin gefunden habe, eine solche Wohnung in Berlin zur Verfügung stellen; sollte sich dieses nur über den Weg einer Tauschwohnung ermöglichen lassen, so werde er (Beklagter) im Einvernehmen mit dem Kläger eine Tauschwohnung zur Verfügung stellen, mit Hilfe deren das vom Kläger gewünschte Objekt erlangt werden könnte.

Auf diese Abmachungen hin räumte der Kläger sein Haus zum 1. Oktober 1941, worauf die beiden Angestellten des Beklagten als dessen Untermieter einzogen. Der Kläger behilft sich seitdem mit Zimmern in Hotels und Pensionen.

Nachdem es dem Kläger durch eigene Bemühungen nicht gelungen war, in W. oder Berlin eine ihm genehme Wohnung zu finden, führten die daraufhin gepflogenen Parteiverhandlungen zu einer schriftlichen Zusage des Beklagten vom 8. August 1942 des Inhalts, daß er dem Kläger bis spätestens 1. April 1943 eine 3½- bis 4½-Zimmer-Wohnung im Westen Berlins besorgen werde, die der Kläger dann als Tauschgegenstand für den beabsichtigten Umzug nach W. benutzen könne. Im Falle der Nichterfüllung solle der zwischen den Parteien geschlossene Mietvertrag als mit Wirkung vom 1. April 1943 an aufgehoben gelten und das Haus in K. bis zu diesem Tage geräumt sein, so daß der Kläger dort wieder einziehen könne.

Der Beklagte hat dieser Zusagen zuwider dem Kläger bis zum 1. April 1943 keine Wohnung besorgt; seine Angestellten sind über den 1. April 1943 hinaus in dem Hause wohnen geblieben und wohnen noch heute darin. Mit der Klage vom 2. April 1943 hat der Kläger vom Beklagten Räumung des Hauses begehrt. Das Amtsgericht hat der Klage stattgegeben. Auf die Berufung des Beklagten hat jedoch das Landgericht die Klage mit der Begründung abgewiesen, daß sich die Erklärung des Beklagten als ein nach § 49 Abs. 1 Satz 1 MSchG. nichtiger und demgemäß den Fortbestand des Mietverhältnisses nicht berührender Verzicht auf den gesetzlichen Mieterschutz darstelle.

Der fristgemäß gestellte Wiederaufnahmeantrag des Oberreichsanwalts ist begründet.

Der Kläger hatte die Verpflichtung, sein Haus mietweise dem Beklagten zu überlassen, von vornherein nur mit einer Einschränkung übernommen. Er konnte und wollte vernünftigerweise seine Wohnung noch nicht endgültig abgeben, sondern mußte sich zur Wahrung seiner Belange deren Benutzung vorbehalten für den Fall, daß er nicht in angemessener Zeit zu einer Ersatzwohnung komme. Nach dem Mietvertrag in Verbindung mit der vorerwähnten zusätzlichen Abrede vom 12. September 1941 hatte der Beklagte — zunächst aufschiebend bedingt bis zum 31. März 1942 und von diesem Tage an infolge des Eintritts der Bedingung voll wirksam — in bestimmter Weise zugesagt, dem Kläger eine Wohnung gegebenenfalls im Wege des Tauschverfahrens zur Verfügung zu stellen. Der Sinn dieser Zusage konnte nur der sein, daß *von einem im einzelnen noch nicht bestimmten, aber keinesfalls fernen* Zeitpunkt ab der Fortbestand des Mietverhältnisses davon abhängen sollte, daß der Kläger bis dahin eine geeignete Ersatzwohnung habe. Daß hiermit die Abmachungen der Beteiligten richtig ausgelegt worden sind, hat der Beklagte durch sein Schreiben vom 8. August 1942 selbst anerkannt, indem er sich bereit erklärte, dem Kläger bis spätestens 1. April 1943 eine Wohnung bestimmter Art zu besorgen, mit der Folge, daß, wenn er diese Verpflichtung nicht fristgemäß erfülle, der Mietvertrag als mit Wirkung vom 1. April 1943 an aufgehoben gelten sollte. Spätestens damit war eine Vereinbarung dieses Inhalts zwischen den Parteien zustande gekommen und die bis dahin noch bestehende Ungewißheit über den Zeitpunkt, bis zu dem der Beklagte seine Zusage zu erfüllen hatte, beseitigt.

Rechtlich war damit die Verpflichtung des Klägers, dem Mieter die Mietsache zu gewähren, und damit der Mietvertrag selbst unter die auflösende Bedingung gestellt, daß für den Kläger bis zum 1. April 1943 keine Ersatzwohnung bereitgestellt sein werde.

Einen Verstoß gegen die Schutzvorschrift des § 49 MSchG. enthält diese Abrede nicht. Richtig ist allerdings, daß sich hinter einer auflösenden Bedingung zu einem Wohnungsmietvertrag sehr wohl ein solcher Verzicht verbergen kann. Keineswegs sind aber derartige auflösende Bedingungen ausnahmslos von § 49 getroffen. Auch sonstige Vorschriften des Mieterschutzgesetzes stehen derartigen Bedingungen nicht grundsätzlich entgegen.

Ob ein Verstoß gegen § 49 MSchG. anzunehmen ist, hängt vielmehr von dem Inhalte der Abrede ab. So wie die Abrede hier getroffen ist, kann keine Rede davon sein, daß sie sachlich auf einen Verzicht auf die vom Gesetz dem Vermieter auferlegten Mietaufhebungsbeschränkungen hinauslaufe. Die Bedingung, über die sich hier die Parteien geeinigt hatten, erfüllt eine Aufgabe, die dem Zwecke des

Mieterschutzgesetzes nicht nur nicht entgegenwirkt, sondern durchaus in seiner Linie liegt. Sie nähert den hier geschlossenen Mietvertrag rechtlich und wirtschaftlich einer Vertragsart, wie sie sich längst im Rechtsleben als unentbehrlich erwiesen hat und von der Rechtsordnung gebilligt wird, nämlich dem Wohnungstausch. Ein solcher Vertrag besteht regelmäßig darin, daß zwei Mieter wechselseitig in den Mietvertrag des anderen Teils mit Genehmigung der beiderseitigen Vermieter eintreten. Wirtschaftlich gewähren sich damit beide Teile, im allgemeinen Zug um Zug, gegenseitig Wohnung, um damit das beiderseitige Wohnungsbedürfnis zu befriedigen. Dieses Wesen des Vertrags wird nicht dadurch anders, daß auf der einen Seite ein Beteiligter steht, der über den von ihm abzugebenden Wohnraum selbst als Eigentümer und Vermieter verfügt, also für den anderen Teil Tauschgegner und neuer Vermieter in einer Person ist. Dem vermietenden Eigentümer steht dann aus dem Vertrag als Gegenleistung außer dem Mietzins auch die — im allgemeinen Zug um Zug vorzunehmende — Einräumung der Wohnung des anderen Teils zu. Solange diese Gegenleistung unterbleibt, braucht auch er die von ihm vermietete Wohnung dem Vertragsgegner nicht zu überlassen. Weiter abgewandelt werden kann die Vertragsart des Wohnungstausches dadurch, daß die Verpflichtung des einen Teils nicht darin besteht, daß er dem Gegner seine bisherige Wohnung im Tausch gibt, sondern daß er ihm eine dritte Wohnung verschafft. Auch diese Verschaffung ist eine Gegenleistung, von deren Erfüllung die Pflicht des anderen Teils zur Leistung abhängt. In allen diesen Fällen kann der Teil, der aus irgendwelchen Gründen eher in den Besitz der von ihm erstrebten Wohnung kommt als der andere Teil, die von ihm übernommene Tauschverpflichtung nicht einfach unerfüllt lassen und sich gleichzeitig unangefochten im Besitz der erlangten Wohnung erhalten. Der Gegenpartei müssen vielmehr alle Rechte dessen zugebilligt werden, der auf Grund eines Zug um Zug zu erfüllenden gegenseitigen Vertrags seinerseits vorgeleistet, aber die ihm geschuldete Gegenleistung noch nicht erhalten hat.

Das Vertragsverhältnis der Parteien hat die Besonderheit, daß der Kläger seinerseits seine Wohnung sofort zu gewähren hatte, während die Gegenleistung zunächst noch hinausgeschoben war. Das Verhältnis der beiden übernommenen Pflichten zueinander als Leistung und Gegenleistung wird dadurch aber nicht berührt. Die Bedingung, durch deren Einfügung man die Pflicht des Beklagten beschränkt hatte, war am 1. April 1942 eingetreten. Bis dahin hatte der Beklagte allerdings rechtlich einwandfrei das Haus des Klägers inne. Von diesem Zeitpunkt an aber war er gehalten, die Gegenleistung zu bewirken. Durch die Abmachung vom 8. August 1942 wurde im Sinne des ursprünglichen Vertrags klargestellt, daß die Nichterfüllung der Gegenleistung bis zum 1. April 1943 für den Fortbestand des Vertrags als auflösende Bedingung wirken sollte. Spätestens von diesem Zeitpunkt an ist der Beklagte verpflichtet, das Haus des Klägers zu räumen. Ihm trotzdem unter dem Gesichtspunkt eines unzulässigen Verzichts den gesetzlichen Mieterschutz einzuräumen, beruht auf einer Verkennung der Rechts- und Interessenlage. Die Vereinbarung der auflösenden Bedingung ist hier rechtlich etwas ganz anderes als ein nach § 49 MSchG. verbotener Verzicht oder *ein ihn verdeckendes sonstiges Rechtsgeschäft.* Sie wirkt auch nicht, wie ein solcher Verzicht es tut, dem Zwecke des Mieterschutzgesetzes entgegen, sondern liegt, wie schon bemerkt, gerade in der Linie des Gesetzes. Das Gesetz will der Wohnungsnot steuern. Hier hatte der Kläger, ohne vom Standpunkt der Wohnungswirtschaft aus irgendwie dazu genötigt zu sein, seine Wohnung abgegeben, bevor er selbst einen Ersatz hatte. Er hat damit Wohnraum für andere freigemacht. Das war, wenn auch nur vorübergehend, für die Allgemeinheit ein Gewinn. Von dieser Verfügung über seine Wohnung würde er sicher abgesehen haben, wenn er damit gerechnet hätte, daß man, wie das Landgericht es getan hat, die zu seinem künftigen Schutz getroffenen Abmachungen für unwirksam und für den anderen Teil unverbindlich erklären werde. Das Wohnungsbedürfnis der Angestellten des Beklagten würde dann überhaupt nicht oder erst später befriedigt worden sein. Bei der Entwicklung, welche die Dinge inzwischen genommen haben, tritt der Kläger jetzt nicht als Wohnungsgewährender, sondern als Wohnungsbedürftiger auf. Wollte man ihm dabei in den Weg treten, indem man einseitig den von ihm nur zur Sicherung seines eigenen Wohnungsbedürfnisses erzielten vertraglichen Zusagen unter Hinweis auf § 49 MSchG. die Rechtsbeständigkeit abspräche, so ließe man eine Vorschrift, die den Wohnungsbedürftigen schützen soll, sich gerade gegen diesen kehren. . . .

Preisrecht

RGZ. 88, 250*).

Welche Folge hat die Überschreitung des gesetzlichen Höchstpreises für die Wirksamkeit des geschlossenen Verkaufs?

Gesetz, betr. Höchstpreise, vom 4. August 1914 in der Fassung vom 17. Dezember 1914 nebst Änderung vom 21. Januar 1915 (RGBl. 1914 S. 339, 516 und 1915 S. 25).

BGB. §§ 134, 138.

II. Zivilsenat. Urt. v. 19. Mai 1916.

I. Landgericht Guben. — II. Kammergericht Berlin.

Der Kläger hatte von dem Beklagten am 5. Februar 1915 4000 Zentner Kartoffeln zum Preise von 2,90 M gekauft, während der Höchstpreis damals für die besten Arten 2,75 M, für geringere 2,50 M betrug. Der Beklagte trat darauf vom Vertrage zurück und machte neben anderen Gründen geltend, daß der Kauf wegen Überschreitung des Höchstpreises nichtig sei. Der auf Schadensersatz wegen Nichterfüllung gerichteten Klage gab das Landgericht statt; dagegen erkannte das Kammergericht auf Abweisung, weil die Überschreitung des Höchstpreises den Verkauf nichtig mache. Die Revision des Klägers hatte Erfolg.

Gründe:

„Das Kammergericht nimmt zu Unrecht an, daß eine Überschreitung der Höchstpreise den Kauf nichtig macht. Allerdings ist die Überschreitung der Höchstpreise durch Gesetz mit Strafe bedroht und somit verboten. Verkäufe, in denen die Höchstpreise überschritten werden, fallen demnach unter den § 134 BGB. Sie sind nichtig, wenn sich nicht aus dem Gesetz ein anderes ergibt. Das Gesetz, um das es sich handelt, ist das Gesetz, betr. Höchstpreise, vom 4. August 1914 in der Fassung vom 17. Dezember 1914 nebst der Änderung vom 21. Januar 1915. Diese Vorschriften sind zwar Rechtsnormen und deswegen Gesetze im Sinne des Bürgerlichen Gesetzbuchs; sie unterscheiden sich aber von den meisten Gesetzen dadurch, daß sie nicht auf die Verwirklichung eines Rechtsgedankens, sondern ganz unmittelbar auf einen wirtschaftlichen Zweck abzielen. Deswegen muß bei ihrem Verständnis und bei

*) Die gesetzlichen Bestimmungen, auf die das Reichsgericht sich stützt, sind zwar überholt, die Grundsätze der Entscheidung gelten aber für das jetzige Preisrecht.

ihrer Anwendung vor allem der wirtschaftliche Zweck berücksichtigt werden.

Es soll aber durch das Gesetz und die Festsetzung der Höchstpreise nicht nur der negative Erfolg erreicht werden, daß keine Waren zu höheren als den festgesetzten Höchstpreisen verkauft werden — womit nichts gebessert wäre —, sondern der positive Erfolg, daß die verfügbaren Vorräte an Gegenständen des täglichen Bedarfs, besonders an notwendigen Nahrungsmitteln dem Volke zu Preisen zugeführt werden, welche die festgesetzte Grenze nicht überschreiten. Das ergibt sich aus der Natur der Sache und aus dem Gesamtinhalte des Gesetzes. Seine wesentlichen Vorschriften bestimmen erstens (§§ 2 bis 4), daß die Behörden die Waren den Besitzern, insbesondere im Falle der Widersetzlichkeit, fortnehmen und für deren Rechnung zum Höchstpreise verkaufen dürfen, zweitens, daß die Überschreitung der Höchstpreise und sonstige Zuwiderhandlungen gegen das Gesetz bestraft werden. Durch beides zusammen soll also ein starker Druck und, wenn nötig, ein Zwang, innerhalb der Höchstpreise zu verkaufen, ausgeübt werden. Das ist der Inhalt und Zweck des Gesetzes und hiermit ist es nicht vereinbar, geschehene Verkäufe wegen Überschreitung der Höchstpreise als nichtig zu behandeln. Dadurch würde die Verteilung der nötigen Nahrungsmittel nicht befördert, sondern entgegen dem offenbaren Zwecke des Gesetzes zunächst einmal gehemmt werden, indem die Käufer, die, sei es für eigenen Bedarf, sei es zum weiteren Vertriebe gekauft hatten, nun gar nichts erhalten würden. Es ergibt sich also aus dem Inhalt und Zwecke des Gesetzes, daß die verbotswidrige Überschreitung der Höchstpreise nicht die im § 134 BGB. für den Zweifelsfall bestimmte Folge der Nichtigkeit der Verkäufe nach sich ziehen kann. Soll, wie das Gesetz es offenbar will, positiv darauf hingewirkt werden, daß die verfügbaren Vorräte gegen Preise, die sich innerhalb der gesetzten Grenze halten, in den Verkehr kommen, so müssen vielmehr die unter Überschreitung dieser Grenze geschlossenen Verkäufe aufrechterhalten und nur die Preise auf das erlaubte Maß herabgesetzt werden. Dies hat die Wirkung, daß die Ware in den Verkehr gebracht und nicht mehr, als für erschwinglich erachtet, dafür bezahlt wird. Nur diese Herabsetzung der Preise, nicht die Nichtigkeit der Verkäufe, ist also die aus dem Inhalt und Zwecke des Gesetzes sich ergebende Folge der verbotswidrigen Überschreitung der Höchstpreise. Sie muß gemäß dem Grundsatze des § 134 eintreten.

Was hiergegen in der Literatur geltend gemacht wird, ist nicht durchschlagend. Es ist nicht zwingend, daß die Herabsetzung der Preise deswegen nicht zulässig sei, weil sie auf einen Zwang, zu kontrahieren, hinauslaufe, den das Gesetz nur in Ausnahmefällen kenne. Die Vorschriften der §§ 2 flg. geben allerdings nur den Behörden das Recht, dem Besitzer die Ware abzunehmen, ohne ihn zum Verkaufe zu zwingen. Daraus folgt aber nicht, daß, wenn ein Besitzer verkauft hat, der Preis nicht auf das zulässige Maß herabgesetzt werden könnte. Es wird hiermit gegen den Besitzer der Grundgedanke des Gesetzes, daß jeder seine verfügbaren Vorräte innerhalb der festgesetzten Preisgrenze verkaufen soll, in anderer Weise geltend gemacht. Es ist wirtschaftlich und auch rechtlich etwas Verschiedenes, ob jemand zu einer Veräußerung seines Eigentums gezwungen wird, oder ob in einem geschlossenen Veräußerungsvertrage bestimmte Abreden, weil wider das allgemeine Interesse verstoßend, unter Aufrechterhaltung des Vertrags im übrigen getilgt werden. Dies ist keineswegs ohne Vorgang in der Gesetzgebung. Es gilt vielmehr bei verschiedenen Vertragsarten in bezug auf Abreden, die für den wirtschaftlich schwächeren Teil bedrücklich sind, so z. B. für die Konkurrenzklausel der Handelsgehilfen (§ 74 HGB.), ferner in dem in der Literatur bereits angeführten Falle des § 624 BGB. Auch auf den § 724 BGB. ist hinzuweisen. Gehören Vorschriften dieser Art, die entgegen dem Grundsatze des § 139 BGB. einzelne Vertragsabreden unwirksam machen, den Vertrag im übrigen aber aufrechterhalten, zum dauernden Bestande der Rechtsordnung, so können sie in einem wirtschaftlichen Notgesetze, das für begrenzte Zeit scharf in die wirtschaftliche Freiheit eingreift, kein Bedenken erregen.

Gegen den erörterten Einwurf spricht auch die Verordnung, betr. die Wirkung der Überschreitung der Höchstpreise, vom 11. November 1915 (RGBl. S. 758). Diese Verordnung ist allerdings auf den Streitfall nicht anwendbar, weil sie sich nur auf die Ernte von 1915 und die für diese Ernte festgesetzten Höchstpreise bezieht. Allein sie bestimmt für die Ernte 1915 in § 1 Satz 2, daß bei gewissen Verkäufen, wenn sie unter Überschreitung der Höchstpreise abgeschlossen sind, der Höchstpreis an die Stelle des Vertragspreises treten soll. Die nähere Bedeutung dieses Satzes zu untersuchen, besteht kein Grund. Hier kommt es nur darauf an, daß eine spätere zu derselben Materie gehörige Verordnung in der Tat die Ermäßigung des vereinbarten Preises auf den Höchstpreis bei Aufrechterhaltung des Vertrags vorsieht. Dies zeigt, daß theoretisch-konstruktive Bedenken solche Anordnung nicht ausschließen. Darüber hinaus zeigt aber diese Verordnung, daß die seit Erlaß des Gesetzes gemachten Erfahrungen dahin führen, die in den Fällen der Überschreitung der Höchstpreise entstehenden Schwierigkeiten durch Herabsetzung der Vertragspreise auf das vom Gesetz erlaubte Maß zu regeln. Sie bietet also eine Bestätigung des hier ausgesprochenen Grundsatzes, daß eine solche Herabsetzung der Preise, nicht aber die Nichtigkeit der Verträge die dem Gesetze gemäße Folge der Überschreitung der Höchstpreise ist.

Aus § 134 BGB. kann also die Nichtigkeit der unter Überschreitung der Höchstpreise geschlossenen Käufe nicht abgeleitet werden.

Nun wird allerdings von dem Beklagten und auch in der Literatur geltend gemacht, daß es auf den § 134 nicht ankomme, weil jeder unter Überschreitung der Höchstpreise geschlossene Verkauf schon wegen Verstoßes wider die guten Sitten nach § 138 BGB. nichtig sei. Dies ist aber unbegründet. Nicht jedes Rechtsgeschäft, das wider ein gesetzliches Verbot verstößt, ist deswegen auch schon sittenwidrig. Andernfalls wäre der § 134 gegenstandslos. Es muß vielmehr in jedem Falle geprüft werden, ob das verbotswidrige Geschäft nach Meinung aller billig und gerecht Denkenden, sei es wegen des Verstoßes gegen die gesetzliche Ordnung, sei es auch hiervon abgesehen, verwerflich war. Das ist für Käufe über dem Höchstpreise, bei denen Unkenntnis der festgesetzten Preise, Meinungsverschiedenheit über deren Berechnung und mannigfaltige andere Gründe die Vertragschließenden gegen den Vorwurf sittenwidrigen Handelns schützen können, keineswegs ohne weiteres anzunehmen. Im Streitfalle sind Tatumstände, die das Geschäft als sittenwidrig kennzeichnen, nicht behauptet, und sie liegen auch ersichtlich nicht vor.

Danach ist also der streitige Vertrag auf alle Fälle gültig. Ob in ihm die Höchstpreise überschritten sind, kann dahingestellt bleiben; denn, wenn es der Fall sein sollte, so würde daraus nur die Herabsetzung der Preise auf das erlaubte Maß folgen." . . .

RGZ. 89, 196*).

1. Liegt ein Verstoß gegen das Höchstpreisgesetz vor, wenn zwischen der Festsetzung und dem Inkrafttreten eines Höchstpreises ein Verkauf auf Lieferung nach dem Zeitpunkte des Inkrafttretens zu einem den Höchstpreis übersteigenden Preise geschlossen wird?

2. Zur Frage der Anwendbarkeit des § 138 BGB. auf Käufe, durch die ein festgesetzter Höchstpreis überschritten wird.

Gesetz, betr. Höchstpreise, vom 4. August 1914 (RGBl. S. 339).
BGB. § 138.

*) Siehe Anm. zu RGZ. 88, 250 (S. 261 dieses Bandes).

II. Zivilsenat. Urt. v. 5. Dezember 1916.

I. Landgericht Halle a. S., Kammer für Handelssachen.
II. Oberlandesgericht Naumburg a. S.

Die Klägerin hat von der Beklagten am 23. Dezember 1914 etwa 200 Tonnen inländischer Gerste (mit einem Hektolitergewicht von mehr als 68 kg) zum Preise von 269,75 M die Tonne, Kasse-Duplikat, zur Dezember-Januar Lieferung gekauft. Die Beklagte hat, trotz Fristsetzung seitens der Klägerin gemäß § 326 BGB. nicht geliefert. Die Klägerin will durch die Nichterfüllung des Vertrages seitens der Beklagten einen Schaden von 59 327,50 M erlitten haben. Mit der erhobenen Klage verlangte sie die Verurteilung der Beklagten zur Zahlung dieses Betrages.

Die Beklagte machte u. a. gegen den klägerischen Anspruch geltend, der Kaufvertrag der Parteien, mit dem die verordneten Höchstpreise erheblichst überschritten seien, sei nichtig gewesen.

Beide Vorinstanzen haben die Klage abgewiesen. Auf die Revision der Klägerin ist das Urteil des Oberlandesgerichts aufgehoben und die Sache an die Vorinstanzen zurückverwiesen worden.

Gründe:

„Durch die Verordnung vom 19. Dezember 1914 (veröffentlicht am 20. Dezember, RGBl. S. 527) ist der Höchstpreis für Gerste ohne Rücksicht auf deren Eigengewicht auf 224 M für die Tonne mit Geltung vom 24. Dezember an festgesetzt. Am 23. Dezember hat die Klägerin die hier streitigen 200 Tonnen inländische Gerste auf Lieferung im Dezember/Januar zum Preise von 269,75 M für die Tonne von der Beklagten gekauft. Die Lieferung sollte also gemäß dem Vertrage nach Inkrafttreten des neuen Höchstpreises erfolgen.

Laut Urteil des I. Strafsenats des Reichsgerichts vom 21. Oktober 1915 (1 D 326/1915) liegt ein Verstoß gegen das Höchstpreisgesetz dann vor, wenn zwischen der Festsetzung und dem Inkrafttreten eines Höchstpreises ein Verkauf auf Lieferung nach dem Zeitpunkte des Inkrafttretens zu einem den Höchstpreis übersteigenden Preise geschlossen wird. Dieser Entscheidung tritt der erkennende Senat bei. Sie unterliegt keinem Bedenken: denn durch einen solchen Vertrag einigen sich die Parteien auf eine Leistung, die nach dem Rechte der Zeit, zu der sie erfolgen soll, verboten ist. Sie schließen also einen Vertrag über eine durch das Gesetz verbotene Leistung.

Danach verstößt der streitige Kauf gegen das Höchstpreisgesetz. Aus den von dem erkennenden Senat in dem Urteil vom 19. Mai 1916

(RGZ. Bd. 88 S. 250) dargelegten Gründen ist infolgedessen der vereinbarte Preis auf den geltenden Höchstpreis herabzusetzen, das Geschäft aber aufrechtzuerhalten.

Besondere Gründe, wegen welcher es bei der hier fraglichen Festsetzung eines Höchstpreises anders zu halten wäre, bestehen nicht. Zwar ist, wie das Berufungsgericht ausführt, der einheitliche Höchstpreis für Gerste jedes Gewichtes wesentlich deshalb bestimmt, damit die Gerste als Futtermittel erhalten bleibe, und der Anreiz, den für die Ernährung der Menschen erforderlichen Roggen zu verfüttern, gemindert werde. Die Verordnung richtet sich in erster Linie gegen den Verbrauch der Brauereien. Es ist aber nicht etwa der Handel mit Gerste innerhalb der gesetzten Preisgrenze erschwert, was gegen das Interesse derjenigen Landwirte gewesen wäre, die Gerste für ihr Vieh kaufen müssen. Vielmehr sollte der Endzweck, den Roggen der menschlichen Nahrung vorzubehalten, nur durch Niederhaltung des Preises für Gerste aller Arten gefördert werden. Deswegen kommt auch der Festsetzung dieses Höchstpreises keine andere Bedeutung und dem Verstoße dagegen keine andere Wirkung zu, als der Überschreitung der Höchstpreise allgemein nach dem Inhalt und Zweck des Gesetzes beizumessen ist; d. h. es wird im Falle der Überschreitung auch des hier fraglichen Höchstpreises der Vertrag aufrechterhalten und der Preis auf die erlaubte Höhe herabgesetzt.

Obwohl das Berufungsgericht dem nicht entgegentritt, hat es dennoch den streitigen Kauf für nichtig erklärt, weil er wider die guten Sitten verstoße. Es erachtet den Kauf nicht schon wegen der in ihm enthaltenen Gesetzesübertretung für sittenwidrig, wohl aber deswegen, weil die Parteien, insbesondere auch die Klägerin, durch die Verletzung — oder Umgehung — des gesetzlichen Verbots bewußterweise um ihres privaten Vorteils willen im Augenblicke einer nationalen Gefahr den Bestrebungen zum Schutze des Vaterlandes in den Rücken gefallen seien. Wenn die festgestellte Handlungsweise der Klägerin so zu beurteilen wäre, so wäre ohne Zweifel der Vertragsschluß nach § 138 nichtig. Aber die Revision macht mit Recht geltend, daß dieses Urteil durch die festgestellten Tatsachen nicht gerechtfertigt wird.

Die Parteien trifft wegen des Kaufabschlusses der Vorwurf eines bewußten Verstoßes gegen die gesetzliche Ordnung, der aber durch die Herabsetzung des Preises auf das erlaubte Maß erledigt wird und an sich noch keinen Verstoß wider die guten Sitten bildet. Als abgesehen hiervon besonders verwerflich, namentlich als eine bewußte, eigennützige Gefährdung vaterländischer Interessen kann aber ihr Verfahren nicht erachtet werden. Dies möchte der Fall sein, wenn die Parteien ihres Vorteils wegen darauf ausgegangen wären, die verkaufte Ware dem Zwecke der Volksernährung, für den sie nötig war, zu entfremden. Das ist aber nach dem Urteil des Berufungsgerichts nicht der Fall. Die Klägerin, die die Ware kaufte, betreibt eine Graupenmühle und auch das Berufungsgericht nimmt an, daß sie die Gerste in dieser verarbeiten und dann als Nahrungsmittel in den Verkehr bringen wollte. Unter diesen Umständen kann man den Perteien nicht das Bewußtsein, das Vaterland zu schädigen, zur Last legen. Sie können sehr wohl geglaubt haben, daß ihr Geschäft, wenn auch der positiven Vorschrift des Gesetzes, so doch nicht seinem Zwecke widerspreche und dem vaterländischen Interesse keinesfalls zuwider, vielleicht sogar nützlich sei. Das ist bei Beurteilung des Verfahrens der Klägerin allerdings zu berücksichtigen. Das Berufungsgericht spricht ohne Grund aus, daß sie sich damit nicht entschuldigen könne. Bei solcher Sachlage kann in der Überschreitung des Höchstpreises ein Verstoß wider die guten Sitten nicht gefunden werden, woraus folgt, daß der Vertrag nicht nichtig, sondern unter Herabsetzung des Preises aufrechtzuerhalten ist."

RGZ. 153, 139.

1. Ist es eine Veräußerung von Waren des täglichen Bedarfs im Einzelverkauf an den letzten Verbraucher im Sinne von § 1 Abs. 1 Rabattgesetzes, wenn eine Hausbesitzergenossenschaft ihre Mitglieder mit Heizstoffen beliefert?

2. Ist die Hausbesitzergenossenschaft insoweit ein Konsumverein?

Gesetz über Preisnachlässe vom 25. November 1933 (RGBl. I S. 1011) — RabattG. —. GenG. § 1.

II. Zivilsenat. Urt. v. 15. Dezember 1936.

I. Landgericht Berlin. — II. Kammergericht daselbst.

Der Kläger ist ein Verband zur Förderung der gewerblichen Belange des B.er Kohleneinzelhandels und erstrebt insbesondere die Regelung des Geschäftsverkehrs im Handel mit Brennstoffen durch Festsetzung einheitlicher Verkaufspreise, Wettbewerbs-, Einkaufs-, Lieferungs- und sonstiger Bedingungen. Die Beklagte, eine eingetragene Genossenschaft, befaßt sich satzungsgemäß mit allen Geschäften des Grundbesitzes, darunter auch dem Einkauf von Heizstoffen aller Art und deren Lieferung an ihre Mitglieder. Nach § 2 Nr. II ihrer Satzung erhalten die Heizstoffe beziehenden Mitglieder aus dem Überschuß der Kohlenabteilung eine Warendividende (Rückvergütung) nach Maßgabe der bezogenen Waren; die Höhe der Rückvergütung wird durch einen von der Hauptversammlung zu genehmigenden Beschluß des Aufsichtsrats festgesetzt. Sie hat bisher 5 bis 6% betragen. Die Bezieher von Heizstoffen erhalten außerdem einen Preisnachlaß von 2% bei pünktlicher Zahlung. Die Beklagte hat bei ihrer Kundenwerbung sowohl auf die satzungsmäßige Rückvergütung wie auf den Barzahlungsnachlaß hingewiesen und behauptet noch jetzt, dies tun zu dürfen. Der Kläger erblickt hierin einen Verstoß gegen die Vorschriften des Gesetzes gegen den unlauteren Wettbewerb und gegen die §§ 5, 6, 12 RabattG. Er ist der Meinung, daß die Beklagte, soweit sie Heizstoffe absetze, ein Konsumverein sei und deshalb keinen Barzahlungsnachlaß, eine Rückvergütung aber nur bis zur Höhe von 3% gewähren dürfe und daß die Bewilligung einer Rückvergütung überhaupt unstatthaft und nur ein Barzahlungsnachlaß bis zu 3% zulässig sei, falls die Beklagte nicht als Konsumverein zu gelten habe. Ihre Werbung sei ungesetzlich und deshalb unlauter, erwecke auch beim Verbraucherkreis den Anschein eines besonders günstigen Angebots.

Der Kläger hat demgemäß beantragt, der Beklagten unter Strafandrohung zu untersagen, beim Verkauf von Koks ihren Mitgliedern

1. Kassaskonti (Barzahlungsnachlässe) anzukündigen oder zu gewähren,
2. Rückvergütungen von mehr als 3% anzukündigen oder zu gewähren.

Die Beklagte hat um Klagabweisung gebeten und erwidert: Sie sei kein Konsumverein, sondern eine Rohstoffgenossenschaft, die ihre Waren im Großverkauf abgebe. Ihre Abnehmer, die Hauswirte, seien nicht die letzten Verbraucher im Sinne des Rabattgesetzes, sondern Gewerbetreibende, welche die ihnen gelieferten Heizstoffe in Form von Wärme ihren Mietern zukommen ließen. Die Vorschriften des Rabattgesetzes seien deshalb auf sie nicht anwendbar. Zum mindesten handle es sich bei den von ihr gewährten Vergünstigungen um zulässige Mengennachlässe oder Sondernachlässe im Sinne der §§ 7, 9 Nr. 2 RabattG. Das Verlangen des Klägers sei überdies arglistig, weil er dulde, daß auch einzelne seiner Mitglieder unerlaubte Rabatte gäben.

Das Landgericht hat der Beklagten verboten, beim Verkauf von Koks ihren Mitgliedern, soweit diese den Koks für den eigenen Hausbedarf beziehen, einen Barzahlungsnachlaß sowie eine Rückvergütung von mehr als 3% und in den übrigen Fällen eine Rückvergütung überhaupt sowie einen höheren Barzahlungsnachlaß als 3% anzukündigen oder zu gewähren. Im übrigen hat es die Klage abgewiesen. Das Kammergericht hat der Klage in vollem Umfange stattgegeben. Die Revision der Beklagten hatte keinen Erfolg.

Gründe:

Die Beantwortung der Frage, ob und inwieweit die Beklagte den Vorschriften des Rabattgesetzes unterworfen ist, hängt davon ab, ob es sich bei ihren hier allein in Betracht kommenden Koksverkäufen um Veräußerungsgeschäfte, der in § 1 Abs. 1 RabattG. gekennzeichneten Art handelt, und ob, wenn dies der Fall ist, sie sich insoweit als Konsumverein im Sinn der §§ 5, 6 des genannten Gesetzes betätigt. Denn für eine Anwendung des Rabattgesetzes bleibt nur Raum, sofern im geschäftlichen Verkehr Waren des täglichen Bedarfs im Einzelverkauf an den letzten Verbraucher veräußert werden, und nur soweit dies zutrifft, kann sich die Frage erheben, ob bei derartigen Geschäften für die Gewährung von Preisnachlässen die Sondervorschriften der §§ 5, 6 RabattG. gelten, weil sie solche eines Konsumsvereins sind. Eine Würdigung des nach dem Parteivorbringen unstreitigen und vom Berufungsgericht festgestellten Sachverhalts unter diesen Gesichtspunkten ergibt folgendes:

Das Berufungsgericht geht zutreffend davon aus, daß der Koksverkauf der Beklagten alle Merkmale aufweist, bei deren Vorhandensein nach § 1 RabattG. Preisnachlässe nur gemäß den Vorschriften dieses Gesetzes angekündigt oder gewährt werden dürfen. Daß es sich um Veräußerungsgeschäfte handelt, die im geschäftlichen Verkehr der Beklagten erfolgen, ergibt sich aus ihrer Zugehörigkeit zu dem auf Erwerb gerichteten Betriebe der Genossenschaft. Mit Recht nimmt das Berufungsgericht auch an, daß Koks als Ware des täglichen, d. h. bei einem großen Teile der Bevölkerung regelmäßig wiederkehrenden Bedarfs zu gelten hat, ohne daß es darauf ankommt, ob dieser Bedarf fortgesetzt und ohne Unterbrechung besteht. Soweit das Gesetz einen Absatz der Waren „im Einzelverkauf an den letzten Verbraucher" fordert, genügt zur Erfüllung dieser Voraussetzung, daß die Ware durch das Veräußerungsgeschäft unmittelbar dem zugeleitet wird, der sie erwirbt, um sie ihrer natürlichen Bestimmung gemäß zu verwenden. Die Veräußerung muß dazu führen, die Reihe der Umsatzgeschäfte, die den Warenverkehr zwischen dem Hersteller und dem Verbraucher vermitteln, zu beenden, und darf für einen gewerbsmäßigen, wenn auch nur nach einer Bearbeitung oder Verarbeitung erfolgenden Weitervertrieb der Ware keinen Raum lassen. Es ist deshalb nicht richtig, wenn die Revision, wie sie als Beispiel anführt, für den Mehlbezug eines Bäckers vom Mehleinzelhändler die Voraussetzungen des § 1 RabattG. als gegeben ansieht. Ebensowenig ist es, sofern es sich um einen Warenbezug des Letztverbrauchers handelt, von Bedeutung, ob er sich auf größere oder geringere Warenmengen erstreckt. § 7 RabattG. sieht gerade für den Fall umfänglicherer Warenabnahme einen Mengennachlaß vor und auch der in § 9 Nr. 2 das. enthaltenen Ausnahmevorschrift für Großverbraucher hätte es nicht bedurft, wenn ein Warenbezug schon wegen seines großen Umfanges nicht als ein solcher „im Einzelverkauf an den letzten Verbraucher" anzusehen wäre und deshalb den Bestimmungen des Rabattgesetzes ohnehin nicht unterstünde. Das Berufungsgericht erachtet es deshalb mit Recht für unerheblich, in welchen Mengen die Beklagte ihren Koks im einzelnen absetzt. Es hebt zutreffend hervor, daß es für das Vorliegen eines Einzelverkaufs an den letzten Verbraucher entscheidend nur darauf ankomme, daß die Beklagte den Koksbedarf ihrer Mitglieder in dem Maße befriedige, wie er sich aus dem Heizstoffverbrauch bei Großstadthäusern, den dort vorhandenen Aufbewahrungs- und Einlagerungsmöglichkeiten und den Erfordernissen zweckmäßiger Bedienung der Heizungsanlagen verkehrsüblich ergebe. Es ist auch rechtlich nicht zu beanstanden, wenn es die den Koks beziehenden Hauswirte um deswillen als die letzten Verbraucher im Sinne des § 1 RabattG. ansieht, weil sie es sind, die die Heizstoffe ihrer natürlichen Bestimmung gemäß verwenden. Koks hört mit seiner Verfeuerung auf, körperlicher Gegenstand im Sinne einer Ware des täglichen Bedarfs zu sein, und verliert seine Eignung zu weiterer Veräußerung. Es läßt sich nach natürlicher Auffassung auch nicht sagen, daß er als Wärme fortbestehe und als solche Gegenstand eines Weitervertriebs sein könne. Denn Wärme mag durch die Verbrennung des Heizstoffes als eine diesem innewohnende Kraft freigemacht werden, ist aber dem Heizstoffe selbst nicht wesensgleich und ebensowenig als eine Form seiner stofflichen Erhaltung in be- oder verarbeitetem Zustande anzusehen. Letztverbraucher des Koksés im Sinne des Rabattgesetzes sind deshalb die Hauswirte, die ihn zur Beschickung ihrer Heizanlage erwerben und benutzen, um ihrer vertraglichen Verpflichtung gemäß ihren Mietern erwärmte Mieträume zur Verfügung stellen zu können, nicht aber die Mieter, die eine Beheizung der Räume beanspruchen und es dem Vermieter überlassen, auf welche Weise er diese beschafft. Hieran ändert auch nichts, daß sie dem Vermieter für die Kosten der Heizstoffbeschaffung anteilig, sei es in Gestalt eines Zuschlags zum Mietzins, sei es im Wege der Kostenumlage, aufzukommen haben. Die in RGZ. Bd. 140 S. 322 behandelte Frage, ob der Vermieter, der als Mitglied einer Konsumgenossenschaft von dieser Kohlen bezieht, bei der Umlegung der Sammelheizungskosten auf die Mieter verpflichtet ist, diesen die ihm von der Genossenschaft gewährte „Kohlenrückvergütung" zugute kommen zu lassen, ist dafür, wer als Verbraucher der Heizstoffe im Sinne ihrer bestimmungsgemäßen wirtschaftlichen Verwendung anzusehen ist, ohne Bedeutung.

Geht sonach das Berufungsgericht mit Recht davon aus, daß die Koksverkäufe der Beklagten Veräußerungsgeschäfte darstellen, auf die die Voraussetzungen des § 1 Abs. 1 RabattG. zutreffen, so ist ihm im Ergebnis auch beizupflichten, wenn es die Beklagte insoweit als Konsumverein im Sinne der §§ 5, 6 das. ansieht. Das für Konsumvereine aufgestellte Erfordernis des gemeinschaftlichen Einkaufs von Lebens- oder Wirtschaftsbedürfnissen im großen und ihres Ablasses im kleinen kann nur dahin verstanden werden, daß für die damit gewollte Abgrenzung des konsumgenossenschaftlichen Aufgabengebiets gegenüber dem sonstiger Genossenschaften die Art der Bedürfnisse, deren Befriedigung in Frage steht, sowie die der Bedarfskreise entscheidend sein soll, die sich zur Förderung ihres Erwerbs oder ihrer Wirtschaft zu gemeinschaftlichem Geschäftsbetrieb zusammenschließen. Während Rohstoffvereine bei sonst im wesentlichen dem der Konsumgenossenschaften gleichen Geschäftsbetrieb ihren Mitgliedern Waren beschaffen wollen, deren diese zum Betrieb ihres Gewerbes bedürfen — und zwar brauchen dies nicht, wie der Name „Rohstoffverein" besagen könnte, nur Rohstoffe zu sein, sondern es kommen ebenso fertige Erzeugnisse, wie Werkzeuge, Maschinen, Geräte in Betracht, die der Ausübung des Gewerbes dienen —, liegt eine konsumgenossenschaftliche Betätigung vor, wenn die Genossenschaft bezweckt, die außergewerblichen Bedürfnisse ihrer Mitglieder zu befriedigen. Daß hierin das Aufgabengebiet der Konsumvereine zu erblicken ist, entspricht nicht nur der allgemeinen, durch die Entstehungs- und Entwicklungsgeschichte der Konsumgenossenschaften begründeten Verkehrsauffassung, sondern ergibt sich auch aus der Zusammensetzung ihres durch einheitliche berufliche oder gewerbliche Belange regelmäßig nicht verbundenen Mitgliederkreises. Danach können die Lebens- und Wirtschaftsbedürfnisse, deren Befriedigung ihnen nach dem Gesetz obliegt, keine anderen sein als die sich aus der nur insoweit vorhandenen Zweckgemeinschaft der Mitglieder ergebenden Bedürfnisse zur Deckung ihres außergewerblichen Verbrauchs. Von konsumgenossenschaftlicher Betätigung wird mithin dann gesprochen werden müssen, wenn der von der Genossenschaft betriebene Einkauf von Lebens- oder Wirtschaftsbedürfnissen im großen und Ablaß im kleinen nicht in erster Reihe den Zweck hat, ihre Mitglieder in ihrem Beruf oder Gewerbe zu fördern, sondern dazu bestimmt ist, ihnen den Vorteil gemeinschaftlichen Geschäftsbetriebs auf dem Gebiete ihrer sonstigen Lebenshaltung zukommen zu lassen. Dabei ist es, wie auch das Berufungsgericht nicht verkennt, nicht ausgeschlossen, daß die Voraussetzungen konsumgenossenschaftlicher Betätigung nur für einen Teil des satzungsmäßigen Aufgabenkreises einer Genossenschaft zutreffen, ohne daß die Notwendigkeit oder auch nur die Möglichkeit besteht, bestimmte Grenzen hierfür allein nach der organisatorischen Gliederung des genossenschaftlichen Betriebs, etwa nach der Zugehörigkeit bestimmter Geschäfte zu einer satzungsmäßigen Geschäftsabteilung, zu ziehen. Entscheidend kann vielmehr nur die nach dem oben Ausgeführten zu beurteilende Eigenart der Geschäfte im Hinblick auf ihren wirtschaftlichen Zweck und ihre diesem entsprechende Durchführung sein.

Hiernach könnte die Beklagte allerdings nicht als Konsumverein gelten, wenn in dem Besitz und der Verwaltung großstädtischer Miethäuser ein Gewerbe und im Bezug von Heizstoffen für sie eine Deckung gewerblichen Bedarfs zu erblicken wäre. Das Berufungsgericht durfte die Beklagte nicht als Konsumverein bezeichnen, wenn es, wie es den Anschein hat, das Vermieten von Wohnungen als Gewerbe auffaßt. Die Annahme, daß der Hausbesitz ein Gewerbe sei, ist aber nicht begründet. Mag zwar, zumal in Großstädten, der Besitz von Miethäusern und ihre Nutzung häufig die alleinige Form wirtschaftlicher Betätigung des Hausbesitzers bilden, ihm die Grundlagen seines wirtschaftlichen Daseins schaffen und seine Arbeitskraft voll in Anspruch nehmen, so genügt dies nicht, um die mit dem Hausbesitz zusammenhängende Tätigkeit als Ausübung eines Gewerbes erscheinen zu lassen. Die daraus entspringenden Obliegenheiten sind nicht Äußerungen einer berufsmäßigen, mit Rücksicht auf persönliche Eignung oder Neigung gewählten, einem bestimmten Erwerbszweig eigentümlichen Tätigkeit, sondern dienen der Erhaltung und Nutzung des im Grundbesitz verkörperten Kapitalwertes. Sie unterscheiden sich insofern vielleicht nach Art und Umfang, aber nicht ihrer volkswirtschaftlichen Bedeutung nach von der Tätigkeit, die der Besitz und die Verwaltung auch sonstiger Vermögenswerte mit sich bringen. Der Hausbesitz ist nach der Auffassung des Lebens und der Anschauung der Wirtschaft ebensowenig ein Beruf wie der Besitz sonstigen Kapitalvermögens. Mag er, zumal bei größeren Miethäusern erhebliche Arbeit erfordern, die nach Art und Umfang einer gewerblichen Betätigung gleichkommen kann, so vermag dies doch nichts daran zu ändern, daß ihm das für den Begriff des Gewerbes wesentliche Merkmal abgeht, Gegenstand einer berufsmäßig ausgeübten Erwerbstätigkeit zu sein. Der Hausbesitzer betreibt häufig einen Beruf, der mit seinem Hausbesitz nichts zu tun hat. Hiernach und nicht nach seiner Eigenschaft als Hausbesitzer wird seine berufliche Stellung im Wirtschaftsleben gewertet. Soweit in Frage steht, ob die Beklagte als Konsumverein zu gelten hat, weil ihr Geschäftsbetrieb zur Befriedigung anderer als gewerblicher Bedürfnisse ihrer Mitglieder dient, muß jedenfalls aus dem Fehlen einer gewerblichen oder beruflichen Verbundenheit des Hausbesitzes gefolgert werden, daß durch den von ihren Mitgliedern geübten Kohlenbezug nicht Mittel für den Betrieb eines Gewerbes beschafft werden, sondern ein Bedarf gedeckt wird, der auf dem Gebiet einer lediglich außergewerblichen Verknüpfung von Belangen entsteht. Das genügt, um den Koksvertrieb der Beklagten als konsumgenossenschaftliche Betätigung zu kennzeichnen. Daß dem gar nicht anders sein kann, wenn es sich, wie es bei der Beklagten nach ihrer Behauptung vereinzelt der Fall ist, um Mitglieder handelt, die nicht vermieten und den Koks ausschließlich für den eigenen Bedarf beziehen, liegt auf der Hand. Aber auch in den nach Angabe der Beklagten der Zahl nach überwiegenden Fällen des Koksbezugs für Miethäuser ließe sich häufig eine Trennung zwischen Eigenbedarf des Hauswirts und Verbrauch für die Mieter nicht vornehmen, wenn der Vermieter selbst in seinem Grundstück wohnt und an dessen allgemeiner Beheizung teilnimmt. Eine Unterscheidung nach gewerblichem und nicht gewerblichem Bedarf wäre, vom Standpunkte der Beklagten aus, in solchen Fällen schon hiernach kaum möglich. Der Annahme einer konsumgenossenschaftlichen Betätigung der Beklagten auf dem Gebiete des Heizstoffvertriebs stünde auch nicht entgegen, wenn bei einzelnen ihrer Mitglieder in der Vermietung und Verwaltung ihnen gehöriger Häuser ausnahmsweise ein Gewerbe zu erblicken wäre. Selbst wenn bei Erwerbsgesellschaften, die sich ihrem Zwecke nach ausschließlich mit dem Besitz und der wirtschaftlichen Nutzung von Miethäusern befassen, von einer anderen als einer gewerblichen Betätigung nicht gesprochen werden könnte und jedes im Zusammenhange damit auftretende Bedürfnis als ein gewerbliches anzusehen wäre, so würde doch durch die Mitgliedschaft einiger Unternehmungen, auf die dies zuträfe, die allgemeine konsumgenossenschaftliche Art der Beklagten hinsichtlich ihres Heizstoffvertriebs nicht berührt. Sie hätte gleichwohl als Konsumverein zu gelten, weil sie grundsätzlich jedem Hausbesitzer, sofern er ihr als Genosse beitritt, die Teilnahme am Heizmittelbezug ermöglicht und damit schon nach ihrer Satzung ganz allgemein die Befriedigung von Bedürfnissen bezweckt, die vom Verkehr als außergewerbliche angesehen werden.

Ist aber die Beklagte hinsichtlich ihrer Kokslieferungen an Genossen ein Konsumverein, so kann sie insoweit Preisnachlässe auch nur in den Grenzen gewähren, die das Rabattgesetz hierfür vorsieht. Sie darf nach § 6 RabattG. einen Barzahlungsnachlaß überhaupt nicht und nach § 5 das. eine satzungsgemäß zulässige Rückvergütung nur in Höhe von nicht mehr als 3 v.H. gewähren. Soweit sie ihren Mitgliedern hierüber hinausgehende Vergütungen bewilligt oder in Aussicht gestellt hat, kann sie dies auch weder unter dem Gesichtspunkt eines nach § 7 RabattG. statthaften Mengennachlasses noch mit dem Hinweis auf die Zulässigkeit eines Sondernachlasses gemäß § 9 Nr. 1 und 2 das. rechtfertigen. Denn für jenen fehlt es, wie das Berufungsgericht zutreffend ausführt, an einer Abstufung der Preise nach der Menge der gekauften Waren, für die Gewährung eines Sondernachlasses hingegen am Erfordernis seiner Beschränkung auf einen abgegrenzten Teil der Kundschaft. Die Beklagte will vielmehr die von ihr in Aussicht gestellten Vergünstigungen jedem ihrer Abnehmer ohne Rücksicht auf die abgenommene Menge oder das Vorliegen der in § 9 des RabattG. genannten Voraussetzungen zukommen lassen. Da sie sich auch zu ihrer Verteidigung nicht darauf berufen kann, daß der Kläger selbst Zuwiderhandlungen einiger seiner Mitglieder gegen die Preisbestimmungen der Kohlenkonvention dulde — das Berufungsgericht hat mit Recht die hieraus hergeleitete Einrede der Arglist mit Rücksicht auf den auch dem Schutze der Allgemeinheit dienenden Zweck des Rabattgesetzes für unzulässig erklärt —, so ist ihre Verurteilung zur Unterlassung in dem im angefochtenen Urteil ausgesprochenen Umfange gerechtfertigt. Es bedarf unter diesen Umständen keines weiteren Eingehens darauf, inwieweit sie zur Gewährung von Preisnachlässen oder Rückvergütungen befugt wäre, wenn sie hinsichtlich ihres Heizmittelvertriebs nicht als Konsumverein anzusehen wäre.

RGZ. 159, 99.

1. Kann der Darlehnsgeber, der unter Verstoß gegen § 4 der Preistreibereiverordnung einen übermäßigen Verdienst sich ausbedungen und erhalten hat, dem Anspruch auf Rückzahlung der übermäßigen Vergütung gegenüber einwenden, daß der Darlehnsnehmer mit der Höhe der Vergütung einverstanden gewesen sei?

2. Trifft den Darlehnsnehmer mitwirkendes Verschulden?
3. Ist eine Verwirkung des Anspruchs auf Herausgabe der Bereicherung möglich?

BGB. §§ 242, 254, 823 Abs. 2 § 852 Abs. 2. Preistreibereiverordnung vom 13. Juli 1923 (RGBl. I S. 700) – PrTrVO. –

VI. Zivilsenat. Urt. v. 10. Dezember 1938.

I. Landgericht Stettin. — II. Oberlandesgericht daselbst.

Der Kläger erhebt gegen den Beklagten aus abgetretenen Rechten früherer Darlehnsnehmer Ansprüche auf Zahlung von zusammen 6735 RM. Er stützt die Ansprüche auf folgende Behauptungen: Der Beklagte habe in der Zeit kurz nach der Geldentwertungszeit bis zum Jahre 1926 mit Hilfe der Bank f. H. u. G. in S., die ihm die Mittel dafür zur Verfügung gestellt habe, in großem Umfange Darlehnsgeschäfte betrieben. Durch Zeitungsanzeigen und durch Unteragenten habe er Geldsuchende an sich gelockt und diesen dann die Darlehen nur in der Weise gegeben, daß er sich von ihnen Wechselakzepte und dingliche Sicherheiten (Hypotheken oder Grundschulden) in einer das gewährte Darlehen etwa um die Hälfte übersteigenden Höhe habe geben lassen und sich auch die Verzinsung und Rückzahlung dieses erhöhten Betrages ausbedungen habe. Er habe sich die Wechsel von der genannten Bank diskontieren lassen, die dinglichen Sicherungen, soweit sie nicht schon von vornherein für die Bank bestellt worden seien, an diese abgetreten und ihr gegenüber für die übertragenen Forderungen die Bürgschaft übernommen. Auch bei Berücksichtigung des von der Bank bei Hereinnahme der Wechsel gemachten Abzuges für Wechselzinsen und -spesen habe der vom Beklagten den Darlehnsnehmern gemachte Abzug von etwa $^1/_3$ des Nennbetrages der Wechsel und Sicherheiten, das sog. „Damnum", einen übermäßigen Gewinn enthalten. Der Beklagte habe sich damit des Wuchers und einer Zuwiderhandlung gegen die Preistreibereiverordnung vom 13. Juli 1923 schuldig gemacht, aber auch den Rechtsvorgängern des Klägers in einer gegen die guten Sitten verstoßenden Weise vorsätzlich Schaden zugefügt, und zwar insgesamt in Höhe von 6735 RM.

Das Landgericht hat die Klage abgewiesen. Die Berufung des Klägers ist ohne Erfolg geblieben. Seine Revision führte zur Aufhebung und Zurückverweisung.

Gründe:

1. Das Berufungsgericht unterstellt zugunsten des Klägers, daß der Beklagte selbst in allen Fällen mit den Rechtsvorgängern des Klägers

die Darlehnsgeschäfte in der von diesem behaupteten Weise abgeschlossen hat, und zwar sämtlich vor dem 20. Juli 1926, dem Tage, an welchem die Preistreibereiverordnung vom 13. Juli 1923 durch Art. I des Reichsgesetzes vom 19. Juli 1926*) außer Kraft gesetzt worden ist.

Ohne Rechtsirrtum nimmt das Berufungsgericht an, daß gegenüber allen in Frage stehenden Schadensersatzansprüchen nach § 852 Abs. 1 BGB. die Verjährungseinrede durchgreife . . . Daß der Beklagte, wenn er durch unerlaubte Handlungen auf Kosten der Rechtsvorgänger des Klägers etwas erlangt hat, auch nach der Vollendung der Verjährung zur Herausgabe nach den Vorschriften über die Herausgabe einer ungerechtfertigten Bereicherung verpflichtet geblieben ist, verkennt das Berufungsgericht nicht. Es verneint aber, daß überhaupt Schadensersatzansprüche gegen den Beklagten aus unerlaubter Handlung entstanden seien. Es vermißt den Beweis dafür, daß die Rechtsvorgänger des Klägers bei der Aufnahme der Darlehen sich in einer wirtschaftlichen Notlage befunden oder aus Unerfahrenheit oder Leichtsinn die weitgehenden Verpflichtungen übernommen hätten, und ferner den Beweis dafür, daß der Beklagte, selbst wenn jene in wirtschaftlich bedrängter Lage gewesen sein sollten, davon Kenntnis gehabt habe. Wenn es auf Grund dieser Annahme die rechtlich nicht zu beanstanden und gegen die auch von der Revision keine Verfahrensrüge erhoben worden ist, die Voraussetzungen für einen Schadensersatzanspruch aus § 823 Abs. 2 BGB. in Verb. mit § 302a StGB. verneint, so unterliegt das keinem rechtlichen Bedenken.

Das Berufungsgericht läßt dahingestellt, ob die Vergütungen, die der Beklagte bei seinen Darlehnsgeschäften von den Rechtsvorgängern des Klägers gefordert hat und sich von ihnen hat gewähren lassen, „unter Berücksichtigung der gesamten Verhältnisse einen übermäßigen Verdienst" im Sinne des § 4 PrTrVO. enthielten. Für die Revisionsinstanz ist deshalb zugunsten des Klägers eine solche Zuwiderhandlung des Beklagten gegen die Verordnung zu unterstellen. Das Berufungsgericht verneint trotzdem einen Anspruch aus § 823 Abs. 2 BGB., weil der Beklagte dabei nicht widerrechtlich im Sinne des § 823 BGB. gehandelt habe, und zwar deshalb nicht, weil die Darlehnsnehmer mit den von ihm geforderten und ihm gewährten Vorteilen einverstanden gewesen seien und durch ihre Einwilligung dem Handeln des Beklagten ihnen gegenüber die Widerrechtlichkeit genommen hätten. Es meint, obwohl der Gesetzgeber im öffentlichen Interesse aus Gründen der

*) Ges. über die Aufhebung der Preistreibereiverordnung usw. vom 19. Juli 1926 (RGBl. I S. 413).

allgemeinen Rechtsordnung den Geldgeber auch dann mit Strafe bedroht habe, wenn er sich eine übermäßige Vergütung, ohne sie zu fordern, nur eben gewähren oder versprechen lasse, so berühre das doch nicht die Frage der Widerrechtlichkeit seines Verhaltens gegenüber den unmittelbar Geschädigten unter dem Gesichtspunkte einer daraus herzuleitenden Schadensersatzpflicht. Mit Recht bekämpft die Revision das als rechtsirrig. Die Vorschriften der Preistreibereiverordnung verfolgten nicht nur den Zweck, den einzelnen davor zu schützen, daß er für Leistungen des täglichen Bedarfs eine übermäßige Vergütung versprach oder gewährte, sondern auch den Zweck, im Interesse der gesamten Volkswirtschaft zu verhindern, daß die gleichmäßige Befriedigung der Bedürfnisse der Bevölkerung durch Fordern und Gewähren übermäßiger Vergütungen gestört wurde. Die Verordnung bedrohte deshalb den Geldgeber auch dann mit Strafe, wenn der Geldnehmer eine übermäßige Vergütung versprach oder gewährte, er also mit der Höhe der Vergütung völlig einverstanden war, ja sogar, wenn er freiwillig eine übermäßige Vergütung zahlte, ohne daß der Geldgeber eine solche gefordert hatte. Dadurch, daß der Gesetzgeber jedes Fordern oder Sichgewährenlassen einer übermäßigen Vergütung unter Strafe stellte, hat er mit aller Deutlichkeit zum Ausdruck gebracht, daß ein solches Handeln unter allen Umständen rechtswidrig sein solle und daß ihm die Rechtswidrigkeit auch nicht durch eine Einwilligung des unmittelbar betroffenen Geldnehmers sollte genommen werden können; vgl. RGZ. Bd. 66 S. 306 und Staudinger BGB. (9. Aufl.) II B 5 zu § 823, der auf Grund der Entstehungsgeschichte des § 823 mit zutreffender Begründung zu dem Ergebnis gelangt, daß der Schadensersatzanspruch durch die Einwilligung des Verletzten jedenfalls insoweit nicht ausgeschlossen werde, als die Handlung trotz der Einwilligung widerrechtlich, insbesondere strafbar bleibe, und auch RGRKomm. z. BGB. 8. Aufl. Anm. 10 zu § 823 (S. 618 unten). Soweit die Vergütungen, die der Beklagte sich hat gewähren lassen, übermäßig waren, d. h. insoweit, als das zulässige Maß überschritten worden ist, hat der Beklagte sie also rechtswidrig erhalten und war er nach § 823 Abs. 2 BGB. zum Ersatz verpflichtet (RG. in JW. 1928 S. 1293 Nr. 10).

Da aber der Schadensersatzanspruch nach § 852 Abs. 1 BGB. verjährt ist, beschränkt sich die Verpflichtung nach § 852 Abs. 2 BGB. auf die Verpflichtung, das auf Kosten der Rechtsvorgänger des Klägers Erlangte nach den Vorschriften über die Herausgabe einer ungerechtfertigten Bereicherung herauszugeben. Dabei ist gegenüber dem Einwand des Beklagten, daß er nicht mehr bereichert sei, darauf hinzuweisen, daß der Beklagte, soweit er durch die Annahme der Leistungen gegen ein gesetzliches Verbot verstoßen hat, von dem Empfange an so zur Herausgabe verpflichtet ist, wie wenn der Anspruch auf Herausgabe zu dieser Zeit rechtshängig geworden wäre (§ 819 BGB.).

2. Die Ausführungen, mit denen das Berufungsgericht verneint, daß dem Beklagten über die Zuwiderhandlung gegen die Preistreibereiverordnung hinaus eine vorsätzliche, gegen die guten Sitten verstoßende Schädigung der Rechtsvorgänger des Klägers zur Last falle, sind rechtlich nicht zu beanstanden. Das Berufungsgericht verneint in tatsächlicher Würdigung ein so großes Mißverhältnis zwischen Leistung und Gegenleistung, daß schon daraus allein der zwingende Schluß auf bewußte oder doch grob fahrlässige Ausnutzung irgendeines die Vertragsgegner zur Annahme der harten Vertragsbedingungen bestimmenden Tatumstandes zu ziehen sei, und verneint mit seinen weiteren tatsächlichen Ausführungen auch, daß irgendein anderer Umstand an Stelle des nicht vorliegenden Tatbestandes der Ausbeutung nach § 138 Abs. 2 BGB. zu dem bestehenden Mißverhältnis hinzutrete, der mit diesem zusammen (vgl. RGZ. Bd. 150 S. 1) dem ganzen Geschäft den Stempel der Sittenwidrigkeit aufgedrückt hätte. Als solch ein Umstand kann die Tatsache, daß der Beklagte gegen die Preistreibereiverordnung verstoßen hat, nicht angesehen werden, da sie nach dem Willen des Gesetzgebers, abgesehen von der Bestrafung, nur die Folge hatte, die Vergütung auf das angemessene Maß herabzusetzen, nicht aber das ganze Geschäft nichtig zu machen.

Daran ändert sich auch nichts, wenn der Beklagte, wie der Kläger unter Beweis gestellt hat, durch die mit den Rechtsvorgängern des Klägers und anderen Darlehnsnehmern geschlossenen Geschäfte ein Vermögen erworben hat und es heute noch besitzt. Der Revision ist allerdings zuzugeben, daß die Erwägungen des Berufungsgerichts, damals sei die Anschauung weit verbreitet gewesen, daß die Rentenmark ihre Festigkeit nicht werde bewahren können, und deshalb seien die zu den hohen Zinssätzen geforderten Damnum-Abzüge verständlich gewesen, nicht dazu dienen können, eine übermäßig hohe Vergütung für den Beklagten zu rechtfertigen. Denn bei der Art der festgestellten Verbindung zwischen dem Beklagten und der Bank trug nicht der Beklagte, sondern die Bank die Gefahr einer etwaigen Entwertung der Rentenmark, während der Beklagte den vollen Gewinn sofort, also ohne Geldentwertung, erhielt und von einer etwa später eintretenden Geldentwertung nur insofern berührt wurde, als dadurch zu seinem

Vorteil seine Bürgschaftslast erleichtert werden konnte. Aber das schließt die Verneinung einer sittenwidrigen Vermögensschädigung i. S. des § 826 BGB. nicht aus. Dasselbe gilt von der unter Beweis gestellten Behauptung des Klägers, daß die gewährten Sicherungen stets gut gewesen seien und die Darlehnsschuld reichlich gedeckt hätten und daß für den Beklagten die Beschaffung der Darlehnsgelder bei der Art seiner Verbindung mit der Bank sehr einfach und mühelos gewesen sei.

3. Das Berufungsgericht begründet die Abweisung der Schadensersatzansprüche hilfsweise mit der Erwägung, die Rechtsvorgänger des Klägers hätten wissentlich die mit der Annahme der Darlehnsbedingungen verbundene Gefahr in Kauf genommen; deshalb hätten sie selbst durch ein auf Vorsatz beruhendes mitwirkendes Verschulden den Schaden verursacht, und das schließe selbst bei vorsätzlicher sittenwidriger Handlungsweise des Beklagten jeden Schadensersatzanspruch gegen ihn aus. Das ist rechtlich verfehlt. Da das Berufungsgericht annimmt, daß die Rechtsvorgänger des Klägers einen Geldbedarf für durchaus verständliche und zu billigende Zwecke gehabt hätten, daß sie aber unter den damaligen Verhältnissen anderweitig zu günstigeren Bedingungen keine Darlehen hätten bekommen können und das Gesetz *ihnen* die Gewährung der hohen Vergütung an den Beklagten nicht verbot, kann darin, daß sie sich auf die ihnen von dem Beklagten gestellten Bedingungen eingelassen haben, um ihren Geldbedarf befriedigen zu können, keine vorsätzliche Verletzung der Sorgfaltpflicht gefunden werden, die sie nach Lage der Sache bei Wahrnehmung ihrer eigenen Angelegenheiten zu beobachten hatten.

4. Rechtlich nicht haltbar ist endlich auch die Annahme des Berufungsgerichts, daß die Ansprüche gegen den Beklagten auf Herausgabe des Erlangten, sei es, daß sie auf § 852 Abs. 2 BGB. oder auf §§ 812 flg. BGB. beruht hätten, verwirkt seien, weil die nach den Umständen des Falles späte, verzögerte Geltendmachung der Ansprüche gegen Treu und Glauben verstoßen habe und deshalb der von dem Beklagten erhobene Einwand unzulässiger Rechtsausübung ihrer Geltendmachung entgegenstehe. Der IV. Zivilsenat des Reichsgerichts hat in einer Entscheidung vom 28. Oktober 1936 (RGZ. Bd. 156 S. 70 [77 flg.]) überhaupt verneint, daß dieser aus § 242 BGB. abgeleitete Einwand seinem Wesen und seiner rechtlichen Begründung nach gegenüber einem Anspruch aus einem gerichtlichen Anerkenntnis erhoben werden könne, da es sich bei solchem Anerkenntnis nicht um ein Vertragsverhältnis handle. Diese Beschränkung des Rechtsbehelfs auf Ansprüche aus Verträgen erscheint jedoch nicht gerechtfertigt. Vielmehr ist mit

den Entscheidungen des VII. Zivilsenats vom 4. Juni 1936 (RGZ. Bd. 155 S. 148) und des III. Zivilsenats vom 17. Dezember 1937 (RGZ. Bd. 158 S. 107—109) und 19. September 1938 (RGZ. Bd. 158 S. 235) anzuerkennen, daß die Anwendung der von der Rechtsprechung anerkannten Grundsätze über die unzulässige Rechtsausübung und die einen Sonderfall von ihr darstellende Verwirkung nicht auf die Sondergebiete des Aufwertungs-, Wettbewerbs- und Arbeitsrechts, aber auch nicht auf Verträge beschränkt, sondern auch in sonstigen Rechtsgebieten möglich ist. So hat der III. Zivilsenat in den vorbezeichneten Entscheidungen die Anwendbarkeit auf Ansprüche, die auf Vorschriften *mit öffentlich-rechtlichem* Charakter beruhen, nämlich auf Gebührenansprüche eines Rechtsanwalts und auf Ansprüche eines Beamten aus der Verletzung der Fürsorgepflicht oder der Amtspflicht seiner Vorgesetzten bejaht. Und ebenso hat der erkennende Senat schon in einer Entscheidung vom 21. September 1931 (RGZ. Bd. 133 S. 293 [296]) gegenüber einem Herausgabeanspruch aus § 985 BGB. die Zulässigkeit der Einrede der allgemeinen Arglist anerkannt. Da die Rechtsgedanken des § 242 BGB. auch für das Rechtsgebiet der ungerechtfertigten Bereicherung anzuwenden sind, ist der Rechtsgedanke der unzulässigen Rechtsausübung und ihres Sonderfalls der Verwirkung von der Anwendung auf die ungerechtfertigte Bereicherung nicht auszuschließen. Das erwähnte Urteil des IV. Zivilsenats steht nicht entgegen, da diese Entscheidung nicht auf dem Satz beruht, daß der Einwand der unzulässigen Rechtsausübung auf Ansprüche aus Verträgen beschränkt sei.

In später Geltendmachung eines Anspruchs und insbesondere eines solchen auf Herausgabe der Bereicherung kann jedoch ein die Annahme einer Verwirkung rechtfertigender Verstoß des Gläubigers gegen Treu und Glauben nur unter ganz besonderen Umständen gesehen werden. Daß der Zeitablauf allein niemals zu einer Verwirkung führen könne, nimmt allerdings auch das Berufungsgericht zum Ausgangspunkt seiner Ausführungen. Aber es verkennt, daß der Rechtsgedanke der Verwirkung nicht zu dem Zweck entwickelt worden ist, Schuldner, die infolge der von ihren Gläubigern längere Zeit hindurch eingenommenen Haltung mit der Geltendmachung von Ansprüchen nicht mehr gerechnet haben, von der Notwendigkeit, ihre Verpflichtungen zu erfüllen, vorzeitig zu befreien. Es ist daran festzuhalten, daß grundsätzlich jeder Schuldner seine Verbindlichkeiten zu erfüllen hat und daß nur unter ganz besonderen Umständen einer vor Vollendung der Verjährung erfolgenden Inanspruchnahme gegenüber eingewendet werden kann, durch sie verstoße der Gläubiger gegen Treu und Glauben (vgl. insbesondere die schon erwähnte Entscheidung des III. Zivilsenats des Reichsgerichts vom 19. September 1938 RGZ. Bd. 158 S. 235).

Der vom Berufungsgericht verwertete Gedanke, der Beklagte habe mit der Geltendmachung der Ansprüche nicht mehr zu rechnen brauchen und habe sich danach wirtschaftlich einrichten dürfen, kann zugunsten des Beklagten nicht verwertet werden, weil nicht einmal behauptet worden ist, daß er sich in seinen wirtschaftlichen Maßnahmen danach eingerichtet habe und es deshalb für ihn eine besondere Härte sein würde, wenn jetzt noch gegen ihn Ansprüche erhoben werden könnten, die seine im Vertrauen auf die Erledigung der Ansprüche getroffenen wirtschaftlichen Maßnahmen umstoßen würden.

Das Berufungsgericht meint unter Berufung auf die Schrift von Siebert Verwirkung und Unzulässigkeit der Rechtsausübung*), S. 251, dem Schuldner könne zwar ein gewisses Maß von Unsicherheit zugemutet werden, das verlangten die zunächst schutzwürdigeren Belange der Rechtsinhaber; aber die Unsicherheit könne weiterhin nach der Sachlage als dem Schuldner nicht zumutbar erscheinen, an ihre Stelle müsse schließlich eine Gewißheit treten. Daß solche Unsicherheit gegebenenfalls nicht länger zumutbar sein könne, ist allerdings in der Rechtsprechung des Reichsgerichts als Grund für eine Verwirkung von alten Ansprüchen wiederholt anerkannt worden (vgl. RGZ. Bd. 117 S. 358 und die dort angeführten weiteren Entscheidungen, auch RG. in JW. 1931 S. 3083 Nr. 7 [S. 3084]). Das ist besonders betont worden, wenn außergewöhnliche Verhältnisse (die Geldentwertung) einem Beteiligten einen außergewöhnlichen Rechtsbehelf (die Aufwertung) gewährten. In solchen Fällen wurde es als Pflicht dieses Beteiligten erachtet, von dem beabsichtigten Gebrauch des Rechtsbehelfs den Gegner alsbald zu verständigen, damit nicht dieser sich auf den Nichtgebrauch des Rechtsbehelfs einrichte und hinterher in seinen geschäftlichen Berechnungen und Maßnahmen empfindlich gestört werde (RGZ. Bd. 88 S. 146, Bd. 107 S. 108; WarnRspr. 1919 Nr. 22). Das Reichsgericht hat schon in einem Urteil vom 27. Januar 1925 (RGZ. Bd. 110 S. 133) darauf hingewiesen, daß ein Gläubiger, der sich nach erlangter sicherer Kenntnis von seinem Aufwertungsanspruch längere Zeit schweigend und untätig verhalte, seinen Anspruch nach § 242 BGB. verwirken könne, und hat in Urteilen vom 20. November 1926 (RGZ. Bd. 114 S. 404) und vom 18. Juni 1927 (JW. 1927 S. 2115 Nr. 15) ausgeführt, daß es bei längst abgewickelten und als erledigt betrachteten Rechts-

*) Arbeiten zum Handels-, Gewerbe- und Landwirtschaftsrecht. Herausgegeben von Heymann. Nr. 72; 1934.

verhältnissen, bei denen sich die Beteiligten auf die nach ihrer Meinung geschaffene Rechtslage eingerichtet hätten, den zu berücksichtigenden Belangen des Schuldners und der Sicherheit des Rechtsverkehrs entspreche, ein nachträgliches Aufwertungsverlangen einzuschränken oder auch ganz auszuschließen. Es ist aber auch betont worden (RGZ. Bd. 116 S. 317, 318), daß die Entscheidung immer von den Umständen des Einzelfalles abhängen müsse. Im vorliegenden Fall sind nun keine Umstände festgestellt worden, die es als für den Beklagten nicht länger zumutbar hätten erscheinen lassen können, die Unsicherheit darüber noch länger zu tragen, ob — nicht außergewöhnliche Rechtsbehelfe wie die Aufwertung sondern — im Gesetz seit langem anerkannte Ansprüche auf Herausgabe dessen, was durch unerlaubte Handlung von anderen erlangt worden ist, noch gegen ihn geltend gemacht werden würden.

Ob die Rechtsvorgänger des Klägers, wie das Berufungsgericht ausführt, seinerzeit freiwillig ihre Verpflichtungen eingegangen sind und sie auch freiwillig erfüllt haben und ob sie den Anstoß zu den Darlehnsgeschäften selbst gegeben und sich um die Darlehen bemüht, jahrelang ohne Vorbehalt die vereinbarten Zinsen gezahlt und schließlich die Darlehnssummen zurückgezahlt haben, ist für die Frage der Verwirkung unerheblich, da diese früheren Umstände keine Bedeutung für die Frage haben können, ob der erst durch die Zahlung der Darlehnssumme entstandene Anspruch auf Erstattung der gezahlten übermäßigen Vergütung in einer gegen Treu und Glauben verstoßenden Weise verzögerlich erhoben worden ist. Dabei kann zu einer anderen Beurteilung auch nicht der Umstand führen, daß die Rechtsvorgänger des Klägers die Zahlungen geleistet haben, obwohl durch die Zeitungen allgemein bekannt geworden war, daß der Beklagte neben seinem Vermittler P. und dem Bankdirektor B. wegen seiner Geldgeschäfte unter der Beschuldigung des Wuchers strafrechtlich zur Verantwortung gezogen worden war; denn bei der Verwirkung handelt es sich nicht um die vom Berufungsgericht ohne Rechtsirrtum abgelehnten Ansprüche aus Wucher, sondern nur noch um die Ansprüche auf Herausgabe der durch Zuwiderhandlungen gegen die Preistreibereiverordnung erlangten übermäßigen Vergütungen. Daß die Gläubiger sich dieser Ansprüche bewußt gewesen seien, bevor der Kläger sie darüber unterrichtet hat, ist nicht festgestellt, und das Gegenteil ist vom Kläger unter Beweis gestellt worden. Es ist deshalb auch unerheblich, daß sie jahrelang keine Ansprüche auf Rückzahlung gegen den Beklagten erhoben haben und ohne den Kläger auch nie daran gedacht haben würden, aus den alten Darlehnsgeschäften noch Ansprüche gegen den Beklagten geltend zu machen. Irgendein Verhalten der Gläubiger, das über das reine Nichterheben von Ansprüchen, deren sie sich nicht bewußt waren, hinausgegangen wäre, ist nicht festgestellt worden. Auch sonst ist kein Umstand festgestellt worden, der es als eine besondere Härte für den Beklagten erscheinen lassen könnte, daß seine Erwartung, die Rechtsvorgänger des Klägers würden keine Ansprüche mehr erheben, enttäuscht worden ist. Und daß er nun durch den Kläger aus den abgetretenen Rechten jener in Anspruch genommen wird, ist nichts anderes als die gewöhnliche gesetzliche Folge davon, daß die Ansprüche nach dem Gesetz keiner kurzen, sondern der 30jährigen Verjährung unterliegen. Daß der Kläger seine Rechtsvorgänger über ihre Ansprüche aufgeklärt hat und nun die ihm abgetretenen Ansprüche ohne Prozeßgefahr für die Rechtsvorgänger gegen den Beklagten verfolgt werden, ist weder unzulässig noch sittenwidrig und nicht geeignet, das Vorgehen gegen ihn als ihm nach Treu und Glauben nicht mehr zumutbar erscheinen zu lassen.

RGZ. 171, 22.

Ist § 4 der Verordnung über die Preisüberwachung und die Rechtsfolgen von Preisverstößen im Grundstücksverkehr vom 7. Juli 1942 (RGBl. I S. 451) auch anwendbar, wenn die Beteiligten mit der Beurkundung eines niedrigeren Grundstückskaufpreises als des vereinbarten nur die Ersparung von Steuern bezwecken?

III. Zivilsenat. Urt. v. 25. Februar 1943.

I. Landgericht Kottbus. — II. Kammergericht Berlin.

Durch notarischen Vertrag vom 11. April 1940 kaufte der Beklagte von der Ehefrau des Klägers das dieser gehörige Hausgrundstück in Groß-R. In dem Vertrag ist der Kaufpreis auf 42 000 RM festgesetzt; weiter ist darin hervorgehoben, daß sämtliche Räume des Grundstücks vermietet seien, und bestimmt, daß der Käufer in die Mietverträge eintrete. Das Grundstück wurde demnächst an den Beklagten aufgelassen; dieser wurde als Eigentümer im Grundbuch eingetragen. Unmittelbar vor der Verlautbarung des notarischen Kaufvertrages schloß der Kläger mit dem Beklagten einen von ihm entworfenen schriftlichen Vertrag, inhalts dessen er dem Beklagten das gesamte Inventar auf dem Grundstück laut besonderer Aufstellung zum Preise von 9000 RM verkaufte. Auf diesen Preis hat der Beklagte bisher nur 2000 RM gezahlt.

Der Kläger verlangt einen Teilbetrag von 692 RM seiner Restforderung. Der Beklagte begehrt Klageabweisung und, widerklagend, die Feststellung, daß dem Kläger aus dem Vertrage vom 11. April 1940 auch keine weitere Forderung von 6308 RM gegen ihn zustehe. Er trägt vor, der Vertrag sei wegen Wuchers und Verstoßes gegen die Preisvorschriften unwirksam, da der Wert des verkauften Inventars noch erheblich unter den bereits gezahlten 2000 RM liege, der Kläger auch bisher seine Pflicht zur Vorlegung der im Vertrag erwähnten Aufstellung nicht erfüllt habe, wovon die vertragliche Bindung des Beklagten habe abhängig sein sollen. Der Kläger tritt dem entgegen und macht geltend, mit den 9000 RM habe auch der Wert des auf dem Grundstücke befindlichen Lebensmittelgeschäftes eines gewissen L., das der Kläger seinerzeit eingerichtet habe, oder die für den Beklagten bestehende Anwartschaft, dort künftig selbst ein Lebensmittelgeschäft zu betreiben, abgegolten werden sollen.

Das Landgericht hat den Beklagten nach dem Klageantrage verurteilt und die Widerklage abgewiesen. Auf die Berufung des Beklagten hat das Kammergericht die Klage abgewiesen und der Widerklage stattgegeben. Die Revision des Klägers blieb erfolglos.

Gründe:

Der Berufungsrichter meint, der schriftliche Vertrag vom 11. April 1940 sei nicht geeignet, den Klageanspruch zu rechtfertigen, weil der nach den Preisstopvorschriften zulässige Preis für das darin verkaufte Inventar hinter den vom Beklagten bereits gezahlten 2000 RM zurückbleibe. Tatsächlich entspreche dieser Vertrag aber nicht der wirklichen Vereinbarung der Parteien, die nach dem Klagevortrage dahin gegangen sei, daß die 9000 RM für das gesamte dem Kläger gehörende Inventar, wie es der Beklagte besichtigt habe, und für die Anwartschaft auf das Lebensmittelgeschäft des L. hätten gezahlt werden sollen. Wie auf Grund der Aussage des Zeugen W. entgegen dem Bestreiten des Beklagten erwiesen sei, hätten die Parteien bei den Verhandlungen auch davon gesprochen, in dem Kaufpreise sei der Gegenwert für die Möglichkeit enthalten, daß der Beklagte später einmal in dem Hause ein Lebensmittelgeschäft betreiben könne. Bei dieser Möglichkeit oder Aussicht handele es sich aber nicht um einen selbständigen Wert, der Gegenstand einer besonderen Vereinbarung sein könne, sondern lediglich um einen Umstand, der allein für die Bewertung des Grundstücks von Bedeutung sei, zumal da die Räume als solche mit dem Grundstück verkauft und die Rechte aus dem Miet- oder Pachtvertrag ebenfalls bereits auf Grund des Grundstücksvertrages auf den Beklagten übergegangen seien. Die Beteiligten hätten auch keinen bestimmten Wert für das Geschäft angesetzt, sondern von dem Gesamtpreis, auf den es ihnen allein angekommen sei, einen möglichst geringen Betrag als Grundstückspreis festgesetzt, um Steuern zu ersparen, insbesondere im Hinblick auf den niedrigen Ankaufspreis der Verkäuferin eine zu hohe Wertzuwachssteuer zu vermeiden, und den Rest als Wert des Inventars und der Geschäftsanwartschaft bezeichnet. Wenn auch der Grundstücksvertrag von der Ehefrau des Klägers, der Inventarvertrag vom Kläger abgeschlossen worden sei, seien doch beide Verträge von allen Beteiligten als Einheit angesehen worden. Rechtlich liege also der Verkauf eines Grundstücks einschließlich der damit verbundenen Anwartschaft auf spätere Einrichtung eines Lebensmittelgeschäfts darin zum Preise von wenigstens 49 000 RM und ein Verkauf des Inventars zum Preise von höchstens 2000 RM vor. Da die Teilung des wirklichen Grundstückspreises in den notarisch vereinbarten Teil von 42 000 RM und den in dem Inventarvertrage mitenthaltenen Rest von mindestens 7000 RM zum Zwecke der Steuerersparnis, also in Täuschungsabsicht, vorgenommen worden sei, gelte nach § 4 der Verordnung vom 7. Juli 1942 der notarisch beurkundete Preis von 42 000 RM als vereinbart.

Die Revisionsangriffe gegen diese Beurteilung, die keinen Rechtsirrtum erkennen läßt, sind nicht berechtigt. Zunächst läßt die Begründung des Berufungsurteils keinen Zweifel darüber, daß der Berufungsrichter den Grundstückskauf als einen sogenannten Schwarzkauf ansieht, d. h. einen solchen, bei dem nicht der volle Kaufpreis für das Grundstück beurkundet, sondern in dem notarischen Vertrag ein geringerer Preis als der vereinbarte angegeben ist. Zu Unrecht bemängelt die Revision diese im wesentlichen auf tatsächlichen Erwägungen beruhende Feststellung dahin, daß sie hinreichender Unterlagen entbehre und dem Beweisergebnis widerspreche. (Wird näher ausgeführt.)

Zweifel können bei der Entscheidung nur in der Richtung auftauchen, ob der vom Berufungsgericht festgestellte Sachverhalt, nämlich die bewußt unrichtige Angabe des Kaufpreises im Grundstückskaufvertrage seitens der Beteiligten zum Zwecke der Steuerersparnis, die Anwendung des § 4 der Verordnung über die Preisüberwachung und die Rechtsfolgen von Preisverstößen im Grundstücksverkehr vom 7. Juli 1942 zu rechtfertigen vermag. Nach dieser Vorschrift gilt, wenn in einem nach dem Inkrafttreten des Preiserhöhungsverbots geschlossenen Vertrage die Vertragsteile in Täuschungsabsicht ein geringeres als das vereinbarte Entgelt haben beurkunden lassen, grundsätzlich das beurkundete Entgelt als vereinbart. Der Regelung unterfallen danach im Altreich alle seit dem 18. Oktober 1936 abgeschlossenen Verträge (vgl. § 1 der Verordnung über das Verbot von Preiserhöhungen vom 26. November 1936 [RGBl. I S. 955]). Entgegen der Ansicht der Revision sind demgemäß hier wegen der Anwendung des § 4 keine Bedenken daraus herzuleiten, daß die Kaufverträge vom 11. April 1940 in die Zeit vor dem Inkrafttreten der Verordnung vom 7. Juli 1942 fallen. Fraglich könnte nur sein, ob eine Täuschungsabsicht im Sinne der genannten Vorschrift vorliegt, wenn die Beteiligten durch die Angabe des geringeren Kaufpreises nur Steuern sparen wollten. Das ist indes zu bejahen.

Die genannte Verordnung betrifft zwar nach ihrer Überschrift die Preisüberwachung im Grundstücksverkehr, und der § 4 dient vor allem dem Zwecke, eine Umgehung der Preisvorschriften zu verhindern. Deshalb ist dabei naturgemäß in erster Linie an eine beabsichtigte Täuschung der Preisüberwachungsbehörde über die Höhe des vereinbarten Entgelts gedacht (vgl. Pritsch-Friemann bei Pfundtner-Neubert Das Neue Deutsche Reichsrecht III e Nr. 13 Bem. 2 zu § 4 der VO. v. 7. Juli 1942 S. 336; Pritsch DJ. 1942 S. 463 [466]). In der Fassung der Vorschrift ist aber nicht zum Ausdruck gekommen, daß ihr Anwendungsbereich auf diesen Fall beschränkt sein soll. Eine solche Beschränkung würde auch unzweckmäßig sein und den Tatsachen Zwang antun. Wenn die Parteien eines Grundstückskaufvertrags bewußt einen niedrigeren Kaufpreis als den vereinbarten beurkunden lassen, so tun sie das in aller Regel, um nach außen hin allgemein den Anschein zu erwecken, daß der beurkundete Kaufpreis vereinbart sei, also um die Außenwelt zu täuschen. Sie müssen sich insbesondere bewußt sein, daß durch die unrichtige Beurkundung alle behördlichen Stellen, denen der notarische Vertrag zwecks Genehmigung, Nachprüfung des Kaufentgelts, Erhebung von Steuern oder grundbuchlicher Eintragung unterbreitet werden muß, über die Höhe des Kaufpreises irregeführt werden. Eine Beschränkung des Täuschungswillens auf eine dieser Stellen, etwa auf die Steuerbehörde, würde nur dann angenommen werden können, wenn die Beteiligten, wofür hier nichts vorliegt, überhaupt nicht damit gerechnet hätten, daß die Urkunde auch anderen Behörden zu Gesicht kommen würde, oder wenn von ihnen, was hier nicht behauptet ist, im übrigen dem unrichtigen Vertrag eine aufklärende Erläuterung beigefügt worden wäre, womit sie freilich den Erfolg der beabsichtigten beschränkten Täuschung von vornherein in

Frage gestellt hätten. Auf einen beschränkten Zweck der beabsichtigten allgemeinen Täuschung, der sehr wohl nur dahin gehen könnte, eine Beanstandung des Kaufentgelts durch die Preisüberwachungsbehörde zu verhindern, eine zur Wirksamkeit des Eigentumsüberganges erforderliche behördliche Genehmigung zu erreichen oder Steuern zu ersparen, kann es dabei aber nicht ankommen. Auch die im § 4 angeordnete Rechtsfolge der unrichtigen Beurkundung, daß das beurkundete Entgelt als vereinbart gilt, ist keineswegs auf das Gebiet der Preisüberwachung beschränkt, sondern hat allgemeine Bedeutung. Insbesondere wird dadurch in den Fällen, in denen die Auflassung zu ihrer Wirksamkeit nach § 4 des Gesetzes über die Aufschließung von Wohnsiedlungsgebieten vom 22. September 1933 (RGBl. I S. 659) in der Fassung des Gesetzes vom 27. September 1938 (RGBl. I S. 1246), § 2 der Bekanntmachung über den Verkehr mit landwirtschaftlichen oder forstwirtschaftlichen Grundstücken vom 26. Januar 1937 (RGBl. I S. 35) oder § 2 der Ersten Durchführungsverordnung zum Gesetz über die Sicherung der Reichsgrenze und über Vergeltungsmaßnahmen vom 8. Oktober 1941 (RGBl. I S. 623) behördlicher Genehmigung bedarf und diese auf Grund des unrichtig beurkundeten Vertrags erteilt worden ist, vermieden, daß die Auflassung der Nichtigkeit verfällt und auch die Heilung des Formmangels gemäß § 313 Satz 2 BGB. durch Auflassung und Eintragung nicht eintritt.

Danach bestehen keine Bedenken, den § 4 auch auf den nach der Annahme des Berufungsgerichts hier vorliegenden Fall anzuwenden, daß die Beteiligten mit der unrichtigen Beurkundung nur den Zweck verfolgt haben, Steuern zu sparen. Weiter hat das Berufungsgericht ohne Rechtsirrtum angenommen, daß hier der Tatbestand des § 2 Abs. 2 der Verordnung, der die Rechtsfolge des § 4 ausschließen würde, schon deshalb nicht gegeben ist, weil die Preisüberwachungsbehörde den beurkundeten Kaufpreis nicht beanstandet hat. Daß sie, wie aus dem Bescheide des Regierungspräsidenten vom 22. März 1941 zu entnehmen ist, die Parteien aber nicht voraussehen konnten, auch einen höheren Kaufpreis bis zu 49000 RM unbeanstandet gelassen hätte, wenn er ihr unterbreitet worden wäre, ist in diesem Zusammenhang ohne Bedeutung. Die Anwendung des § 4 führt aber dazu, daß der Kläger den einen Teil des Grundstückskaufpreises bildenden Restbetrag aus dem schriftlichen Vertrage vom 11. April 1940 nicht beanspruchen kann.

RGZ. 172, 1.

1. Wie wirkt ein rechtskräftiger Bescheid der Preisprüfungsbehörde, daß der in einem Grundstückskaufvertrage vereinbarte Kaufpreis volkswirtschaftlich nicht gerechtfertigt sei, auf die Rechtsbeziehungen der Beteiligten? Wie wirken nachträgliche Änderungen eines solchen Bescheids?

2. Über die Voraussetzungen, unter denen ein vor dem Inkrafttreten der Grundstücksverkehrsverordnung vom 7. Juli 1942 geschlossener Grundstückskaufvertrag, dessen Kaufpreis von der Preisprüfungsbehörde beanstandet worden war, nachträglich bindend werden kann.

BGB. § 134. Gesetz zur Durchführung des Vierjahresplanes (Preisbildungsgesetz) vom 29. Oktober 1936 (RGBl. I S. 927) §§ 2, 6. Verordnung über die Preisüberwachung und die Rechtsfolgen von Preisverstößen im Grundstücksverkehr vom 7. Juli 1942 (RGBl. I S. 451).

III. Zivilsenat. Urt. v. 20. September 1943.

I. Landgericht Berlin. — II. Kammergericht daselbst.

Die Klägerin hat durch notarischen Vertrag vom 27. September 1938 von der Beklagten ein in Berlin-Charlottenburg gelegenes Grundstück zum Preise von 880 000 RM gekauft und eine Anzahlung von 200 000 RM geleistet. Die Beklagte verweigert Erfüllung des Vertrags, weil dieser nach Entscheidung der Preisprüfungsbehörde nichtig sei, weil zudem sie, die Beklagte, auf Grund einer Vertragsbestimmung vom Verkaufe zurückgetreten sei. Die Klägerin begehrt Verurteilung der Beklagten, ihr das streitige Grundstück lastenfrei aufzulassen, und weiter hilfsweise Verurteilung, ihr Einverständnis mit der Aufrechterhaltung des Kaufvertrags zu erklären.

Im einzelnen ist der Sachverhalt folgender: In § 5 des Kaufvertrags vom 27. September 1938 ist bestimmt, daß die Käuferin verpflichtet sei, binnen Jahresfrist nach Vertragsabschluß die Auflassung entgegenzunehmen, und daß die Verkäuferin zum Rücktritt berechtigt sei, falls die Käuferin dieser Verpflichtung nicht nachkomme, daß die Verkäuferin dann auch 50 v. H. der Anzahlung als Reuegeld behalten solle. Weiter bestimmt § 10 des Vertrags, daß die Verkäuferin vom Vertrage zurücktreten könne, „falls die Preisbildungsbehörden den vereinbarten Kaufpreis nicht uneingeschränkt genehmigen", und daß alsdann die Verkäuferin die Vertragskosten tragen werde.

Der Bezirksbürgermeister von Charlottenburg als Preisstelle für Grundstücke untersagte am 21. Dezember 1938 die Durchführung des

Vertrags, weil der Preis von 880000 RM volkswirtschaftlich nicht gerechtfertigt sei; dagegen werde die Preisbehörde vermutlich bereit sein, einem Kaufpreise von 700000 RM zuzustimmen. Auf Beschwerde der Verkäuferin entschied der Stadtpräsident von Berlin am 19. Juli 1939 dahin, daß unter Abänderung der Entscheidung des Bezirksbürgermeisters der Verkaufspreis auf 800000 RM festgesetzt werde. Daraufhin erklärte die Verkäuferin mit Brief vom 29. Juli 1939 gemäß § 10 des Vertrags ihren Rücktritt. Auf Widerspruch der Käuferin erklärte sich die Verkäuferin bereit, die „Wirkung des Rücktritts um zwei Monate aufzuschieben", damit die Käuferin sich nochmals an den Stadtpräsidenten wenden könne. Nach deren Mitteilung, daß auf ihre erneute Vorstellung noch kein Bescheid ergangen sei, erklärte die Verkäuferin am 5. Oktober 1939, daß sie ihren Rücktritt mit Wirkung vom 1. Oktober 1939 in Kraft treten lasse. In weiterem Briefwechsel hielt sie an diesem Standpunkt fest, während die Käuferin meinte, man müsse eine neue Entscheidung des Stadtpräsidenten abwarten. Auf Anweisung des Preiskommissars erklärte der Stadtpräsident am 9. und 20. Oktober 1941, unter Aufhebung der früheren Entscheidung werde der Kaufvertrag vom 27. September 1938 mit einem Kaufpreise von 880000 RM für unbedenklich erklärt.

Die Klägerin meint: Der Bestand des Kaufvertrags sei auch nach dem Bescheide vom 19. Juli 1939 noch in der Schwebe geblieben; mit der endgültigen Entscheidung im Oktober 1941 sei dann seine Wirksamkeit festgestellt worden. Die Voraussetzung für einen Rücktritt der Beklagten liege nicht vor, da die Preisbehörde den Vertrag schließlich genehmigt habe. Zum mindesten aber sei die Beklagte nach der Verordnung über die Preisüberwachung und die Rechtsfolgen von Preisverstößen im Grundstücksverkehr vom 7. Juli 1942 verpflichtet, ihr Einverständnis mit der Aufrechterhaltung des Vertrags vom 27. September 1938 zu erklären. Die Beklagte handle arglistig, wenn sie sich jetzt weigere, den Kaufvertrag zu erfüllen. Denn sie habe die Klägerin durch ihr Verhalten in dem Glauben gehalten, sie werde ihr das Grundstück verkaufen, und sie dadurch gehindert, sich rechtzeitig um ein anderes Grundstück zu bemühen; sie habe namentlich auch selbst ein Grundstück erworben, um das sich die Klägerin ebenfalls bemüht, auf dessen Erwerb sie aber mit Rücksicht auf den Kauf des streitigen Grundstücks zugunsten der Beklagten verzichtet habe.

Dem tritt die Beklagte überall entgegen: Der Kaufvertrag sei mit dem Bescheide vom 19. Juli 1939 endgültig nichtig geworden. Jedenfalls aber sei ihr Rücktritt vom Vertrage berechtigt gewesen. Dieser

Standpunkt widerspreche um so weniger den Anforderungen von Treu und Glauben, als von vornherein klar gewesen sei, daß sie nicht auf unabsehbare Zeit gebunden sein wollte. Unrichtig sei, daß sie der Klägerin am Erwerb eines anderen Grundstücks hinderlich gewesen sei; sie habe im Gegenteil dazu geraten.

Das Landgericht und das Kammergericht haben die Klage abgewiesen. Die Revision der Klägerin blieb ohne Erfolg.

Gründe:

1. Nach Annahme des Berufungsgerichts stand nach dem Bescheide des Stadtpräsidenten vom 19. Juli 1939 die Nichtigkeit des Kaufvertrags vom 27. September 1938 fest; das sei auch durch die Bescheide vom Oktober 1941 nicht anders geworden, weil die unanfechtbare Entscheidung vom 19. Juli 1939 nicht mehr mit Wirkung für die Parteien habe abgeändert werden können. Wollte man darin aber auch anderer Ansicht sein, so sei doch jedenfalls — so führt das Kammergericht aus — der Klageanspruch wegen Fortfalls der Geschäftsgrundlage hinfällig, da die Verkäuferin ersichtlich nur auf kurze Frist habe gebunden sein wollen und sollen.

Die Revision greift diesen Standpunkt ohne Erfolg an. Der Kaufvertrag vom 27. September 1938 unterlag der Prüfung durch die Preisbehörden daraufhin, ob der vereinbarte Preis nicht die „volkswirtschaftlich gerechtfertigte" Höhe überschritt, nach Maßgabe des Preisbildungsgesetzes vom 29. Oktober 1936 und der Preisstopverordnung vom 26. November 1936 in Verbindung mit der Anordnung des Reichskommissars für die Preisbildung vom 6. Oktober 1937 und dem Runderlaß Nr. 155/37 des Preiskommissars vom 6. Oktober 1937 (Scheuermann Preisbildung und Preisüberwachung bei Grundstücken, 2. Aufl., S. 36, 40, 50, 51; Kiefersauer Grundstücksverkehrsrecht, 2. Aufl., S. 13, 25, 50, 53). Genehmigungen nach dem Wohnsiedlungsgesetz vom 22. September 1933 (RGBl. I S. 659) oder der Grundstücksverkehrsbekanntmachung vom 26. Januar 1937 (RGBl. I S. 35) kamen in diesem Falle nicht in Betracht. Maßgebend war hier die Entscheidung des Stadtpräsidenten vom 19. Juli 1939: „Unter Abänderung der Entscheidung des Bezirksbürgermeisters . . . wird . . . der Verkaufspreis auf 800 000 RM festgesetzt." Diese in dem durch die Anordnung vom 6. Oktober 1937 geregelten Beschwerdeverfahren ergangene Entscheidung war formell rechtskräftig, da kein weiteres Rechtsmittel gegen sie gegeben war. Der Inhalt dieses Bescheids geht dahin, daß der vereinbarte Kaufpreis von 880 000 RM für zu hoch, als

„volkswirtschaftlich nicht gerechtfertigt" erklärt wird, daß dagegen die Preisbehörde einen Preis von 800 000 RM für angemessen halte. Diese Erklärung der über die Zulässigkeit des Preises entscheidenden Behörde war für alle mit der Sache befaßten Stellen bindend (§ 6 Preisbildungs-Gesetz). Sie stellte die maßgebliche Feststellung dar, daß der vereinbarte Preis über den volkswirtschaftlich gerechtfertigten hinausging; das hatte zur Folge, daß der Kaufvertrag von Anfang an als gegen ein gesetzliches Verbot verstoßend nichtig war (§ 134 BGB.). An dieser sich aus der Rechtsprechung des Reichsgerichts (RGZ. Bd. 166 S. 89, Bd. 168 S. 91) ergebenden Auffassung ist um so mehr festzuhalten, als sich ihr der Gesetzgeber mit der Verordnung vom 7. Juli 1942 angeschlossen hat. Zwar ist es richtig, wie die Revision betont, daß der rechtskräftige Bescheid der Preisbehörde den Kaufvertrag nicht selbst für nichtig erklärt; aber er stellt die Tatsache der Preisüberschreitung bindend fest und daraus ergibt sich ohne weiteres der zwingende Schluß der Nichtigkeit des Vertrags wegen Verstoßes gegen ein gesetzliches Verbot (§ 134 BGB.). Der Unterschied eines solchen Bescheids gegenüber der Versagung einer behördlichen Genehmigung ist lediglich förmlicher Natur. Dabei handelt es sich nach der Rechtslage, wie sie vor der Verordnung vom 7. Juli 1942 gegeben war, nicht um eine „behebbare Nichtigkeit", wie die Revision meint; vielmehr müssen die Vertragsparteien einen neuen formgerechten Vertrag schließen, wenn sie neu gebunden sein sollen.

Zweifelhaft kann sein, wie der weitere Inhalt des Bescheids vom 19. Juli 1939, daß „der Kaufpreis auf 800 000 RM festgesetzt" werde, aufzufassen ist; ob die Behörde damit die Durchführung des Kaufvertrags zu diesem Preis anordnen wollte (vgl. Äußerung des Preiskommissars vom 16. März 1938 [JW. 1938 S. 1084] und vom 18. April 1939 [DR. Ausg. A 1940 S. 301; RGZ. Bd. 166 S. 94]) oder ob sie lediglich dies Entgelt für zulässig erklären und den Parteien die Durchführung der Veräußerung zu diesem Preis anheimgeben wollte. Auf diese Unterscheidung kommt es aber nicht an. Sollte das erstere Weitergehende gemeint gewesen sein, so war das doch ohne rechtliche Wirkung zu einer Verpflichtung, weil die Preisüberwachungsstelle zu einer solchen Anordnung nicht befugt war (RGZ. Bd. 168 S. 91 [101]). Die Parteien selbst aber haben nicht zu dem für angemessen erklärten Preise von 800 000 RM abgeschlossen. So bestand nach dem Bescheide vom 19. Juli 1939 keine Vertragsbindung der Beklagten mehr. Der rückwirkende Einfluß der Verordnung vom 7. Juli 1942 wird später erörtert werden. Zunächst kommt es auf Klarstellung der vor dieser Verordnung gegebenen Rechtslage an.

Den weiteren Bescheiden des Stadtpräsidenten vom 9. und 20. Oktober 1941, mit denen dann nachträglich der ursprüngliche Kauf zu 880 000 RM für unbedenklich erklärt wurde, hat das Berufungsgericht zutreffend eine Rechtswirkung hinsichtlich der Vertragsbindung versagt. Mochte es auch verwaltungsmäßig zulässig sein, daß die Behörde den formell rechtskräftigen Bescheid der Beschwerdeinstanz vom 19. Juli 1939 abänderte, so konnte das doch keinen Einfluß mehr auf die durch den früheren Bescheid eingetretene Lage der Vertragsbeziehungen der Beteiligten ausüben (so auch Friemann für die Verordnung vom 7. Juli 1942 in DR. Ausg. A 1942 S. 1476). Die Rechtsprechung hat das mehrfach für ähnlich liegende Fälle angenommen; so für das Genehmigungsverfahren auf Grund der Bekanntmachung über den Verkehr mit landwirtschaftlichen Grundstücken vom 15. März 1918 (RGZ. Bd. 103 S. 104, Bd. 106 S. 142); ferner für die Entscheidung über eine Devisengenehmigung (RGZ. Bd. 168 S. 346); für eine vom Arbeitsamt ausgesprochene Kündigungsgenehmigung (RAG. Bd. 23 S. 344, Bd. 26 S. 82). Um der Rechtssicherheit willen muß das gleiche für die rechtskräftig gewordene Beanstandung einer Kaufpreisvereinbarung durch die Grundstückspreisprüfungsbehörde gelten. Eine solche Entscheidung kommt, wie oben dargelegt, in der Wirkung einem die erforderliche behördliche Genehmigung versagenden Bescheide völlig gleich. Durch ihn ist für alle Beteiligten bindend festgestellt, daß der Vertragspreis volkswirtschaftlich nicht gerechtfertigt war. Nun ist der Schwebezustand in der Vertragswirksamkeit beendet und steht die Nichtigkeit des Vertrags auf Grund des § 134 BGB. fest. Die Vertragsbindung ist damit beseitigt. Nur ein neuer Vertragsschluß in der Form des § 313 BGB. könnte wiederum zu einer Bindung führen. Diese Auffassung allein entspricht dem Wesen der Rechtskraft und den wirtschaftlichen Notwendigkeiten.

Anders ist die Rechtslage selbstverständlich dann, aber auch nur dann, wenn das Gesetz selbst eine andere Wirkung der Preisbeanstandung vorschreibt. Das hat aber nichts zu tun mit der Endgültigkeit einer rechtskräftig gewordenen Entscheidung. Eine teilweise von § 134 BGB. abweichende Regelung gibt die Verordnung vom 7. Juli 1942, indem dort (§§ 2, 3) die Möglichkeit offengelassen wird, trotz festgestellter Nichtigkeit des Vertrags, wie er geschlossen ist, diesen nichtigen Vertrag mit geänderter Preisvereinbarung rückwirkend wirksam zu machen. Für die Beurteilung, die aus den Bescheiden des Stadtpräsidenten vom 19. Juli 1939 und vom Oktober 1941 auf Grund des damals geltenden Rechts folgt, ist die Verordnung vom 7. Juli 1942 jedoch ohne Bedeutung. Vielmehr ergibt sich die auf dem Bescheide vom 19. Juli 1939 beruhende völlige Nichtigkeit des Kaufvertrags vom 27. September 1938 aus § 134 BGB. Die Beklagte war nicht mehr gebunden, ohne daß es auf ihre Rücktrittserklärung ankam. Deswegen bedarf es auch keines Eingehens auf die Ausführungen beider Parteien über die Berechtigung des Rücktritts. Wenn die Revision in diesem Zusammenhange darauf hinweist, daß die Preisbehörde nach § 8 Abs. 4 des Erlasses vom 8. Juli 1942 (DJ. S. 471) auf übereinstimmenden Antrag der Beteiligten in eine neue Prüfung einer unanfechtbar gewordenen Beanstandung einzutreten habe, so kommt auch das für die Beurteilung der vor der Verordnung vom 7. Juli 1942 gegebenen Rechtslage von vornherein nicht in Betracht.

Nur dann könnte die Rücktrittsvereinbarung für den Fall der Nichtgenehmigung des vereinbarten Preises durch die Behörde bedeutsam sein, wenn sich die Parteien im Vertrage hilfsweise auf einen von der Behörde festzusetzenden geringeren Preis geeinigt hätten. Dann wäre die Bindung auch an einen solchen Verkauf von vornherein im Vertrag enthalten. Von dieser Bindung wäre dann der Rücktritt der Verkäuferin zulässig. Für die Annahme einer solchen Gestaltung ist aber im Kaufvertrage vom 27. September 1938 nichts enthalten. Es ist auch von keiner Partei derartiges vorgetragen worden.

2. Trotz dieser nach dem Bescheide vom 19. Juli 1939 ersichtlichen Nichtigkeit des Vertrags vom 27. September 1938 tritt die Frage auf, ob etwa die Verordnung vom 7. Juli 1942 doch noch zur Wirksamkeit des Vertrags führt. Diese Verordnung befaßt sich zunächst in §§ 1 und 2 mit entgeltlichen Grundstücksveräußerungsverträgen, die nach dem Inkrafttreten der Verordnung, also nach dem 20. Juli 1942, geschlossen werden. Für sie wird in § 2 Abs. 1 als Folge einer Preisbeanstandung durch die Prüfungsbehörde die Vertragsnichtigkeit bestimmt. Doch kann in solchem Falle nach § 2 Abs. 2 Nr. 1 durch einseitige Erklärung des Veräußerers, daß er mit dem von der Preisbehörde als zulässig bezeichneten Entgelt einverstanden sei, der nichtige Vertrag nachträglich rückwirkend zu geändertem Preise wirksam gemacht werden. Nach Abs. 3 muß sich der Veräußerer einverstanden erklären, wenn er andernfalls gegen Treu und Glauben verstoßen würde. In § 3 der Verordnung werden die eben erwähnten Bestimmungen des § 2 auch auf Verträge, die vor dem Inkrafttreten der Verordnung geschlossen wurden, mit der Maßgabe für anwendbar erklärt, daß der

Veräußerer sein Einverständnis mit dem von der Preisbehörde als zulässig bezeichneten Entgelt auch dann erklären muß, wenn die Verweigerung, auch unter Berücksichtigung seiner Verhältnisse, eine grob unbillige Härte für den Erwerber bedeuten würde. Dabei steht auch die Rechtskraft gerichtlicher Urteile der Anwendung dieser Vorschrift nicht entgegen. Die weiter in §§ 2, 3 behandelte Bedeutung einer Änderung des Grundbuchstands für das Gültigwerden beanstandeter Verträge kommt hier nicht in Betracht, da keine Veränderung eingetreten ist.

Das Kammergericht läßt dahingestellt, ob die Anwendung dieser Bestimmungen auf die Beziehungen der Parteien durch die Rücktrittserklärung der Beklagten gehindert werde. Es nimmt aber an, daß die Beklagte keinesfalls gegen Treu und Glauben oder grob unbillig handele, wenn sie bei jetzt stark veränderten Verhältnissen und so lange Zeit nach dem Vertragsschluß die Veräußerung, sei es zum herabgesetzten Preise von 800 000 RM oder auch zum vereinbarten Preise von 880 000 RM, verweigere.

Die Angriffe, welche die Revision hiergegen richtet, sind nicht stichhaltig. Die Voraussetzungen für die Anwendung des § 3 der Verordnung vom 7. Juli 1942 sind insofern gegeben, als es sich um einen in der Zeit vom Inkrafttreten des Preiserhöhungsverbots (nach der Preisstopverordnung vom 18. Oktober 1936) bis zu dem der Verordnung vom 7. Juli 1942 geschlossenen Grundstücksveräußerungsvertrage handelt und als die Preisbehörde mit dem rechtskräftigen Bescheide vom 19. Juli 1939 das vereinbarte Entgelt beanstandet sowie einen Kaufpreis von 800 000 RM für zulässig erklärt hat. Damit war der Kaufvertrag als nichtig zu erkennen. Aber nach der Verordnung vom 7. Juli 1942 kann er nachträglich wirksam werden unter der oben dargelegten weiteren Voraussetzung, daß die Beklagte sich nach Treu und Glauben oder zur Vermeidung einer grob unbilligen Härte mit dem für zulässig erklärten Entgelt einverstanden erklären muß. Der Anwendung dieser Vorschriften stehen das im Vertrage vereinbarte Recht zum Rücktritt und dessen Erklärung seitens der Beklagten schon deswegen nicht entgegen, weil der Vertrag im ganzen nichtig, das Recht zum Rücktritt als solches also gar nicht zum Zuge gekommen ist. Eine andere Frage ist dessen Bedeutung für die Beurteilung des Verhaltens der Beklagten nach Treu und Glauben.

Der Kaufpreis, den die Preisbehörde in dem einzig maßgebenden Bescheide vom 19. Juli 1939 festgesetzt hat und dem also die Beklagte in Anwendung des § 2 Abs. 3 Nr. 1 oder des § 3 zustimmen sollte, betrug 800 000 RM. Nun kann aber, wie das Kammergericht mit Recht annimmt, der Beklagten — abgesehen von allem anderen — unter keinen Umständen zugemutet werden, zu diesem Preise zu verkaufen, nachdem nachträglich die Preisbehörde selbst anerkannt hat, daß der höhere Preis von 880 000 RM gerechtfertigt sei. Andererseits sind die späteren Bescheide vom Oktober 1941, wie bereits dargelegt, für die Vertragsbeziehungen der Parteien ohne Bedeutung, da die Rechtslage durch den förmlich und sachlich rechtskräftigen Bescheid vom 19. Juli 1939 festgelegt worden war. Diese anders lautenden Entscheidungen können auch nicht im Zuge der Verordnung vom 7. Juli 1942 berücksichtigt werden. Es besteht keine gesetzliche Handhabe, die Beklagte auf ihrer Grundlage an den einmal als nichtig festgestellten Vertrag nun doch noch nachträglich zu binden. Nicht in Betracht kommt die von der Revision in anderem Zusammenhang erwähnte Vorschrift des § 8 Abs. 4 des Erlasses vom 8. Juli 1942, daß die Preisbehörde gegenüber einem unanfechtbar gewordenen Beanstandungsbescheid auf übereinstimmenden Antrag der Beteiligten in eine neue Prüfung eintreten und gegebenenfalls eine Unbedenklichkeitsbescheinigung erteilen soll. Denn einmal hat die Beklagte keinen Antrag auf erneute Prüfung gestellt, und weiter würde ein zustimmendes Ergebnis neuer Prüfung die Nichtigkeitswirkung des früheren Bescheids nicht beseitigen; vielmehr müßten die Parteien dann doch einen neuen Vertrag schließen, wenn sie gebunden sein wollen (vgl. Friemann a. a. O.).

Aber auch sonst sprechen, wie das Kammergericht zutreffend darlegt, keine Gründe der Billigkeit im Sinne des § 2 Nr. 1 und des § 3 Nr. 1 der Verordnung dafür, daß die Beklagte nach Inkrafttreten der Verordnung einer Veräußerung, sei es auch zu dem höheren Preise von 880 000 RM, zuzustimmen hätte. Das Berufungsgericht führt aus: Der Klägerin sei bewußt gewesen, daß der Vertrag vom 27. September 1938 nur dann durchgeführt werden sollte, wenn die Preisbehörde die Unbedenklichkeit des vereinbarten Preises erklären würde. Wenn sie unter den Umständen, wie sie behaupte, auf Veranlassung der Beklagten vom Erwerb eines anderen Grundstücks Abstand genommen und dessen Erwerb durch die Beklagte nicht durch ihr Dazwischentreten verhindert habe, so habe sie damit freiwillig das Wagnis auf sich genommen, schließlich keines der beiden Grundstücke zu bekommen. Eine gegenteilige Zusicherung habe die Beklagte nirgends gegeben. Daher sei sie auch nicht gehindert gewesen, das Grundstück zu erwerben und die Veräußerung des jetzt streitigen Grundstücks zu unterlassen, nachdem die Verkaufsbindung erloschen war. Der Umstand, daß die Beklagte der Klägerin, als sie mit der Preisbehörde und anderen Stellen weiter verhandelte, die Möglichkeit offengelassen habe, daß sie einen neuen Kaufvertrag mit ihr schließen werde, ergebe keine Verpflichtung. Dies namentlich nicht, nachdem die Verhandlungen sich viel länger, als zunächst angenommen, hingezogen und die Verhältnisse auf dem Grundstücksmarkte sich inzwischen wesentlich geändert hätten. Zudem habe die Beklagte in pflichtgemäßer Geschäftsführung auf die Anlage ihrer Mittel in geeignetem Grundbesitz Wert legen müssen.

Diese Darlegungen sind verfahrens- und sachlichrechtlich einwandfrei. Ein unaufrichtiges oder unehrliches Verhalten der Beklagten ist nirgends ersichtlich. Wenn sie auch der Klägerin eine Aussicht auf neue Einigung offen ließ, so hat sie doch keinen Zweifel darüber gelassen, daß sie den alten Vertrag als erledigt ansah. Schon dessen Inhalt — die Vereinbarung der Auflassungsfrist und das Rücktrittsrecht — zeigte, daß die Beklagte keinesfalls auf längere Zeit hinaus in Unklarheit über die Durchführung der Veräußerung bleiben wollte. Ihre Stellungnahme ist überall einheitlich und folgerichtig. Es ist tatsächlich unrichtig, daß die Klägerin der Beklagten das andere Grundstück „überlassen" hätte; bestenfalls hat sie sie nicht am Erwerbe gehindert, weil sie auf das jetzt streitige Grundstück hoffte. Das ergibt aber — nach Erledigung des Kaufvertrags vom 27. September 1938 und beim Nichtzustandekommen eines neuen Vertrags — keine irgendwie geartete Bindung der Beklagten. Hiernach ist ersichtlich, daß hier nicht die Voraussetzungen gegeben sind für eine Verpflichtung der Beklagten, einer Veräußerung des streitigen Grundstücks an die Klägerin zum Preise von 800 000 RM oder auch von 880 000 RM gemäß § 2 Nr. 1 oder § 3 Nr. 1 der Verordnung vom 7. Juli 1942 zuzustimmen. Weder sprechen Treu und Glauben für den Standpunkt der Klägerin, noch liegt in der Weigerung der Beklagten eine grob unbillige Härte für sie. Die Klägerin hat durchaus auf eigene Gefahr gehandelt, wenn sie in voller Kenntnis der Unsicherheit in der Bindung der Gegnerin ihre Anzahlung leistete und sich in der Hoffnung, doch noch zu dem Grundstück der Beklagten zu kommen, nicht anders einrichtete und vorsah. Der Standpunkt der Beklagten ist bei den seit 1938 stark veränderten Zeitverhältnissen auch wirtschaftlich sehr wohl verständlich und nicht zu mißbilligen.

Auch mit Erwägungen über allgemeine Arglist kann die fehlende Vertragsbindung der Beklagten nicht ersetzt werden. Erst recht kann keine Rede von vorsätzlich sittenwidriger Schadenszufügung (§ 826 BGB.) sein.

Verschiedene Gesetze

RGZ. 41, 102.+

1. Ist der eine Postanweisung auf Grund eines Posteinlieferungsbuches annehmende Postbeamte verpflichtet, die Übereinstimmung des Buches und der Postanweisung in Ansehung der Adresse des Geldempfängers zu prüfen?

2. Ist die Postverwaltung, wenn eine solche Prüfung unterbleibt, und infolgedessen die Auszahlung des Geldes an eine andere als die im Einlieferungsbuche als Empfänger bezeichnete Person geschieht, dem Absender gegenüber schadensersatzpflichtig?

Gesetz über das Postwesen des Deutschen Reichs vom 28. Oktober 1871 (RGBl. S. 347) § 6 Abs. 4*).

IV. Zivilsenat. Urt. v. 9. Mai 1898.

I. Landgericht I Berlin. — II. Kammergericht daselbst.

Die Klägerin hat in den Jahren 1894 bis 1896 ihre Geldversendungen mittels Postanweisungen bewirkt, auf die sie bei einem Postamte zu Berlin die betreffenden Geldbeträge gegen Bescheinigung in den ihr vom Postamte ausgehändigten Posteinlieferungsbüchern eingezahlt hat. Der von der Klägerin mit der Einzahlung des Geldes beauftragte Buchhalter S. hat in wiederholten Fällen den ihn abfertigenden Postbeamten Postanweisungen vorgelegt, die anstatt mit der im Posteinlieferungsbuche angegebenen Adresse mit seiner eigenen Adresse oder mit einer Deckadresse versehen waren. Diese Unterschiebung ist von den Beamten nicht beachtet worden. Die auf die untergeschobenen Postanweisungen eingezahlten Beträge hat demnächst S. selbst erhoben. In dieser Weise ist der Klägerin ein Schade von 2157,55 M verursacht worden, dessen Erstattung sie von S. nicht erlangen kann. Sie ist deshalb gegen die betreffenden Postbeamten, und zwar gegen einen jeden von ihnen wegen Ersatzes eines Teiles der Verlustsumme und gegen den Reichspostfiskus wegen Ersatzes der ganzen Summe klagbar geworden. Gegen die verklagten Beamten ist der Prozeß noch nicht entschieden. Gegenüber dem verklagten Fiskus hat der erste Richter verurteilend, der zweite Richter abweisend erkannt. Auf die Revision der Klägerin hat das Reichsgericht das Berufungsurteil aufgehoben und die Sache zur anderweiten Verhandlung und Entscheidung gegen den verklagten Fiskus in die Instanz zurückverwiesen.

*) In d. F. v. 13. 12. 1922 — RGBl. I S. 913.

Aus den Gründen:

. . . „Der geltend gemachte Schadensanspruch ist darauf gestützt, daß den abfertigenden Postbeamten insofern ein Versehen zur Last falle, als sie es unterlassen haben, die in den Posteinlieferungsbüchern eingetragenen Empfänger mit den Adressaten auf den übergebenen Postanweisungen zu vergleichen, da, wenn solches geschehen wäre, der Versuch des Buchhalters S., die fälschlich auf ihn selbst oder unter Deckadressen ausgestellten Postanweisungen unterzuschieben, mißglückt und folglich eine Schädigung der Klägerin abgewendet sein würde.

Dieser Klagebegründung ist der Berufungsrichter — in Übereinstimmung mit dem ersten Richter — gefolgt, indem er das behauptete Versehen der Beamten als vorliegend angenommen hat. Seine Annahme ist der Revisionsklägerin günstig und rechtlich nicht zu beanstanden. Sie gründet sich wesentlich auf die nach § 50 des Gesetzes über das Postwesen des Deutschen Reiches vom 28. Oktober 1871 vom Reichskanzler erlassene Postordnung, deren Vorschriften als Bestandteil des Vertrages zwischen der Postanstalt und dem Absender gelten. Bei seinen Ausführungen ist der Berufungsrichter davon ausgegangen, daß die Postordnung vom 8. März 1879 (Zentralblatt für das Deutsche Reich S. 185) noch in Geltung stehe. Dies ist nicht zutreffend. Die erwähnte Postordnung ist durch die am 1. Juli 1892 in Kraft getretene Postordnung vom 11. Juni 1892 (Zentralblatt S. 428) ersetzt worden. Dieser Irrtum ist jedoch für die Entscheidung ohne Bedeutung, da beide Postordnungen in Ansehung der hier maßgebenden Vorschriften — § 16 VII und § 27 I der älteren und § 19 VI und § 32 I der jüngeren — übereinstimmen. Nach diesen Vorschriften hat die Postbehörde dem Absender über den auf die Postanweisung eingezahlten Betrag einen Einlieferungsschein zu erteilen*), und durch den Einlieferungsschein wird die Einlieferung bewiesen, so daß der Schein diejenige Urkunde darstellt, die zum Ausweise des Vertragsabschlusses zwischen dem Absender und der Postanstalt dient. Im Anschluß hieran hat der Berufungsrichter ausgeführt: da die Postanstalt verpflichtet sei, den Postanweisungsbetrag an den Empfänger auszuzahlen, bilde die Bezeichnung des Empfängers einen wesentlichen Bestandteil des Einlieferungsscheines. Bei der Aufgabe von Postanweisungen ohne Posteinlieferungsbuch werde der Einlieferungsschein nach dem Inhalte der Postanweisung von dem Postbeamten ausgestellt, der auf der Postanweisung bezeich-

*) Vgl. jetzt § 33 der Postordnung v. 30. 1. 1929 — RGBl. I S. 33.

nete Empfänger von dort abgeschrieben. In die Posteinlieferungsbücher werde dagegen der Empfänger von dem Absender selbst eingetragen, und folglich der Posteinlieferungsschein von dem Absender und dem Postbeamten gemeinsam hergestellt. Mit der Bescheinigung des Postbeamten in den für sie bestimmten Spalten des Einlieferungsbuches werde die bescheinigte Seite zur öffentlichen Urkunde, und ihr Inhalt beweise den Abschluß des Postanweisungsvertrages. Schon aus der Bedeutung der Person des Empfängers bei diesem Vertrage ergebe sich für den annehmenden Beamten, ohne daß es einer besonderen die Vergleichung anordnenden Dienstvorschrift bedürfe, die Verpflichtung, festzustellen, daß die in den Einlieferungsbüchern verzeichneten Empfänger identisch seien mit den in den Postanweisungen aufgeführten Adressaten. Diese Verpflichtung habe aber auch noch besonderen Ausdruck gefunden in den den Einlieferungsbüchern vorgedruckten Bemerkungen, nach welchen — Nr. 2 Abs. 3 — der Postbeamte in Spalte 9 zu vermerken habe, unter welcher Nummer die Postanweisung in die Annahmebücher eingetragen sei. Durch diesen Vermerk bescheinige der Postbeamte, daß eine Postanweisung des nebenseitig bezeichneten Inhaltes von ihm angenommen sei. Eine solche Bescheinigung dürfe er aber nicht ausstellen, ohne die Identität der übergebenen Postanweisung in allen ihren Teilen mit den Eintragungen des Einlieferungsbuches durch Vergleichung näher zu ermitteln.

Der Berufungsrichter ist sodann dem ersten Richter auch darin beigetreten, daß, wenn die Vergleichung der Eintragungen im Einlieferungsbuche mit den übergebenen Postanweisungen eine Abweichung beider voneinander ergebe, es als Vertragspflicht des durch seine Beamten vertretenen verklagten Fiskus anzusehen sei, den Abschluß des Postanweisungsvertrages zu beanstanden und die Annahme des einzuzahlenden Betrages von der Aufklärung der Abweichung abhängig zu machen, da der Absender nach den angezogenen Bestimmungen der Postordnung Anspruch auf einen die tatsächliche Einlieferung beweisenden Einlieferungsschein habe, und daß ferner in der Nichterfüllung dieser Verpflichtung ein die den Beklagten vertretenden Beamten bei Eingehung des Postanweisungsvertrages treffendes Verschulden zu finden sei, das an sich den Schadensersatzanspruch begründe, da der Klägerin nach Lage der Sache jedes Mittel gefehlt habe, die von S. begangenen Betrügereien zu entdecken. Auch insoweit ist die Entscheidung der Revisionsklägerin günstig und rechtlich nicht zu beanstanden.

Dagegen ist der Berufungsrichter den weiteren Annahmen des ersten Richters, insbesondere der Annahme, daß eine die Ersatzpflicht des Beklagten ausschließende Mitverschuldung der Klägerin nicht vorliege nicht gefolgt. . . . (wird ausgeführt).

Auch der vom ersten Richter getroffenen Feststellung des Kausalzusammenhanges zwischen dem Verschulden der Beamten und dem Schaden der Klägerin ist der Berufungsrichter entgegengetreten. Wenn auch die Annahmebeamten — so ist ausgeführt — die mangelnde Übereinstimmung der Adressen durch die ihnen obliegende Vergleichung ermittelt hätten, so folge daraus noch nicht, daß die deswegen eingetretene Beanstandung zur Kenntnis der Klägerin gelangt wäre; der Postbeamte würde in diesem Falle die Postanweisung wiederum nur dem Einlieferer, also S., zur Abänderung zurückgegeben haben; eine Verpflichtung der Postanstalt, der Klägerin selbst oder einem ihrer Angestellten hiervon Mitteilung zu machen, habe für die nur mit dem Einlieferer verkehrende Postanstalt nicht bestanden.

Diese Erwägungen werden von der Revision mit Recht angefochten.

Dem Berufungsrichter kann darin beigepflichtet werden, daß die Postanstalt im allgemeinen kein Interesse hat, den Absender kennen zu lernen; dies gilt, ebenso wie für den Postbeförderungsverkehr, auch für den Postanweisungsverkehr. Der der Postanweisung oder der Postpaketadresse angefügte „Abschnitt", der, wie die dort vorgedruckten Worte ergeben, auch zur Angabe des Namens, des Wohnortes und der Wohnung des Absenders dient, ist zu Mitteilungen des Absenders an den Empfänger und insbesondere dazu bestimmt, diesen über die Person des Absenders in Kenntnis zu setzen. Sein Inhalt betrifft daher vornehmlich das Verhältnis der Personen untereinander, zwischen denen die Geldsendung stattfindet. Für die Postbehörde könnte die Bezeichnung des Absenders auf dem Abschnitte nur von Bedeutung sein, wenn die Postanweisung nicht bestellbar wäre und deshalb die Rückzahlung des Geldes an den Absender erfolgen müßte. . . .

Auch insoweit ist dem Berufungsrichter beizustimmen, daß bei einer einzelnen Postanweisung (deren Aufgabe ohne Posteinlieferungsbuch erfolgt) der Einlieferer als Absender und damit rechtlich als die Person anzusehen ist, die mit der Postanstalt den Postanweisungsvertrag schließt. Der Vertragsschluß vollzieht sich durch die Übergabe der Postanweisung und die Einzahlung des Geldes einerseits und die Aushändigung des Posteinlieferungsscheines andererseits, und der Besitz des letzteren bildet für die Postanstalt, sofern sie nicht ein Interesse hat, das Gegenteil darzutun, den Ausweis für die Person des Einlieferers. Anders verhält es sich dagegen bei den unter Zugrundelegung eines von der Postanstalt ausgegebenen Posteinlieferungsbuches geschlossenen Postanweisungsverträgen. Diese Bücher sind von der Postanstalt auf den Namen einer bestimmten Person, hier der klagenden Handelsgesellschaft, ausgestellt und dieser zur Benutzung ausgehändigt. Die Bücher bezeichnen sich auf dem Titelblatt als „Posteinlieferungsbuch über die von der Firma . . . zur Post eingelieferten Wert- und Einschreibsendungen, sowie Postanweisungen und Postnachnahmesendungen", und darunter steht die Bescheinigung der betreffenden Postanstalt: „Dieses Buch ist der genannten Firma zur Benutzung ausgehändigt am . . . Dasselbe besteht aus . . . mit laufenden Ziffern bezeichneten Seiten." Danach kann bei den auf Grund des Einlieferungsbuches erfolgenden Einzahlungen für die Postbehörde ein Zweifel über die Person des Absenders nicht bestehen. Absender ist derjenige, auf dessen Namen das Einlieferungsbuch von seiten der Postanstalt ausgefertigt, und dem es durch diese zur Benutzung übergeben ist. Dieselbe Person schließt auch mit der Postanstalt den Postanweisungsvertrag ab. Dies ist im gegenwärtigen Falle die Klägerin, und nicht S., der nur im Auftrage der Klägerin die Einlieferung besorgen sollte, gewesen. Der Vertragsschluß vollzieht sich auch in solchem Falle in anderer Weise, als bei der Einlieferung einer einzelnen Postanweisung. Der, auf dessen Namen das Einlieferungsbuch ausgefertigt ist, also der Absender, trägt in das Buch unter laufender Nummer die Geldempfänger nach Namen und Wohnort und die zu zahlenden Geldbeträge ein oder läßt diese Eintragungen bewirken; die von ihm mit der Einlieferung beauftragte Person legt das so ausgefüllte Buch mit den Postanweisungen der Postanstalt vor und zahlt die Geldbeträge ein, und der sie abfertigende Postbeamte bescheinigt in dem Buche den Eingang der der Eintragung entsprechenden Postanweisungen und den Empfang der Gesamtsumme der zu versendenden Gelder. Wie von der Revision zutreffend ausgeführt wird, ist in der seitens des Absenders bewirkten Eintragung in das Buch in klarer Weise der Wille des Absenders zum Ausdrucke gelangt, an welche Personen die Absendung des Geldes erfolgen solle. Dieser Willensäußerung gegenüber besteht die Verpflichtung der Postanstalt, nur solche Postanweisungen anzunehmen, die der Eintragung im Einlieferungsbuche entsprechen, und wenn die Postanstalt dieser ihr als vertragschließendem Teile obliegenden Pflicht nicht genügt, sondern der von ihr erteilten Bescheinigung entgegen eine mit einer anderen als der in der Eintragung angegebenen Adresse versehene Postanweisung annimmt, und infolgedessen die Auszahlung des Geldes an eine unrichtige Person erfolgt, so ist der dadurch dem Absender erwachsende Schade durch das Verschulden der Postbehörde verursacht. Dem ausdrücklich erklärten Willen des Absenders gegenüber wird auch die Schadensersatzpflicht der schuldigen Person dadurch nicht ausgeschlossen, daß, wie im vorliegenden Falle, der Einlieferer in betrüglicher Absicht unrichtige Postanweisungen untergeschoben und in dieser Weise die annehmenden Postbeamten getäuscht hat. Unter den gegebenen Verhältnissen unterliegt dieser Fall, in dem sich der Einlieferer eines dolosen Verhaltens schuldig gemacht hat, keiner anderen Beurteilung, als der Fall, in welchem infolge eines auch nur geringen Versehens eine Verwechslung der Postanweisungen stattgefunden hat, oder infolge eines Zufalles eine unrichtige Postanweisung untergelaufen ist. Die Verletzung der Vertragspflicht begründet *für sich* die Verbindlichkeit zum Schadensersatze. Ohne deren Eintritt würden die unrichtigen Postanweisungen nicht angenommen worden sein.

Aus diesen Ausführungen ergibt sich zugleich die Hinfälligkeit der weiteren, von der Revision gleichfalls bemängelten Annahme des Berufungsrichters, daß es an dem ursächlichen Zusammenhange zwischen dem Verschulden der Postbeamten und dem Schaden der Klägerin fehle. Wie oben hervorgehoben, würde der Schade nicht entstanden sein, wenn die betreffenden Postanweisungen, deren Unrichtigkeit sich bei einer Vergleichung mit dem Einlieferungsbuche ergeben mußte, zurückgewiesen, die Geldbeträge nicht angenommen, und die Bescheinigungen nicht erteilt wären. Daß die Postbehörde nicht verpflichtet war, die Klägerin von der Unterschiebung unrichtiger Postanweisungen in Kenntnis zu setzen, ist als richtig anzuerkennen. Der Schade ist aber nicht infolge der Unterlassung einer solchen Mitteilung, sondern dadurch verursacht, daß die unrichtigen Postanweisungen entgegengenommen sind, und unter Zugrundelegung derselben der Postanweisungsvertrag geschlossen ist.

Wenn hiernach insoweit die Entscheidungsgründe des Berufungsrichters versagen, muß es sich bei der gegenwärtigen Beurteilung noch fragen, ob der Postfiskus für das Versehen der Beamten verhaftet ist (wird nach dem damaligen Rechte bejaht). . . .

RGZ. 76, 414.[+]

1. Welche Bedeutung und Tragweite hat die Bestimmung in § 7 des Reichspostgesetzes, daß dasjenige, was bei der Eröffnung einer Postsendung an dem angegebenen Inhalt fehlt, von der Postverwaltung nicht vertreten werden darf, „wenn der Verschluß und die Verpackung

der zur Post gegebenen Gegenstände bei der Aushändigung an den Empfänger äußerlich unverletzt ... befunden wird"?

2. Bezieht sich § 8 desselben Gesetzes auf den Umfang der Ersatzpflicht auch für Geld oder nur für andere Sachen, für deren Verlust oder Beschädigung die Postverwaltung nach § 6*) des Postgesetzes haftet?

Gesetz über das Postwesen des Deutschen Reichs vom 28. Oktober 1871 (RGBl. S. 247) §§ 7, 8.

III. Zivilsenat. Urt. v. 23. Juni 1911.

I. Landgericht I Berlin. — II. Kammergericht daselbst.

Die Klägerin lieferte am 6. Dezember 1907 bei dem Postamte 50 in B. einen Brief mit einer Wertangabe von 3000 M an den Architekten R. in P. ein. Er war zweimal mit Siegellack unter Aufdruck des Stempels der Klägerin versiegelt. Der Schalterbeamte, Oberpostassistent W., verzeichnete als Gewicht auf dem Briefe wie in dem Postbuche 35 g. Bei der Aushändigung des Briefes an R. durch das Postamt in T. befanden sich darin nicht 3000 M, vielmehr außer dem Anschreiben der Klägerin und einem Quittungsformulare nur Ausschnitte aus zwei Zeitungen. Bei der Untersuchung der Innenseite des Umschlags stellte sich heraus, daß dieser bereits bei der Aushändigung an R. unter den beiden Siegeln runde Öffnungen hatte, die durch Herausschneiden der betreffenden Teile entstanden waren.

Die Klägerin behauptete, daß der Brief bei der Einlieferung drei Reichsbanknoten von je 1000 M enthalten habe. Sie beantragte die Verurteilung des Beklagten zur Zahlung von 3000 M nebst Zinsen. Der Beklagte bestritt, daß der Brief bei der Einlieferung drei Reichsbanknoten enthalten habe, und daß er, während er sich im Gewahrsam der Post befunden habe, seines Wertinhalts beraubt worden sei. Er hielt aber seine Haftung schon deshalb nach § 7 des Postgesetzes für ausgeschlossen, weil der Empfänger R. den Brief ohne Erinnerung angenommen habe, bei der Aushändigung Verschluß und Verpackung äußerlich unverletzt gewesen, und das Gewicht mit dem bei der Einlieferung ermittelten übereinstimmend befunden worden sei. Dieses Gewicht stimme auch jetzt noch, wenn der Umschlag und der vorgefundene Briefinhalt gewogen würden. Ersetze man dagegen das Zeitungspapier durch drei Tausendmarkscheine, so betrage das Gewicht nur 33 g.

*) Jetzt i. d. F. des § 1 des Ges. v. 13. 12. 1922 — RGBl. I S. 913.

Nach einer Beweisaufnahme über das Gewicht des Briefs bei der Einlieferung und nach einer Wiegeprobe wies das Landgericht die Klage ab. Es nahm an, daß, wenn man die Zeitungsausschnitte durch drei Tausendmarkscheine ersetze und das Anschreiben nebst Quittungsformular hinzufüge, das bei dem Postamte 50 in B. festgestellte Gewicht von 35 g sich nicht, sondern nur ein solches von 32½ g ergebe, und daß sich deshalb auch nicht drei Tausendmarkscheine in dem Umschlage befunden hätten.

Nach weiterer Beweisaufnahme erkannte das Berufungsgericht auf die Berufung der Klägerin nach dem, in bezug auf die Zinsen, ermäßigten Klagantrage. Die Revision des Beklagten wurde zurückgewiesen aus folgenden

Gründen:

„Das Berufungsgericht ist davon ausgegangen, daß nach § 7 des Gesetzes über das Postwesen des Deutschen Reichs vom 28. Oktober 1871 die Post jede Ersatzpflicht für den angeblich fehlenden Inhalt eines Wertbriefes ablehnen könne, wenn sie beweise, daß bei der Aushändigung der Sendung an den Empfänger der Verschluß und die Verpackung äußerlich unverletzt, und zugleich das Gewicht mit dem bei der Einlieferung ermittelten übereinstimmend befunden sei. Nach Abs. 2 des Paragraphen streite, wenn der Empfänger die Sendung ohne Erinnerung angenommen habe, die Vermutung dafür, daß bei der Aushändigung Verschluß und Verpackung unverletzt, und das Gewicht mit dem bei der Einlieferung ermittelten übereinstimmend befunden worden sei. Eines Gegenbeweises gegen diese Vermutung bedürfe es jedoch im vorliegenden Falle nicht, weil die Parteien darüber einig seien, daß bei der Aushändigung des Briefes an den Empfänger R. sich schon die beiden kreisförmigen Ausschnitte auf dem Briefumschlage befunden hätten. Dieser Zustand des Umschlages stelle eine Verletzung im Sinne des § 7 dar; denn unverletzt seien der Verschluß und die Verpackung nur dann, wenn an ihrem Äußeren sich tatsächlich keine Verletzung befinde. Es genüge nicht, daß die Verletzung äußerlich schwer oder gar nicht wahrnehmbar gewesen sei. Wenn Verschluß oder Verpackung bei der Aushändigung an den Empfänger eine Verletzung gehabt hätten, könne sich die Post nicht auf § 7 zu ihrer Entlastung berufen, selbst wenn vorher niemand die Verletzung bemerkt habe oder habe bemerken können. Trotzdem bleibe es an sich im gegenwärtigen Falle Sache der Klägerin, zu beweisen, daß sie den Brief mit den drei Scheinen zur Post gegeben habe. Dieses Beweises werde sie auch nicht durch die bei der Aufgabe erfolgte Wertangabe von 3000 M gemäß § 8 des Gesetzes überhoben, weil dieser sich nur auf die Schätzung eines Gegenstandes, dessen Verlust festgestellt sei, beziehe. Eine solche Schätzung könne hier nicht in Frage kommen.

Das Gericht sieht nun als erwiesen an, daß die Siegel des Briefes nicht nur auffallend dick und groß gewesen seien, sondern daß sie auch bei der Aushändigung des Briefes an R. überall ein Auslaufen und einen Mangel an Schärfe des Siegeldrucks in der Nähe des Randes aufgewiesen hätten. Der Postassistent W. — so führt es weiter aus — bekunde sogar glaubhaft, daß er den Brief mit solchen Siegeln nicht angenommen hätte. Möge diese Äußerung nun auch nur bedingt dahin aufzufassen sein, daß er den Brief nicht angenommen haben würde, wenn er das Auslaufen bemerkt hätte, so komme doch hinzu, daß er nach § 16 II der Postordnung verpflichtet gewesen sei, auf die Siegelabdrücke zu achten. Da nun unstreitig die Annahme des Briefes auf dem Postamt unbeanstandet geschehen sei, so begründe dies in Verbindung mit dem Aussehen der Siegel eine tatsächliche Vermutung dafür, daß sich die Siegel bei der Auslieferung des Briefes noch nicht in diesem Zustande befunden hätten. Dann aber sei, da nach dem Gutachten des Chemikers Dr. J. der verschwommene und verschmierte Abdruck der Siegel auf das Herausschneiden der Siegel, die dadurch bewirkte Öffnung des Umschlags und die nachträgliche Wiederanbringung der Siegel zurückzuführen sei, der Schluß gerechtfertigt, daß die drei Tausendmarkscheine, die nach der insoweit unbedenklichen Beweisaufnahme bei dem ursprünglichen Verschlusse in den Umschlag gelegt seien, während der Brief von der Post befördert worden, durch die Öffnungen daraus entfernt worden seien.

Den hiernach dem Beklagten obliegenden Gegenbeweis, daß die Beraubung des Briefes schon vor der Einlieferung stattgefunden habe, hält das Gericht nicht für geführt, insbesondere nicht durch die Ergebnisse der gerichtlichen Wiegeprobe, was es im einzelnen darlegt, und bei Berücksichtigung des Umstandes, daß der Beklagte trotz des dringlichen Verlangens der Klägerin keine Angaben darüber gemacht habe, welchen Beamten der Brief nach seiner Einlieferung zugänglich gewesen sei, und wie sich seine Beförderung abgewickelt habe.

Endlich aber hat das Berufungsgericht ausgeführt, auch wenn man annehme, daß die Klägerin in vollem Umfange für die Einlieferung des Briefes mit den drei Scheinen beweispflichtig sei, und daß ihr keine tatsächliche Vermutung dafür zur Seite stehe, daß die Siegel das verdächtige Aussehen schon bei der Aufgabe des Briefes gehabt hätten, müsse man doch zu dem gleichen Ergebnisse gelangen. Denn es sieht im weiteren geradezu den Beweis jener Tatsache für geführt an. Daraufhin erachtet es den Schadensersatzanspruch der Klägerin gemäß § 6 des Gesetzes für begründet.

Die Revision rügt zuvörderst Verletzung des § 7 des Gesetzes vom 28. Oktober 1871. Sie weist darauf hin, daß zunächst die beiden kreisförmigen Ausschnitte auf der Rückseite des Briefumschlags hergestellt, die Siegel dann in die Höhe gehoben, durch diese Öffnungen der Inhalt herausgenommen, an dessen Stelle Zeitungsausschnitte hineingelegt, und daß darauf die Siegel wieder angeklebt worden seien, so daß unter dem äußerlich unverletzten Verschlusse Verletzungen der Umhüllung vorgelegen hätten. Diese seien aber äußerlich nicht wahrnehmbar gewesen und seien daher auch bei einer äußerlichen Besichtigung durch das Postpersonal, auf die dieses allein angewiesen sei, dem Auge verborgen geblieben. Sie hätten überhaupt erst festgestellt werden können, nachdem der Brief geöffnet worden sei, und die innere Besichtigung des Umschlages ergeben habe, auf welche Weise der Täter zu dem Inhalte gelangt sei. Dieser Tatsache habe das Berufungsgericht nicht die dem Gesetz entsprechende Bedeutung beigemessen. Es sei nicht richtig, den § 7 dahin auszulegen, daß der Verschluß und die Verpackung nur dann „äußerlich unverletzt" seien, wenn an ihrem Äußern sich tatsächlich keine Verletzung befinde. Nach dem Sprachgebrauche müßten die Worte „befunden wird" sowohl auf „unverletzt" wie auf „übereinstimmend" bezogen werden. Das Gesetz könne daher nur dahin ausgelegt werden, daß der Befund des Verschlusses und der Verpackung neben der Übereinstimmung des Gewichts maßgebend sein solle für die Verpflichtung zum Ersatze, und wenn der Befund keine äußere Verletztheit des Verschlusses und der Verpackung aufweise, solle die Postverwaltung eine Ersatzpflicht überhaupt nicht treffen. Wenn aber über die Verletzung äußerlich befunden werden solle, so müsse sie auch äußerlich wahrnehmbar sein, wie denn der § 7 von dem „äußerlich" unverletzten Verschlusse spreche, d. h. besage, daß eine Verletzung in dem von ihm gemeinten Sinne nur vorliege, wenn sie eine äußerliche also eine wahrnehmbare sei. Könne sich doch auch nur auf solche Verletzungen die Prüfung durch die Organe der Postverwaltung erstrecken.

Diese Rüge der Revision ist nicht begründet, wenn auch den Ausführungen des Berufungsgerichts nicht überall beizutreten ist.

Nachdem der erste der den Abschnitt II „Garantie" bildenden Paragraphen des Gesetzes über das Postwesen, der § 6, die Fälle bestimmt hat, in denen die Postverwaltung dem Absender bei „reglementsmäßig erfolgter Einlieferung" Ersatz leistet, Fälle, zu denen nach Abs. 1 I unter 1 die „Briefe mit Wertangabe" gehören, bestimmt der § 7:

„Wenn der Verschluß und die Verpackung der zur Post gegebenen Gegenstände bei der Aushändigung an den Empfänger äußerlich unverletzt, und zugleich das Gewicht mit dem bei der Einlieferung ermittelten übereinstimmend befunden wird, so darf dasjenige, was bei der Eröffnung an dem angegebenen Inhalte fehlt, von der Postverwaltung nicht vertreten werden. Die ohne Erinnerung geschehene Annahme einer Sendung begründet die Vermutung, daß bei der Aushändigung Verschluß und Verpackung unverletzt, und das Gewicht mit dem bei der Einlieferung ermittelten übereinstimmend befunden worden ist."

Betrachtet man in dem ersten Satze die Worte „äußerlich unverletzt" für sich allein, so kann man sehr wohl zu der von der Revision vertretenen Auffassung kommen, daß damit nur eine bei der äußerlichen Prüfung des Zustandes des Verschlusses und der Verpackung sich ergebende Unverletztheit beider gemeint, daß also der Verschluß und die Verpackung äußerlich unverletzt schon dann seien, wenn bei der Besichtigung des Äußern der Postsendung keine Verletzung wahrnehmbar sei, ohne Rücksicht darauf, ob eine Untersuchung des Innern etwa dennoch eine Verletzung ergeben sollte, oder ob das Vorliegen einer solchen aus anderen Umständen geschlossen werden müßte. Zieht man aber zur Deutung der Worte den Schluß des Satzes mit heran: . . . „so darf dasjenige, was bei der Eröffnung an dem angegebenen Inhalte fehlt, von der Postverwaltung nicht vertreten werden", so erscheinen als die wirklichen Gegensätze, die einander hier gegenübergestellt werden, der Verschluß und die Verpackung einerseits und der Inhalt andererseits, jene das Äußere, dieser das Innere der Sendung bildend. Eine gewisse Bestätigung aber findet diese Deutung in dem Umstande, daß in dem folgenden Satze, der eine Rechtsvermutung an die ohne Erinnerung geschehene Annahme der Sendung durch den Empfänger knüpft, der dafür maßgebende Tatbestand schlechthin dahin angegeben ist, „daß bei der Aushändigung Verschluß und Verpackung unverletzt und das Gewicht mit dem bei der Einlieferung ermittelten übereinstimmend befunden worden ist", daß also hier das Wort „äußerlich" vor „unverletzt" fehlt. Demgemäß ist schon nach dem Wortsinne des § 7 anzunehmen, daß neben der Übereinstimmung des Gewichts entscheidend sein soll das Unverletztsein des Äußern der Sendung, des Verschlusses und der Verpackung, aber ohne Rücksicht darauf, ob eine Verletzung schon bei der Besichtigung der Außenseite des Verschlusses und der Verpackung, oder erst bei der Untersuchung auch der Innenseite wahrgenommen werden kann, — alles im Gegensatze zu dem Vorhandensein oder Fehlen oder der Beschaffenheit des Innern der Sendung, des Inhalts.

Dabei sei noch darauf hingewiesen, daß die Worte „bei der Aushändigung an den Empfänger . . . befunden wird" nicht, wie es nach der — allerdings keineswegs treffenden — Fassung den Anschein haben könnte, nur von einem „Befunde" verstanden werden dürfen, der sich bei einer Untersuchung, die gerade „bei der Aushändigung an den Empfänger" vorgenommen wird,... herausstellt.... (wird ausgeführt.) Es muß daher unter dem „Befunde" gegebenenfalls auch das Ergebnis einer erst im Rechtsstreite bewirkten Beweisaufnahme verstanden werden.

Zu demselben Ergebnis in bezug auf den Sinn des § 7 gelangt man aber auch, wenn man dessen Bestimmungen im Zusammenhange mit denen des folgenden § 8 und der daraus sich ergebenden gesamten Rechtslage betrachtet. Dieser schreibt vor:

„Wenn eine Wertangabe geschehen ist, so wird dieselbe bei der Feststellung des Betrages des von der Postverwaltung zu leistenden Schadensersatzes zugrunde gelegt. Beweist jedoch die Postverwaltung, daß der angegebene Wert den gemeinen Wert der Sache übersteigt, so hat sie nur diesen zu ersetzen.

Ist in betrüglicher Absicht zu hoch deklariert worden, so verliert der Absender nicht nur jeden Anspruch auf Schadensersatz, sondern ist auch nach den Vorschriften der Strafgesetze zu bestrafen."

Das Berufungsgericht ist der Meinung, daß die Bestimmung des Abs. 1 sich nur auf die Schätzung eines verlorengegangenen Gegenstandes beziehe, und daß dadurch im vorliegenden Falle die Klägerin des Beweises, daß sie den Brief mit den drei Scheinen eingeliefert habe, nicht überhoben werde. Diese Auffassung ist jedoch mit Wortlaut und Sinn des § 8 nicht verträglich. Wenn die geschehene Wertangabe „bei der Feststellung des Betrags des von der Postverwaltung zu leistenden Schadensersatzes zugrunde zu legen" ist, und die Vorschrift, wie nach ihrem Zusammenhange mit dem vorangestellten § 6 nicht zweifelhaft sein kann, sich sowohl auf die dort unter I 1 aufgeführten „Briefe mit Wertangabe" wie auf die dort unter I 2 bezeichneten „Pakete mit ... Wertangabe" bezieht, so soll die Wertangabe eben „zugrunde gelegt werden" bei der Ersatzleistung für den Inhalt sowohl eines Geldbriefes wie eines Pakets mit Wertangabe. Und die Worte „wird" und „zugrunde gelegt" können auch nur bedeuten, daß an sich der in der Wertangabe bezeichnete Betrag voll zu ersetzen ist, und die statthaften Ausnahmen von dieser Regel enthalten nur der folgende Satz des Abs. 1 und der Abs. 2, die für die dort bezeichneten Fälle die Beweislast dafür, daß der angegebene Betrag zu hoch, oder daß der angegebene Geldbetrag oder Wertgegenstand überhaupt nicht im Briefe enthalten gewesen sei, der Postverwaltung auferlegen, . . . wie denn auch die grundsätzliche „Garantie" für den deklarierten Betrag bei Briefen mit Wertangabe die notwendige Ergänzung des insoweit bestehenden Postzwanges bildet und dem Charakter der erhobenen besonderen Versicherungsgebühr als einer Versicherungsprämie entspricht.

. . .

Vergleicht man nun die Rechtslage, die sich ergeben würde, wenn die Ansicht der Revision über die Bedeutung des § 7 Satz 1 zuträfe, mit der nach § 8 bestehenden, so ergibt sich folgendes. Nach jener Vorschrift wäre die Haftbarkeit der Postverwaltung für irgendwelchen Schaden schon dann völlig ausgeschlossen, wenn, abgesehen von der Übereinstimmung des Gewichts bei der Einlieferung und der Ausgabe des Geldbriefes oder des Wertpakets, der Verschluß und die Verpackung keine äußere, äußerlich wahrnehmbare Verletzung aufweisen. Dem Absender stände dann kein Anspruch auf Ersatzleistung zu, nicht bloß, wenn wirklich überhaupt keine Verletzung an Verschluß und Verpackung zu entdecken wäre, sondern auch, wenn eine solche nur bei der Untersuchung des Innern des Verschlusses oder der Verpackung gefunden werden könnte, möchte er auch imstande sein, den vollen Beweis dafür zu führen, daß der angegebene Inhalt, insbesondere der bezeichnete Geldbetrag, in den Umschlag wirklich hineingelegt, dieser ordnungsmäßig verschlossen und unter solchen Umständen zur Post befördert und ihr übergeben worden sei, die es unmöglich machten, daß der Inhalt bis dahin daraus hätte entfernt werden können. Dagegen wäre die Postverwaltung nach § 8 in der Lage, wenn an sich der Fall ihrer Haftung für eine verlorengegangene oder beschädigte Sendung nach § 6 vorliege, ihre Haftung dadurch zu mindern oder auszuschließen, daß sie bewiese, bei anderen Sachen als Geld, daß der angegebene Wert den gemeinen Wert der Sachen übersteige, oder daß diese überhaupt nicht in der Sendung enthalten gewesen seien, bei Geldbriefen aber, daß sich nur ein geringerer Geldbetrag als der deklarierte, oder daß sich überhaupt kein Geld in dem Briefe befunden habe. Dies wäre eine so weitgehende Ungleichheit in der rechtlichen

Stellung der Beteiligten, daß nicht angenommen werden kann, das Gesetz habe sie gewollt. Mit Rücksicht nämlich auf die gerade im Betriebe der Post wünschenswerte Sicherheit und Leichtigkeit des Verkehrs . . . hat das Gesetz einerseits die Haftung der Postverwaltung für verlorene oder beschädigte Sendungen mit Wertangabe zunächst nur an die formale Voraussetzung geknüpft, daß die Einlieferung „reglementsmäßig erfolgt" (§ 6), und für die Sendung, Brief oder Paket, eben „eine Wertangabe geschehen ist" (§ 8), also an sich ohne Rücksicht darauf, ob diese wahrheitsgemäß gewesen ist; und es hat der Postverwaltung nur in der soeben erörterten Weise den Gegenbeweis nachgelassen, daß die Wertangabe dem Inhalte der Sendung nicht entsprochen habe. Andererseits hat das Gesetz (in § 7) aber auch die Befreiung der Postverwaltung von dieser Haftung von der lediglich formalen Voraussetzung abhängig gemacht, daß der „Verschluß und die Verpackung der zur Post gegebenen Gegenstände bei der Aushändigung an den Empfänger äußerlich unverletzt, und zugleich das Gewicht mit dem bei der Einlieferung ermittelten übereinstimmend befunden wird", also ohne Rücksicht darauf, ob etwa trotzdem schon nach den sonstigen Umständen eine Beraubung der Sendung während der Zeit zwischen ihrer Einlieferung zur Post und ihrer Aushändigung an den Empfänger anzunehmen wäre. Es ist jedoch hier dem Absender auch nicht einmal der Beweis offen gelassen worden, daß trotzdem eine Beraubung der Sendung während dieser Zeit stattgefunden habe.

Die hiernach vom Gesetze gewollte Ungleichheit in der rechtlichen Stellung der Postverwaltung einerseits und des Empfängers andererseits bei dem Verluste oder der Beschädigung von Sendungen mit Wertangabe würde jedoch unerträglich sein, wenn § 7 mit der Revision dahin auszulegen wäre, daß schon bei einer auf der Außenseite nicht wahrnehmbaren Verletzung des Verschlusses oder der Verpackung der Sendung der Tatbestand als gegeben anzusehen wäre, den das Gesetz in die Worte kleidet: „Wenn der Verschluß und die Verpackung" usw. „bei der Aushändigung" an den Empfänger äußerlich unverletzt usw. „befunden wird". Die Haftung der Postverwaltung würde dann ausgeschlossen sein, auch wenn die Besichtigung des Innern des Verschlusses — nicht etwa des Inhalts der Sendung selbst — klar ergäbe, daß und wie die Verletzung ausgeführt wäre, und nunmehr auch hervorträte, daß gewisse vorher nicht beachtete und nicht in die Augen fallende Anzeichen auf der Außenseite des Verschlusses oder der Verpackung für die Beraubung der Sendung sprächen. Ein solches, jene Ungleichheit noch beträchtlich steigerndes Ergebnis kann das Gesetz, von dem angenommen werden muß, daß es die Interessen beider Beteiligten in gerechter Weise hat berücksichtigen wollen, nicht beabsichtigt haben. . . . (Es folgen Ausführungen über die Entstehungsgeschichte der Vorschrift.)

Nach alledem geht zwar das Berufungsgericht zu weit, wenn es den § 7 dahin auslegt, die Befreiung der Postverwaltung von der Haftung für den Inhalt einer Sendung mit Wertangabe trete nur dann ein, wenn, abgesehen von der Übereinstimmung des Gewichts, der Verschluß und die Verpackung bei der Aushändigung an den Empfänger tatsächlich unverletzt seien. Denn es kann Fälle geben, in denen durch die Aussagen völlig glaubwürdiger Zeugen der Beweis erbracht wird, daß der angegebene Inhalt wirklich in den Brief oder das Paket hineingelegt, und die Sendung bis zu ihrer Einlieferung bei der Post unversehrt geblieben ist, der Inhalt aber bei der Aushändigung an den Empfänger gefehlt hat oder gemindert gewesen ist, und der Verschluß oder die Verpackung trotzdem auch bei der genauesten Untersuchung unter Benutzung aller Hilfsmittel der Wissenschaft keine Spur einer Verletzung aufweist, so daß nur die Erklärung übrig bleibt, die Beraubung der Sendung sei in der Zwischenzeit mit dem äußersten Raffinement etwa unter Benutzung besonderer Mittel, die das Zurückbleiben auch der geringsten äußeren Spuren ausschlössen, ausgeführt worden. In solchen Fällen soll die Postverwaltung für den fehlenden Inhalt nicht haftbar sein. Denn schon nach dem Wortlaute des Gesetzes „befunden wird" genügt es, daß der „Befund", also das Ergebnis der Untersuchung des Verschlusses und der Verpackung zur Zeit der Aushändigung an den Empfänger, dahin geht, daß beides als unverletzt erscheint, und ebenso lassen die vorher mitgeteilten Verhandlungen des Reichstags über den von dem Abgeordneten Wachenhusen gestellten Antrag keinen Zweifel darüber, daß in solchen Fällen die Voraussetzung des ersten Satzes des § 7 als erfüllt angesehen werden soll. Andererseits haftet aber die Revision zu sehr an dem Wortlaute des Gesetzes, wenn sie meint, es reiche zur Ausschließung der Haftung der Postverwaltung aus, daß die äußere Besichtigung des Verschlusses und der Verpackung einer Sendung mit Wertangabe keine Verletzung erkennen lasse. Vielmehr muß die Untersuchung sich ebenso auch auf die Beschaffenheit des Innern des Verschlusses und der Verpackung erstrecken und mit allen zur Verfügung stehenden Hilfsmitteln ausgeführt werden. Erst wenn auch dann keine Verletzung an dem Verschlusse oder der Verpackung nachweisbar ist, ist der Fall des § 7 Satz 1 des Gesetzes gegeben.

Im vorliegenden Falle ist nun nach dem vom Berufungsgerichte festgestellten Sachverhältnisse die Verletzung des Verschlusses des Geldbriefes am Innern des Verschlusses wahrnehmbar gewesen, und die hier vorgefundenen Verletzungen, die kreisförmigen Ausschnitte aus dem Umschlage, die auf der Außenseite durch das Ausfließenlassen der Ränder der Siegel verdeckt wurden, wiesen ihrerseits wieder auf Merkmale der Außenseite des Umschlags hin, die, obgleich sie bei der ursprünglichen Besichtigung nicht beachtet wurden und unverdächtig erschienen, in Wirklichkeit doch auch schon von außen als wahrscheinlich erscheinen ließen, daß eine Verletzung des Verschlusses stattgefunden hatte. Die Voraussetzung für die Anwendung des § 7 Satz 1 des Reichspostgesetzes ist demnach nicht erfüllt. Damit erweist sich die erste von der Revision erhobene Beschwerde im Ergebnisse als hinfällig."

RGZ. 121, 345.+

Hat die Eintragung einer Forderung in ein Stadtschuldbuch die Loslösung der Forderung von ihrem bisherigen Schuldgrund mit rechtlicher Notwendigkeit zur Folge? Bedeutung der Eintragung einer Forderung in das Reichs- oder das preußische Schuldbuch.

AnlAblG. § 30 Abs. 3, § 40 Abs. 3.

VI. Zivilsenat. Urt. v. 28. Juni 1928.

I. Landgericht Bielefeld. — II. Oberlandesgericht Hamm.

. . . (Anläßlich eines Aufwertungsstreits hat das RG. zu obenstehenden Fragen folgende Stellung genommen:)

Gründe:

Beide Parteien gehen davon aus, daß die Forderung des Klägers gegen die Stadtgemeinde ursprünglich eine Kaufpreisforderung von 21 000 M gewesen ist. Während aber der Kläger meint, daß der Charakter der Forderung als einer Kaufpreisforderung trotz der Eintragung in das Stadtschuldbuch habe erhalten bleiben können und auch nicht durch Umschaffung geändert worden sei, erachtet die Beklagte seit der Eintragung der Forderung in das Stadtschuldbuch eine Aufwertung der Forderung nur noch nach § 30 Abs. 3, § 40 Abs. 3 AnlAblG. für statthaft. . . . (§§ 30 flg. des Anleiheablösungsgesetzes enthalten besondere Vorschriften für die Aufwertung, u. a. von „Buchschulden".)

Es kann keinem Bedenken unterliegen, daß das Schuldbuch der Stadt Bielefeld nach der Schuldbuchordnung vom 14. Juni 1911 als ein Schuldbuch im Sinne der §§ 30, 40 a. a. O. anzusehen ist. Nach § 1 dieser Schuldbuchordnung, der nach seiner Überschrift über das Wesen des Stadtschuldbuchs handelt, können Schuldverschreibungen der Stadt Bielefeld in Buchschulden dieser Stadt auf den Namen eines bestimmten Gläubigers umgewandelt werden; die Umwandlung erfolgt nach Einlieferung der Schuldverschreibung durch Eintrag in das Stadtschuldbuch. Diese Vorschriften sind durch die Zusatzbestimmungen vom 29. Februar 1912 geändert; danach können auch Bargelder in Höhe von mindestens 1000 M als Buchforderung eingetragen werden. Für diese Art von Buchforderungen gelten Sonderbestimmungen über Verzinsung und Kündbarkeit der Forderungen. Mit diesen Zusatzbestimmungen wurde über die Änderungen, die im Jahre 1910 vom Reich (Ges. vom 31. Mai 1910, RGBl. S. 840) für das Reichsschuldbuch und von Preußen (Ges. vom 22. Mai 1910 in der Fassung vom 27. Mai 1910, GS. S. 55) für das Staatsschuldbuch getroffen worden waren, insoweit hinausgegangen, als in jenen Büchern Buchschulden zwar auch ohne Umwandlung von Schuldverschreibungen der Reichsanleihen und konsolidierten Anleihen eingetragen werden können, jedoch derart, daß der Kaufpreis für Schuldverschreibungen, deren Nennwert der einzutragenden Buchschuld entspricht, von einer amtlichen Stelle festgesetzt und vom Gläubiger eingezahlt wird. Hieraus ergibt sich aber kein wesentlicher Unterschied rechtlicher Art zwischen den Schuldbuchforderungen, die in das Schuldbuch der Stadt Bielefeld, und denen, die in das Reichs- oder in das Staatsschuldbuch eingetragen werden.

Es fragt sich, ob mit der Eintragung einer Forderung in ein solches Schuldbuch das Fortbestehen des früheren Schuldgrundes vereinbar ist, ob also insbesondere eine Forderung aus einem gegenseitigen Vertrag weiter bestehen kann, oder ob die Eintragung der Forderung ihre Loslösung vom bisherigen Schuldgrund mit rechtlicher Notwendigkeit ergibt. Die Frage ist im letzteren Sinne zu beantworten. Die Schuldbuchforderung ist eine eigenartige, für sich bestehende Forderung; durch die Eintragung wird ein besonderes, auf der Hingabe von Geld beruhendes Rechtsverhältnis geschaffen, das in Ansehung des Schuldgrundes ausschließlich durch die Bestimmungen der Schuldbuchforderung geregelt wird und nicht gleichzeitig neben einem anderen Rechtsverhältnis bestehen kann. Es ist rechtlich nicht möglich, daß eine Kaufpreisforderung neben einer Schuldbuchforderung besteht; man würde sonst zu dem Ergebnis kommen, daß im Schuldbuch Forderungen enthalten sind, die aus den verschiedensten Rechtsgründen herrühren, und ein solches Ergebnis ist mit der Einrichtung eines Schuldbuchs nicht vereinbar, die (soweit die oben erörterten Schuldbücher in Betracht kommen) einheitlich zu beurteilende Forderungen voraussetzt. Andernfalls müßten auch Einwendungen aus den einzelnen Schuldverhältnissen zugelassen werden; auch das steht mit der Einrichtung des Schuldbuchs nicht im Einklang. Aus der Bielefelder Stadtschuldbuchordnung kann noch auf § 4 verwiesen werden, der die Bedeutung des Eintrags der Forderung insofern besonders ersehen läßt, als hiernach Verfügungen über eingetragene Forderungen gegenüber der Stadt erst durch Eintrag im Stadtschuldbuch Wirksamkeit erlangen.

Der Kläger hat sich den mit dieser Eintragung verbundenen Wirkungen dadurch unterworfen, daß er beim Magistrat (Schuldbuchverwaltung) die Eintragung der Bargeldeinlage von 21 000 M, die er durch die Stadtkämmerei zu diesem Zwecke überweisen sollte, beantragte. Er wollte in die Rechtslage versetzt werden, daß der Betrag der Kaufpreisforderung ihm nicht ausgezahlt, sondern als eine für seine Rechnung zu bewirkende Bareinlage zur Eintragung in das Schuldbuch verwendet werde.

. . .

RGZ. 152, 283.

1. Liegt ein (verhülltes) Abzahlungsgeschäft zwischen Kraftwagenfabrik und Kraftwagenkäufer vor, wenn dieser das Geschäft nicht unmittelbar mit der Fabrik, sondern mit einer von ihr abhängigen Kraftwagenverkaufsgesellschaft abgeschlossen hat?

2. Hat der Verkäufer im Falle des Rücktritts von einem Abzahlungsgeschäft dem Käufer die Kosten zurückzugewähren, die durch die Diskontierung von Ratenwechseln des Käufers erwachsen und von ihm dem Verkäufer bezahlt worden sind?

Reichsgesetz betr. die Abzahlungsgeschäfte vom 16. Mai 1894 (RGBl. S. 450) — AbzG. — §§ 1, 2, 6. BGB. § 347.

II. Zivilsenat. Urt. v. 9. Oktober 1936.

I. Landgericht Berlin. — II. Kammergericht daselbst.

Auf Grund von Verhandlungen mit der H. A. Gesellschaft mbH. in B. (= Hasag) kaufte der Kläger im April 1929 einen NAG-Lastwagen zum Preise von 27 170 RM zuzüglich weiterer 100 RM für einen Reservetank. Er zahlte am 17. Juli 1929 an die Hasag 6000 RM in bar und akzeptierte über den um die Diskontspesen erhöhten Restbetrag von 22 700 RM von der Hasag ausgestellte Wechsel, die mit monatlich 900 RM abgedeckt werden sollten. Am 19. Juni 1929 erhielt er den Wagen von der Beklagten als Herstellerin übergeben, wobei sich diese von ihm einen Vorbehalt ihres Eigentums am Wagen bis zur vollständigen Bareinlösung der Wechsel bestätigen ließ. Gleichzeitig verpflichtete sich der Kläger ihr gegenüber, den Wagen „gegen Kasko, d. i. Feuer, Diebstahl, eigene und fremde Beschädigungen" zu versichern. Anfang April 1930 übergab der Kläger den Wagen der Hasag zur Vornahme von Ausbesserungen. Nach deren Vollendung weigerte sich die Hasag unter Berufung auf eine angebliche Weisung der Beklagten, den Wagen zurückzugeben, weil der Kläger mit der Einlösung der inzwischen fällig gewordenen Wechsel in Rückstand geraten war. Er hatte bis dahin Wechsel im Betrage von 8100 RM bezahlt, während solche im Betrage von 14 600 RM noch im Umlauf waren. Nachdem am 4. Juli 1930 das Konkursverfahren über das Vermögen der Hasag eröffnet worden war, gab der Konkursverwalter den Wagen zufolge des Eigentumsvorbehalts an die Beklagte heraus. Am 7. Juli 1931 traf er mit ihr ein Abkommen zur Vereinigung aller zwischen ihr und der Hasag wechselseitig geltend gemachten Ansprüche. Auf Grund dessen überließ ihm die Beklagte die noch in ihrem Besitz befindlichen Wechsel über 14 600 RM.

Der Kläger nimmt die Beklagte aus §§ 1, 2 AbzG. sowie wegen unerlaubter Handlung in Anspruch. Er hat zunächst einen Teilbetrag von 18 000 RM samt Zinsen eingeklagt mit der Behauptung: Die Beklagte sei Verkäuferin des Wagens gewesen oder müsse sich zum mindesten als solche behandeln lassen. Von ihr habe er den Wagen übergeben erhalten, mit ihr auch den Eigentumsvorbehalt vereinbart. Die Hasag sei lediglich als ihre Vertreterin tätig gewesen; sie sei nach ihren vertraglichen Abmachungen mit der Beklagten von dieser wirtschaftlich völlig abhängig gewesen. Auf den vereinbarten Kaufpreis habe er an barer Anzahlung, zur Abdeckung von Wechseln, Diskontspesen und Versicherungsprämien 33 400 RM geleistet. Für die Minderung des Wagenwertes und als Entgelt für die Gebrauchsüberlassung sei ein Betrag von 5000 bis 6000 RM angemessen.

Die Beklagte hat um Klagabweisung gebeten. Sie hat u. a. in Abrede gestellt, daß sie Verkäuferin des Wagens gewesen sei oder auch nur als solche angesehen werden könne. Der Kläger habe, so macht sie geltend, zu ihr in keinerlei Rechtsbeziehungen gestanden, sondern lediglich von der Hasag gekauft. Diese sei ihr gegenüber völlig selbständig gewesen. Den vollen Kaufpreis für den von ihr gelieferten

Wagen habe sie, die Beklagte, nicht erhalten. Diskontspesen und Versicherungsprämien könne der Kläger nicht in Ansatz bringen, da diese von ihm zu tragende Geschäftsunkosten seien. Der Wagen habe auch bei der Rücknahme nicht den vom Kläger behaupteten Wert gehabt.

Das Landgericht hat die Klage abgewiesen. Im Berufungsverfahren hat die Beklagte hilfsweise mit einer von ihr nach ihrer Behauptung aus den Händen der C. und P. AG. in B. erworbenen, auf dem Grundstück des Klägers in B. ruhenden, hypothekarisch gesicherten Forderung von 11 701,66 RM nebst Zinsen aufgerechnet. Der Kläger hat mit Rücksicht hierauf beantragt, die Beklagte zu verurteilen, in die Löschung dieser Hypothek zu willigen und an ihn 6298,34 RM nebst Zinsen zu zahlen. Das Kammergericht hat unter Abweisung der Klage im übrigen die Beklagte verurteilt, in die Löschung eines Teilbetrags von 7749 GM. der genannten Hypothek zu willigen. Die Revision des Klägers und die Anschlußrevision der Beklagten führten zur Aufhebung des Berufungsurteils und zur Zurückverweisung der Sache.

Aus den Gründen:

Das Berufungsgericht führt aus: Ein eigentlicher Kaufvertrag zwischen den Parteien sei zwar nicht zustande gekommen, sondern Verkäuferin des Lastkraftwagens sei lediglich die Hasag gewesen. Es sei auch nicht dargetan, daß diese insoweit als rechtsgeschäftliche Vertreterin der Beklagten gehandelt habe. Die Beklagte müsse sich aber als Verkäuferin des Wagens behandeln lassen, da ein verhülltes Abzahlungsgeschäft im Sinne des § 6 AbzG. vorliege. Wie aus dem zwischen der Hasag und der Beklagten abgeschlossenen Vertretervertrag vom 5. Oktober 1928 hervorgehe, sei die Hasag wirtschaftlich von dieser in erheblichem Maße abhängig gewesen. Ihr Verkaufsrecht sei auf ein bestimmtes, räumlich begrenztes Gebiet beschränkt gewesen. Sie habe von anderen Fahrzeugen als denen der Beklagten nur vereinzelte Erzeugnisse vertreiben dürfen, die im Wettbewerb für die Beklagte nicht in Frage gekommen seien. Bei der Bestellung von Untervertretern und dem Vertrieb von Vertragsware durch Zweigunternehmungen sei sie an die Zustimmung der Beklagten gebunden gewesen. Diese habe ihre Wagen im Bezirk der Hasag selbst unmittelbar oder durch weitere Vertreter absetzen dürfen, ohne die Hasag hierfür entschädigen zu müssen. Gleichwohl habe die Hasag jährlich eine bestimmte Anzahl von Personen-, Schnellast- und Schwerlastwagen der Beklagten abnehmen müssen. Dabei habe sich diese eine jederzeitige Änderung der der Hasag zu gewährenden Rabattsätze sowie das Recht vorbehalten, Aufträge ohne Angabe von Gründen abzulehnen . . . Das Berufungsgericht läßt es dahingestellt, ob ein solches Vertragsverhältnis nicht wegen seiner als Knebelung anzusehenden Beeinträchtigung der Hasag in ihrer wirtschaftlichen Bewegungsfreiheit gegen die guten Sitten verstoße und deshalb nach § 138 BGB. nichtig sei. Es nimmt aber an, daß bei der gegebenen Sachlage von einer wirtschaftlichen Selbständigkeit der Hasag gegenüber der Beklagten nicht mehr gesprochen werden könne, daß beide Firmen vielmehr dem Kläger gegenüber als wirtschaftliche Einheit anzusehen seien dergestalt, daß bei ihrer völligen Abhängigkeit voneinander eine Teilung der Funktionen auf der Verkäuferseite vorliege. Zweck dieser Art und Weise des Verkaufs in Verbindung mit dem „NAG.-Spezial-Kreditsystem" der Beklagten sei es ausschließlich gewesen, dem Käufer Gelegenheit zum Kauf eines Wagens der Beklagten auf Abzahlung zu geben. Das nötige dazu, den Kauf des Klägers als ein verhülltes Abzahlungsgeschäft mit der Beklagten anzusehen.

Das Berufungsgericht legt hiernach entscheidendes Gewicht nicht sowohl darauf, ob die Beklagte mit dem Kläger in vertragliche, auf einen unmittelbaren Verkauf des Wagens an ihn abzielende Beziehungen getreten ist, sondern darauf, ob es ihr gelungen ist, sich durch Einschaltung der von ihr abhängigen Hasag die Stellung eines Abzahlungsverkäufers zu verschaffen, ohne sich den damit verbundenen rechtlichen Beschränkungen auszusetzen. Seine Ansicht, daß es in solchem Falle dem Sinne und Zweck des Abzahlungsgesetzes entspreche, dem Kläger auch ihr gegenüber die Rechte eines Abzahlungskäufers zu gewähren, ist rechtlich nicht zu beanstanden. Das Abzahlungsgesetz beruht auf sozialpolitischen Erwägungen und verfolgt das Ziel, den wirtschaftlich schwachen Käufer vor Unbilligkeiten zu schützen, die sich aus dem Bestreben des Verkäufers ergeben können, sich gegen Verluste aus einem für ihn auf lange Sicht abgestellten und deshalb Zufälligkeiten besonders ausgesetzten Geschäft nach Möglichkeit zu sichern. Es kommt hiernach in erster Reihe auf den wirtschaftlichen Zweck eines Geschäfts und nicht auf seine äußere Rechtsform an, wenn es sich darum handelt, ob es der für Abzahlungsgeschäfte geltenden gesetzlichen Sonderregelung unterstellt werden soll. Soweit deshalb das Abzahlungsgesetz in seinem § 6 eine entsprechende Anwendung seiner für den Schutz des Abzahlungskäufers wesentlichen Vorschriften auch auf Verträge zuläßt, die auf die Erreichung der Zwecke eines Abzahlungsgeschäfts in einer anderen Rechtsform als der des Kaufvertrags abzielen, will es einer Vereitelung seines Zweckes vorbeugen, indem es alle Fälle zu erfassen sucht, in denen der wirtschaftliche Erfolg des Abzahlungsgeschäfts in einer hierfür geeigneten Rechtsform herbeigeführt werden soll. Der damit gegebene weite Rahmen rechtfertigt es, eine Anwendung des Gesetzes auch dann für zulässig und geboten zu erachten, wenn, wie hier, eine Ware von vornherein nur im Wege des Abzahlungsgeschäfts abgesetzt werden soll, der Hersteller aber die ihm daraus erwachsenden Nachteile dadurch zu umgehen sucht, daß er sich zum Absatz einer von ihm wirtschaftlich abhängigen Zwischenstelle bedient, der er die Rolle des Abzahlungsverkäufers zuweist, während er selbst, ohne als Verkäufer aufzutreten, auch dem Käufer gegenüber wirtschaftlich Herr des Geschäfts bleibt.

Der Kläger sowohl wie die Hasag und die Beklagte waren sich von vornherein nicht darüber im Zweifel, daß für jenen ein Erwerb des Lastkraftwagens nur in Frage kommen konnte, wenn ihm eine Tilgung des Kaufpreises in Teilzahlungen nachgelassen wurde. Sie waren sich ebenso darüber klar, daß nicht die Hasag imstande und willens war, dem Kläger den Lastkraftwagen aus eigenem Vermögen unter Gewährung geräumigen Kredits zur Verfügung zu stellen, sondern daß es hierzu der Mitwirkung der Beklagten bedurfte, von deren Bereitwilligkeit zur Kreditgebung das Zustandekommen des Geschäfts abhing. Wollte auch diese ihren Wagen absetzen, so mußte hiernach allen Beteiligten daran liegen, ihre Beziehungen so zu gestalten, daß sich ein Abzahlungsgeschäft ergab, dessen wirtschaftliche Wirkungen auf der Käuferseite den Kläger, auf der Verkäuferseite die Beklagte trafen, während der Hasag rechtlich zwar die Rolle der Verkäuferin, wirtschaftlich aber lediglich die einer Mittlerin zufiel, die an dem Geschäft wohl verdienen sollte und deshalb selbst der Beklagten gegenüber für seine Erfüllung einstand, dieser aber für eine Sicherung ihrer Kreditansprüche auch gegenüber dem Kläger freie Bahn ließ. Dem entsprach es, wenn, wie unbestritten ist, die von der Hasag ausgestellten und vom Kläger angenommenen Wechsel in Höhe des gesamten in Teilzahlungen abzudeckenden Kaufpreisrestes sofort an die Beklagte weitergegeben wurden und der Kläger dieser einen Vorbehalt des Eigentums am Kraftwagen bis zur völligen Bezahlung des Kaufpreises zugestand, sich ihr gegenüber auch zur Eingehung einer Versicherung gegen Beschädigung und Zerstörung des Wagens verpflichtete. Der Kläger räumte damit der Beklagten Rechte ein, an deren Erlangung dieser als Kreditgeberin gelegen sein mußte und die sie auch als Abzahlungsverkäuferin ihm gegenüber nicht anders hätte erwerben können. Es fehlt also entgegen der Ansicht der Anschlußrevision nicht an schuldrechtlichen Beziehungen zwischen den Parteien, die eine Deutung im Sinne eines von ihnen dem wirtschaftlichen Erfolge nach als Abzahlungsgeschäft gewollten Vertrags zulassen.

Einer solchen Auslegung steht auch die äußerliche Trennung dieser Beziehungen von dem eigentlichen Kaufvertrag zwischen dem Kläger und der Hasag nicht entgegen. Das Berufungsgericht hat aus den von ihm hervorgehobenen Umständen mit Recht gefolgert, das die Hasag in erheblichem Maße von der Beklagten abhängig war. Die in dem Vertretervertrag vom 5. Oktober 1928 niedergelegten Befugnisse der Beklagten, in der dort angegebenen Weise auf die Geschäftsführung der Hasag einzuwirken — ihr die Bestellung von Untervertretern oder den Vertrieb ihrer Wagen durch Zweigunternehmungen zu untersagen, Aufträge der Hasag abzulehnen und selbst in deren Bezirk Geschäfte zu tätigen, die ihr zu gewährenden Rabattsätze jederzeit abzuändern —, anderseits deren Verpflichtung, geeignete Verkaufsräume und Reparaturwerkstätten zu unterhalten, Vorführungswagen bereitzustellen und jährlich eine bestimmte Anzahl von Kraftwagen der Beklagten abzunehmen, konnten vom Berufungsgericht unbedenklich dahin gewürdigt werden, daß von einer wirtschaftlichen Selbständigkeit der Hasag gegenüber der Beklagten nicht mehr gesprochen werden könne. Wird weiter berücksichtigt, daß die Hasag nach dem Vertretervertrag der Kundschaft gegenüber als selbständiger Kaufmann zu handeln hatte und durch ihre Rechtshandlungen keine unmittelbaren Rechte und Pflichten zwischen ihren Abnehmern und der Beklagten begründen durfte, ihren Verkäufen aber deren „Allgemeine Verkaufs-, Lieferungs- und Garantiebedingungen" zugrunde legen mußte, so ist der Schluß gerechtfertigt, daß es der Beklagten vor allem darauf ankam, sich eine von ihr abhängige Verkaufsstelle zu verschaffen, die sie in den Stand setzte, ihre Wagen in der bei deren Werte in der Regel in Frage kommenden Form des Abzahlungsgeschäfts abzusetzen, ohne hierbei dem Käufer gegenüber anders als durch Zurverfügungstellung ihres Kapitals in Gestalt einer Kreditgewährung in die Erscheinung zu treten. Das lief aber seinem wirtschaftlichen Erfolg nach für die Beklagte auf Gewinnerzielung im Zusammenhang mit Teilzahlungsgeschäften hinaus und bedeutete auch für den Käufer im Ergebnis nichts anderes als den Erwerb eines Kraftwagens im Wege des Abzahlungsgeschäfts. Der Annahme des Berufungsgerichts, daß auch in einem solchen Falle die Bestimmung des § 6 AbzG. Platz greifen müsse, ist deshalb beizutreten.

Die entscheidende Bedeutung des zur Erörterung stehenden Sachverhalts liegt darin, daß der Kläger der Beklagten gegenüber wirtschaftlich so dastand, als habe er von ihr auf Abzahlung gekauft. Das rechtfertigt nach dem Sinne des § 6 a. a. O., der dahin geht, den Besitzer einer durch Teilzahlungen erworbenen Sache auf alle Fälle vor einem entschädigungslosen Verlust der Sache zu bewahren, die entsprechende Anwendung der hierfür in Betracht kommenden Vorschriften des Abzahlungsgesetzes auch gegenüber der Beklagten. Der Sachverhalt unterscheidet sich in seinen wirtschaftlichen Auswirkungen für die Beteiligten nicht wesentlich von sonstigen Finanzierungsgeschäften zwischen dem Kreditgeber und einer der Teilzahlungsvertragsparteien, für die in Schrifttum und Rechtsprechung die Anwendbarkeit des § 6 allgemein bejaht wird (vgl. RGZ. Bd. 131 S. 213 [225]). Es kann insoweit insbesondere nicht ins Gewicht fallen, daß die Beklagte selbst Herstellerin des Wagens war, dessen Absatz sie finanzierte. Ebensowenig ist der Hinweis der Anschlußrevision darauf begründet, die Beklagte habe nach dem Vertretervertrag vom 5. Oktober 1928 gerade nicht mit den Kunden der Hasag in irgendwelche Rechtsbeziehungen treten wollen. Daß dem nicht so war, sie vielmehr das Zustandekommen des Geschäfts in erheblichem Maße von der Kreditwürdigkeit des Klägers abhängig machte und sich zu einer Kreditgewährung nur gegen Einräumung dinglicher Sicherung am Wagen und Übernahme besonderer Verpflichtungen zu dessen Werterhaltung auch durch ihn verstand, ergeben ihre Schreiben an die Hasag vom 7. Mai und 4. Juni 1929, worin sie an die Übermittelung von Auskünften über den Kläger erinnert, sowie dessen Erklärung vom 19. Juli 1929, in der er den Eigentumsvorbehalt der Beklagten auch ihm gegenüber anerkennt und sich zur Eingehung einer umfassenden Versicherung verpflichtet. Soweit die Anschlußrevision geltend macht, die Hasag sei wirtschaftlich selbständig gewesen, habe über eigenes Gesellschaftskapital verfügt, an dem die Beklagte nicht beteiligt gewesen sei, und habe auch mit einer Reihe von anderen Lieferfirmen gearbeitet, ist ihr Vorbringen nicht geeignet, die entgegenstehenden, im wesentlichen auf sachlichem Gebiet liegenden Feststellungen des Berufungsgerichts zu erschüttern. Daß die Hasag Wagen anderer Erzeugungsstätten vertreiben durfte, hat das Berufungsgericht in Betracht gezogen, aber gerade in der Beschränkung dieser Befugnis auf Wagen, deren Wettbewerb die Beklagte nicht zu fürchten hatte, einen Beweis dafür erblickt, daß die Hasag ihr gegenüber in ihrer geschäftlichen Betätigung nicht frei war. Seine Annahme mangelnder wirtschaftlicher Selbständigkeit der Hasag wäre auch nicht unbegründet, wenn die Beklagte am Gesellschaftskapital der Hasag nicht beteiligt war. Selbst wenn sich dieses auf 100 000 RM belaufen hätte, was der Kläger bestritten hat, wäre damit allein die Hasag noch nicht imstande gewesen, Geschäfte zu finanzieren, die sich schon nach dem Werte der von ihr jährlich abzunehmenden Wagen der Beklagten auf mehrere 100 000 RM belaufen mußten. . . .

Bei den dem Kläger zurückzugewährenden Leistungen ist das Berufungsgericht der Auffassung, daß jenem die von ihm übernommenen und bezahlten Diskontspesen nicht zu erstatten seien. Es folgert dies daraus, daß der Kläger im Fall einer Barzahlung nicht nur einen geringeren als den Abzahlungskaufpreis zu zahlen gehabt hätte, sondern auch die Diskontspesen als Verkaufsunkosten hätte ersparen können; anderseits hätte er nach Meinung des Berufungsgerichts bei seinem Unvermögen zu völliger Bezahlung des Kaufpreises Bankkredit in Anspruch nehmen und den Diskontsatz übersteigende Bankzinsen zahlen müssen. Es kürzt demgemäß den Betrag von 8100 RM, den es als vom Kläger auf die Wechsel bezahlt ansieht, um 1430 RM, die in dieser Höhe in der vom Kläger mit Wechseln belegten Kaufpreissumme von 22 700 RM als Diskontspesen enthalten gewesen seien und die der Kläger nach übereinstimmender Parteierklärung mindestens in diesem Umfang auf Diskontspesen bezahlt habe. Auf diese Weise gelangt es dazu, dem Kläger von dem auf die Wechsel bezahlten Betrage von 8100 RM nur 6670 RM als erstattungsfähig zuzusprechen.

Die Revision stellt zur Nachprüfung, ob diese Auffassung zutreffe oder ob nicht vielmehr in entsprechender Anwendung des § 347 Satz 3 BGB. dem Kläger diese Beträge, jedenfalls zum Teil, wenigstens in Höhe des gesetzlichen Zinsfußes zuzubilligen seien.

Da das Berufungsgericht davon ausgeht, daß der Kläger 8100 RM auf die Wechsel gezahlt habe, hätte dieser nach dem in § 1 AbzG. aufgestellten Grundsatz beiderseitiger Rückgewähr der empfangenen Leistungen Anspruch auf Erstattung des vollen gezahlten Betrags. Dieser Anspruch könnte nur entfallen, soweit der Beklagten eine Entschädigungsforderung nach § 2 das. zusteht. Eine solche könnte sich wegen der von ihr aufgewendeten Diskontspesen dann ergeben, wenn diese als von ihr „infolge des Vertrags gemachte Aufwendungen" anzusehen wären. Durch die Diskontierung der ihr vom Kläger gegebenen Wechsel ist die Beklagte in Höhe des Diskonterlöses wieder in den Genuß des Kapitalwertes des dem Kläger überlassenen Wagens gelangt. Da anderseits bei der Ermittelung der Vergütung für den Wert der Gebrauchsüberlassung, auf die sie nach § 2 Abs. 1 Satz 2 AbzG. Anspruch hat, auch eine angemessene Verzinsung des dem Kläger zur Verfügung gestellten Kapitalwertes des Wagens nicht außer Betracht bleiben kann, wäre die Beklagte, falls sie auch die von ihr aufgewendeten Diskontspesen als infolge des Vertrags gemachte Aufwendungen erstattet verlangen könnte, insofern unbillig bevorzugt, als sie für den ihr durch die Wechseldiskontierung zugeflossenen und von ihr erneut gewinnbringend verwertbaren Kapitalbetrag noch eine Nutzung in Gestalt der Gebrauchsvergütung erhielte. Der Kläger hingegen wäre benachteiligt, weil er die Beklagte für die Überlassung des im Wagen verkörperten Kapitalwertes doppelt zu entschädigen, nämlich ihr außer der durch die Gebrauchsvergütung abgegoltenen Kapitalnutzung noch eine ihrem wirtschaftlichen Erfolge nach einer abermaligen Verzinsung des Kapitals gleichkommende Vergütung in Gestalt der Diskontspesen zu gewähren hätte. Da die Parteien im Falle des Rücktritts möglichst so gestellt werden sollen, als wenn sie das Geschäft nicht abgeschlossen, sondern für die Dauer der Benutzung des Wagens durch den Kläger lediglich eine entgeltliche Gebrauchsüberlassung vereinbart hätten, ist die Zubilligung einer über deren Wert hinausgehenden Vergütung an die Beklagte in Gestalt von Diskontspesen nicht begründet. Sie kann auch nicht damit gerechtfertigt werden, daß sich der Kläger zur Übernahme der Diskontspesen über den von ihm mit Wechseln zu belegenden Teil des Kaufpreises hinaus durch Einbeziehung ihres Betrags in die von ihm übernommenen Wechselverbindlichkeiten verpflichtet habe. Da das Abzahlungsgeschäft durch den Rücktritt in seinen Gesamtwirkungen rückgängig gemacht werden soll, geht es nicht an, den Kläger an einer im Rahmen dieses Geschäfts übernommenen Verpflichtung ebenso festzuhalten, wie wenn der Vertrag bestehen geblieben und durchgeführt worden wäre. Darauf liefe es aber hinaus, wenn die Beklagte unerachtet des Rücktritts und der ihr infolgedessen zustehenden Gebrauchsvergütung noch Erstattung der Diskontspesen fordern könnte. Den zum Teil abweichenden Ausführungen in dem Aufsatz von Münzel in JW. 1936 S. 158 vermochte sich der erkennende Senat hiernach nicht anzuschließen.

Sachregister

(Die Ziffern bedeuten die Seitenzahlen dieses Bandes)

R

S

T

U

FSC
www.fsc.org
MIX
Papier | Fördert gute Waldnutzung
FSC® C083411

Kolibri 360 GmbH
Ferdinand-Jühlke-Straße 7
99095 Erfurt, Deutschland
produktsicherheit@kolibri360.de